法学研究

CHINESE JOURNAL OF LAW

《法学研究》专题选辑

陈甦 / 总主编

公司法改革的
思考与展望

The Deliberation and Expectation on
the Reform of the Company Law

张辉　主编

社会科学文献出版社

SOCIAL SCIENCES ACADEMIC PRESS (CHINA)

总　序

　　回顾与反思是使思想成熟的酵母，系统化的回顾与专业性的反思则是促进思想理性化成熟的高效酵母。成熟的过程离不开经常而真诚的回顾与反思，一个人的成长过程是如此，一个学科、一个团体、一本期刊的发展过程也是如此。我们在《法学研究》正式创刊40年之际编写《〈法学研究〉专题选辑》，既是旨在引发对有关《法学研究》发展历程及其所反映的法学发展历程的回顾与反思，也是旨在凝聚充满学术真诚的回顾与反思的思想结晶。由是，《〈法学研究〉专题选辑》是使其所刊载的学术成果提炼升华、保值增值的载体，而非只是重述过往、感叹岁月、感叹曾经的学术纪念品。

　　对于曾经的法学过往，哪怕是很近的法学过往，我们能够记忆的并非像我们想象的那样周全、那样清晰、那样深刻，即使我们是其中许多学术事件的亲历者甚至是一些理论成就的创造者。这是一个时空变化迅捷的时代，我们在法学研究的路上走得很匆忙，几乎无暇暂停一下看看我们曾经走过的路，回顾一下那路上曾经的艰辛与快乐、曾经的迷茫与信念、曾经的犹疑与坚定、曾经的放弃与坚持、曾经的困窘与突破，特别是无暇再感悟一下那些"曾经"中的前因后果与内功外力。法学界同仁或许有同样的经验：每每一部著述刚结句付梓，紧接着又有多个学术选题等待开篇起笔，无参考引用目的而只以提升素养为旨去系列阅读既往的法学精品力作，几为夏日里对秋风的奢望。也许这是辉煌高远却又繁重绵续的学术使命造成的，也许这是相当必要却又不尽合理的学术机制造成的，也许这是个人偏好却又是集体相似的学术习惯造成的，无论如何，大量学术作品再阅读的价值还是被淡化乃至忽略了。我们对没有被更充分传播、体现、评价及转化的学术创造与理论贡献，仅仅表达学人的敬意应该是不够的，真正的学术尊重首先在于阅读并且一再阅读映现信念、智慧和勇气的学术作品。《〈法学研究〉专题选辑》试图以学术史研究的方法和再评价的方式，向学界同行表达我们的感悟：阅读甚至反复阅读既有成果本该是学术生活的重要部分。

我曾在另外一本中国当代法学史著作的导论中描述道：中国特色社会主义法治建设之路蜿蜒前行而终至康庄辉煌，中国法学研究之圃亦蔓延蓬勃而于今卓然大观。这种描述显然旨在鼓舞而非理解。我们真正需要的是理解。理解历史才能理解现在，理解现在才能理解未来，只有建立在对历史、现在和未来的理解基础上，在面对临近的未来时，才会有更多的从容和更稳妥的应对，才会有向真理再前进一步的勇气与智慧。要深刻理解中国法学的历史、现在以及未来，有两种关系需要深刻理解与精准把握：一是法学与法治的关系，二是法学成果与其发生机制的关系。法学与法治共存并互动于同一历史过程，法学史既是法律的知识发展史，也构成法治进步史的重要组成部分。关于法、法律、法治的学术研究，既受制于各个具体历史场景中的给定条件，又反映着各个历史场景中的法律实践和法治状况，并在一定程度上启发、拨动、预示着法治的目的、路径与节奏。认真对待中国法学史，尤其是改革开放以来的法学史，梳理各个法治领域法学理论的演进状态，重估各种制度形成时期的学术供给，反思当时制度设计中背景形塑和价值预设的理论解说，可以更真实地对法治演变轨迹及其未来动向作出学术判断，从中也更有把握地绘出中国法学未来的可能图景。对于既有法学成果，人们更多的是采取应用主义的态度，对观点内容的关注甚于对观点形成机制的关注。当然，能够把既有学术观点纳入当下的理论创新论证体系中，已然是对既往学术努力的尊重与发扬，但对于学术创新的生成效益而言，一个学术观点的生成过程与形成机制的启发力远大于那个学术观点内容的启发力，我们应当在学术生产过程中，至少将两者的重要性置于等量齐观的学术坐标体系中。唯其如此，中国法学的发展与创新才会是一个生生不息又一以贯之的理性发展过程，不因己悲而滞，不因物喜而涨，长此以往，信者无疆。

作为国内法学界的重要学术期刊之一，《法学研究》是改革开放以来中国法学在争鸣中发展、中国法治在跌宕中进步的一个历史见证者，也是一个具有主体性、使命感和倡导力的学术过程参与者。《法学研究》于1978年试刊，于1979年正式创刊。在其1979年的发刊词中，向初蒙独立学科意识的法学界和再识思想解放价值的社会各界昭示，在办刊工作中秉持"解放思想、独立思考、百家争鸣、端正学风"的信念，着重于探讨中国法治建设进程中的重大理论和实践问题，致力于反映国内法学研究的最新成果和最高学术水平，热心于发现和举荐从事法学研究工作的学术人才。创刊至今40年来，《法学研究》虽经岁月更替而初心不改，虽有队伍更新而使命不坠，前后八任主编、50名编辑均能恪守"严谨、务实、深入、学术"的办刊风格，把《法学研究》作为自己学术生命的存续载体和学术奉献的展示舞台。或许正因如此，《法学研究》常被誉为"法学界风格最稳健、质量最稳定的期刊"。质而言之，说的是刊，看的是物，而靠的是人。我们相信，《法学研究》及其所刊载的文章以及这些文章的采编过程，应该可以视为研究中国改革开放以来法学发展、法治进步的一个较佳样本。也正因如此，我们有信心通过《〈法学研究〉专题选辑》，概括反映改革开放以来中国法学发展的思想轨迹以及法学人的心路历程。

本套丛书旨在以《法学研究》为样本，梳理和归整改革开放以来中国法学在一个个重要历史节点上的思想火花与争鸣交织，反思和提炼法学理论在一个个法治建设变奏处启发、拨动及预示的经验效果。丛书将《法学研究》自创刊以来刊发的论文分专题遴选，将有代表性的论文结集出版，故命名为"《法学研究》专题选辑"。考虑到《法学研究》刊发论文数量有限，每个专题都由编者撰写一篇2万字左右的"导论"，结合其他期刊论文和专著对该专题上的研究进展予以归纳和提炼。

丛书第一批拟出版专题15个。这些专题的编者，除了《法学研究》编辑部现有人员外，多是当前活跃在各个法学领域的学术骨干。他们的加入使得我们对这套丛书的编选出版更有信心。

所有专题均由编者申报，每个专题上的论文遴选工作均由编者主要负责。为了尽可能呈现专题论文的代表性和丰富性，同一作者在同一专题中入选论文不超过两篇，在不同专题中均具代表性的论文只放入其中的一个专题。在丛书编选过程中，我们对发表时作者信息不完整的，尽可能予以查询补充；对论文中极个别受时代影响的语言表达，按照出版管理部门的要求进行了细微调整。

不知是谁说的，"原先策划的事情与实际完成的事情，最初打算写成的文章与最终实际写出的文章，就跟想象的自己与实际的自己一样，永远走在平行线上"。无论"平行线"的比喻是否夸张，极尽努力的细致准备终归能助力事前的谨慎、事中的勤勉和事后的坦然。

我思故我在。愿《法学研究》与中国法学、中国法治同在。

陈　甦

2019 年 10 月 8 日

于沙滩北街 15 号

目录
Contents

导　论

张　辉[*]

一　公司法改革的历程

1993 年公司法是新中国第一部完整、统一的公司法，无论是在填补公司法理论的空白还是在指导公司实践方面，均具有开创性的意义。这部公司法迄今经过四次修正和一次修订，在立法理念和制度设计上都实现了积极的突破。

1999 年修正将 1993 年公司法第 67 条修改为："国有独资公司监事会主要由国务院或者国务院授权的机构、部门委派的人员组成，并有公司职工代表参加。监事会的成员不得少于三人。监事会行使本法第五十四条第一款第（一）、（二）项规定的职权和国务院规定的其他职权。""监事列席董事会会议。""董事、经理及财务负责人不得兼任监事。"并在第 229条增加一款作为第 2 款："属于高新技术的股份有限公司，发起人以工业产权和非专利技术作价出资的金额占公司注册资本的比例，公司发行新股、申请股票上市的条件，由国务院另行规定。"2004 年修正删去 1993 年公司法第 131 条第 2 款"以超过票面金额为股票发行价格的，须经国务院证券管理部门批准"之规定，从而使股票发行的定价机制回归市场。由此可见，1999 年和 2004 年两次公司法修正均只是个别条款的增减变动，具有较为明显的应急性。

---

[*] 张辉，中国社会科学院法学研究所副研究员。

2005年公司法在条文数量上较1993年公司法少了11个，但修改的条款达137条，且由11章增至13章。本次修改集中于公司资本制度和公司治理两个方面。在资本制度上，降低了公司设立的最低注册资本数额，放宽了股东出资方式的限制，允许出资的分期缴纳，取消了公司转投资的限制，扩大了公司回购股份的情形。在公司治理上，赋予少数股东股东大会的请求权、召集权和主持权，允许公司实行累积投票制，扩大股东的知情权于查阅公司账簿，限制关联股东及其董事的表决权，赋予异议股东股权回购请求权，明确股东的司法解散请求权和派生诉讼制度，确立公司社会责任，采纳了公司人格否认制度等。这部公司法所体现的立法者的创新勇气和魄力是有目共睹的，甚至有学者评价道，"这部修改后的公司法将成为21世纪最为现代化的公司法，它的颁行必将引起整个世界的关注，并在某些方面引领世界公司法改革的潮流"。①

2013年修订集中对公司资本制度进行改革，形式上主要表现为两个方面。一是删去一些条款或表述，如第7条第2款中的"实收资本"，第27条第3款、第29条、第33条第3款中的"及其出资额"，第59条第1款，第178条第3款。二是修改某些条文，如将第23条第2项修改为："（二）有符合公司章程规定的全体股东认缴的出资额"。将第26条修改为："有限责任公司的注册资本为在公司登记机关登记的全体股东认缴的出资额。法律、行政法规以及国务院决定对有限责任公司注册资本实缴、注册资本最低限额另有规定的，从其规定。"将第30条改为第29条，并修改为："股东认足公司章程规定的出资后，由全体股东指定的代表或者共同委托的代理人向公司登记机关报送公司登记申请书、公司章程等文件，申请设立登记。"将第77条改为第76条，并将第2项修改为："（二）有符合公司章程规定的全体发起人认购的股本总额或者募集的实收股本总额"。将第81条改为第80条，并将第1款修改为："股份有限公司采取发起设立方式设立的，注册资本为在公司登记机关登记的全体发起人认购的股本总额。在发起人认购的股份缴足前，不得向他人募集股份。"第3款修改为："法律、行政法规以及国务院决定对股份有限公司注册资本实缴、注册资本最低限额另

---

① 《公司法修改专家谈——访公司法修改小组成员中国政法大学赵旭东教授》，《法制日报》2005年10月30日，第3版。

有规定的，从其规定。"将第 84 条改为第 83 条，并将第 1 款修改为："以发起设立方式设立股份有限公司的，发起人应当书面认足公司章程规定其认购的股份，并按照公司章程规定缴纳出资。以非货币财产出资的，应当依法办理其财产权的转移手续。"第 3 款修改为："发起人认足公司章程规定的出资后，应当选举董事会和监事会，由董事会向公司登记机关报送公司章程以及法律、行政法规规定的其他文件，申请设立登记。"这些形式上的变动实际上体现着颠覆性的改革：最低注册资本制度和验资制度被彻底废弃；资本的缴纳由实缴资本制转向认缴资本制；公司章程在注册资本确定和缴纳方面的自治得到确认；公司成立时股东（发起人）的首次出资比例和货币出资比例被取消；等等。此次公司资本制度的根本性变革的影响并不限于现行公司法的适用，还会在某种程度上影响未来公司法的走向。

2018 年修正除对公司法有关资本制度的规定进行修改完善，赋予公司更多自主权之外，主要体现在股份回购条款的专项修改。修正内容包括：补充完善允许股份回购的情形；适当简化股份回购的决策程序，提高公司持有本公司股份的数额上限，延长公司持有所回购股份的期限；补充上市公司股份回购的规范要求。此次公司法修正旨在为促进公司建立长效激励机制、提升上市公司质量以及稳定资本市场预期等提供有力的法律依据，是对资本市场需求的积极回应。

中国公司法的改革历程伴随着公司法研究的进步，彰显着立法质量的提升，也考验着司法机构的裁判能力。而公司法的改革仅是公司法发展和完善的第一步，如何通过法律解释、司法应用、实证研究等来提升公司法规范的适应性，发现规范适用中存在的立法时未曾预料的问题，进而寻找进步的空间和路径，可能是更艰巨的任务。公司法的改革，形式上表现为条款的增加、删减或修改，实质上贯穿着公司法基本理念、基本原则的更新、修正或完善，并通过诸多具体的制度规则展现出来。这其中，公司自治、股东权保护以及公司资本制度，是最为突出、最为重要，也是涉及条文数量最多的议题。因此，梳理公司法改革过程中涉及的主要议题及其发展脉络，对于确定公司法未来改革的路径和方向，无疑具有积极的启发和指导意义。

二　公司自治与公司法的自由向度

公司法的规范结构决定着公司法的性格，强行法抑或自治法的定位，影响着公司法中强制性规范与任意性规范的安排。在 1993 年公司法制定前以及实施后的很长一段时间内，关于公司法规范性质的研究并没有得到应有的重视，制度规范性的研究也缺少明确的指引。2005 年公司法修正最突出的就是公司法理念的转变——强化公司自治。这一理念也影响着 2013 年公司资本制度的改革，并将持续影响未来公司法改革的走向。至于这种理念的转变对公司法规范的影响范围、影响程度和影响方式等，并没有固定的结论和统一的认识，这也决定了学术研究的丰富性和延展性。

（一）公司法的合同路径及其反思

公司契约理论的传播促成了公司法理解和适用时采取合同法进路的倾向，并从合同路径方面对公司法及其规则的正当性进行解释，"公司法是作为公司合同的模本、公司合同的漏洞补充机制而存在的"。① 公司契约理论给中国公司法的理论研究、司法适用带来了强烈的冲击。"公司法的理解与适用经常采用合同法的进路，不但在原则上秉持合同法的理念和精神，而且在很多场合直接以合同法作为请求权基础。"② 民商合一的立法传统也使我们经常习惯于或者被迫从民法的基本原则和规则体系中寻找公司法制度规范的理论依据，或者论证其作为特别法规范的必要性和合理性。这些都为合同进路的引入作了铺垫。

公司法的合同进路对公司立法和司法适用的影响是客观存在的，但在客观上，公司法中确实存在诸多"合同不自由"现象。从公司的组织法或团体法本质来看，公司法中的契约多为"组织性契约"，属"私法中的公共契约"或"私法中的团体性契约"，正是因为公司契约之团体性，其意思自由及自己决定受到更多拘束，甚至有学者作出"合同不自由"成为公

---

① 罗培新：《公司法的合同路径与公司法规则的正当性》，《法学研究》2004 年第 2 期，第 79 页。
② 黄辉：《对公司法合同进路的反思》，《法学》2017 年第 4 期，第 124 页。

司契约之主要品性的论断。① 暂且搁置对这一论断的评判，我们必须承认，经济学上的公司契约并不等同于法学上的合同，而且随着公司社区论、团体生产理论等关于公司本质的理论逐渐兴起，其对公司契约论的相关观点所进行的修正和调整也应给予关注。因此，合同法上的契约自由原则不能直接适用于公司法中，置言之，契约自由精神在公司法中的适用是有限度的。②

上述观点的碰撞与其说是对错的判断，不如说是反思和重构更多一点。公司法是团体法，但这并不排除公司法中存在意思自治的空间，只是这种意思自治可能并不以合同或契约的形式表现出来，或者说具有合同或契约性质的意思自治会因公司法的团体法属性而表现出某种特殊性。问题在于，如何找到公司法中意思自治的落脚点并确定意思自治的规范表达形式。

（二）公司法的规范结构

公司法的规范结构问题派生于公司法的自治属性。关于公司法的规范结构，主要有两分法和三分法，前者将公司法规范区分为任意性规范和强制性规范，后者则将公司法规范类型化为赋权型规则、补充型或任意型规则、强制性规则，或者许可适用规范、推定适用规范、强制适用规范。中国学者一般采用强制性规范与任意性规范区分的二分法。前者又有效力性强制规范与管理性强制规范的区分，后者也有根据适用方式的不同而选择适用和排除适用的差别。③ 在表述上，任意性规范一般标注为"可以"或者但书类规范，而强制性规范一般有"应当"、"必须"、"不得"等表述。当然，有些规范虽然没有采用前述强制性规范的类似表述，而是采用一般叙述的方式，但并不能因此笼统地均视其为非强制性规范，如规定股东权利的规范，规定股东（大）会、董事会、监事会、清算组职权的规范，涉及董事长、副董事长、监事会主席履行职务的规范等，应确定为强制性规范。④ 按

---

① 参见蒋大兴《公司法中的合同空间：从契约法到组织法的逻辑》，《法学》2017 年第 4 期，第 145 页。
② 参见黄辉《对公司法合同进路的反思》，《法学》2017 年第 4 期，第 132 页。
③ 关于公司法规范类型的详细划分，可参见王保树《从法条的公司法到实践的公司法》，《法学研究》2006 年第 6 期。
④ 参见王保树《从法条的公司法到实践的公司法》，《法学研究》2006 年第 6 期，第 23—24 页。

照这一标准，1993 年公司法中强制性规范偏多，任意性规范偏少。而 2005 年公司法在显著增加任意性规范数量的同时，也引入了任意性规范的新形态，从而使公司法规范结构的安排更加丰富，公司自治的空间也更大了。

公司法中强制性规范与任意性规范的配比不是单纯的立法技术问题，其取决于立法者对特定公司组织和行为事项所坚持的态度，即管制或自由。因此，"公司法规则的强制性与任意性，事实上并不存在非此即彼、泾渭分明的分野"。① 试图从整体上或者一般意义上对公司法的规范结构进行统一的梳理或者设定一体适用的标准，似乎是很难完成的任务。即使找到了一定的标准，其合理性也要局限于特定阶段或者语境下。此外，公司法规范结构的分析除基于法律条文本身之外，还要涵盖其实际效果，即特定的规范形式是否达到了预期效果，满足了实践需求。事实上，"我国现行公司法的规范结构并不是在立法前设计好的，而是人们基于对实践需要的认识并试图满足其需要的一个立法结果"。② 当然，实践分析的结果是否如学者所言，"针对某一任意性规范带来的实际强制，立法采纳强制性规范予以处理，则当为可取"，进而关于公司法规范结构的分析"应当从对公司法规范类型到底属于强制性规范还是任意性规范的形式主义考察转向考察规范的实际效果是导向强制还是促进自由"，③ 则不能一概而论。形式考察与实际效果考察在分析方法上的不同以及可能的结果上的差异，有助于公司法结构分析的准确性和有效性。

当然，对公司法规范的强制性或者任意性进行界定或者判断仅是公司法规范结构分析的第一步，更重要的一步在于，强制性规范应当配备违反强制性规范的后果，或者是法律责任，或者是法律行为无效后的返还、赔偿等，尽管这可能超出公司法特定条文或者公司法的范围，却是公司法适用时不可回避的问题。而任意性规范也要进行效力判断，因为公司自治意义上的任意性是有限制的任意性，这种限制可以表现为包括公司法在内的法律法规的强制性规定，也可表现为民法、公司法等的基本原则或者法理

---

① 罗培新：《公司法强制性与任意性边界之厘定：一个法理分析框架》，《中国法学》2007年第 4 期，第 82 页。

② 王保树：《从法条的公司法到实践的公司法》，《法学研究》2006 年第 6 期，第 22 页。

③ 郭锐：《商事组织法中的强制性和任意性规范——以董事会制度为例》，《环球法律评论》2016 年第 2 期，第 79 页。

等。因此，公司法的规范结构问题贯穿公司法的始终，而其研究也应处于不断更新之中。

（三）公司章程自治

公司章程是公司自治的重要载体。1993 年公司法仅在为数不多的事项上赋予公司章程细化或者补充公司法规定的空间，公司章程排除公司法适用的情况并不存在。实践中，公司常常使用登记注册机关预备的公司章程样本，或者照抄公司法。公司章程的自治法功能在立法和实践中都被极大地削弱了。2005 年公司法无论在公司章程自治的规范数量上还是规范类型上都实现了突破，尤其是在 6 个条文处引入了公司章程"另有规定"的规范，为公司章程排除公司法的适用提供了明确的法律依据。公司章程"另有规定，从其规定"这一立法用语，揭示了立法者将公司章程从倡导性规范，即向社会诱导性地提倡一种其认为较佳的行为模式的法律规范，转变为可以作为法官判案依据的裁判性规范，从而具有"法的确信"或"法的承认"的效力。① 公司章程成为公司法的补充性或者替代性规则，在公司法的规范体系中发挥着越来越重要的作用。

公司章程自治有不同的表现形式，可以是公司法不作具体限制的完全授权型自治，也可以是补充、选择或者细化公司法规定的限制型自治，还可以是替代公司法规定的排除型自治。然而，公司章程自治并不意味着公司章程不受任何限制地予以适用，公司章程自治是相对于公司法规范而言的相对的自治。公司法规定的应由公司章程记载的事项须满足不违反强制性法律规范、不违反社会公共利益、不缺项记载等要求。只有这样的章程才能优先适用于法律、行政法规。② 甚至可以扩大解释为"应当获得法律上或一般社会观念上的肯定性评价"。③ 因此，公司章程自治性规范的具体适用建立在对自治事项的合法性考察的基础上。

公司章程自治不仅是规范意义上的自治，更是裁判意义上的自治。2005 年公司法仅在原则上规定了公司章程的不同层次的自治性，并未对其效力判断提供明确的规则，尤其是公司章程"另有规定"条款，这也成为

---

① 参见钱玉林《公司章程"另有规定"检讨》，《法学研究》2009 年第 2 期，第 73 页。
② 参见王保树《从法条的公司法到实践的公司法》，《法学研究》2006 年第 6 期，第 27 页。
③ 钱玉林：《公司章程"另有规定"检讨》，《法学研究》2009 年第 2 期，第 77 页。

与公司章程有关的纠纷裁判的争点。有学者主张将公司章程的内容类型化为合同与自治规范，并通过类型化的分析，使公司章程每一条款所蕴含的法理基础能够十分清晰地呈现出来，为司法实践中对公司章程条款效力的认定提供思考的方向。① 也有观点认为，不应该以股东之合意充分与否作为判断，更不应将初始章程与后续章程之合意区分视作引以裁判的标准。判定公司章程"排除"公司法"另有规定"条款之效力问题，从最根本层面上来说应取决于该"排除"性规定是否以增进公司之整体福利为目的、是否公正地对待了少数股东与异议股东。因此，应在尽可能尊重公司之正当决议的基础之上，以利益受损股东之起诉为前提性条件，通过"目的标准"和"公正度标准"来认定"另有规定"之效力。② 公司章程自治性规范的效力判断应当建立在一定规则的基础上，这不仅是公司自治性规范的体系化的关键环节，也是司法裁判中的现实需要。此外，公司章程自治本质上是股东自治，但股东自治又建立在资本多数决定的一般规则的基础上。因此，公司章程自治的效力判断问题又与禁止表决权滥用的规则、股东权利行使的义务性规则等纠缠在一起，这既增加了效力判断的难度，也凸显着其重要性。如何在公司章程具体事项的效力判断规则的基础上，总结出一套法理上殷实、体系内自治、逻辑上严谨的规则体系，应当是未来公司法研究的主要议题。

（四）股东协议

作为公司自治载体的公司章程是股东意思经由团体法规则汇聚而成的，因此，公司自治在本质上仍是股东意思自治。在公司法管制色彩日渐淡化、任意性规范日渐增多的趋势下，另一种更直接体现股东意思的制度——股东协议制度开始进入研究者的视野。这不仅因为 2005 年公司法在第 35 条和第 42 条关于分取红利、优先认缴出资以及股东会会议通知期限的问题上，设定了"全体股东约定……除外"或者"全体股东另有约定的

---

① 参见钱玉林《作为裁判法源的公司章程：立法表达与司法实践》，《法商研究》2011 年第 1 期，第 99 页。

② 参见吴飞飞《公司章程"排除"公司法：立法表达与司法检视》，《北方法学》2014 年第 4 期，第 158 页；吴飞飞《"公司章程另有规定"条款的理论争点与司法解说——以公司合同理论与股东平等原则为认知路径》，《甘肃政法学院学报》2014 年第 1 期，第 98 页。

除外"的条款,从而为股东协议制度的存在预留了空间,而且因为实践中大量的股东协议纠纷不断凸显公司法的漏洞并动摇公司章程的地位。"当前,'协议替代治理'现象甚至达到了惊人的地步。特别是对于非公开公司,这种行为模式甚至完全忽略了公司的组织性和程式,在某种程度上已经起到了架空公司法的作用。在一些案件中出现的股东间协议,不仅取代了通过正式的公司法程序而形成的决议,而且为了回避章程的约束,甚至直接约定协议为公司章程的一部分,从而使章程变成了可有可无的摆设。"①

股东协议一般以股东之间关于公司治理、股东权益安排、公司解散等事项的约定为主要内容,但其影响不限于股东,还包括公司、董事、监事、债权人以及其他利益相关者等。甚至在某种意义上,公司永远都是股东协议的利害关系人。"股东协议在性质上既为合同,则当属交易法之规范范畴;但是,股东协议又因其在有限责任公司治理中的重要作用,可以变更公司的法定治理方式,从而与组织法密不可分,因此自然也应属于公司法的规范范畴。"② 因此,是否应固守于合同相对性的原理而将股东协议的效力限定在签订协议的股东之间,或者突破合同相对性而确定其组织法上的效力,尤其在公司法任意性规范的调整事项上,如果同时存在公司章程的规定与股东协议的约定,或者股东大会的决议与股东协议,应确定何者具有优先适用的效力,则是一个非常复杂的课题。

关于股东协议效力的判断,如果能够确定一般性的原则或者规则,则无疑利于司法裁判的明确性和一致性。有学者认为,"对股东间协议的司法裁量应当考虑不同情形的公司治理和股权性质",但"股东基于不同的身份,就不同的交易目的而约定将来的交易安排,可能涉及股权,或公司治理,而股权和公司治理本身又是多方面、多层次的,难以提炼和抽象一般性的原则"。③ 也有学者在考察股东协议的目的与签署协议的股东人数的基础上,果断地提出,应认定股东协议"具有组织法上的效果,可直接对公司发生拘束力。在一些情况下,即使法律不作规定,亦可有此种效果。

---

① 陈群峰:《认真对待公司法:基于股东间协议的司法实践的考察》,《中外法学》2013 年第 4 期,第 833 页。
② 张学文:《股东协议制度初论》,《法商研究》2010 年第 6 期,第 117 页。
③ 陈群峰:《认真对待公司法:基于股东间协议的司法实践的考察》,《中外法学》2013 年第 4 期,第 833 页。

而在说理层面，可以像处理合伙人与合伙的关系一样，在一定程度上将股东与公司等同；也可以将这些约定解释为对章程的限制或修改；还可以将这些约定直接解释为公司的决定，如股东全体一致地以协议就股东会职权范围内的事项作出了决定，在通知公司后，即应与股东会决议具有相同的效力"。① 尽管后者并未明确否定股东协议的一般性效力判断规则的可行性，但多种解释路径的存在本身即说明其复杂性。

股东协议的效力判断问题不是单纯的合同效力认定问题，还涉及公司法规范的适用、公司章程的自治性安排、公司利益与股东权益的保护、公司治理秩序的构建等诸多组织法上的特殊问题，因此不应局限于合同的相对性原理与合同无效、可撤销等效力判断规则来简单地限定其效力，但也不应过分扩展其组织法上的效力，从而在公司法明确规定的"全体股东另有约定除外"的事项之外，均赋予其等同于或者超越公司章程自治的效力。鉴于股东协议的隐秘性、非公开性以及组织法语境下的非程式性、非正规性，在判定其效力时，除了对照不得违反法律行政法规的强制性规定、不得违反社会公序良俗等民法基本原则之外，还应特别关注公司法的基本原则、精神甚至公司法理，如公司独立人格、股东平等保护等。这当然也是对司法者的考验。

三 股东权行使与公司法的保护向度

2005 年公司法修正创设了许多新的股东权行使与保护的制度，不仅涵盖实体上的权利增设，还包括程序上的权利救济。此外，在突出股东权利保护的同时，关于股东权利行使中附带义务的观点也逐渐被认同，并通过制度规则、理论更新等形式体现出来。股东权利的行使与保护问题开始进入体系化立法和研究的阶段。

（一）股东表决权的行使与保护

表决权是股东权利中的基础性权利。一般情况下，股东表决权的行使

---

① 许德风：《组织规则的本质与界限——以成员合同与商事组织的关系为重点》，《法学研究》2011 年第 3 期，第 101 页。

遵循集体行使的原则，① 即通过股东（大）会决议的形式、按照资本多数决定的规则，形成公司的意思。"多数决定原则引起的最大变化，就是公司法乃至民商法领域中正在发展一种独特的民事权利——股东集体权。"② 表决权的集体行使是基于公司的组织法性质以及商业效率的考虑，但伴随资本多数决定的议事规则所产生的多数股东侵害少数股东的问题日渐增多，关于股东表决权配置方面的反思逐渐展开。除了章程自治范围内的表决权配置之外，公司法对表决权配置的态度也在随着改革的进行而悄悄转变。事实上，现代公司法的发展正在逐渐突破或发展着资本多数决定规则，从而使股东表决权的行使呈现多样化的形态。

1. 全体股东书面同意规则

股东书面同意规则的引入使得资本多数决定的规则逐渐被软化，只是其适用被严格限制，如该种决议须获得原本在公司召集或召开的股东会会议上有表决权的全体股东同意，应当符合书面同意并赞成决议的股东签字等书面程序，且决议通过的交易必须是诚实的，是为了公司的利益。③ 公司法以全体股东另有约定除外的形式引入了股东书面同意规则，但仅限于有限的股东权益事项。未来公司法改革是否会扩展其适用范围，并不确定，但公司区别于合伙、合同的独特性决定了，全体股东书面同意规则只能以少数例外的形式存在，不能取代公司的集体议事机制以及资本多数决定的表决规则。

2. 累积投票制度

2005 年公司法修正时创造性地确立了累积投票制度，从而突破了一股一表决权的规则。在累积投票制度引入之前，公司法学界作了较为充分的铺垫，立法修改过程中各种形式的征求意见也起到了积极的推动作用。只是在累积投票制的规范属性问题上存在较大争议，即以强制性规范的形式抑或任意性规范的形式引入。主流观点是采取强制性立法，理由是，如果将这项制度的采纳与否委诸公司章程规定，则无异于把小股东累积投票权的命运拱手献给憎恨累积投票制的大股东摆布，小股东"与虎谋皮"的后

---

① 参见张民安《公司股东的表决权》，《法学研究》2004 年第 2 期，第 86 页。

② 叶林：《公司法研究》，中国人民大学出版社，2008，第 92 页。

③ 参见张民安《公司股东的表决权》，《法学研究》2004 年第 2 期，第 90 页。

果可想而知。① 而"美日立法之初采取的强制主义，以对小股东尽周延保护，后来，随着董事会取代股东大会成为公司结构中的核心机关，累积投票制度从而转向许可主义。我国股份有限公司运作时间不长，小股东对自身权益保护意识薄弱，应对累积投票制度采取强制主义，以对其合法权益作最大限度的保护。否则公司发起人或大股东就会从章程中排斥累积投票制度，达到控制董监人事的目的"。② 但也有部分观点主张区分公司类型进行不同设计，如中国法学会商法学研究会建议："增加规定控股股东持股比例在 30% 以上的上市公司股东大会选举董事时，采用累积投票制。其他公司可在公司章程中规定累积投票制。"③ 还有主张采取统一的任意性规范的形式，即"累积投票制是否实行，应由公司自主决定。由于累积投票制的复杂性，未必方便小股东认识，且表决权回避的措施实际上已能够充分保护小股东权益。故交由公司股东自己决定。而在上市公司，可由有关交易所规则自定"。④

我国 2005 年公司法第 106 条第 1 款授权公司章程或者股东大会决议选择实行累积投票制，⑤ 从而在公司法层面确立了任意性规范的立法模式。但控股股东持股比例在 30% 以上的上市公司实行强制性的累积投票制度。⑥因此，在广义的公司法规范体系内，累积投票制的适用机制是任意性与强制性规范并存的。

然而，从上市公司实行累积投票制的情况来看，其效果不容乐观。无论是哪种规范形式下实行的累积投票制，都未必真正执行，或者未取得实际效果。这是因为，"公司法第 106 条虽然引入了累积投票制，但该条尚停留在定义或观念层面，欠缺发挥制度应有功能的体系构造。实践中，上市公司正是抓住公司法第 106 条存在的制度缺漏做足文章，才导致表面上

① 参见刘俊海《股份有限公司股东权的保护》，法律出版社，2004，第 378 页。
② 王继军：《股份有限公司累积投票制度研究》，《中国法学》1998 年第 5 期，第 87 页。
③ 参见张穹主编《新公司法修订研究报告》上册，中国法制出版社，2005，第 79 页。
④ 参见张穹主编《新公司法修订研究报告》上册，中国法制出版社，2005，第 113 页。
⑤ 2005 年公司法第 106 条第 1 款："股东大会选举董事、监事，可以依照公司章程的规定或者股东大会的决议，实行累积投票制。"
⑥ 证监会、原国家经贸委于 2002 年 1 月 7 日颁布的《上市公司治理准则》规定："在董事的选举过程中，应充分反映中小股东的意见。股东大会在董事选举中应积极推行累积投票制度。控股股东控股比例在 30% 以上的上市公司，应当采用累积投票制。采用累积投票制度的上市公司应在公司章程里规定该制度的实施细则。"

多数上市公司实施了累积投票制，既满足了监管者的要求，又迎合了投资者保护的迫切意愿，但实质上累积投票制并没有发挥倡导者所期待的理想功效"。①

公司法关于累积投票制的规定比较简单，公司法的规范体系中缺少针对抵制或者削减累积投票制度功效的抵御性的配套制度，加之多数股东的抵触，使得累积投票制度旨在实现的少数股东权利保护的功能被大大削弱。由此，我们面临两条路径的选择。一是考虑如何在现有的制度环境下继续完善，使之发挥应有的功效。例如，对累积投票制的适用附加一定的强制性，即"在公司的初始章程中列明是否允许累积投票，并且在招股说明书中也以醒目的字体标明，股东购买股份即视为接受这种安排。而且，一旦公司依此设立，在后续的经营过程中，公司不得由大股东控制股东会修改章程而废弃累积投票机制"。② 二是考虑放弃该制度，转而从其他途径完善对少数股东的保护。事实上，中国公司法所引入的累积投票制度早在20世纪后期就已经被美国法所抛弃或者忽略。③ 因此，对美国法上替代性制度或者补充性制度的考察，是制度构建层面提升股东权益保护的有益尝试。而未来公司法修改是否会放弃累积投票制或者强化累积投票制的执行力度，尤其在上市公司以更大的力度、更严格的规范来确保累积投票制的效果，则仍不确定。

除表决权行使规则方面的变动之外，公司法修改过程中也突出了股东实体权利的整体保护，如扩大了股东知情权行使的范围和手段，赋予股东提案权、质询权、股权回购请求权（也有学者称为退股权）等。这些权利的创设或者完善主要是基于1993年公司法施行十几年来股东权保护不利的状况，并适当借鉴国外公司立法的经验。在2005年公司法施行十几年后，应当针对这些新型的股东权利被创设或者更新后的域外立法发展情况、理论研究状况、司法实践情况等进行综合性的研究，尤其是权利行使的实体

① 钱玉林：《累积投票制的引入与实践——以上市公司为例的经验性观察》，《法学研究》2013年第6期，第127页。

② 罗培新：《公司法学研究的法律经济学含义——以公司表决权规则为中心》，《法学研究》2006年第5期，第55页。

③ "在美国公司立法发展史上，累积投票制经历了一个产生、发展与渐弱的过程，即由强制性立法变为任意性规定甚至在有些州的公司立法里消失了。"参见梅慎实《现代公司机关权力构造论》，中国政法大学出版社，1996，第199、200页。

要件的设置、主观目的的考察、程序规范的要求、预防权利滥用与救济权利行使不足等方面,从而使股东权利的保护在立法、理论与实践的更新和检验方面得到真正的提升。

(二) 股东救济性权利的行使与保护

股东救济性权利是在股东权这一本源性权利受到侵害时所衍生出的权利。[①] 这里的股东权在解释时并不限于公司法明确列举的具体权利类型,而应当扩展至股东的"合法权益"。2005 年公司法修正时,以诉讼制度的形式补充了股东的救济性权利,在股东权利的保护向度和具体路径上都实现了突破。

1. 股东派生诉讼制度

股东派生诉讼是派生于公司的一种诉讼,是在公司怠于追究侵害其利益者时有条件地赋予股东提起诉讼的权利。[②] 2005 年公司法以"股东维护公司利益的起诉权"确认了股东派生诉讼提起权,并对包括原告股东的资格、前置程序及其豁免、派生诉讼的适用范围等作出了规定,从而确立了股东派生诉讼制度的基本框架。2013 年公司法第 151 条延续了该规定。

股东派生诉讼制度的确立在保护股东利益方面的积极意义是值得肯定的,但公司法关于股东派生诉讼的规范设计仍引发学界广泛讨论。而公司法引入股东派生诉讼制度之前,相关的制度研究已经展开。对比学界研究成果与公司法的规定,主要有以下两个争议问题。

一是股东的原告资格问题。公司法区分有限责任公司和股份有限公司而对股东的原告资格设置不同的要求,前者为"股东",后者为连续 180 日以上单独或者合计持有公司 1% 以上股份的股东。因此,股东派生诉讼提起权在两类公司分别为单独股东权和少数股东权。在公司法学界,有观点主张采少数股东权立法例,并根据股份有限公司和有限责任公司的股权结构特点,将前者的持股数量规定为已发行股份总数的 1% 以上,而后者可规定得高一点,如 10%,以防个别股东利用派生诉讼干扰公司经营。至

---

① 参见李建伟《公司诉讼专题研究》,中国政法大学出版社,2008,第 14 页。
② 关于股东派生诉讼的表述,学界主要有代表诉讼、派生诉讼、衍生诉讼等不同称谓。本文在此不作区分。

于持股时间，采取"当时拥有股份"原则。① 当然，在两类公司是否区分设定持股比例、是否应有持股时间的要求、持股时间采"当时拥有股份"原则还是连续持股原则、持股比例的具体要求等方面，学者间的分歧较大，前引观点只是其一。也有学者跳出这些细节性规定的争论，在进行理论分析和反思国外立法实践的基础上发现，"无论是对持股比例的要求还是对持股时间的要求，都没有理论上的合理性，只是为了防止股东滥用权利而设的门槛"。而且"由于这个门槛，这一诉讼制度在大陆法系国家几乎没有发挥什么功能，形同虚设"。② 此外，关于原告股东资格在诉讼期间的维持、原告股东的代表性等问题，也是需要关注的细节。

二是公司的地位问题。公司在派生诉讼中的地位问题是一个理论难题。有学者主张参酌英美国家的立法例，出于方便性与技术性的考虑，将公司列为名义上的被告。但公司与真正的被告不同，原则上必须坚持中立立场，不能积极地支配诉讼。③ 也有学者提出，应在原告、被告、共同诉讼人、诉讼第三人、诉讼代表人之外，设计诉讼参加人制度，即在派生诉讼进行过程中，当公司和其他股东发现原被告双方有串通一气、损害公司利益之虞时，可以诉讼参加人的身份介入诉讼。④ 还有学者在批判性研究中，提出将公司作为无独立请求权的第三人参加诉讼，既符合诉讼理论，又与我国现行诉讼制度相协调。⑤ 更有学者提出，公司不但可以以共同诉讼人的地位参加诉讼，同时也可以以无独立请求权的第三人参加诉讼来辅助原告股东进行诉讼。当然，如果公司的诉讼参加会不正当地拖延诉讼程序进行，则可以考虑限制公司参加诉讼。⑥《最高人民法院关于适用〈中华

---

① 参见胡滨、曹顺明《股东派生诉讼的合理性基础与制度设计》，《法学研究》2004 年第 4 期，第 99、100 页。

② 沈贵明：《股东代表诉讼前置程序的适格主体》，《法学研究》2008 年第 2 期，第 60 页。

③ 参见刘俊海《新公司法的制度创新：立法争点与解释难点》，法律出版社，2006，第 263 页。

④ 参见罗培新《股东派生诉讼若干问题探讨》，《学术交流》1999 年第 3 期，第 190 页。

⑤ 参见甘培忠《论股东派生诉讼在中国的有效适用》，《北京大学学报》（哲学社会科学版）2002 年第 5 期，第 25 页；胡滨、曹顺明《股东派生诉讼的合理性基础与制度设计》，《法学研究》2004 年第 4 期，第 101 页。

⑥ 参见周剑龙《股东代表诉讼制度的司法运用》，载赵旭东主编《国际视野下公司法改革——中国与世界：公司法改革国际峰会论文集》，中国政法大学出版社，2007，第 349 页。

人民共和国公司法〉若干问题的规定（四）》第 24 条规定："符合公司法第一百五十一条第一款规定条件的股东，依据公司法第一百五十一条第二款、第三款规定，直接对董事、监事、高级管理人员或者他人提起诉讼的，应当列公司为第三人参加诉讼。……"由此可见，司法解释明确肯定了公司作为无独立请求权的第三人的诉讼地位。但学界的争论是否会由此终结，尤其民事诉讼法学界是否认同司法解释的特别规定，还要持续观察。

除此之外，关于股东派生诉讼中前置程序的豁免条件、原告股东的胜诉费用补偿请求权与费用担保、派生诉讼的对象范围等问题，亦需要理论与实务上的研究。股东派生诉讼制度自 2005 年引入，至今已有十余年时间，司法裁判的经验积累也较为丰富。因此，可以进一步推敲派生诉讼在原告资格、被告范围、费用补偿诸项实体性设计方面的"松紧度"。① 至于未来公司法是选择限制立法还是鼓励立法的态度，不仅取决于理论上的论证，还要看实践中股东派生诉讼的实施情况、遇到的法律上的或者现实上的障碍等。此外，股东派生诉讼制度虽以股东权利的形式引入，但其制度的目标并不限于股东的保护，以这一制度为契机，构建公司利益的保护体系，是更为长远的目标。

2. 司法裁判解散制度

2005 年公司法增设司法裁判解散制度，为公司经营管理僵局情况下股东的退出提供了一条法定的退出渠道。鉴于"公司经营管理发生严重困难"、"继续存续会使股东利益受到重大损失"等表述较为模糊，法院根据具体案情来理解、适用该条规定时，可能出现裁判不统一的情况，最高人民法院2008 年 5 月发布《最高人民法院关于适用〈中华人民共和国公司法〉若干问题的规定（二）》，对司法解散制度的适用条件进行了细化。2012 年又发布了指导性案例 8 号"林方清诉常熟市凯莱实业有限公司、戴小明公司解散纠纷案"，对如何认定"公司经营管理发生严重困难"等提供了指导。在司法实践中，各级法院积极利用这一制度解决公司经营管理陷入僵局情况下股东的退出救济问题。这既是对由公司法和司法解释构成的司法解散制度的适

---

① 参见朱慈蕴、林凯《公司制度趋同理论检视下的中国公司治理评析》，《法学研究》2013年第 5 期，第 34 页。

用，更为该制度的实效提供了难得的检验机会。因此，关于司法解散制度的研究在经过一定的理论积淀之后，开始关注实证研究，并借助实证研究的成果，为司法解散制度的理论构造和立法完善积累素材。

根据现行公司法第 182 条的规定，公司经营管理发生严重困难，继续存续会使股东利益受到重大损失，通过其他途径不能解决，这是司法裁判解散的三项要件。尽管司法解释列举了三个具体的解散事由以及排除适用司法解散诉讼的几种情形，对理解和适用司法解散诉讼提供了一定的参考，但仍不能满足司法实践的需求。因此，关于司法解散制度的实证研究往往围绕这三个要件展开，通过整理具体案例中呈现的细节以及法院的裁判说理，并从司法解散制度的立法本意——为股东提供退出救济的角度进行解读，包括公司经营管理严重困难是否需经营困难与管理困难同时存在，何谓严重困难，股东利益受到重大损失的判断标准如何，通过其他途径不能解决的前置程序要求是否应解读为穷尽所有救济手段，其他途径为何，等等。

在这些解读之外，关于司法解散制度的实证研究还有一项发现，即绝大多数原告提起公司解散之诉，并不是（或不仅是）公司经营管理发生严重困难，而是由于其受到各种不公平待遇，乃至从公司经营活动中无法充分享有或被完全取消了其出资的份额利益。[①] 公司僵局的形成，就其形式逻辑与构成要件而言，似乎都需要以相对立的两方（多方）股东在表决权（控制权）上的大致平衡为前提。否则就会出现多数股东利用股东会上的表决权优势或者董事会的多数席位而实质性剥夺少数股东参与公司经营管理权。[②] 由此，股东压制的概念被逐渐引入司法解散制度中。而解散之诉救济之本旨，实不在于为解散公司而解散公司，而在于赋予少数股东以解散公司为手段的"平衡性权利"，从而旨在为终结封闭型公司的股东间人合性障碍提供一条法律通道，即通过赋予某些（少数）股东解散公司权为可能的武器，从而获得与其他（多数）股东谈判的权利，最终获得退出公司的机会。[③] 因此，通过司法解散制度来实现股东退出救济的观点逐渐被

---

① 参见耿利航《公司解散纠纷的司法实践和裁判规则改进》，《中国法学》2016 年第 6 期，第 225 页。

② 参见李建伟《司法解散公司事由的实证研究》，《法学研究》2017 年第 4 期，第 124 页。

③ 参见蒋大兴《"好公司"为什么要判决解散——最高人民法院指导案例 8 号评析》，载《北大法律评论》第 15 卷·第 1 辑，北京大学出版社，2014，第 7 页。

认同。至于股东压制入法的路径，目前看来主要是扩张解释公司法第182 条的解散事由，具体又有两种不同的方案。一是直接增列股东压制于司法解散的事由中，同时将中国式的股东压制严格定位于"严重的复合性股东权侵害"，这样形成解散事由的"二元"格局，涵盖封闭型公司人合性障碍，也即公司治理的所有情形，为陷入纷争困境的股东提供更具实效的救济。① 二是修订公司法第 20 条规定，允许原告以公司其他股东滥用权利为由提出解散公司之诉，但应持谨慎态度：对于传统上受公司商业判断规则保护的公司内部决策案件，原则上不应判决公司解散，原告可以通过知情权诉讼、公司盈余分配之诉等方式请求救济；对于多数股东存在侵吞、转移公司资产等违反忠实义务行为的案件，如果情节严重，法院可以应原告诉请给予公司解散救济。② 后一种入法路径在本质上亦是对司法解散事由的解释，只是基于股东压制概念的不确定性，而借用公司法第 20 条。

（三）控制股东的诚信义务与公司人格否认制度

股东权利的积极行使在本质上亦是股东权利的保护，但股东通过权利的行使会与公司、其他股东、公司债权人等产生利益关系。在此意义上，股东权利的行使也可能产生损害公司、其他股东以及公司债权人等利益的风险。因此，伴随股东权利形态的增加和保护力度的增强，关于股东权行使时的义务性规范的研究以及权利滥用时的救济性制度的研究，在学界逐渐展开，并一定程度上获得了立法的认同。

2005 年公司法第 20 条就肩负着这一使命。从内容来看，该规定可以分解为两部分：一是在股东与公司、其他股东的关系中，股东不得滥用股东权利损害公司或者其他股东的利益，否则应当对公司或者其他股东因此造成的损失承担赔偿责任；二是在股东与公司债权人的关系中，股东不得滥用公司法人独立地位和股东有限责任，逃避债务，严重损害公司债权人利益，否则应当对公司债务承担连带责任。前者主要是控制股东的义务性规范，后者被认为确立了公司人格否认制度。

---

① 参见李建伟《司法解散公司事由的实证研究》，《法学研究》2017 年第 4 期，第 137 页。
② 参见耿利航《公司解散纠纷的司法实践和裁判规则改进》，《中国法学》2016 年第 6 期，第 234—235 页。

1. 控制股东的诚信义务

控制股东的概念源于控股股东。控股股东是资本多数决定规则衍生出的一个概念，持有公司 51% 以上有表决权股份的股东，可以控制股东会决议的事项，并通过董事的选举而控制公司的经营。控制股东的概念超越了单纯形式上的多数股权控制，扩展至"单个股东或联合股东……对公司实质上的持续性影响力与决定力"。① 中国公司股权结构的相对集中以及股东大会中心主义的权力分配模式，使得股东控制问题更加突出。因此，控制股东应当承担诚信义务的观念开始被学者接受。② "控制股东的支配力"被作为控制股东承担诚信义务的主要原因，"支配力通过法律规定的表决机制而产生控制股东的控制权力，同时，要求其在不违法状态下行使权力，就必然要求控制股东承担诚信义务"。③ 这一观念在规范形式上的表现就是，应当将控制股东的诚信义务确立为公司法的一般条款。④ 然而，比较研究的经验并不能完全支持这一观点，尤其是一般性地规定控制股东对公司、其他股东承担诚信义务。国内也有学者持反对或者谨慎意见，认为控制股东的信义义务不是常态的结构，只是在特定的情形中发生。至于特定情形应如何限定，有的学者列举了三类：第一，控制股东对中小股东有承诺的情形；第二，控制股东直接参与公司经营决策的情形；第三，公司的一项决议或者行为只是对控制股东有利，而对中小股东无利的场合。⑤ 也有学者提出，在增发证券等"边际"案例中，处于弱势的少数股东的利益，不仅在现行法制下难以得到充足的保护，也无法在关联交易控制法中获得救济，因此宜引入股东之间的受信义务。而控制股东强占资产的掏空行为和关联交易的损害行为，在现行法中已经有救济或处罚的机制。⑥ 在

---

① 齐斌：《股份有限公司小股东权益保障研究》，载王保树主编《商事法论集》第 3 卷，法律出版社，1999，第 594 页。

② 在国内公司法学界关于控制股东义务性规范的研究中，常常混同使用诚信义务、信义义务、受信义务等不同表述。尽管在不同的法律体系、不同的部门法语境中，这些概念的内涵会有一些差异，但都旨在揭示控制股东所应承担的公司法上的义务。故为行文方便，此处不作区分。

③ 朱慈蕴：《资本多数决原则与控制股东的诚信义务》，《法学研究》2004 年第 4 期，第 116 页。

④ 参见郭富青《公司权利与权力二元配置论》，法律出版社，2010，第 272 页。

⑤ 参见甘培忠《公司控制权的正当行使》，法律出版社，2006，第 261 页。

⑥ 参见汤欣等《控股股东法律规制比较研究》，法律出版社，2006，第 251 页。

规范意义上，公司法第 20 条关于股东不得滥用股东权利的规定没有正面回应控制股东的诚信义务问题，只是对于控制股东义务性规范的不完全的回应。因此，控制股东诚信义务如何上升为公司法一般条款，还需要进一步研究。

在内容上，控制股东诚信义务仅指忠实义务，还是忠实义务与注意义务兼而有之，理论界和司法界一直都有争论。有学者认为，控制股东并无履行职务之直接授权，也谈不上积极、审慎处理公司事务之义务。但当控制股东通过表决权对公司的经营决策发生影响时，注意义务则是必须的。① 也有学者全面肯定控制股东对公司和其他股东的忠诚义务和勤勉义务，并认为忠诚义务方面法律可以列举，勤勉义务法律只能作出恰当的定义，具体适用时由法官予以判断。同时，为了减少不必要的派生诉讼，法律应当规定董事会和支配股东负有尽一切可能维护公司利益的责任。② 一般来讲，注意义务是一种积极义务，是因履行职务而附随的管理性义务；而忠实义务是一种消极义务、道德性义务。前者的要求明显高于后者。对于股东因其股东身份且因表决权的集体行使规则而产生的义务，似应解释为忠实义务更为妥当。至于其超越股东身份而在实质上控制公司经营的行为，是在控制股东诚信义务的范畴内进行规范还是归入董事义务的范畴，则有待论证。

2. 公司人格否认制度

公司人格否认制度，或称刺破（揭开）公司面纱制度，突破了股东有限责任的保护机制，使股东对公司债务承担连带责任。中国公司法学界对公司人格否认制度的关注可以追溯至 20 世纪 90 年代后期，主要表现为对英美法和德日立法的比较研究成果，并从民法基本原则、公司法理等出发，来推演出公司人格否认制度存在的价值，进而探讨其构成要件。

公司人格否认制度由判例创设，并经由判例的适用和学说的推动而不断发展。因此，能否将公司人格否认制度这一"法官创造的法"转变为公

---

① 参见朱慈蕴《资本多数决原则与控制股东的诚信义务》，《法学研究》2004 年第 4 期，第 113 页。

② 参见甘培忠《论股东派生诉讼在中国的有效适用》，《北京大学学报》（哲学社会科学版）2002 年第 5 期，第 24 页。

司法上明确的法律条款，是不无疑问的。日本公司法学界在从补充现行法的不完备从而作为"一般条款"的意义上来论证其必要性时，就曾导致某些学者否认其必要性。① 然而，国内关于公司人格否认制度的研究似乎没有陷入这样的理论困境，只是在制度兑现的方式上，有学者主张既在司法审判中运用判例，也从立法上作出规定。而且，就经验积累而言，可以先在司法审判中采用公司法人格否认法理。待总结经验后，再从立法上加以完善。② 而 2005 年公司法直接在一般条款的意义上引入公司人格否认制度，只是在如何界定"滥用"、如何判断"逃避债务"的主观目的、如何确定"严重损害债权人利益"等问题上，公司法并未提供明确的操作指引，最高人民法院也没有出台相应的司法解释。因此，公司人格否认制度在中国的规范体系和适用机制是需要完善的。

2013 年最高人民法院发布指导案例 15 号"徐工集团工程机械股份有限公司诉成都川交工贸有限责任公司等买卖合同纠纷案"，对关联公司人格混同情形下的法律适用作出明确的指导，并在规范对象、规范类型和规范效果方面，实现了对公司法第 20 条第 3 款的突破，丰富了公司人格否认制度在实践中的适用情形。③ 然而，无论在理论构建的完整性还是在司法实践的应对方面，公司法第 20 条第 3 款在一般规则的意义上都明显不足，指导性案例也仅是有限地填补这一不足，且存在法律依据方面的瑕疵。因此，在规则供给方面，最高人民法院除充分利用指导性案例的形式，为公司法人格否认案件的审判工作提供指导和积累经验之外，还应当积极研究制定司法解释，将目前实践中比较成熟的规则确定下来。④ 当然，对公司法第 20 条第 3 款规定的创新解释和适用，是对公司人格否认制度的丰富，其妥当与否，需要回归公司人格否认制度的本质来检验。

---

① 参见陈现杰《公司人格否认法理述评》，《外国法译评》1996 年第 3 期，第 89 页。
② 参见朱慈蕴《公司法人格否认法理与公司的社会责任》，《法学研究》1998 年第 5 期，第 99 页。
③ 参见陈洁《关联公司间法人人格否认规则的适用机理——兼评最高人民法院指导案例第 15 号》，载陈洁主编《商事指导性案例的司法适用》，社会科学文献出版社，2017，第 62—63 页。
④ 参见黄辉《中国公司法人格否认制度实证研究》，《法学研究》2012 年第 1 期，第 12—13 页。

四 公司资本制度与公司法的改革向度

在历次公司法改革中，公司资本制度无论在制度理念的革新方面，还是在法条变动的数量方面，都极为突出。而公司资本制度的改革也一直是1993年公司法施行之后学界关注的热点问题，从具体的公司资本制度设计到资本在公司信用基础中的作用。在某种程度上，对后者的认识和反思决定着公司资本制度改革的进程和方案。

（一）公司资本信用与资产信用的理论发展

1993年公司法确立了以资本确定、资本维持和资本不变三原则为基础，并围绕公司最低注册资本、股东实缴出资义务、强制验资、公司转投资限制、股份发行、禁止回购、严格减资等构建的一整套公司资本制度体系。在司法实践中，最高人民法院以批复的形式肯定了注册资本在确定公司、股东或其他相关主体财产责任方面的基础性作用。① 在学者的著述中，资本是公司信用的基础，资本是债权人利益的担保，资本多少是判断公司信用高低的标志并决定着公司的责任能力，诸如此类的观点，比比皆是。② 由此，公司立法、司法和法理共同"制造了一个资本信用的神话"。③

然而，仅仅几年之后，公司法学界就开始质疑和反思注册资本的作用。"注册资本只是一个账面数字，它只不过表明股东已经按其出资额履行了其对公司债务的责任。因此，通常所谓的'注册资本是公司承担民事责任的最后一道防线'只不过是一个美丽的童话。"④ "公司资本对公司债权人是虚幻的，是没有实际意义的。有的学者将公司资本称为债权人的'总担保'，这种说法是不确切的。"⑤ 明确揭示公司资本的象征性意义，并

---

① 典型如1994年3月10日《关于企业开办的其他企业被撤销或者歇业后民事责任承担问题的批复》（法复〔1994〕4号）。

② 参见江平主编《公司法教程》，法律出版社，1987，第151页；范健《公司法论》，南京大学出版社，1997，第335页；周友苏《公司法通论》，四川人民出版社，2002，第199页；石少侠主编《公司法教程》，中国政法大学出版社，1999，第86页。

③ 赵旭东：《从资本信用到资产信用》，《法学研究》2003年第5期，第113页。

④ 刘燕：《对我国企业注册资本制度的思考》，《中外法学》1997年第3期，第35页。

⑤ 徐燕：《公司法原理》，法律出版社，1997，第310页。

戳穿其保护债权人利益的虚幻认识，这在 21 世纪初及以后的公司法研究中被普遍认同。有的来源于对国外公司立法和实践经验的更新，有的来源于对公司经营实际的发现，有的来源于对资本信用所赖以保护的目标——债权人利益的检讨，直至将公司资本信用本身作为"一个悖论或者错误的解读"。① 以公司资本信用为基础构建的资本制度体系首先在理论层面开始瓦解。"以资产信用取代资本信用"并"借此取消由资本信用决定的、阻碍公司发展的不合理和不必要的制度和约束，改革现行的资本制度和出资制度，发展和完善公司的财务会计制度，从而实现对公司债权人利益的全面和根本性的保护"。② 这是学界反思后的一个重大理论成果。

　　21 世纪初关于"资产信用"这一命题的提出以及学者在这一命题指导下进行的具体制度研究和理论积淀，终于促成了打破公司资本信用神话并确立资产信用观念的公司资本制度改革。2013 年公司法修改对学界的研究成果进行了较为充分的吸收和提炼，在某些方面甚至超越了学界的预想。注册资本的功能以及与注册资本相配套的原则、规则等在立法和理论层面上均出现更为明显的衰微现象。然而，当立法者和理论研究者将注意力和关注点从公司资本转移开，并以资产信用的观念来构建公司资本制度的法律规范体系时，对这种做法的反思也悄然开启。这种反思源于对资产信用和资本信用的功能性解读："资产信用说"可以打破对资本信用的迷信和相关注册资本制度改进上的犹疑，……但是在提升公司信用维持能力的法律机制方面，"资产信用说"很难作为公司法相关制度措施的理论依据。因为"资产信用说"根本就是一个合同法理论，而非公司法理论。而注册资本制度的应有功能并不是为了以资本信用来涵括甚至代表公司信用，而是通过维持资本信用来实现资产信用的相对确定性。公司资本信用是公司资产信用的组织要素基础和机制内在结构，公司若无资本信用，遑论资产信用。③ 2013 年公司资本制度改革虽然取消了公司资本制度上附加的诸多严格管制，但并未完全抛弃注册资本制度。因此，借助这场改革，重新认

---

①　冯果、尚彩云：《我国公司资本制度的反思与重构》，《中南财经政法大学学报》2003 年第 6 期，第 97 页。

②　赵旭东：《从资本信用到资产信用》，《法学研究》2003 年第 5 期，第 120 页。

③　参见陈甦《资本信用与资产信用的学说分析及规范分野》，《环球法律评论》2015 年第 1 期，第 46、49、54 页。

识注册资本的真正含义，并回归注册资本制度的本来功能，可能是改革过程中被忽略的、改革之后迫切需要完成的任务。

（二）法定资本制的立法坚守与理论选择

在公司资本制度的选择上，中国公司法一直坚守着法定资本制的立场，从 1993 年公司法严格的法定资本制到 2005 年公司法缓和的法定资本制，再到 2013 年公司法修改后彻底的认缴制和分期缴纳制度，都未动摇法定资本制的根基。然而，学界关于法定资本制的批判与授权资本制或折中授权资本制的推崇由来已久。早在 1993 年公司法颁行之前，就有学者主张股份公司实行折中授权资本制，"将确定资本部分的比例规定得大一些，并应强调设立公司发起人的责任。对其授权资本部分，应明确规定其股份发行的时间、程序"。[①] 而这一时期，由法定资本制到授权资本制的改变一度成为现代西方国家公司法的发展趋势之一。因此，国内关于公司资本制度的研究结论几乎较为一致地指向了授权资本制或者折中授权资本制，只是有的观点明确指向折中授权资本制，有的观点承认两种选择的合理性。[②] 然而，无论是授权资本制还是折中授权资本制，都面临域外法律制度移植时的本土适应问题，而这比纯粹理论上的考察要困难很多。2005 年公司法引入"分期缴纳"规则，2013 年公司法修改时强化了分期缴纳，并确立了认缴资本制，学界关于授权资本制或折中授权资本制的提议得到缓冲。

公司注册资本的缴纳方式与法定资本制或者授权资本制、折中授权资本制的选择并没有必然的关系，分期缴纳可以与任何一种资本制相配套。公司注册资本一次发行（强制性规范）和分期缴纳（任意性规范）并存的模式，使中国公司法仍然留下明显的法定资本制的烙印。立法对法定资本制的坚守与学界关于授权资本制或者折中授权资本制的推崇形成明显的反差，但未来公司法资本制度是否会朝着这一方向发展，仍有较大不确定

[①] 王保树：《现代股份公司法发展中的几个趋势性问题》，《中国法学》1992 年第 6 期，第 69 页。

[②] 前者可参见傅穹《公司三大资本制模式之比较及我国公司资本制的定位》，《法商研究》2004 年第 1 期，第 6 页；后者可参见赵旭东《从资本信用到资产信用》，《法学研究》2003 年第 5 期，第 120 页。

性。一则，近年来，英美法系国家在反思授权资本制的弊端和误导性的基础上，逐渐废除授权资本制度，改采更为实用、简洁和灵活的声明资本制，即仅在章程中记载其发行资本的情况。这样的变革必定会对中国公司法学界关于授权资本制或者折中授权资本制的单向度研究产生影响。二则，授权资本制"这一在英美文献中也少见的表述只反映了前端资本发行环节的一个（甚至是可兼容的）差异，相比更为重要的限制公司资产以损害债权人利益的方式流向股东的后端规制，其远不能反映两大法系在债权人保护理念上的本质不同"。① 在公司法坚守法定资本制的当下，我们是否还要模仿、复制授权资本制的理念和做法，并通过构建庞大的其他制度体系维护债权人利益和交易安全，确实是值得反思的。② 在对债权人保护、资本维持原则的法规范体现以及董事义务的履行和判断等问题缺乏完善的规范供给之前，盲目地引入授权资本制或者折中授权资本制，或者以此为参照来批判和检讨现行公司法的资本制度，似乎都是不合适的。中国公司法并未做好迎接授权资本制或者折中授权资本制的准备。认真对待、落实和完善现行法，并在此过程中寻找改革的出口，或许更有实际意义。

（三）公司资本制度的体系化构建

分期缴纳规则缓解了法定资本制下公司资金闲置、股东出资压力巨大等问题，但"在缺乏商业信用积淀的当下中国，公司法在废止最低资本额后引入分期缴纳，但又未提供分期缴付的配套规则，如公司催缴出资以及追究迟延出资股东的法律责任等，可能埋下了日后出资纠纷频发且难解的隐患"。③ 因此，与分期缴纳伴生的弊端的应对问题应当被特别关注，包括"设定较为详尽的催交程序（如通知时间、形式等），以免纷争；公示机制（披露或记载于可查知的公开文本之上），以免隐瞒；责任机制（填补未缴纳股款），以劝诱认股人依约交款；救济与惩罚机制（如没收已缴纳股款），以达矫正或威慑的目的"。④ 2014 年修正的《最高人民法院关于适用

---

① 丁勇：《认缴制后公司法资本规则的革新》，《法学研究》2018 年第 2 期，第 173 页。
② 参见甘培忠《论公司资本制度颠覆性改革的环境与逻辑缺陷及制度补救》，《科技与法律》2014 年第 3 期，第 514 页。
③ 刘燕：《公司法资本制度改革的逻辑与路径——基于商业实践视角的观察》，《法学研究》2014 年第 5 期，第 53 页。
④ 傅穹：《重思公司资本制原理》，法律出版社，2004，第 107 页。

〈中华人民共和国公司法〉若干问题的规定（三）》（以下简称"公司法解释三"）适应公司资本制度改革而对部分出资问题作了补充性的司法解释。然而，这些改革举措和配套制度"并未触动长期以来以实缴制为规制模型的公司法资本规则体系。改革不彻底导致的结果是，传统的实缴制规则无法适应认缴制下公司资本不再对应实缴出资而只对应未到期的出资请求权这一资本结构"。① 更为重要的是，"这些分段分片建构的司法解释小体系，尚未组合形成可以涵盖整个公司法条文范围的大体系，只是在整个公司法条文的大体系上，间或揳入几个由司法解释构成的补丁状小体系，反倒使公司法整体上失去了立法时所建构的规范疏密状态，从而影响公司法的均衡实施"。② 因此，出资催缴制度和资本责任制度的完善应当作为未来一段时间内公司法研究的重要议题。

从实缴制到认缴制的转变只是公司资本制度改革的第一步，这一步容易让人把注意力集中在认缴制下股东认缴压力的解放方面，而忽略实缴资本的价值③以及与实缴资本相关联的制度规范的构建方面。最突出的表现就是，公司法仅要求认缴资本登记，实缴资本的登记未作强制性要求。然而，"要论及法律效力与效果，实缴资本较之认缴资本更为显要、更具实际价值，设定公示程序的必要性和理由更为充分。……不采公示手段，实缴资本的确定和变更就是公司封闭控制的暗箱作业，就会造成内部行为效力外化的不公正结果。……可以想见，在我国目前的商业诚信境况之下，缺少公示程序的实缴资本极有可能演变成两种极端的结果，或者成为某些投机者实施商业欺诈的工具，或者成为无人相信、不具任何交易价值的垃圾信息"。④ 因此，在资本制度的体系化构建方面，除了实体规则的完善之外，实缴资本的登记和公示问题绝不能废弃或者放松。当然，基于商业实践的考察，是否可以考虑在公司设立时对实收资本采取形式审查方式，使实收资本的变更登记与企业公示系统同步进行，从而确保公司登记机关签

① 丁勇：《认缴制后公司法资本规则的革新》，《法学研究》2018 年第 2 期，第 155 页。
② 陈甦：《司法解释的建构理念分析——以商事司法解释为例》，《法学研究》2012 年第 2 期，第 8 页。
③ 关于实缴资本的法律效用和经济效用，请参见陈甦《实缴资本的多重效用及其保障措施》，《法学杂志》2014 年第 12 期。
④ 赵旭东：《资本制度变革下的资本法律责任——公司法修改的理性解读》，《法学研究》2014 年第 5 期，第 26 页。

发、变更营业执照或者办理股权确认与出质登记事宜时，在逻辑上与流程上都更加合理，① 值得认真研究。

此外，因股东出资而形成的法律关系在主体范围和责任性质上如何界定，债权人代位权理论能否用来论证股东出资加速到期的合理性，公司人格否认制度可否用于确定违反出资义务的股东对公司债权人承担责任，公司法解释三第 13 条第 2 款和第 14 条第 2 款所规定的"公司债务不能清偿"与破产法的规则是否存在矛盾和冲突，②等等，这些疑问的存在提示我们，公司资本制度的体系化构建不应限于资本制度本身的考察，还应将视角扩展至其他公司法制度，甚至民商法制度。

五　竞争与发展中的公司法

从中国公司法的改革历程来看，不管是条文的变动还是制度的新设，其一直都在突破和创新。公司人格否认制度突破了股东有限责任的庇护，一人公司的引入突破了公司的团体性，股东派生诉讼的运用对民事诉讼的制度体系造成了冲击，等等。这些制度创新在"量"的变化之外，还引发了公司法与公司法理论现代化的"质"的变化。可以说，这些制度及其理论已成为公司法现代化的元素。③ 然而，在国际竞争的大环境下，中国公司法面临着前所未有的变革压力，如何在提升国际竞争力和改善本土适应性的情况下，推进公司法改革的进程，无疑是一个宏大且艰巨的课题。

公司法改革首先要关注国际竞争所带来的挑战。在这方面，公司治理趋同的理论假设所引发的论战值得我们思考。学界以此为契机对全球公司治理立法的考察，尤其是对美国公司立法的检视和反思性研究，在很长一段时间内都将是中国公司法改革不可忽视的外部因素。只是比较研究往往

---

① 参见刘燕《公司法资本制度改革的逻辑与路径——基于商业实践视角的观察》，《法学研究》2014 年第 5 期，第 55 页。

② 有学者称其为隐性破产规则，并从破产法角度对其正当性进行分析。参见韩长印、何欢《隐性破产规则的正当性分析——以公司法相关司法解释为分析对象》，《法学》2013 年第 11 期。

③ 参见王保树《公司社会责任对公司法理论的影响》，《法学研究》2010 年第 3 期，第 85 页。

陷入为论证需要而选择性比较的困境。在关于控制股东诚信义务的研究中就有这一现象：赞成者援引支持该观点的立法、理论学说或司法裁判，反对者援引否定该观点的立法、理论学说或司法裁判，而该制度在域外立法、司法和理论发展中的完整状态在学者的选择性比较中被忽略了。比较研究的不完整性、偏向性降低了比较研究成果的价值，也会误导公司法改革中具体制度的走向。

公司法改革是理论积淀与实践积累共同作用的结果，当然也要回归理论和实践进行检验。在某种程度上，制度创新的实效性考察应是公司法改革后相当长一段时间内学术界与司法界的主要任务。近年来，以案例整理、分析为主的实证研究比较活跃。然而，"实证研究并不等同于数据统计的经验式研究，缺乏理论深度的'实然'描述，无助于知识总量的增长，脱离了理论抽象的数据调查，终将随着时间的流逝而被新的数据所替代"。① 因此，如何防止实证研究的空洞化、如何提取有用的研究资料为理论论证提供素材、如何将实践中积累的经验上升为法律条款，尤其是在公司法基本理念的指导下整合实证研究的资料，形成一个和谐统一并能不断发展的规范体系，还要作更多的准备、经历更多的试验。实践是发展的，理论也是发展的，不管是理论推动实践的展开，还是实践促动理论的更新，中国公司法都应在发展中实现变革。

公司法的规则供给与需求之间的矛盾是推动公司法改革的永恒的动力。这不仅意味着现有规则的适应性修改，也意味着新规则的引入。然而，在此必须首先识别公司法的规则需求是什么。理论上的推演、域外经验的考察、实践问题的发掘等都可能产生所谓的规则需求，但不能完全被动地、急迫地"满足"这种需求，必须首先判断真实的规则需求与虚假的规则需求、合理的规则需求与过度的规则需求，否则很容易陷入盲目立法的窘境。比如，近几年学界关于董事义务的研究已经不再局限于如何完善注意义务和忠实义务的判断标准，而扩展到在二元化的董事义务之外引入诚信义务，以解决董事注意义务和忠实义务规范无法涵盖的所谓董事结构性偏见问题，② 抑或借鉴

---

① 雷鑫洪：《方法论演进视野下的中国法律实证研究》，《法学研究》2017 年第 4 期，第 107 页。

② 参见朱羿锟《董事会结构性偏见的心理学机理及问责路径》，《法学研究》2010 年第 3 期，第 102 页。

美国法的最新经验，适当扩充董事忠实义务范畴；或是参考日本法的做法，视"忠实义务"为"注意义务"的一个特殊要求，将注意义务范畴进行扩大。① 中国公司法关于董事注意义务和忠实义务的规范比较粗糙，在穷尽董事义务的法律规范仍无法应对司法实践中的规则需求之前，重构董事义务的规范体系似乎过于激进、仓促。在中国公司法的语境下，无论在立法层面还是司法层面，董事义务规范的侧重点都应当放在如何落实现有法律规范方面。对于实践中出现的某些所谓的规则缺失或法律漏洞，也应首先考虑通过司法解释、案例指导等方式进行局部的、稳健的适应性改革或可行性尝试，剧烈的制度革新不应作为中国公司法改革的一个常态的选项。

---

① 参见梁爽《董事信义义务结构重组及对中国模式的反思——以美、日商业判断规则的运用为借镜》，《中外法学》2016 年第 1 期，第 219 页。

第一编　公司自治

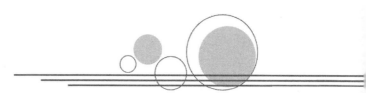

公司法的合同路径与公司法规则的正当性[*]

罗培新[**]

摘　要： 新古典主义经济学的公司合同理论认为，公司是一组合约的联结，多方博弈的结果将创造出内生性合理秩序，不应强行加入外生性制度安排。然而，与普通合约迥然相异的是，公司合同是长期合同和关系合同，存在着诸多漏洞，仅靠合同法并不足以保障各方预期。作为公司合同的模本机制和漏洞补充机制，公司法补充而不是代替了公司参与方的合约安排。因而，立法者只有按照合同的规则和市场的路径来进行公司立法，公司法规则才能获得正当性。

关键词： 公司合同　公司法　正当性

对公司法研究感兴趣的学者，应当不会忽略这样一场影响深远的论争：1988 年 12 月 9 日，美国哥伦比亚大学法学院法律经济学研究中心举行了主题为"公司法中的合同自由"的研讨会。美国公司法学界极富影响的代表人物罗伯特·C. 克拉克（Robert C. Clark）、弗兰克·H. 伊斯特布鲁克（Frank H. Easterbrook）、丹尼尔·R. 费舍（Daniel R. Fischel）、杰弗里·N. 戈登（Jeffrey N. Gordon）、约翰·C. 科菲（John C. Coffee）、梅尔

---

[*]　本文原载于《法学研究》2004 年第 2 期。
[**]　罗培新，中国社会科学院法学研究所博士后。

文·阿伦·爱森伯格（Melvin Aron Eisenberg）等，纷纷对"公司法中合同自由的界限"这一在学术上饶有兴味，在实践中又极富意义的论题，展开了针锋相对的论战。①

这一论战缘于美国公司法律实践引起的公司法理论上的重大困惑。1985 年，在特拉华州最高法院审理 Smith v. Van Gorkom 一案②之后，业界认为该法院对信义义务的解释太过严苛。为缓解来自公司董事层的批评，特拉华州立法机关颁布了一项旨在减轻董事义务的法令，授权公司可以通过修改章程的方式，对董事违反注意义务而导致的金钱损害赔偿责任，予以限制或者取消。③ 长期引领美国公司法变革之风的特拉华州这一举动，旋即引发了减轻董事责任的风潮。连董事的法律责任都能通过合同而免除，公司法框架内的合同自由是否还存在边界？如果没有边界，在合同法和侵权法之外，公司法又有什么存在价值？

从历史上看，特拉华州的这项法令只是一个触发点。事实上这场论战蓄势已久，而且在此之前已有多次交锋，但多呈零散之势。而1988 年发生于哥伦比亚大学的这次集中研讨，淋漓尽致地揭示了这一论题的丰富性和复杂性，也极大地暴露了双方的优势和弱点。其中，经济学帝国主义侵入传统的公司法领地所引发的、几乎是规律性的公司法学者的防守和反击，以及法律经济学者在传统公司法学者毫不相让的诘问下的窘迫和反思，在给人以思想愉悦的同时，也带来了方法论上的启示：我们究竟应当如何认识公司法？应当遵循怎样的路径去创造公司法规则？

在公司法相对发达的英美国家，这一论战远没有结束，而且似乎永远也不会结束。市场的灵活多变，造就了公司法的相对不确定性。正如美国前证监会主席亚瑟·莱维特在联邦储备银行所作的演讲中指出的，几乎没有明确的做法和方案可以确保产生有效的公司治理结构。即便是英美等公司法发达国家，也一直在顺应经济发展状况，不断地修改公司法，以努力

---

① 这场论战的详细资料，请参见 *Columbia Law Review*，1989，No. 7。

② 488 A. 2d 858（Del. 1985）.

③ 65 Del. Laws 289（1986），codified principally at Del. Code Ann. tit. 8，§ 102（b）（7）.

寻求最佳的公司治理范式。①

在我国，公司法的修订已迫在眉睫。2003年6月16日，全国人大常委会将公司法的修订列入"抓紧时间研究起草、待条件成熟时适时安排审议"的30件法律草案之一。遵循怎样的修改路径，才能为公司提供最优的制度安排，无疑是当下必须考虑的重大问题。

一　我国公司法修改的背景分析

（一）管制型的公司立法模式

20世纪90年代初，我国处于计划体制向市场体制转轨的关键时期。作为基本市场主体的大量国有企业要转换经营机制，建立现代企业制度，两项要素就显得极为重要：资本金向国企的排他性注入和保证这一目标实现的法律制度安排。因而，和大多数新兴市场经济国家一样，在这个经济转轨的特定阶段，我国一直强调证券市场是一个融资市场，承担着国企改革脱困的重任。1993年颁布的公司法即承载了这一功能，其规定中的历史痕迹随处可见。如第152条规定，股份有限公司申请其股票上市必须满足的条件包括：公司股本总额不少于人民币五千万元；开业时间在三年以上，最近三年连续盈利等。而由原国有企业依法改建而设立的，或者本法实施后新组建成立，其主要发起人为国有大中型企业的，可连续计算。通

---

① 公司制的发祥地、长期引领风气之先的英国，惊醒于本国公司立法之陈腐守旧，自20世纪90年代始，连续完成五份长篇报告，对英国的公司治理进行了全面的反省，分别是1992年的Cadbury Report，1995年的Greenbury Report，1998年的Hampel Report，1999年的Turnbull Report，以及由贸易工业部（DTI）于2001年6月作出的最终评估报告Final Report—Modern Company Law：For a Competitive Economy。其实，英国公司法自1844年颁布以来已经经历数十次改革，但最近的改革与以前迥然不同，既不是部分条款的修补，也不是若干法规的合并，而是由贸易工业部（DTI）的筹划小组根据当今经济技术发展的需要，对公司法全部内容进行的全面、深入、实质性的审查。最终评估报告的内容不仅涉及成文法，还包括数百年来形成的卷帙浩繁的判例法规则。此次公司法改革目标明确：公司法规则应有利于资源配置效益的最大化，讲求经济效率。为此，公司法的内容和形式均应该删繁就简，减少不必要的法律管制，增强法律规则的灵活性，以减少执法的成本，提高组建公司和经营管理公司的自由度，以适应现代市场竞争的环境。英国在世纪之交着手进行的这一市场取向的公司法改革耐人寻味。同样，美国司法判例的造法功能，更使得相关规则得以灵活迅速地发展完善起来。

过这些上市门槛的规定，就基本上把非国有企业挡在了门外。因为受政治意识形态的影响，非国有企业在银行贷款等金融政策上得不到扶持，起步较晚，其发展规模和盈利记录，在 90 年代初尚达不到上述要求。

　　另外，长期的计划模式使得政府在推进国企公司化改革方面的知识和经验准备不足，政府担心国有资产流失的深重忧虑①直接促成了管制型的公司立法。如我国公司法中详细规定了股东会、董事会、经理的职权以及股东会、董事会的召开条件，甚至对哪些事项应由持股多少比例的股东通过，公司法也作了一体规定。有学者统计，公司法"股份有限公司的设立和组织结构"一章共设 56 个条文，条文中出现"应当"43 处、"必须"11 处、"不得"17 处、"严禁"1 处，而出现"可以"仅 13 处；"有限责任公司的设立和组织结构"一章共 44 个条文中，"应当"为 23 处、"必须"3 处、"不得"16 处，"可以"则为 12 处。② 公司法的管制色彩之浓、公司内部合约空间之狭小，由此可见一斑。除此之外，公司法还就公司上市、发行新股、公司退市的标准和条件等市场化极强，在国外通常由交易所上市规则规定，因而便于根据市场变化而调整的事项，作出了刚性的规定。

　　显而易见，公司法颁布之初，在为国企改革提供制度框架的指引下，政府目标取代了法律原本应有的制度建设目标。而我国政府历来拥有广泛的行政权力，同时肩负着繁重的社会责任，发展地方经济、创造就业机会、维护社会稳定，毫无例外地成了每一届政府的头等大事。在各级政府事实上行使着各级国有企业（公司）产权的情况下，行政安排介入公司的行为可以合乎情理地演化为大股东行使股权的行为，在这个意义上，一味地苛责政企不分，理论上似乎是存在问题的。在这种情况下，在国有企业向公司制转化以及国有公司相当长的存续时期里，为其提供制度安排的主要是中央政府和各级地方政府的行政决定。从公司上市到企业兼并、破产，处处都活跃着政府的影子，公司法只是作为一种制度框架而存在。于是，国有企业的公司法制演进，主要体现为一种政府主导型的行政意志变迁，而远非西方成熟市场经济国家的市场变迁。

---

① 我国公司法第 4 条规定，公司中的国有资产所有权属于国家。这一规定虽然只是宣示性的，却真切地体现出了管理层担心国有资产在公司化过程中大量流失的隐忧。

② 汤欣：《论公司法的性格——强行法抑或任意法?》，《中国法学》2001 年第 1 期。

与此同时，绝大多数公司的国有性质，使得市场主体本身对于规则的可预期性需求也并不强烈。这部分解释了为什么在 10 年间，尽管市场发生了巨大的变化，但作为市场主体法的公司法规则却未有大的变动，而仅仅在 1999 年修改了区区两条。政府对市场的政策微调，已经使得公司法的部分规则"边缘化"。对此有力的解释是转轨经济呼唤软性规则，如学者指出的，"在改革过程中，许多法律制度和程序都尚未定型，如果采用法律的方法，可能会增加改革的成本，特别是时间方面的成本"。① 换言之，在经济转轨时期，行政措施远比法律手段富有成效。

（二）政府主导型公司制度供给的弊病分析

政府主导型公司制度供给的范式，的确具有历史合理性，但其弊病也显而易见。

第一，任期制约下的政府所追求的短期效应与制度建设的长期性要求，不可避免地存在矛盾。行政决定所固有的不稳定性，严重破坏了人们对市场规则的预期。而且，中央政府内部各种利益的错综交织（典型如财政部与证监会对上市公司的权力分配问题）以及随着经济形势变动其主导地位的交替更迭，共同构成了中央政府制度供给的利益驱动力，从而形成了我国独特的公司制度供给不连续现象。

第二，在我国中央和地方的行政分权体制下，拥有相对独立利益和一定资产配置权的地方政府，在我国公司制度供给中发挥着特殊的作用。中央政府必须从政治、经济、社会等方面全盘考虑，而地方政府则只对本地区的经济发展负责，不必对其他地区负责，更不必对宏观经济的稳定负责。基于税收利益和地方形象或社会稳定的考虑，地方政府往往对本地公司给予特殊优惠政策。而且，在对上市公司的规范化运作方面，地方政府也往往并不是中央政府政策不折不扣的实施者，上市公司作为本地面向全国的"圈钱窗口"，是本地政府财政的利税大户，地方政府对上市公司的一些不规范行为，如通过会计造假而"圈钱"等采取了纵容、包庇甚至鼓励的态度。

---

① 参见吴志攀教授为法学论丛"国际金融法系列"所写的总序；于绪刚《交易所非互助化及其对自律的影响》，北京大学出版社，2001，总序部分第 2 页。

第三，法院解释公司法的作用受限。在英美国家，法院判例本身即构成了公司法的渊源。也许正是由于这个原因，出于创立规则的慎重，司法扩张和司法谨慎贯穿于英美国家公司法的发展历程。在公司法合同自由化倾向愈加明显的同时，司法对公司运作的介入也越发积极，起到了"弥补合同缝隙"、"解读隐含公司合同条款"的作用。在我国，尽管成文法体例不允许法官造法，但丰富的司法实践还是生发出许多规则形成的契机，又通过最高人民法院批复成为具有裁判指导意义的规则。在这个意义上，司法解释也可被视为公司法。而各地方法院对公司法的理解和运用，也发挥着相当多的弥补公司合同缺漏的作用。然而，由于政府主导着公司的制度供给，而法院的裁判行为在相当程度上受制于政府目标，判案时必须考虑社会稳定因素，即所谓追求"社会效益"，因而司法判断不可避免地受到了地方政府的诸多影响。而且地方各级司法机关的财政和人事权都隶属于地方，在实践中，地方党委和地方政府的人事部门拥有地方司法机关主要领导干部的推荐权或指派权，这种权力结构和权力隶属、依附关系更使得地方司法机关无力抗衡地方政府的权力干预。因而，在某种程度上，地方政府的判断，可能成为地方法院审理具体案件的准则。在司法地方化的情形下，原来"合同漏洞补充"意义上的对公司运营的司法介入，极可能被异化为变相的行政干预。而且，政府对短期效应的追求，在本质上是排斥司法的，因为法院裁判为市场参与主体建立起的长远市场预期，正是处于转轨时期的政府所着力避免的。

但是，制度转型终有结束之日。加入 WTO 后，国民待遇、透明度等外生性约束规则的导入，大大强化了我国经济的市场化取向改革。企业产权主体明晰、政府的社会管理职能和出资人职能相分离、减少各种隐性和显性的政府补贴，已经成为我国企业改革的必然要求。以此为背景，2003年 7 月 10 日，瑞银证券亚洲有限公司投下了 QFII 对中国 A 股的第一个买单。2003 年 10 月 14 日结束的十六届三中全会则再次强调指出，要"大力发展混合所有制经济，实现投资主体多元化"。可以想见，国有股一元垄断格局被打破后，公司参与方对规则的可预期性要求将大为提升，这些都将带来中国公司法从管制型向市场导向型的全面转轨。而就在此经济转轨过程中，有关公司法案件已经层出不穷：爱使公司限制股东的董事提名权、郑百文重组合约剥夺股东半数股份、嘉兴五芳斋公司担保引发董事百万个人责任、司法叫停方正科技股东会等一系列引起广泛争议的事件，无不昭示着我国公司立法准备之不足。公司法应遵循怎样的修改路径，已成为目前不容回避的现实问题。正是在这一意义上，公司合同理论的实践意义得以凸显。

二　公司合同理论及公司合同的基本属性

（一）公司合同理论：基本观点及思想渊源

早在 20 世纪 30 年代，科斯就曾提出一项被后人称为是公司合同理论的奠基性见解。在 1937 年《企业的性质》（Nature of the Firm）这篇文章中，他指出，企业和市场是合约的两种形式，企业内部科层制的组织形式，起到了很好地协调合约各方、减少交易成本的作用。时隔近 40 年，这一见解得到了广泛的关注。20 世纪 70 年代，阿尔钦（Alchian）、德姆塞茨（Demsetz）、詹森（Jensen）和麦克林（Meckling）等通过公司合同理论，将公司的内部行为，导入了新古典经济学的研究视角，正式开创了"公司合同理论"。

公司合同理论主张，公司"乃一系列合约的联结"。这一系列合约关系，根据詹森和麦克林的见解，包括法律拟制物（企业）与原材料或服务的卖方签订的供应合同，同向企业提供劳动力个人签订的雇佣合同，同债券持有人、银行及其他资本供应方签订的借贷合同以及同企业产品的买方签订的销售合同。包括文字的和口头的、显性的和隐性的、明示的和默示的各种合约。[①] 1972 年，阿尔钦和德姆塞茨在美国《经济学评论》上发表了《生产、信息费用和经济组织》（Production，Information Costs，and Economic Organization）[②] 一文，同时，詹森和麦克林在《公司理论：管理行为、代理成本和所有权结构》（Theory of the Firm：Managerial Behavior，Agency Costs and Ownership Structure）一文中关于公司理论的阐析，也堪称

---

① Jensen and Meckling，"Theory of the Firm：Managerial Behavior，Agency Costs and Ownership Structure"，3 *J. FIN. ECON.* 305，360（1976）.

② Alchian and Demsetz，"Production，Information Costs，and Economic Organization"，62 *AM. ECON. REV.* 777（1972）.

分水岭之作。① 这两篇论文后来分别被认为是公司合同理论的两个分支——交易费用理论和委托代理理论的代表之作。

根据公司合同理论，公司作为一种合同机制，之所以能够取代市场，是因为公司内部的科层序列很好地降低了合同各方的交易成本。这一理论中公司合同的基本分析单位是个人，即各个合同方，而股权只是公司这一合同联结体的诸多投入要素之一，其他还包括资本、经理才能、劳动力和原材料等。公司合同理论认为，市场竞争的结果将达成最优的合同安排，而不需要国家法律的介入，正如威廉姆森所言，政府没有任何特别的权力来取代公司组织结构的创新。

将公司合同理论放到合同自由的思想长河中，不难看出该理论与自由主义大师哈耶克所提倡的"自发秩序"② 观一脉相承。根据哈耶克的政治哲学，个人追求自己的利益将自发地形成社会秩序，更高层级的权力组织无须向他们发号施令。与外部秩序相对应的外部规则，尽管是人类社会秩序所不可或缺的治理工具，但是它绝不能因此侵扰或者替代内部秩序得以生成并维续的内部规则，否则自生自发的内部秩序和植根于其间的个人行动自由，就会蒙受侵犯并遭到扼杀。哈耶克得出这个结论的一个关键理由是，现代社会结构的复杂性，远远超过了刻意安排的组织所能达致的任何程度，它并不是依赖于组织，而是如同自生自发秩序那般生成发展。③

新古典主义经济学将自生自发社会秩序观导入公司理论中，认为合约化了的公司，其秩序来源于市场经济人的合约安排，而不是更高层级权力机构的计划和命令，包括法律的制度安排。在某些方面，他们甚至比哈耶克走得更远。例如，哈耶克还把公司视作"组织"（Organization），而他们却只把公司视为合约联结的虚体，由公司合同方通过断断续续的合约安排来实现自己的利益，而公司正形成于这些数量众多的、呈原子状态的公司

---

① Jensen and Meckling, "Theory of the Firm: Managerial Behavior, Agency Costs and Ownership Structure", 3 *J. FIN. ECON.* 305, 360 (1976).

② 参见 Hayek, *Law, Legislation and Liberty: Rules and Order* (2), The University of Chicago Press, 1973, pp. 11, 289. 对于哈耶克而言，公司存在本身，即足以说明其为个人服务的目的。

③ 参见 Hayek, *Law, Legislation and Liberty: Rules and Order* (2), The University of Chicago Press, 1973, pp. 19, 113. 转引自邓正来《社会秩序规则的二元观——哈耶克法律理论的研究》，《北大法律评论》1999 年第 2 期。

合同之中，① 因此不应当存在更高层级的机构凌驾于这些个体之上。

将公司合同理论置于自由经济理论的长河中，其思想脉络清晰可循。但在这种自由化倾向下，公司法辖制公司的正当性基础何在？公司合同的基本属性，对此提供了比较合理的解说。

（二）公司合同的基本属性

根据公司合同理论，公司只是各项合约的一个联结点。② 既然如此，从理论上说，只要有旨在保护合约各方预期的合同法就已足够了，为什么在合同法之外，还必须另设公司法？这必须从公司合同的特殊性中寻求解释。

1. 公司合同是长期契约

与大多数即时清结的民商事合同迥然相异的是，公司合同是长期契约，除非发生特殊情形，公司将永远存续。公司合同的长期性，使得在完全的合约自由下，合同的订立和履行机制都存在种种问题。

其一，在立约机制方面，对于闭锁公司（在我国的公司法中指有限责任公司）而言，尽管因为股东人数较少而合意相对充分，但他们事实上无法完全预见公司长期合同的种种细节，并作出相应的规定。而且在企业运行之初，股东各方通常沉浸在一种轻率的乐观主义和共同的良好意愿气氛中，彼此都不愿提及可能面对的争议事项，因为这可能带来导致合作夭折的悲观气氛。同样，立约合意的缺陷，对于公众公司（在我国的公司法中指股份有限公司）而言，更是有过之而无不及。股东人数众多，而且大都另有正业，理性的冷漠、信息的不利偏在，都使绝大多数股东宁作壁上观。此外，即便体现为公司章程的公司合同设有明文，但由于各方理解不一，也会存在种种问题。凡此种种，均表明公司合同与当事人合意自由之间存在矛盾和冲突。如果只是依靠公司成立时的一纸合约来处理公司发展过程中潜在的种种机会主义行为，则表面上是在执行公司合同，保护股东预期，而事实上却恰恰违背了股东各方的合理预期。

---

① Meckling, "Values and the Choice of the Individual in the Social Sciences", 112 *Schweizerische Zeitschrift Fur Volkwirtschaft Und Statistik* 148 (1976).

② Jensen & Meckling, "Theory of the Firm: Managerial Behavior, Agency Costs and Ownership Structure", 3 *J. FIN. ECON.* 305, 360 (1976).

公司合同的长期性使得其合约机制存在天生的缺陷。即便是力主自由放任思想的约翰·密尔也承认长期契约中自由意志的局限："个人是自身利益的最好法官，但这一原则的例外情形是：个人试图在当前作出一项不容更改的判断，即在某一未来甚或长远的未来中，什么是他的最佳利益的判断……当约束人们的契约规定的不只是简单地做某事，而是在一个相当长的期间内持续地做某事，并且本人没有任何权力撤销这一约定时，我们就不能假定这一契约是他们自愿达成的，否则将十分荒唐。"① 密尔的这一论述获得了经验的支持。基于经验证据的调查，肯尼思·阿罗（Kenneth Arrow）得出结论："对于未来将会出现的无数意外，个人无法完全认知，这是一个值得赞赏的假定；简而言之，大量的证据倾向于认为，的确存在低估不确定性的倾向"。② 换句话说，当把现在的效益和成本的价值衡量与未来的效益和成本的价值衡量进行比较时，就容易犯系统性错误，特别容易低估风险。

由于长期契约所固有的这种系统性错误，尽管闭锁公司中股东合意相对充分，也不可以将公平价值之维护完全系于股东各方的意思自治，而必须保留一些强制性规则，如大股东对小股东的信义义务等，这正解释了公司法部分规则的强制性。

其二，在履约机制方面，即使在公司合同初始阶段各方合意是相对充分的，但事实上相当部分的合约随后都会被改变。如改变公司注册成立地、增加或减少注册资本、聘任或者解聘董事等。而这些公司合同的后续修改机制存在重大的合意问题。

这些改变合约的建议，一般是由现任管理层提出，然后由股东投票通过。但股东通过投票控制公司合同的不当变更这一做法虽然在一定范围内有效，却远非尽善尽美。因为从理论上说，只有合同方获取全部收益，同时承担全部成本，这样的合同变更才能充分体现合同方的意志，但公司合同的履行机制显然无法满足这一条件，最大的障碍是代理成本（产生第三方效应）和集体行动问题。代理成本问题存在于两个层面。第一，股东无法获取其投票所产生的全部收益，也无须独自承担投票所

---

① John Stuart Mill, *Principles of Politicol Economy with Some of Their Applications to Social Philosophy*, Aseley (ed.), Longmans, Green, and Co., 1920, p. 75.

② Kenneth Arrow, "Risk Perception in Psychology and Economics", 20 *Econo. Inquiry* 1, 5 (1982).

产生的全部不利，所以理性的冷漠、不负责任的投票甚至股东诉讼敲诈等情形都存在于公司合同之中。第二，董事等管理层没有获得作为代理人的全部回报，这使得其存在怠惰、以权谋私等种种有损股东利益的行为。故而，即使是由股东投票批准改变公司合同，也可能并不反映其真实的意志，因为公众公司中的散股股东完全没有足够的时间、信息和激励来审议所有的动议。

总体而言，由于公司合同的长期性，合同任一方都无法预见合同各方将为公司所作贡献之大小，因而也就无法事先分配各方应得的收益。事实上，在公司合约履行过程中，有些参与方兢兢业业、善始善终，另有些则中途谋变，提前结束合约，这种团队生产带来的贡献非均衡性，更使得事先分配各方收益变得极不现实。而且，如果事先就收益作一体划分，则无论公司合约方努力与否，其合同收益都将保持不变，这反而会鼓励搭便车行为。

以上分析表明，在解释公司合同的成立、履行、修改等方面的问题时，传统的合同机理已经显得捉襟见肘。所以许多经济学家也往往把公司看作一项不完备的契约。在经济学上，完备的契约是指准确地描述了与交易有关的所有未来可能出现的状况以及每种状况下契约各方权利和责任的契约。在韦伯的眼里，这只是一种理想型的合约，在现实世界中并不存在。格罗斯曼和哈特则认为，契约的不完备主要归因于以下三点：第一，由于个人的有限理性，契约不可能预见一切；第二，由于外在环境的复杂性、不确定性，契约条款不可能无所不包；第三，由于信息的不对称与不完全，契约的当事人或契约的仲裁者不可能证实一切，这就造成了契约激励约束机制的失灵。[①]

在这里，引述布鲁德尼（Brudney）和克拉克（Clark）的一句话无疑是极为贴切的：公司法包含着立法者的一项假定，即公司法有自身的特性和路径，而不主要是蕴藏着公司合同方的明示或默示的同意。[②] 所谓公司法在本质上具有合同属性，这只不过是一项隐喻，就如同哲学中关于社会

---

① 转引自刘宝明等《论中西方产权研究的不同范式及产权残缺——一个理论框架及其对分析我国国有企业改革的意义》，《清华大学学报》（哲学社会科学版）1999 年第 2 期。

② Brudney, "Corporate Governance, Agency Costs, and the Rhetoric of Contract", 85 *Colum. L. Rev.* 1414 (1985).

的契约理论一样。①

2. 公司合同是关系契约

传统的合同观念都奠基于这样一个前提：合同是不连续的交易行为，存续时间较短，人际接触极为有限，交易标的容易测度。② 其典型的情形是简单的即时清结合同，各方当事人在这种合同中能够将未来的各种因素都提前纳入缔约时的考虑范围，并据此明定交易规则，以求拘束各方。美国社会法学家麦克尼尔（Macneil）最早将这种情形称为"提示法"（presentiation）。而不管是以威利斯通（Williston）为代表的古典主义合同法学者，还是以卡宾（Corbin）为代表的新古典主义合同法学者，都主张合同各方在缔约之时，必须细为考量将来的各种情形，并以合意为基础，将其一体纳入合约范围。如果事后生变，也必须重新协商，修改合同，否则原来的合同将一体适用，甚至可达数年之久。③

正因为如此，不论是在欧陆法系还是英美法系，契约都构建于承诺——过去的意思表示行为之上。④ 然而，建构于约因、合意（要约加上承诺）等核心要素基础之上的正统契约法，在解释公司合同这一长期契约时，却暴露出了许多致命的缺点：许多合同长期存续、合同各方接触频繁、其利益需求因外界情形变化而随时调整，而且这种契约的存续也并不以明确的承诺为前提。这种传统合同法无法解释的合同，被麦克尼尔教授称为关系合同，包括婚姻、雇佣、特许权、合伙等合同。⑤

麦克尼尔教授把契约现象分成两种理想的形态：个别契约和关系契约。个别契约意味着"除了物品的单纯交换外当事人之间不存在关

---

① Clark，"Agency Costs Versus Fiduciary Duties"，in *Principles and Agents*：*The Structure of Business*，J. Pratt & R. Zeckhauger ed.，（1985），p. 61.

② Paul J. Gudel，"Relational Contract Theory and the Concept of Exchange"，46 *Buff. L. Rev.* 763（1998）.

③ 参见 *A Contracts Anthology*，Peter Linzer ed.，2nd ed. Anderson Pub. Co.，1995，p. 92。

④ 根据法国民法典第 1101 条的规定，"契约是一种合意。根据这种合意，一人或数人对于其他人或数人负担给付、作为或不作为的债务"。这种定义代表了欧陆法系对契约的认识。美国第二次契约法重述也对契约下了一个经典定义："所谓契约，是一个或一组承诺，法律对于契约的不履行给予救济或者在一定的意义上承认契约的履行为义务。"

⑤ 参见 Paul J. Gudel，"Relational Contract Theory and the Concept of Exchange"，46 *Buff. L. Rev.* 763（1998）。在该文中，作者对 Ian R. Macneil 教授的著作 *Contract*：*Exchange Transactions and Relations* 赞誉有加。

系"。① 这种范式在新古典主义微观经济学理论的交易行为中可以找到，但这种一次为限的个别契约，其实在现代社会中并不普遍，契约行为应当理解为从个别交易到关系性交易的有阶段的连锁，即一切契约都必须在社会关系中才有实质的意义。麦克尼尔指出，研究契约必须从源头着手，而源头就是社会，但这却常常为经济学和法学所遗忘。"在这两门学科中我们的记忆力之所以经常有偏差，都是因为我们像吸食海洛因上瘾一样地只注意到个别性的交易。"② 事实上，在社会经济实践中，处于继续性伙伴关系中的当事人一般都将许多契约条款悬而不决，留待今后根据商业需要再随机应变。正如威斯康星大学教授怀特佛德（William C. Whitford）在评论麦克尼尔对于契约法学的贡献时指出的那样，"与其将一切进行一次性处理，不如把重要的条款委诸交涉、同时容许以多种方式进行履行并依次达成合意，这样更有利于当事人"。③ 在关系合同中，合同各方在任何一个时间点上并没有，也不能被期望能够预料到将来会发生的种种情形，而只可能将这种关系，视为在很大程度上尚属未知领域的整体行为的一部分。④ 只要缔结这种关系，就不能期待一次缔约，终身受用，而必须应时而变。所以，与传统合同论者主张合约各方受合约的初始条款拘束不同，关系合同论主张合同各方的权利和义务，处于一种开放式的修正状态当中。

特别应引起注意的是，麦克尼尔把企业组织也视为关系性契约的典型。根据他的主张，公司不仅是契约主体，这种组织本身就是契约关系体，而介于市场和企业之间的关系性活动是关系合同生长和发展最肥沃的土壤。公司，特别是闭锁公司中股东之间形成了紧密的合作关系，他们之间的预期随着合作的深入、公司的发展变化而随时进行着调整。这种预期的变化和调整，无须，事实上也无法以书面合同的方式加以固定。而且，

① 〔美〕麦克尼尔：《新社会契约论》，雷喜宁、潘勤译，中国政法大学出版社，1994，第10页。

② 〔美〕麦克尼尔：《新社会契约论》，雷喜宁、潘勤译，中国政法大学出版社，1994，第10页。

③ 转引自季卫东《关系契约论的启示（代译序）》，载〔美〕麦克尼尔：《新社会契约论》，雷喜宁、潘勤译，中国政法大学出版社，1994。

④ Ian R. Macneil, *Contracts*: *Exchange Transactions and Relations*, 2nd ed., The Foundation Press, 1978, p. 13.

由于关系合同的当事人众多，他们形成了网络状的关系。随着合作的深入，这种关系越趋复杂，它们常常涉及一系列的或者是多系列的、以复杂的方式同时发生并且不能够被区分为个别阶段的交换。在一定的情形下，为实现共同的利益，合约方必须作出牺牲，学会放弃眼前的利益。比如，涉及公司重组的时候，股东个体必须本着合作的精神，而不能存有机会主义心理，否则就无法达致多赢的格局。

正是由于个别交易契约与关系契约存在以上诸多不同之处，完全依赖传统的合同法并不足以保障公司参与各方的合理预期。

三 合同路径下公司法之价值分析

以上分析表明，将公司视为合约联结点的公司合同理论，无法对公司中绝对的合同自由提供圆满的解说。在传统的合同法规则下任由公司参与各方自由协商、拟定公司合同条款的做法，存在许多缺陷。在此情形下，目前法学界很流行的一种观点是：国家基于社会利益的考虑，为克服市场缺陷和痼疾而实行的宏观调控……使公司法中存在体现国家干预的强制性规范……[1]这种以市场缺陷要求国家干预、社会利益本位等宏大的解说为公司法强制性提供的理论基础曾一度被广为接受，公司法也曾因此而被归入以国家干预为本质特征的经济法部门。笔者在此无意涉入部门法论争，而只愿意指出，我们应当着意避免一种"纳维纳错误"，即不能仅仅指出与 A 政策有关的问题后就主张 B 政策优于 A 政策，而对 B 政策存在的弊端却视而不见。[2] 公司参与方即便存在合约缺陷，但立法机关以公司法取代公司参与方的自发秩序的正当性何在？立法机关的制度安排为什么就优于公司参与方自己的合约安排？如果将其解释为专家的智识和经验能够弥补市场机制的不足，认为专家立法的程序足以使得法律获得正当性，问题就

---

① 吴弘、李霖：《我国公司章程的实践问题与法理分析》，载顾功耘主编《市场秩序与公司法之完善》，人民法院出版社，2000，第230页。事实上，许多学者，特别是经济法学者都持这种观点，为此还一度引发了公司法属于经济法还是民商法的争论，似乎经济法和民商法都有把公司法纳入自己部门的倾向。笔者以为，这种论争对于公司本身的制度设计恐怕助益不多。

② 〔美〕德姆塞茨：《信息和效率：另一种观点》，《法律和经济学杂志》1969年第12期。

又转化为，挑选和评判专家的程序是否足以保障所谓专家是名副其实的？

　　这似乎已经陷入了一个笔者自己构造的论说僵局。本文无意评说公司的立法程序，而试图就公司法权威性的渊源作一解析。法律权威的渊源是什么？这是个看似简单、其实非常复杂的问题。根据庞德的解释，这一问题至少包含两个层面，直接的渊源可以在一个政治组织社会的立法和执法体制中去找寻，这也是一种最通常的法学解说，有着社会强力支撑的立法机关颁布公司法，这本身就赋予了其权威性。而最终的渊源则属于政治科学的问题，古典政治理论给我们的教义是，自由人们的同意，这是法律最根本的渊源。如奥斯汀和梅因认为，除了对相当少数的争端和对相当少数人的行为外，就没有必要适用强力。[①] 笔者也认为，立法机关颁布公司法，只是使其获得了形式上的合法性，公司法的实质合法性还必须从市场中去找寻。前述关于公司合同基本属性的阐释，特别是公司长期合同以及公司关系合同固有的缺陷和漏洞，为公司法的存在提供了正当性基础。也就是说，公司法是作为公司合同的模本、公司合同的漏洞补充机制而存在的，虽然在特定的历史情况下基于对非效率目标的追求，公司法可能会稍许偏离市场轨道，获得了一些公的属性，但这不应成为公司法的主导价值取向。

（一）公司法价值之一：公司合同的模本机制

　　在经济生活中，存在大量的交易合同模本。无论是购房、贷款，还是购买保险、接受邮政服务，我们都必须面对标准合同。这些标准合同的设计，都由相关政府部门来完成。如在我国，由建设部设计房屋销售合同的标准条款、由中国人民银行主持完成贷款合同的标准条款、由保监会完成保险合同的必备条款等。这种制度的建立奠基于以下理论预设。其一，标准合同有利于节约交易成本。如果成千上万的重复交易，都需要交易各方细为谈判，将产生昂贵的交易成本。标准合同范本浓缩着人们不间断地试错和纠错的过程，考虑到了绝大多数参与主体都将面临的问题，并将最优的解决方案条款化，这样就大大降低了交易成本。其二，由政府部门而不

---

① 转引自〔美〕罗斯科·庞德《通过法律的社会控制》，沈宗灵、董世忠译，商务印书馆，1984，第28页。

是由合同的一方负责标准合同的设计，有利于平衡各方利益，使合同本身获得正当性。

当然，对于第二方面，即国家提供公司法标准条款的问题，一个难以逃避的诘问是，为什么律师事务所、投资银行或其他中介服务机构等，尽管因为不是合同的一方而同样具有"公正"的外观，却不能，事实上也没有提供公司合同的范本？

从理论上说，尽管投资银行、律师事务所和其他市场中介服务机构，也可能事先事无巨细地考虑一切情形，详细设计一切解决方案，并通过对合同条款的反复试错而最终取得最优方案，但由于公司运营形态各异，要设计这些能够适应绝大多数公司的标准范本，将产生大量的成本。更根本的原因是，标准合同范本作为一种公共产品，极易为市场免费复制，具有明显的"第三方效应"，没有哪个提供方能够获取提供该产品服务的全部收益，而且，对这些产品进行市场估价也相当不易。这种种情形都使得权利外溢，其结果是没有哪一方愿意为此付出努力，而在这方面，国家和政府具有绝对的优势。它能够通过法院系统对成千上万案件的审理，将公司合同中碰到的问题及其解决途径转化成公共产品，向公司参与各方提供。这样，公司法中提供的一整套规则，如投票规则、派生诉讼持股数量最低限度规则、会议议事规则等，由于是成千上万次试错总结的成果，能够满足绝大多数参与方的要求，从而有效地降低了协商成本，使他们能够将协商的焦点集中于特定的事项中。此外还有很重要的一点是，政府提供公共产品，可以国家强制力为后盾一体推行。这使得遵循相同规则的公司及其产品，如公司发行的股票、债券等具有了极大的可比性，有利于市场的形成，而这是私人机构无法比拟的。

（二）公司法价值之二：公司合同的漏洞补充机制

其一，就特定的事项而言，公司参与各方尽管会在事先尽可能地考虑周详，但由于长期合同所固有的信息难以周全等原因，难免挂一漏万。举例而言，涉及投票委托书的种种细节问题，如委托他人投票后，股东后来又愿意自行投票，前述委托是否自动撤销等情形，在立约时可能并未进入股东的视野。而委托他人投票面临的种种道德风险问题实际上也无法全部依靠合同法规则来解决。在此，各国公司法一般禁止设定不可撤销的投票委托，从而给予了股东反悔的机会，有效地解决了这一问题。

其二，公司参与方为促成合同，对一些遥远的、可能引发争议的偶然事件往往避而不谈，以免破坏交易达成的良好前景，这就产生了长期合同的缝隙。如关于股东提案权、股东和董事会的职权分工方面，因为事涉大小股东间的利益分配，细谈下来将使公司的成立面临流产。为避免这种结果，股东就宁可临事再议。而公司法的信义义务规则要求无论在何种情况下，董事都必须本着公司和股东的最佳利益行事。这种概括性的规定就赋予了法院极其灵活的临事裁判机制，可以考虑在各个具体情形下，当事各方将会选择何种合同条款以符合公司和股东的最佳利益。这样就较好地发挥了拾遗补阙功能，填补了公司参与方的合意空白。

其三，长期合同固有的不确定性，将使公司参与方陷于认识错误。由于相当多的意外情况在公司运作过程中才会产生，股东无法意识到或者无法确切地评估公司合同的每一条款可能使自身面临的风险。举例而言，股东可能无法想象通过章程将一定比例的董事选举权配置给在任董事，将会留下巨大的监控空白；更无法预料到在一定情况下免除董事的信义义务，最终反而成为董事不忠实的催化剂。在这种情况下，公司法通过对章程条款的合法性作出价值判断以及强制性的信义义务的规定，也能缓解公司参与方预见不足的重重弊病。

另外，股东参与各方经常面临的认识错误是忽视了债权人、雇员的利益。故而，任由其自由协商而造就的公司合同，还可能存在大量的债权人、雇员利益保护方面的疏漏，最终使公司合同难以为继。公司法的存在，同样能够有效地弥补这些漏洞。

总而言之，公司法补充了而不是替代了当事方的协商。也正是在这个意义上说，公司法构成了一项对开放性合约的补充机制。因此，应当反复强调的是，公司法应当提供的是那些一旦被统一适用，将在总体上增进公司参与各方利益的规则，而不应当提供一些替代当事方自由协商但却对其总体福利无所增进的条款。

（三）公司法价值之三：追求非效率目标

政府试图获得市场效率以外的目标，这构成了公司法存在的第三部分价值。在笔者看来，以纯粹的市场眼光来看待公司法其实是忽视了公司法的政治属性。如有学者认为，"公司法事务经常并不是属于需要高度优先解决的问题，因为他们本质上倾向于非政治性，并且不大可能与政府感觉需要立刻解决的危机有关"。[①] 然而事实上，法律与政治从来就没有彻底分开过，即便是英美国家，党派之争也经常以法律大战的形式表现出来。公司法也不例外。关于公司法政治性一个极好的注脚是最近的美国萨班斯－奥克斯利法案（Sarbanes–Oxley Act of 2002），接连出现的重大市场欺诈激怒了美国社会，美国政府为了赢得民众的支持率，仓促之间就推出了这一旨在肃清资本市场的严酷法令，而立法者甚至没被赋予足够的时间去思考问题的成因和症结之所在。

应当承认，公司法中的市场和效率取向无疑居于主导地位，但在特定的时期，它可能还被要求负载效率之外的目标，甚至是政治目标。如许多国家公司法中规定了员工参与计划；由法律而不是由章程来规定公司财富的分配办法，如规定法定公积金、公益金的提取比例等；我国公司法还规定了国有公司中必须有职工董事和职工监事。如前所述，为了保证国有企业向公司制转轨的成功，我国公司法还规定了极高的、在当时基本上只有国有企业才能满足的上市门槛，如资本金要求、开业时间要求、盈利记录要求等，以确保民间资本向国有企业的排他性注入；对一些规模庞大、员工众多、无法整体上市的国有企业则采取了优质资产剥离上市的办法，而这些上市了的国有公司又要对原来的母体企业承担相当部分的隐性关联债务。凡此种种，政府和法院都保持着相当程度的容忍，因为原国有企业的员工就业问题事关社会稳定的大局，这是典型的公司法非效率目标的体现。但无论如何，公司法对这种非效率目标的追求，在绝大多数情况下都只能是过渡性安排，而绝不应成为公司法的主导价值取向。

四　合同路径下公司法之品格分析

在解说一部法律的性格时，法学界通常的做法是将其贴上公法（强行法）或私法（任意法）的标签。关于公司法的私法属性，大体上在法学界

---

① 〔加〕布莱恩·R. 柴芬斯：《公司法：理论、结构和运作》，林华伟、魏旻译，法律出版社，2001，第251页。

取得了共识。但对于公司法中存在的强制性条款，如前所述，通常的解说仍然是"国家宏观调控、社会利益考虑"等。

但应当注意的是，法院在审理公司案件时，运用得最为频繁的却是合同的解析方法。在考察公司合同的种种缺漏或模糊之处时，法院会着重考虑当事人在充分协商的前提下将会选择怎样的条款。甚至可以这样解释，公司合同的"沉默"或者不明确本身也包含着合意的因素，只不过是因为达成此项合意的成本过于高昂而已。因此，笔者认为，公司法中以强制性规范面目出现的条款，如股东一股一票规则、信义义务规则等，都深深地打上了合同的烙印，因为它们可以分别被认为是公司合同的标准条款和公司合同的漏洞补充条款。一股一票规则之标准合同条款属性，奠基于表决权须与剩余索取权相对称，否则将引发道德风险这一经济原理；而信义义务规则之所以成为合同漏洞补充条款，则是出于弥补公司长期合同种种缺漏之目的。所以公司法条款，应当是公司参与各方在协商成本足够低的情况下，必定会采纳的制度安排；公司法条款，应当体现并最终维护公司参与各方的合理预期。

从合同的角度来解释公司法，笔者认为，必须考虑公司法的适应性品格。公司法的适应性，体现为其对技术和市场变化方面的灵活应变性。

（一）公司法适应性之一：技术挑战制度

传统的观点认为，股东会必须在一个有形的场所进行，以便于股东集中听取、表达意见，这似乎是一项默认的条款，以至于世界各国的公司法几乎都是本着股东实际到场的考虑来设定相应的股东会规则。然而，英国1990年发生的一起公司法案例却对此提出了挑战。某公司召开股东会，但由于预定的会场太小，安排的视听联系发生了故障，主席不顾反对意见将会议休会，但反对者对休会决议的有效性提出了质疑。英国上诉院的判决认为，既然许多股东不能进入原定的会议场所，会议不能开始，当然也根本不可能作出休会的决定；布朗·威尔金森爵士则认为，如果视听恢复正常，会议可以正常召开："1985年公司法对会议规定的原理在于股东能够亲自与会，以便对足以影响公司的事务进行辩论和表决。那时只能通过每个人在同一间屋子里面对面才能实现。但随着现代科技的发展，不需要所有股东面对面就可以达到相同效果，通过电子设备，就可以听见看见他人，也可以被听见、被看见。在法律第一次规定时，还可能没有预见到这种变化，但这并不要求我们认为这种会议不是 1985 年公司法所称的'会议'。"①

现在已经进入后工业时代的信息社会，网络等新型通信方式的广泛运用必将对公司法的适应性提出更高的要求。但由于法律总是落后于现实，如果公司采用了公司法规则之外的通信联络甚至是会议表决方式，如进行网上投票，法律应如何面对？笔者认为，一个总体的思路是，不能仅仅因为这些做法不在法律规定之内，就认为其无效，而应当本着公司法适应性的考虑，结合股东合理预期是否因此遭受挫折进行分析。其实，正如威廉姆斯所称，公司的产生在很大程度上应归功于通信和交通技术的发展，它使得公司内部的合作比市场合约更为有效。② 而作为标准合约的公司法规则，无疑必须对技术的革新保持足够的敏感，否则将遭受被遗弃的命运。

（二）公司法适应性之二：市场检验规则

在理解公司法时，不能忽视市场对规则的检验和评估机制。如果忽视公司法的适应性品质，而试图强行导入一种公司参与各方都不愿接受的治理模式，可能恰恰事与愿违。例如，如果公司法无条件地禁止经理层盗用公司机会，则他们可能会通过提高工资、增加在职消费或者减少工作时间以开辟"自留地"等种种办法，来达到同样的目的。

事实上，绝大多数公司法规则的生发契机都在于市场的变化。以闭锁公司的法律规则为例，在闭锁公司诞生之前，对于小型的营运事业，人们习惯于采取合伙的形式，而对于大型营运事业，则采取公众公司对外募股的形式。但由于有些小型事业的投资方不愿承担合伙人的无限责任，而规模的限制又使其无法采取公众公司的形式，就应运而生了介于两者之间的闭锁公司形态：投资者绝大多数参与公司经营管理，无须承担无限责任，但公司不得对外公开募集股份。美国最初将闭锁公司与公众公司在同样的

---

① Byan v. London Life Association Ltd., 1990 1 Ch 170, 第 183 页。转引自何美欢《公众公司及其股权证券》，北京大学出版社，1999，第 593 页。

② 参见 Williamson, "The Modern Corporation: Origins, Evolutions, Attributes", 19 *J. Econ. Lit.* 1537 (1981)。

商业公司法案下注册，甚至一度适用公众公司的公司法规则来处理闭锁公司中股东的争端。然而这种做法却遭到了市场的极大排斥，其原因在于公众公司与闭锁公司的治理结构存在巨大的差别。一般而言，适用于公众公司的治理范式为股东通过资本多数决选举产生董事并组成董事会，由董事会聘任经理负责公司的日常营运，股东则退居幕后，领取股息和红利，而绝少过问公司事务。但在闭锁公司中，股东人数较少且彼此熟识，资本和劳动关系结合紧密，对于选聘管理人员、出售公司资产等公司具体事务，都希望能够拥有相当程度的表决权，并且倾向于通过排除外来人员的进入来维护股东团队的相对稳定。这样，他们就更倾向于以具体合同来形成相应的公司治理范式。如有些闭锁公司在章程中规定，股东转让股份，必须得到持股达一定比例的其他股东同意，而且其他股东有优先受让权；另有些公司为了维持既有的权利平衡架构（持股比例），在章程中规定，股东转让其股份时，必须回售给公司。再如，股东合作日久，可能心生嫌隙，积怨渐深以至于关系无以为继，但由于缺乏像公众公司一样通畅的退出通道，股东出售股份时极可能遭受其他股东的压榨，他们就希望能够像解散合伙一样方便地解散公司，通过清算维护自己的权益。这些都表明由于闭锁公司与公众公司的股东预期以及实现预期的方式多有差异，闭锁公司争端的解决，必须更多地考虑具体案件事实、尊重当事方的意思表达和不断变化的心理预期，故而相应的公司法规则也应体现这些区别。正是由于市场机制作出了反应，美国又出现了专门适用于闭锁公司的公司法规则。美国律师协会公司法委员会在1982年制定了闭锁公司补充示范法，专门适用于闭锁公司。1984年又制定了闭锁公司模范补充法案。它在注册许可程序、公司章程、董事选举、股东保护、公司自愿解散和清算等公司治理规则方面，都与公众公司的法律规则大有差别，这才适应了现实的需要。

　　总之，公司法起草者必须确信，公司法规则能够经得起市场的检验和评估，否则该规则将走向"边缘化"。而目前我国立法范式存在的问题之一就是，不够注重市场的内生要求与民意表达，因此受到了市场的排斥。如公司法第152条规定了包括股本总额、股权分散等公司上市的条件，第157条规定了退市的条件。这种刚性的法律规定与富于弹性的市场需求间存在内在的冲突，不利于交易所根据市场变化进行相应的调整，为达此条件，不少上市公司就铤而走险，制造假账，与标准相博弈。① 又如，公司法第 177 条强制性地规定，股份公司按股份比例分配利润，有限公司按出资比例分配利润，这又使得有限公司的股东按贡献大小而不按出资比例分配利润的约定，面临合法性危机。

五 结语：公司法规则的正当性

法律的终极原因是社会的福利。未达到这一目标的法律规则不能永久性地证明其存在是合理的。② 法律制度的正当性则取决于"正当化的过程"以及为了达到这一目的而运用的"说理的技术"。

公司法的不确定性，使我们无法通过纯粹的逻辑方式来证明它是否合理。在很大程度上，公司法的合理性必须由其所处的市场环境来检验。即便同处一国，美国特拉华州所具有的种种优势，使得该州的公司法远远不足以为其他各州所效仿。我们所习惯的"从外向里看"问题分析范式，在此必须得到一次警醒。最近的一个例子是美国的公司改革法案。接连出现的重大市场欺诈激怒了美国社会，民众强烈要求必须从重从快处罚肇事者，政治家顺应多数民意，立足清理整顿的公司改革法案很快就出台了。正如有学者指出的，在一片呼吁惩罚、严格管制和加强立法的声浪中，只有少数人发出了不同的声音："如果相信当前最重要的需求就是新的法律和管制，我们就没有从此次和此前的丑闻中得到什么教训。我们可以颁布一系列的法律，但是，下一轮公司丑闻就会证明它们大多并没有什么用处，从而又被废止。自由经济真正的敌人是道德相对主义，每一个人的良心才是真正管用的市场警察。"③ 的确，市场丑闻几乎属于经济发展的周期反应，将美国接连出现的市场欺诈丑闻完全归咎于法律之粗疏，无疑有失公允。美联储主席格林斯潘先生也说，是股票期权的巨大诱惑使人们丢掉了良心。美国希望通过严苛的公司法案恢复美国民众对市场的信心，但却

① 2002 年 7 月，笔者在深圳证券交易所调研时，业界人士对公司法规定公司上市和退市条件的做法表示质疑，他们认为应当由交易所的上市规则规定。

② 〔美〕本杰明·卡多佐：《司法过程的性质》，苏力译，商务印书馆，1998，第 49 页。

③ 方流芳：《关于美国公司改革法案的另类思考》，中国民商法律网，2003 年 2 月 24 日，http://old.civillaw.com.cn/article/default.asp? id = 9010，最后访问日期：2003 年 3 月 1 日。

在同时挫伤了冒险和创新的精神，其利弊得失的衡量，还是个有待市场检验的问题。

公司法实质意义上的正当性，来源于立法机关制定公司法时所运用的思想和智识合理性。在制定公司法时，立法者必须按照合同的规则和市场的路径来进行，而不能依赖于国家的强制力恣意妄为，这样，作为结果的公司法规则才能获得合理性。"寻求合法性的过程，即在一种不可避免地存在着强制意味的环境中，实现当事方如果完全自愿地参与所可以获得的价值。"①

---

① Thomas Nagel, *Equality and Partiality*, Oxford University Press, 1991, p. 93.

从法条的公司法到实践的公司法[*]

王保树[**]

摘　要：人们对公司法规范结构的不同分类，其本质都是在讨论一个问题，即当事人的意思在适用公司法规范中有多大空间。并且，任何对公司法规范结构的讨论，都试图在解决公司法适用中的自由与强制的协调。违反公司法强制性规范并不当然使违反行为无效。是否使违反行为无效，应取决于强制性规范的具体性质与立法目的。讨论公司章程对公司法适用的影响时，应该注意公司章程到底有多大的自由空间。公司章程可以根据本公司的特点和特殊要求，规定不同于或不完全同于公司法的规则。而这些规则，可以优先适用于法律、行政法规，包括公司法的规定。

关键词：任意性规范　强制性规范　公司章程

一　引言

人们曾经以很大的精力研究公司立法、讨论如何完善公司法。这方面的成果，已有相当一部分吸收到了 2005 年修正的公司法之中。但是，公司法的价值需要在实施中体现出来。而公司法的实施，则应使法条的公司法转变为实践中的公司法。无疑，这种转变是一个庞大的系统工程，需要有

---

　*　本文原载于《法学研究》2006 年第 6 期。

　**　王保树，清华大学法学院教授（已去世）。

法官、律师、学者、行政执法者、投资者、经营者等更多的人参与，以使公司对内对外关系得到最大范围和最大限度的调整，并且，这种转变需要深入的理论探讨和精当技术的运用，其中，特别需要法的解释。因为公司现象是纷繁复杂的，抽象的条文不经过解释，无法适应解决问题的需要。公司法的解释如同其他法的解释一样，包括有解释权的机关（如立法机关、司法机关）的解释和有权机关解释之外的解释。前者依职权进行，无须多作讨论。后者，则多有深入探讨的必要。从运用立法论研究公司立法，到运用解释论使公司法变成活生生的实践中的法，这是一个很大的变化，需要人们去适应。应该说，公司法解释不仅是一种需要，更是一种对现实的考量。我们稍加注意即可发现，法官、律师、学者每天都在不断地解释公司法。

公司法的适用需要解释，公司法的发展需要解释，公司法理论的发展也需要解释，法解释的生命力就在于公司法的实践之中。无疑，解释的角度会有不同，但都是在探求立法的真意。本文试图就公司法规范结构对公司法适用上的影响，违反强制性规范的法律后果以及公司章程对公司法适用的影响等问题作一些探讨。

二　规范结构对公司法适用的影响

（一）公司法规范结构的不同分析

研究者依据不同的标准，对公司法的规范有不同的分类。

依据规范的表现形式，可以将公司法规范分为三种基本类型：赋权型规则，指公司的参与者依照特定的方式采纳这些规则，便赋予其法律效力；补充型或任意型规则，指规整特定的问题，除非公司参与者明确采纳其他规则；强制性规则，以不容公司参与者变更的方式规整特定的问题。[①]

依据是促进还是限制了私人秩序基础，可以将公司法规范分为三个基本种类：许可适用规范，只有在那些可能受其影响的人选择适用它们时才

---

① 参见〔美〕M. V. 爱森伯格《公司法的结构》，张开平译，载王保树主编《商事法论集》第 3 卷，法律出版社，1999，第 390 页。

起到管辖作用；推定适用规范，指该种规范是推定适用的，除非受其管辖的人选择不适用它；强制适用规范，即对受管辖行为自动适用的规范，受管辖各方没有不适用的选择。①

依可否由当事人的意思变更或拒绝适用为标准，可以将公司法规范分为任意性规范和强制性规范。前者"仅为补充或解释当事人之意思，得由当事人之意思自由变更或拒绝适用"；后者为"凡法律规定之内容，不许当事人之意思变更适用者"。② 但作为与任意性规范相对称的强制性规范的表述有所不同，有的直接表述为"强制性"规范或"强制性"规定，③ 有的则表述为"强行性"规范或"强行性"规定。④ 可见，强制性规范和强行法是作为同一用语使用的。

以上是人们从不同角度对公司法规范结构形成的不同认识。但是，在这些复杂的分类中不难看出，不论是"三分法"的分类，还是"二分法"的分类，其本质都是在讨论一个问题，即当事人的意思在适用公司法规范中有多大空间。在"三分法"除了其中的强制适用规范，在"二分法"除了其中的强制性规范外，公司法规范的适用均给当事人意思留下了很大的自由空间。同时，任何对公司法规范结构的讨论，也都是在试图协调公司法适用中的自由与强制问题，即哪些规范的适用由当事人的意思决定，哪些规范由法院强制适用，哪些规范由当事人请求法院适用。这些，显然是在从法条公司法到实践中的公司法的转变中必须加以注意的。

（二）我国公司法规范结构对公司法适用的影响

毫无疑问，我国现行公司法的规范结构并不是在立法前设计好的，而是人们基于对实践需要的认识并试图满足其需要的一个立法结果。如何认

---

① 〔加〕布莱恩·R.柴芬斯：《公司法：理论、结构和运作》，林华伟等译，法律出版社，2001，第234页。

② 梁宇贤：《公司法论》，三民书局，2003，第7页；赖源河：《学习商法与经济法需有宏观的企划能力》，载赖源河教授六秩华诞祝寿论文集编辑委员会《财经法专论》，五南图书出版有限公司，1997，第4页。

③ 参见江平《公司法从19世纪到20世纪的发展》，载郭锋、王坚主编《公司法修改纵横谈》，法律出版社，2000，第28页。

④ 参见赖源河等《新修正公司法解析》，元照出版公司，2002，第3页；梁宇贤《公司法论》，三民书局，2003，第7页。

识我国现行公司法的规范结构？在考察我国公司法的法条之后，运用已有的公司法规范研究成果，应该将其区分为以下两种。

1. 任意性规范

即当事人依其意思表示而变更适用或拒绝适用的规范。再以是确认适用还是排除适用为标准，则可以将任意性规范区别为两种。

第一，可选择适用的任意性规范，即只有依当事人选择适用该规范的意思，该规范才管辖当事人的行为。在现行公司法中，通常表述为"可以"。如公司法第 130 条第 1 款规定："公司发行的股票，可以为记名股票，也可以为无记名股票。"这意味着，公司法对于公司发行股票的种类并无强制性要求，公司可以选择记名股票种类，也可以选择无记名股票种类。如果公司依自己的意思选择了发行记名股票，则应遵守公司法发行记名股票的要求，譬如"应该置备股东名册"。后者的适用，是公司依自己的意思选择适用的结果。相反，如果公司不选择发行记名股票，当然就不必遵守"应当置备股东名册"的规定了。

第二，可排除适用的任意性规范，即可依当事人的意思表示排除其适用的规范。在现行公司法中，通常表述为约定或章程规定排除适用某规范。如公司法第 35 条规定："股东按照实缴的出资比例分取红利；公司新增资本时，股东有权优先按照实缴的出资比例认缴出资。"但是，这一规定不是强行性规范，而是任意性规范，因为其作为"但书"的第二句规定，"全体股东约定不按照出资比例分取红利或者不按照出资比例优先认缴出资的除外"。也就是说，全体股东依其约定可以排除适用第一句的规定。当然，如果股东没有另行约定，或者虽有约定，但没有明确排除适用的约定，则第一句的规定应适用于相关当事人。

以上表明，公司法中的任意性规范并不是自动适用的，因而对于任意性规范不能笼统地说"违反"，只要当事人未选择适用某任意性规范，或当事人已排除适用某任意性规范，就不发生违反公司法的问题。相反，只有当当事人选择适用某任意性规范，或者未排除适用某一任意性规范，并且又违反了该规范时，才发生当事人违反公司法的问题。

2. 强制性规范

即当事人不得依其意思表示变更适用或拒绝适用的规范。换言之，

"受强制规范管辖的各方没有可以不适用这种规范的选择"。① 毫无疑问，强制性规范最明显地表现了对私人秩序的干预。其中，这种干预又最突出地表现在规定当事人的义务上。根据受强制性规范管辖的当事人承担的义务的不同，可以将强制性规范区分为两类。

第一，规定当事人积极义务的强制性规范，即规定当事人积极作为的规范。通常，公司法中表述为"应当……"或者"必须……"。譬如，公司法第 63 条规定："一人有限责任公司应当在每一会计年度终了时编制财务会计报告，并经会计师事务所审计。"这就是公司法规定一人有限责任公司应该履行的积极义务。又譬如公司法第 5 条规定："公司从事经营活动，必须遵守法律、行政法规，遵守社会公德、商业道德，诚实守信，接受政府和社会公众的监督，承担社会责任。"这就是规定了公司应履行的积极义务。公司法中采用"必须……"的表述并不多，应理解为与"应当……"的表述是相同的，甚至亦不应认为二者在强制性的程度上有较大的差别。

第二，规定当事人消极义务的强制性规范，即课以当事人不得作为的义务。通常，公司法中表述为"不得……"如公司法第 27 条第 3 款规定，"全体股东的货币出资金额不得低于有限责任公司注册资本的 30%"。这就是公司法对全体股东的货币出资金额的强制性规定，是课以全体股东的一项消极义务。

在考察公司法的强制性规范时，我们必须注意到这种规范确认中的复杂性。

首先，将强制性规范划分为规定积极义务的规范和规定消极义务的规范，只是为了讨论问题方便。实际上，作为强制性规范，两者混合规定的情形也是有的。譬如，公司法第 20 条第 1 款规定，"公司股东应当遵守法律、行政法规和公司章程，依法行使股东权利，不得滥用股东权利损害公司或者其他股东的利益；不得滥用公司法人独立地位和股东有限责任损害公司债权人的利益"。就是将两者混合规定的典型。

其次，公司法中的强制性规范并非都是关于义务的规定，也并非都采

---

① 〔加〕布莱恩·R. 柴芬斯：《公司法：理论、结构和运作》，林华伟等译，法律出版社，2001，第 236 页。

用"应当……"、"必须……"、"不得……"等表述方式。有些规范虽然没有采用类似表述，而是采用一般叙述的方式表述，但并不能因此笼统地均视其为非强制性规范。在没有采用"应当……"、"必须……"、"不得……"等表述方式的规范中，有下列几种规范是值得重视的。

第一，规定股东权利的规范，对于公司应视为强制性规范。譬如，公司法第 4 条规定："公司股东依法享有资产收益、参与重大决策和选择管理者等权利。"这是对股东权利的概括性规定，股东可以依法行使，也可以放弃。但股东的权利是相对于公司而言的，后者必须保证实现股东的权利。因此，就公司而言，这一规范应属于以积极义务为内容的强制性规范。

第二，规定股东会（股东大会）、董事会、监事会、清算组职权的规范。譬如公司法第 38 条规定的股东会职权、第 47 条规定的董事会职权、第 54 条规定的监事会职权。这些是将公司的权力赋予公司特定机构的规范，而"公司的权力一旦赋予规定的机构，不论是依据章程细则还是公司条例，只有规定的机构能够代表公司实施行为从而排除了其他机构"。[①] 因此，这些规范属于强制性法律规范。

第三，涉及董事长、副董事长、监事会主席履行职务的规范。虽然公司法在修订中，适应公司法的发展趋势，大幅度地增加了任意性规范，但同时其也因应解决实际问题的需要，增加了解决董事长、副董事长、监事会主席不履行职务的必要的强制性规范，如公司法第 41 条规定："有限责任公司设立董事会的，股东会会议由董事会召集，董事长主持；董事长不能履行职务或者不履行职务的，由副董事长主持；副董事长不能履行职务或者不履行职务的，由半数以上董事共同推举一名董事主持。"第 48 条规定："董事会会议由董事长召集和主持；董事长不能履行职务或者不履行职务的，由副董事长召集和主持；副董事长不能履行职务或者不履行职务的，由半数以上董事共同推举一名董事召集和主持。"第 52 条第 3 款规定："监事会主席召集和主持监事会会议；监事会主席不能履行职务或者不履行职务的，由半数以上监事共同推举一名监事召集和主持监事会会议。"和其他强制性规范一样，当事人董事长、副董事长、监事会主席对它们是

---

① 〔马〕罗修章等：《公司法：权力与责任》，杨飞等译，法律出版社，2005，第 132 页。

不能以自己的意思变更或拒绝适用的。

总之，公司法中的强制性规范是自动适用于相关当事人的，这是它的本质，不因规范的表述方式不同而不同。与此相适应，任何对该种规范的变更或拒绝适用，都应视为违反了公司法的规定。从一定意义上说，所谓当事人违反公司法主要是指当事人违反强制性规范。

三　违反强制性法律规范的法律后果

民法学者为了确定违反强制性规范的不同后果，将强制性规范划分为效力规范（效力规定）和取缔规范（取缔规定）。后者，德国人称为"管理规范"。"强行法得为效力规定与取缔规定，前者着重违反行为之法律行为价值，以否认其法律效力为目的；后者着重违反行为之事实行为价值，以禁止其行为为目的。强行规定，是否为效力规定抑为取缔规定，应探求其目的以定之。"① 虽然公司法中违反强制性规范的情况远比民法中的情况复杂，但民法的上述经验值得重视。一是以目的的不同区别效力规范与取缔规范；二是并非将违反强制性规范的行为统统认为无效，仅对违反效力规范者视为无效。

当事人违反强制性规范的行为大致有两类。

第一类，违反公司法规定的以"履行义务"为内容的强制性规范。这些规范与民法学者所称"取缔规范"（或"管理规范"）性质大体相同。设置这些规范的目的并非否认其违反该规范的行为的效力，而是要防止该违反行为发生。析言之：

股东违反出资义务的法律后果。公司法第 28 条规定："股东应当按期足额缴纳公司章程中规定的各自所认缴的出资额。股东以货币出资的，应当将货币出资足额存入有限责任公司在银行开设的账户；以非货币财产出资的，应当依法办理其财产权的转移手续。"股东违反此规定，不按规定缴纳出资，并不被认定为无效，也不因出资不足而否定其股东资格。但是，依公司法第 28 条第 2 款规定，股东"除应当向公司足额缴纳外，还应当向已按期足额缴纳出资的股东承担违约责任"，以纠正和防止股东不履

---

① 史尚宽：《民法总论》，1980 年自版，第 296 页。

行出资义务的行为发生。

董事、监事、高级管理人员违反义务的法律后果。公司法第 148 条、149 条明确规定了董事、监事、高级管理人员的义务，其目的是防止董事、监事、高级管理人员违反义务的现象发生。以第 149 条第 3 项为例，规定董事、高级管理人员不得"违反公司章程的规定，未经股东会、股东大会或者董事会同意，将公司资金借贷给他人或者以公司财产为他人提供担保"。该规定显然是为了禁止和防止董事、高级管理人员违反公司章程的规定，未经有权机构同意，将公司资金出借或者以公司财产提供担保，因此，违反此规范的后果是"给公司造成损失的，应当承担赔偿责任"。但由于该规定的目的是解决董事、高级管理人员履行对公司的义务问题，而不是要否认未经股东会、股东大会或者董事会同意，将公司资金借贷给他人或者以公司财产为他人提供担保的效力。相反，除非有证据证明第三人明知该借贷或该担保未经股东会、股东大会或者董事会同意的事实，或者董事、高级管理人员的上述行为是和第三人秘密勾结所为的，应承认该借贷或该担保对第三人的效力。

公司违反管理义务的法律后果。公司法规定公司管理义务，显然是为了维持一定的交易秩序。譬如第 187 条第 3 款规定，"清算期间，公司存续，但不得开展与清算无关的经营活动"。目的是保护债权人的利益，避免清算中公司开展与清算无关的经营活动而损害债权人利益，而不是否认与清算无关的经营行为的效力。所以，公司法相应采取的措施不是对无效行为的处理，而是在第 206 条规定，"公司在清算期间开展与清算无关的经营活动的，由公司登记机关予以警告，没收违法所得"，以杜绝公司在清算期间开展与清算无关的经营活动。

第二类，违反以否定违法行为效力为内容的强制性规范。这类规范大多与违法行为的构成要件或消极资格有关，它们的设置就是为了否定特定违法行为的效力。

第一，瑕疵决议的法律后果。最典型的是公司法第 22 条关于股东会或股东大会、董事会决议无效的规定。该条明确规定："公司股东会或者股东大会、董事会的决议内容违反法律、行政法规的无效。"确认了公司股东会或者股东大会、董事会的决议无效的要件是其内容违法。该规定的设置目的就是否定内容违反法律、行政法规的公司股东会或者股东大会、董事会的决议的效力。该条第2款规定的公司股东会或者股东大会、董事会的决议撤销，也涉及否定决议效力的问题，两者的不同在于，决议无效应自始无效，决议撤销仅自撤销之时不再有效力。

应该指出的是，第22条的效力规定仅是针对该条所指向的行为。由于决议无效和撤销引发的交易并不当然无效，具体效力如何应视交易的具体事实再确定。

第二，违反消极资格的法律后果。公司法第147条的规定是专就董事、监事、高级管理人员消极资格作出的，是为了否认违反消极资格规定的董事、监事和高级管理人员的资格而设置的。该规定是典型的效力规范，因此，该条第2、3款接着规定，"公司违反前款规定选举、委派董事、监事或者聘任高级管理人员的，该选举、委派或者聘任无效"。"董事、监事、高级管理人员在任职期间出现本条第一款所列情形的，公司应当解除其职务"。

与第22条的效力规定一样，第147条的规定仅是针对董事、监事、高级管理人员违反消极资格任职的效力的否定，至于董事、高级管理人员代表（或代理）公司所为之交易，出于保护善意第三人的需要，没有其他证明无效的证据，仅是因为董事、高级管理人员违反消极资格，不能认定该交易无效。

四　章程对公司法适用的影响

公司章程是公司运营的基本规则。由于它的自治法的地位，其适用优先于法律和行政法规。1993年12月29日颁布公司法后，在公司的实践中人们似乎并没有对公司章程的地位与作用给予足够的重视。一方面，公司注册登记机关出于好意，唯恐股东们不会制定公司章程，为各色各样的公司准备内容划一的甲、乙、丙版本的章程，由公司挑选一种版本填写自己的公司名称即予注册，其结果削弱了公司章程作为自治法的功能。另一方面，则表现为公司章程照抄公司法，甚至有的公司将公司法上的"公司章程另有规定除外"字样也抄入了自己公司的章程。2005年修订的公司法强调了公司章程的地位与作用，一方面是突出公司的自治，一方面也是引导人们更加重视公司章程的作用。

（一）审慎解读公司法第 11 条关于公司章程效力的规定

公司法第 11 条规定："设立公司必须依法制定公司章程。公司章程对公司、股东、董事、监事、高级管理人员具有约束力。"这一条实际是关于公司章程对人的效力的规定。通常说公司章程具有自治法的效力，那么其直接约束的主体是哪些？公司法第 11 条即对此作出了明确的回答。但是，公司法对于这些主体的约束力是同时发生的吗？恐怕不可能。

其一，公司章程对于公司的约束力。公司法第 7 条明确规定，依法设立的公司，由公司登记机关发给公司营业执照。公司营业执照签发日期为公司成立日期。显然，公司成立之日，该公司的章程才开始对它有约束力。由于公司章程不规定公司设立中的事项，公司章程不应对设立中的公司产生约束力。

其二，公司章程对于股东的约束力。能不能理解为章程对股东的约束力也产生于公司成立之时？不能。公司法第 26 条规定，有限责任公司的注册资本为在公司登记机关登记的全体股东认缴的出资额。公司全体股东的首次出资额不得低于注册资本的 20%，也不得低于法定的注册资本最低限额；第 28 条还规定，股东应当按期足额缴纳公司章程中规定的各自所认缴的出资额。这表明，有限责任公司股东首次出资的义务应在公司登记之前按照章程的规定履行完毕。公司法第 84 条还规定，以发起设立方式设立股份有限公司的，发起人应当书面认足公司章程规定其认购的股份；一次缴纳的，应即缴纳全部出资；分期缴纳的，应即缴纳首期出资。这表明，有限责任公司股东、股份有限公司发起人（股份有限公司最初始的股东）在公司成立前已经依照公司章程的规定履行出资义务。换言之，有限责任公司股东和股份有限公司发起人在其制定章程后即应接受章程的约束。

其三，公司章程对于董事、执行董事、董事长、经理的约束力。按照公司登记管理条例第 20 条、21 条的规定，公司设立登记时，应当向公司登记机关提交由公司法定代表人签署的设立登记申请书。而公司法第 13 条规定，"公司法定代表人依照公司章程的规定，由董事长、执行董事或者经理担任"。这表明，为签发设立登记申请书承担责任的可以是董事长、执行董事或者经理。同时，公司法第 84 条第 3 款还规定，"发起人首次缴纳出资后，应当选举董事会和监事会，由董事会向公司登记机关报送公司章程"。可以看出，在选举出董事、执行董事、董事长和聘任经理之后，甚至公司成立之前，他们即已开始履行职务，并对公司负有勤勉义务和忠实义务了。因此，公司章程对于公司首届董事会的董事、董事长或执行董事、经理的约束力应该开始于他们就任职务之始，而不是公司成立之时。

其四，公司章程对于监事的约束力。依据公司法第 54 条的规定，监事会、不设监事会的公司的监事对董事、高级管理人员执行公司职务的行为进行监督，而上述董事、高级管理人员从任职之始开始执行公司职务，监事与董事同时选出，因而他们也应从选出并就任职务之始就开始监督董事和高级管理人员。所以，公司章程对监事的约束力也应始于监事就任职务的开始。

（二）公司章程规则与具体规范在立法上的不同关系

就立法而论，根据公司章程规则的自由度，现行公司法中的具体规范与公司章程的关系有以下几种。

1. 完全授权公司章程作出规定，公司法不作规定

公司法的立法者认为完全属于公司自治的事项，不需要制定法干预时，不仅不以强制性规范作出规定，也不以任意性规范作出规定，而是完全授权公司章程自主作出规定。譬如有限责任公司董事长、副董事长的产生办法，公司法注意到有限责任公司的人合性质和董事会成员人数多寡的区别，完全不由法律规定，而由第 5 条第 3 款授权公司章程规定。又如不采用董事会的公司，由于执行董事可以兼有一般有限责任公司董事会、董事长的职权，可以兼任经理，同时，还可以依章程规定担任公司法定代表人。这样，不同公司的执行董事的职权很可能不同。所以，公司法第 51 条第 2 款规定，"执行董事的职权由公司章程规定"。

2. 公司法作出规定，授权公司章程作出具体化规定

公司法尊重千差万别的公司的不同需求，虽然作出规定但由章程对其具体化。譬如公司法第 13 条框定了一个可以担任公司法定代表人的范围，即董事长、执行董事、经理，授权公司章程择其一作出规定，或者董事长、执行董事担任法定代表人或者经理担任法定代表人。对于监事会中的职工代表的比例，公司法第 52 条第 2 款、第 71 条均规定不得低于 1/3，但具体比例由公司章程规定。

3. 授权公司章程作出规定，但公司法予以适当限制

无论是有限责任公司还是股份有限公司，董事任期均由公司章程规

定。但公司法第 46 条规定，每届任期不得超过 3 年。这表明了法律对公司章程的适度干预。

4. 公司法作出规定，但允许补充规定

公司法对于有限责任公司董事会、监事会的议事方式和表决程序都有所规定，但未予详尽，而是在第 49 条和第 56 条分别规定，"除本法有规定的外，由公司章程规定"。另外，公司法在规定股东会职权、董事会职权、监事会职权时，除法定的实体内容外，还分别在第 38 条第 11 项、第 47 条第 11 项、第 54 条第 7 项规定了"公司章程规定的其他职权"。以补充公司法对股东会职权、董事会职权、监事会职权的具体规定。

5. 公司法作出规定，但允许公司章程排除公司法规定的适用

公司法尊重公司章程自治的一个重要表现是，在公司法作出规定的情形下仍允许公司章程作出规定，并允许公司章程以该规定排除公司法相关规定的适用。譬如公司法第 43 条规定："股东会会议由股东按照出资比例行使表决权；但是，公司章程另有规定的除外。"第 76 条规定："自然人股东死亡后，其合法继承人可以继承股东资格；但是，公司章程另有规定的除外。"这表明，虽然公司法对股东行使表决权和继承股东资格有规定，但只要公司章程另有规定，则可适用公司章程的规定而不适用公司法的相关规定。当然，如公司章程没有另行规定，则适用公司法的规定。这里，表明了公司章程与任意性规范的互动关系。

6. 公司法作出规定，但公司章程另有规定的，从其规定

公司法在尊重公司章程的自治上还表现为，允许公司在公司法与公司章程同时作出规定的情形下仅选择适用公司章程规定。譬如公司法第 50 条规定了经理的 8 项职权，但同时在第 2 款规定，公司章程对经理职权另有规定的，从其规定。公司法第 72 条以第 1 至 3 款详细规定了股权转让的规则，包括程序性规定和优先购买权的规定，但同时在第 4 款中规定，公司章程对股权转让另有规定的，从其规定。这表明，公司法将在这些领域中优先选择适用公司章程规则的权利赋予了公司。

以上表明，依据公司法的规定，公司章程可以作出公司法所没有的规定，可以对公司法的规定作出具体化的规定，也可以对公司法的个别制度作出特殊化的规定。总之，公司章程可以根据本公司的特点和特殊要求，规定不同于或不完全同于公司法的规则。而这些规则，可以优先适用于法

律、行政法规，包括公司法的规定。

（三）对于公司章程的规定应否有限制性要求

是否任何公司章程都可以优先适用于法律、行政法规？否。对此的一种共识性的观点是，公司法规定的应由公司章程记载的事项须满足不违反强制性法律规范、① 不违反社会公共利益、② 不缺项记载等要求。③ 只有这样的章程才能优先适用于法律、行政法规。根据这一共识，我们可以检视以下公司章程在不同类型的实践中产生的问题。

1. 公司章程可否规定有限责任公司股东不得向股东以外的人转让股权

依公司法第 72 条第 4 款规定，"公司章程对股权转让另有规定的，从其规定"。那么，"另有规定"可以包括"股东不得向股东以外的人转让股权"吗？回答是否定的。首先，有限责任公司股东转让其股权是股东退出公司的一个法律途径，当某股东既不能抽回出资，也不属于异议股东股权收买请求权行使的情形，又未落入公司僵局的地步时，只可通过转让股权来退出公司。所以，2005 年公司法修订的精神之一就是平衡各种利益，健全股权转让机制，虽对股东向外转让股权规定较严，但也使股权转让成为可能。而如允许公司章程规定股东不得向股东以外的人转让股权，就直接违反了这一精神。再者，一般认为，股东的自益权多为非固有权，可以章程予以剥夺或限制，但是股份转让、股份收买请求权为固有权，不得以公司章程剥夺或限制。④

当然，国外也有允许公司章程完全禁止股东转让股权的。"但在这种情况下，如果股东继续留在公司已成为不合理的强求的时候，则股东有退

---

① 参见王保树、崔勤之《中国公司法原理》，社会科学文献出版社，2006，第 65 页；王文宇《公司法论》，元照出版公司，2003，第 224 页。

② 也有学者表述为不得违反公序良俗，如潘维大等《商事法》，三民书局，2005，第 67 页；或表述为不得违反公共政策，如英国法院不允许发布与公共政策不一致的章程，参见〔加〕布莱恩·R. 柴芬斯《公司法：理论、结构和运作》，林华伟等译，法律出版社，2001，第 237 页。

③ 参见赖源河《实用商事法精义》，五南图书出版有限公司，2002，第 103 页；王保树、崔勤之《中国公司法原理》，社会科学文献出版社，2006，第 65 页；王文宇等《商事法》，元照出版公司，2004，第 21 页。

④ 参见柯芳枝《公司法论》上册，三民书局，2005，第 172 页。

出的权利。"① 换言之，"如果其他股东对转让股份不予认可，仍然应当准许想要转让股份的人离开公司"。② 那种既不允许股东转让股权也不给股东其他退出渠道的做法，是不可取的。

2. 公司章程可否否定合法继承人对已死亡自然人股东的股东权利的任何继承

公司法第76条规定了一个原则，即自然人股东死亡后，其合法继承人可以继承股东资格。同时，公司法也允许公司章程另有规定。对于第76条但书的理解，应该包括允许章程对继承人的限制。但是，不能将"限制"理解为"可以否定对已死亡自然人股东的股东权利的任何继承"。股东依股东资格可以向公司主张股东权利，包括与人身结合的出席股东会的权利、行使表决权等，也包括各种诸如财产性的权利。无疑，股权转让时，这两种性质的权利应一同转让给受让人。同样，继承人继承股东资格的，当然也同时继承上述两种权利。但股东们考虑到公司的人合性，注意到公司成立与存续的重要基础是股东的个人信用，可以章程规定继承人不当然继承股东资格，即限制继承人继承股东的地位。换言之，章程可以规定不允许继承人继承与股东人身相结合的权利。但是，不能否定股东合法继承人继承财产性权利的资格。因为对合法继承人继承财产性权利的这样一种章程剥夺，是违反继承法关于继承原则的强制性法律规范的。对此可以考虑的替代办法是，通过股东内部股权转让或公司股权回购等做法，使合法继承人得以继承相当于股权价格的财产。

3. 公司章程可否改变股东会（股东大会）、董事会和监事会的权力结构

公司章程可否将公司法规定应由股东会行使的职权变更为董事会的职权，将董事会的职权变更为经理的职权，变更或减少监事会的职权？这里，首先涉及公司法有关股东会、董事会、监事会职权的规定的性质的判断。如前所述，依现行公司法规定的股东会、董事会、监事会的职权具有专事的性质，仅由公司法规定的机关行使，具有排他的性质。因此，规定上述职权的规范属于强制性规范。如果公司章程改变上述职权的行使机关，则意味着对强制性规范的违反，将面临章程效力被审查的问题。

---

① 〔德〕托马斯·莱塞尔等：《德国资合公司法》，高旭军等译，法律出版社，2005，第493页。

② 〔法〕伊夫·居荣等：《法国商法》，罗结珍等译，法律出版社，2004，第558页。

再者，我们不能不注意立法者在设计股东会、董事会、监事会职权时给予了公司章程多大的自治空间。一是它没有将公司章程规定职权的事项单独另列一款而是包括于职权规定的同一款之中；二是只确认"公司章程规定的其他职权"，而不是"公司章程另有规定，从其规定"，或"公司章程另有规定的除外"。从这种设计中不难看出，立法者的原意是让公司章程规定公司法规定的股东会、董事会、监事会具体职权以外的职权，因而采用了"其他职权"的表述。据此，公司章程不能改变公司法已规定的职权，只能规定法定职权以外的职权，具有补充规定的性质。

五　结语

上述表明，当我们讨论公司法从法条到实践的转变时，或者说，当我们讨论公司法的适用时，往往会超出公司法的范围。如前所述，一旦董事会决议被确定为无效，依该决议所进行的投资、担保以及其他交易的效力的判断问题就不可避免地摆到人们面前。对此，一个公司法的学者或者可以说，这不再是公司法的问题了，是投资法、担保法或者合同法的问题，公司法不能再过问了。但是，一个律师或者法官则不能这样看待问题，他必须将一个案件处理完毕，而不管涉及哪一部法律的适用。尽管如此，也应该明确三点。

第一，公司法属于团体法，与交易法有很大不同。在公司法中，规范的适用应贯彻企业维持精神，着眼于公司的成立、存续、发展，确实需要解散时，也应依严格程序进行。首先，公司章程可以创造很大空间，并优先适用于法律、行政法规。其次，在公司法的规范中，相对任意性规范，强制性规范多一些。但是，这些规范的效力绝大多数及于公司、股东及组织机构的成员。并且，在强制性规范中，效力规范明显少于取缔规范（管理规范），主要目的在于维持公司运营的秩序。

第二，在商事交易中，合同的成立是当事人意思表示一致的结果。通常，当事人所注意的是对方当事人的意思表示本身。至于在这背后，对方当事人的意思是如何形成的，除非是公示于众或直接参与，当事人是无法关注的，也没有义务去调查。同时，为了交易便捷和安全，当事人一般是关注对方当事人的行为外观，并以外观确定其法律后果。因此，股东会、股东大会或董事会的决议无效或撤销不能当然殃及相关交易。

第三，即使股东会、股东大会或董事会的决议无效或撤销导致了商事交易无效，其无效后果的处理也不能简单化，而应注意商事交易的特点。譬如，决议无效导致投资合同无效，而投资合同的履行已使一座大厦矗立于城市之中时，对此问题的处理，既需要考虑合同履行的事实，又需要考虑效率与利益平衡的问题，而不可能恢复原状。

公司章程"另有规定"检讨[*]

钱玉林[**]

摘　要： 公司法在有限责任公司股东表决权、股权转让、股权继承、股份有限公司利润分配等方面规定了公司章程"另有规定的，从其规定"，从而排除适用公司法的条款。初始章程与章程修正案具有不同的法理基础，公司章程"另有规定"的效力应分别作判断。在适用法上，公司章程"另有规定"应贯彻股东平等原则。

关键词： 公司章程　初始章程　章程修正案　意思自治　股东平等原则

一　引言

公司章程在公司法结构以及适用法上的地位，是公司法理学中值得探讨的一个问题。我国 2005 年公司法强化了公司自治，对规范公司章程的条款作了重大修正。尤其是在触及传统公司法基本原则、基本理念方面，对原有公司法规范所作的修改是否意味着公司法体系、结构已经发生变革，值得深思。2005 年公司法在有限责任公司股东表决权、股权转让、股权继承、股份有限公司利润分配等方面规定了公司章程"另有规定的，从其规定"，从而排除公司法条款的适用，把公司自治或者说股东意思自治的领

---

　　* 本文原载于《法学研究》2009 年第 2 期。

　** 钱玉林，扬州大学法学院教授。

域扩展到了股东固有权部分，在很大程度上冲击了传统公司法中如股权平等、由资本决定表决权等刚性原则。这样，所谓公司章程"另有规定"，究竟改变了什么，是实践中的公司法应当认真检讨的问题，需要作出理论上的回答。与 1993 年公司法相比，2005 年公司法使公司章程从训示性的特质走向了实践性的品格，使一个具有内在价值的体系存在于公司法规范中，因此，公司章程"另有规定"已大大超出了一般法律文本的意义，具有丰富的法学内涵。毋庸讳言，公司章程"另有规定的，从其规定"这一法条，已经衍生了本文以下着重讨论的问题，这些问题虽然不会从根本上动摇公司法的法理基础，但足以引发公司法体系优美而不正确之疑问。

二 公司章程"另有规定"：公司法改变了什么

公司法对章程的规范在内容上大致可以分为将章程作为公司置备的文件和向登记机关备案的文件的一般性规定（包括制定或修改的程序性规定），赋予章程自治规范效力、合同效力以及裁判法地位的规定等方面。1993 年公司法共有 46 个条文分别对这些内容作了规定，然而在 2005 年修改公司法时，除了将章程作为公司置备的文件和向登记机关备案的文件的一般性规定基本上沿袭旧制外，在赋予章程自治规范效力、合同效力以及裁判的法源等方面，在继承旧制的基础上，作了较为深刻的变革，新增 24 个条文，使公司法上规范章程的条款达到 70 条。而且，新增或修正的绝大部分内容体现在进一步尊重公司章程的法律地位，彰显公司章程的司法化等方面。与 1993 年公司法形成鲜明对照的是，2005 年公司法引入了公司章程"另有规定"的规范，为公司章程可以排除公司法的适用奠定了基础。

通过对 2005 年公司法的梳理，涉及公司章程"另有规定"的规范共有 6 条。第 42 条："召开股东会会议，应当于会议召开十五日前通知全体股东；但是，公司章程另有规定或者全体股东另有约定的除外。"第 43 条："股东会会议由股东按照出资比例行使表决权；但是，公司章程另有规定的除外。"第 50 条："公司章程对经理职权另有规定的，从其规定。"第 72 条第 3 款："公司章程对股权转让另有规定的，从其规定。"第 76 条："自然人股东死亡后，其合法继承人可以继承股东资格；但是，公司章程另有规定的除外。"第 167 条第 3 款："股份有限公司按照股东持有的股份比例分配，但股份有限公司章程规定不按持股比例分配的除外。"除了第 76 条为新增条款外，其余条款都是在 1993 年公司法基础上修订而来的。2005 年公司法以"但书"的立法技术，将原本为强制性的法律规范转变为任意性法律规范，从而使公司法的这些规范仅具有填补公司章程空白的功能。

在公司法理论中，有一种比较盛行的观点，认为公司法的功能是为股东提供一套"示范条款"，以推动股东之间订立协议的进程，降低交易成本。这些示范条款不具有强制效力，股东可以排除适用这些条款而自由地制定公司章程。这种观点主要源于公司是合同的产物（"一束合同"）的理论。① 公司章程"另有规定"的这些规范，符合该观点所述的示范条款的意义。在 1993 年的公司立法中是没有这类规范的，公司法除了指明章程应记载的事项外，对于章程如何记载这些事项大多有明确的规定，公司自治的范围相当狭窄。换言之，1993 年公司法没有为公司自由地制定章程提供多少空间。实践中的公司章程基本上是公司法文本的"抄袭"或"临摹"，最多做几项填空而已。用法学界和法律界共识性的语言，就是公司章程缺乏所谓的个性。立法在处理公司章程与公司法的关系时，采取法律授权的方式，允许公司章程在个别内容上对法律的规定予以细化或者补充。如"董事长、副董事长的产生办法由公司章程规定"、"股东会的议事方式和表决程序，除本法有规定的外，由公司章程规定"等。1993 年公司法不允许公司章程排除成文法的适用，从这个意义上说，2005 年公司法虽然仅新增了 6 个条款对公司章程可以排除公司法的适用作出规范，但其价值不能小觑，因为它为股东自由制定公司章程打开了一个缺口。当然，公司章程"另有规定"的范围能否进一步扩张，或者说公司法关于公司章程的示范条款与强制性规范如何分野，无疑成为今后公司法研究中的一项课题。

公司章程"另有规定"之规范，可归结于公司法引入意思自治的"私法"理念。长期以来，对公司章程的性质，学理上一直存在不同的观点。有的认为章程是"公司与其高级职员、董事和股东之间，以及他们相互之

---

① Easterbrook and Fischel, "Corporate Control Transactions", 91 *YALE L. J.* 698 (1982).

间的契约";① 而有的则认为章程是公司内部的自治规范。② 应当说，遵循既有的契约理论来阐释公司章程的基本法理，有着深厚的法制史背景。追溯公司法制的历史沿革，不难发现，公司法原理最初是从合伙法的规则中脱胎而来的，由于合伙人之间为契约关系，因此，契约法是合伙的规范模式，是公司法的根源。③ 只不过在公司法的发展过程中，合伙法的规则和契约理论对解释公司法律问题逐渐显现出其局限性，所以在适用民法中有关契约的规定时，"要斟酌民法上关于契约的每一条文所具有的意思之后再决定是否在章程上类推适用"。④ 正因为如此，反对契约说的论者认为，如果大幅度承认对一般契约的例外，那么章程的性质就很难被视为契约，而且也没有视为契约的实际意义。⑤ 但无论如何，公司章程"另有规定"的规范，打破了既有的公共权力创造的法律秩序，通过公司章程这样一种介质，把公权让渡给私权，使章程成为"社团的秩序"或"社团的法律"。⑥ 公司章程对公司、股东、董事、监事及其高级管理人员产生约束力，应当归功于一种制度，即"基于章程，对合法性的信仰"，⑦ 或者"合理的性质"，⑧ 使章程得以成为国家法律秩序中的次级法律秩序，并成为裁判的法源。就某种程度而言，公司法对公司章程的地位，类似于法国民法典对契约赋予规范性质的表达，⑨ 是自然理性的一种诉求。公司法在确认公司章程"另有规定"的"特别法"效力时，与其说是一项立法任务，不如说是"重新表述自明的原则"。⑩ 公司章程"另有规定，从其规定"这

① R. W. Hamilton, *The Law of Corporations*, West Group, 1996, p. 62.
② 〔日〕龙田节编《商法略说》，谢次昌译，甘肃人民出版社，1985，第113页。
③ Paul L. Davies（ed.）, *Gower's Principles of Modern Company Law*, Sweet & Maxwell, 1997, pp. 178 – 179.
④ 参见〔韩〕李哲松《韩国公司法》，吴日焕译，中国政法大学出版社，2000，第76页。
⑤ 参见〔韩〕李哲松《韩国公司法》，吴日焕译，中国政法大学出版社，2000，第76页。
⑥ 〔奥〕凯尔森：《法与国家的一般理论》，沈宗灵译，中国大百科全书出版社，1996，第111页。
⑦ 〔德〕哈贝马斯：《交往与社会进化》，张博树译，重庆出版社，1989，第184页。
⑧ 〔德〕马克斯·韦伯：《经济与社会》上卷，林荣远译，商务印书馆，1997，第239页。
⑨ 法国民法典第1134条："依法成立的契约对于缔约当事人双方具有相当于法律的效力。"
⑩ 法国民法典当初写入第1134条的立法理由是，"法律不能替代生活事务中的自然理性，而起草契约之各项规定的委员会则强调其任务不是制定法律，而是重新表述自明的原则"。参见〔美〕泰格、利维《法律与资本主义的兴起》，纪琨等译，学林出版社，1996，第241页。

一立法用语，揭示了立法者将公司章程从倡导性规范，即向社会诱导性地提倡一种其认为较佳的行为模式的法律规范，转变为可以作为法官判案依据的裁判性规范，从而具有"法的确信"或"法的承认"①的效力。这是2005年公司法导入公司章程"另有规定"之规范的一个贡献，同时，也说明契约说和自治规范说可以并行不悖。

三 "另有规定"的争点：基于章程制定与 修改的不同法理

（一）章程制定与修改的不同法理

章程制定与修改的规则在公司法上属于程序性规则，虽然公司法创设了股东（大）会决议撤销之诉制度来保护这些规则所欲实现的程序正义的价值理念，但无论理论还是司法实践都未能对这些程序性规则背后的实质正义给予足够的重视。公司章程"另有规定"之规范虽然不失为2005年公司法所取得的成果，但问题是，公司法忽略了章程的制定与修改之间的区别，忽略了因为这种区别可能使这些规范的实践产生违反实质正义的后果。因此，探讨章程制定与修改的不同法理，对于正确实施公司章程"另有规定"之规范有一定的指导意义。

公司章程是在公司设立时制定的，但在其后公司存续期间，"由于社团法人具有支配自己的独立的意思，因此可以根据自己的意思变更自己的存在规范，这才是忠实于社团法人本质的说明；而且，公司作为营利团体，只有能够伸缩地适用企业环境的不断变迁，才能提高营利性"，② 因此，法律允许修改公司章程。对于"同意的计算"规则而言，依照公司法的规定，章程的制定与章程的修改遵循了不同的法则。在制定章程的场合，公司法第23、25条规定有限责任公司"股东共同制定公司章程"、"股东应当在公司章程上签名、盖章"；第77条规定股份有限公司"发起

---

① 立法者或人民对于规范的"法的确信"，或人民对规范的"承认"，使规范成为法源，因为"法的确信"或"法的承认"为规范之效力的实质基础。参见黄茂荣《法学方法与现代民法》，中国政法大学出版社，2001，第2页。

② 〔韩〕李哲松：《韩国公司法》，吴日焕译，中国政法大学出版社，2000，第594页。

人制定公司章程，采用募集方式设立的经创立大会通过"。而在章程修改的场合，公司法第44条规定有限责任公司"股东会会议作出修改公司章程……的决议，必须经代表三分之二以上表决权的股东通过"；第104条规定股份有限公司"股东大会作出修改公司章程……的决议，必须经出席会议的股东所持表决权的三分之二以上通过"。比较两者，存在两个主要的区别：一是制定章程的主体是股东或者发起人，而修改章程的主体则是公司（股东会或股东大会是公司机关，其所作的决议本质上是公司的意思）；二是章程的制定须经全体股东或发起人的一致同意，[①] 而章程的修改则采取资本多数决原则。这两个区别揭示了从制定章程到修改章程的过程，实质上就是从股东意思表示到社团意思表示的一种转变，同时暗含了章程制定与章程修改的不同法理。

有的学者把设立公司时制定的章程称为"初始章程"（initial charter），把公司存续期间经修改的章程称为"章程修正案"（charter amendment），并认为在排除适用公司法方面，初始章程与章程修正案之间存在实质性的差别。"初始章程存在合同机制，而章程修正案无须全体股东一致同意，不能视为一种合同，因此，不能直接依赖合同机制的存在作为基础，支持章程修正案排除适用公司法。"[②] 将初始章程视为合同的观点，在德国早就有学者提出，并为韩国、日本的学者所追随。[③] 立法上，德国股份法第2条非常明确地将初始章程与契约作为同义语而使用。[④] 由于初始章程由全体股东或发起人制定，并采取全体一致同意的原则，因此，初始章程构成股东之间平行一致的合意，初始章程的制定属于合同行为。而章程修正案则是通过股东大会决议的方式作出的，采取资本多数决原则，既不同于一人一票的"人头"多数决原则，更不同于全体一致同意的表决原则。以决

---

① 虽然采用募集方式设立的股份有限公司，发起人制定的章程须经创立大会通过，但由于发起人公告招股说明书时应当附有公司章程，若认股人反对公司章程，可以拒绝认购股份，反之，认股人认购股份的行为可以推定为接受公司章程的一种意思表示；同时，创立大会对发起人制定的公司章程的表决结果只有通过和未通过两种，没有修改公司章程的权利，若未通过公司章程，则公司设立失败；因此，经创立大会通过公司章程不具有实质性的法律意义。

② Bebchuk, "Limiting Contractual Freedom in Corporate Law: The Desirable Constrains on Charter Amendments", 102 *Harvard Law Review* 1824 (1989).

③ 参见〔韩〕李哲松《韩国公司法》，吴日焕译，中国政法大学出版社，2000，第73页。

④ 德国股份法第2条规定："公司合同（章程）必须由已出资认缴股份的一人或数人确认。"

议方式作出的章程修正案与个别股东的意思无关，对反对决议或不参与决议的股东均有约束力，因此，除全体股东一致同意修改章程的情形外，①以合同原理来解释章程修正案对股东的约束力缺乏正当性的基础。比如，当某一条款被写入初始章程时，由于此时的投资者有权决定是否出资，所以投资者的出资行为就可以被推定为默示同意了该条款；相反，通过修改章程而写入某一条款时，投资者已经成为股东，不能因为该股东没有转让股权，就推定他对修改章程表示默示同意。故不能笼统地说公司章程是合同或不是合同。笔者认为，初始章程具有合同机制存在的基础，可以视为合同，因公司存续期间章程可以被修改，不妨称之为"不完全合同"。但是公司法将填补不完全章程的权利赋予了公司（股东会）而非全体股东，这就造成了不完全合同的制定（初始章程）与不完全合同的填补（章程修正案）之间实质性的差别。这一结论提示，考察公司章程"另有规定"时，应充分注意时点，源于初始章程的"另有规定"和源于章程修正案的"另有规定"缺乏共同的法理基础，应对章程修正案"另有规定"的自由予以必要的限制。

（二）"另有规定"的争议问题

正因为初始章程具有合同机制存在的基础，而章程修正案欠缺这样的基础，因此，公司法不加区别地规定"公司章程另有规定的，从其规定"，难免产生争议。其中，对个别股东权予以限制或剥夺的"另有规定"，成为讨论的问题。

2005 年公司法关于公司章程"另有规定"之规范分为两方面的内容：一是公司章程对公司内部事务之规范，包括第 42 条（股东会会议通知）和第 50 条（经理职权）；二是公司章程对股权之规范，包括第 43 条（股东表决权）、第 72 条第 3 款（股权转让）、第 76 条（股权继承）和第 167 条第 3 款（利润分配权）。前者由于是对公司内部事务的一种制度性安排，不涉及作为私权性质的股权，与股东个别意思无关，因此不能依照合同原

---

① 实践中并不排除章程修正案由全体股东一致同意通过的特别情形。在此情形下章程修正案与初始章程一样，具有合同机制存在的基础，对章程修正案"另有规定的，从其规定"。本文所讨论的章程修正案是指常态下（即存在反对派股东）以资本多数决作出的章程修正案。

理来加以阐释，无论是采一致同意规则的初始章程还是采资本多数决原则的章程修正案，其所作的"另有规定"均符合团体自治法制定与修改的逻辑，具有正当性的基础。但对于后者，由于公司章程"另有规定"涉及作为私权性质的股权，因此，任何对个别股东权的不同安排，本质上属于对股东私权的一种处分，除依法定程序予以限制或剥夺外，应当尊重当事人的意思，才符合私法自治的原则。从这个意义上讲，公司章程对股权的"另有规定"，与股东个别意思紧密相关，民法上意思表示的规则有适用的余地。易言之，初始章程基于合同机制的存在，对个别股权予以限制或剥夺的"另有规定"应"从其规定"；而在资本多数决原则下的章程修正案，对个别股权予以限制或剥夺的"另有规定"是否应"从其规定"，不无疑问。

公司章程对股权的"另有规定"包括了表决权、股权转让权、股权继承和利润分配权等四个方面。其中，关于股权继承，公司法规定"自然人股东死亡后，其合法继承人可以继承股东资格；但是，公司章程另有规定的除外"。显然，公司章程"另有规定"的范围限于具有人身属性的股东资格，而对股权所包含的财产性权利不在其列。立法的用意在于维护有限责任公司"人合"的本质，而非对股权继承作出优于继承法的特别规定。自然人股东死亡后，是否接纳其合法继承人为股东，取决于其他股东的意思，与死亡股东的意思无关，因此，股东资格的继承同样不具有合同机制存在的基础，在不违反法律强制性规定的情况下，公司章程修正案对股权继承"另有规定"的，也应当"从其规定"。但公司章程如果对个别股东的表决权、股权转让权和利润分配权"另有规定"，由于触及了股东的"固有权"，除非依法予以变动（如司法扣押、强制执行等），否则"未经股东同意，不得以章程或股东大会多数决予以剥夺或限制"。[①] 诚如有学者所言，"像那些以股东大会的决议或者董事会的决议可以限制股东的表决权以及规定股东之间不同分派率的章程规定，均为无效"。[②] 因此，试图通过修改公司章程，对个别股东的表决权、股权转让权和利润分配权作出不同于公司法的"另有规定"，应该取得这些个别股东的同意，这不仅是治愈章程修正案欠缺合同机制的一种方法，也符合公平正义的法治理念。

[①] 刘俊海：《股东权法律保护概论》，人民法院出版社，1995，第24页。

[②] 〔韩〕李哲松：《韩国公司法》，吴日焕译，中国政法大学出版社，2000，第218页。

遗憾的是，2005 年公司法在导入公司章程"另有规定"之规范时，未能充分注意到初始章程与章程修正案的不同意义，立法上没有采取任何防御性的规范，存在法律漏洞，以致在司法实践中对章程修正案所作的"另有规定"颇有争议。如 2007 年周岩诉大丰市丰鹿建材有限公司股东权纠纷一案，①　被告以原告违反公司规章制度为由，与原告解除了劳动合同，之后召开股东会修改公司章程，规定股东辞职、被除名、开除或解除劳动合同关系的，股东会可以决定其股权由其他股东受让。虽然原告对此修改投了反对票，但被告仍依照章程修正案的规定转让了原告的股权，遂引发纠纷。原告诉至法院请求确认强行转让其股权的股东会决议无效和公司章程部分条款无效。一审法院认为，公司章程是公司行为的根本准则，根据公司法资本多数决的基本原则，被告修改公司章程的程序合法，修改的内容不违反现行法律法规，应为有效，故判决原告败诉。原告不服一审判决提起了上诉。二审法院认为，股东权的自由转让是股东固有的一项权利，股东权一经设立，除非经合法转让，或由国家强制力予以剥夺，或公司经清算程序予以分配，否则不能被变动。因此，股东权的自由转让原则应理解为强行性法律规范中的效力规定，凡违反该原则，限制股东权自由转让的章程条款应归于无效，故撤销了一审判决，予以改判。值得一提的是，山东省高级人民法院《关于审理公司纠纷案件若干问题的意见（试行）》注意到了这一问题，对此所作的解释认为，"公司章程规定股东因退休、解聘、调动等原因离开公司时应将股权转让给其他股东，但未规定具体受让人，且当事人无法协商一致的，股东会确定的股东有权受让该股权"。②若依此规定，上述案件的二审判决似难以成立。事实上，这类案件在司法实践中已具有一定的普遍意义。在 2006 年滕芝青诉常熟市健发医药有限公司股东权纠纷一案中，③　法院也认定公司章程修正案所规定的"自然人股东因本人原因离开企业或解职落聘的，必须转让全部出资"的条款无效。显然，各地各级法院对公司章程"另有规定"之规范缺乏全体认同的法学思维方法和适用法律的解释方法，这一现象带来的消极后果就是司法难以

---

①　参见吴晓峰《股东权不得依公司章程强行转让》，《法制日报》2007 年 5 月 27 日，第 11 版。
②　山东省高级人民法院《关于审理公司纠纷案件若干问题的意见（试行）》鲁高法发〔2007〕3 号，第 53 条。
③　常熟市法院〔2006〕常民二初字第 335 号判决。

统一，公司法难以得到社会的认同。

公司章程"另有规定，从其规定"之规范，在司法实践中所引发的争议焦点，在于资本多数决原则下的章程修正案能否作出限制或剥夺个别股东的表决权、股权转让权和利润分配权的"另有规定"。笔者认为，如果对个别股东的表决权、股权转让权和利润分配权予以限制或剥夺的"另有规定"是由初始章程作出的，因其为全体股东一致的意思表示，权利受影响的股东应受"另有规定"的约束；而如果以公司章程修正案的方式作出该类"另有规定"的，则在未经受此约束的股东同意的情形下，公司章程修正案的"另有规定"欠缺合同存在的基础，这些"另有规定"不能产生排除适用公司法规定的效力。从这个意义上说，不能简单地认定公司章程"另有规定"的效力。不同法院对这一问题在理解上之所以产生分歧，根本的原因还是在于公司法对公司章程"另有规定，从其规定"的作用机理模糊不清。立法上，德国的一些经验似可借鉴。德国股份法第179条规定："如果将目前多种股票之间的比例关系改变为对一种股票不利，股东大会的决议仅在取得受损害的股东同意后才有效。"同时，第180条规定："一项让股东承担附随义务的决议只有在得到有关股东的同意后才有效。"这两条虽然不能清晰地解释上述讨论的问题，但法条中所包含的价值理念是值得参酌的。当然，在德国的司法判例中，公司通过修改章程对表决权进行限制，即使受到影响的股东对此表示反对，也不影响修改的效力。根据德国联邦最高法院的判决，这种修改虽然侵犯了股东的表决权，但是，如果多数股东认为这一限制是必要的，那么它就是合法的。① 因此，要真正消弭纷争，必须在立法上就公司章程对个别股东权予以限制或剥夺的"另有规定"作出明确的限制。

四 "另有规定"的适用：一种法解释学的分析

（一）"另有规定"适用的条件

公司章程"另有规定"之规范，在性质上属于可排除适用的任意性规

---

① 〔德〕托马斯·莱塞尔、吕迪格·法伊尔：《德国资合公司法》，高旭军等译，法律出版社，2004，第248页。

范，或称之为"推定适用规范"，① 即该种规范为法律上预设的默示规则，除非当事人的意思表示予以排除，否则被推定适用。"另有规定"之规范在 1993 年的公司法中为强制性规范，从强制性规范演变为任意性规范，无疑体现了立法者价值取向的嬗变。萨维尼认为，法学有两大任务：一方面必须系统地理解法律，另一方面必须历史地理解法律。② 系统的、历史的法学方法，有助于探求立法者制定法律时所作的价值判断及所欲实现的目的，以推知法律文本的意义。对"另有规定"之规范而言，立法者将公司法的规定蜕变为当事人意思空白情形下的一种补充，在适用法的顺位上，改变了公司章程与公司法的关系，将公司章程置于优先适用的裁判法地位。然而，这并非意味着当事人的"另有规定"可以恣意妄为。如欲排除公司法的适用，这种"另有规定"应当获得法律上或一般社会观念上的肯定性评价。

换言之，公司章程"另有规定"在适用法上取得优于公司法的地位，一个基本的前提就是这种"另有规定"是有效的。违反法律强制性或禁止性规范的行为应为无效，否则强制或禁止的法意无由贯彻，这一点已成为司法上的基本观念。但在特殊情况下，违背强制性规范的行为"亦有仅一部为无效或仅为得撤销或加以别种制裁者，稀有不完全之规定，其违反亦无制裁者"。③ 从反面解释，未与法律的强制性规范或禁止性规范相冲突的行为就是有效的，这似乎已经成为一种经验性的解释方法。在绝大多数情况下，这一解释方法的有效性得到了印证。但在强制性规范未具明文化的情形下，如何认定当事人排除适用法律的意思表示的效力，就值得认真研究了。

在上述周岩诉大丰市丰鹿建材有限公司股权转让纠纷一案中，二审法院判决理由认为，股东权的自由转让原则应理解为强行性法律规范中的效力规定，凡违反该原则，限制股东权自由转让的章程条款应归于无效。这一判决理由向公司法理学提出了一个问题，即法律原则的规范意义及其性格。

---

① 〔加〕布莱恩·R. 柴芬斯：《公司法：理论、结构与运作》，法律出版社，2001，第 234 页。
② 林端：《德国历史学派——兼论其与法律解释学、法律史和法律社会学的关系》，载《清华法学》第 3 辑，清华大学出版社，2003，第 42 页。
③ 史尚宽：《民法总论》，中国政法大学出版社，2000，第 13 页。

依照《布莱克法律辞典》的解释，法律原则是"法律的基本原理和准则，成为其他规则的基础或来源；同时又是法律行为、法律程序或法律判决的决定性规则"。① 在法律规范体系中，法律原则的功能表现为两个方面：一是其他规则产生的依据；二是法律上的一般条款。用法律原则来表达一般性规范的意义，无疑是立法技术的成果。通过这样一种技术化的处理，法律原则成为克服具体法律规范局限性的工具。不过，由于不同的法律原则具有不同的"分量"，而且不同分量的原则甚至互相冲突的原则都可能存在于同一部法律之中，因此，法律原则是否属于正式的法律规范，在法理学上成为争论的问题。尽管有人主张法律规则穷尽了法律规范的内涵和外延，法律规范体系就是法律规则体系，只有法律规则属于法律规范，法律原则不具有法律规范的属性，但认为法律原则与规则一样同属法律规范的观点仍占主流。② 在司法实践中，法律原则具体化于个案并成为裁判的法源，已是一个不争的事实。唯有在司法裁判的通常情况下，法官的任务是尽可能全面彻底地寻找个案裁判所应适用的规则，只有当具体法律规范供给不足或者穷尽规则时，法律原则才可以作为弥补法律漏洞的手段发生作用。而司法裁判之所以需要法律原则来填补法律漏洞，"不是因为法律原则符合个人的道德信念，而是因为法律原则能够抓住法体系的精神"。③

当法律原则具体化于个案时，如民法原则适用于个案时，有学者认为"民法基本原则是强制性规定"，④"民事主体的行为，违反民法基本原则的，应为无效"。⑤ 但对于公司法原则的性格，学说上有不同的观点：有的认为，由股东平等原则所产生的各项具体规定具有强行法的性质，但并不能说明股东平等原则具有强行法的性质；⑥ 但多数人认为，股东平等原则是强制性规范。⑦ 日本有判例认为，违反股东平等原则的章程无效。⑧ 不过，持这两种不同观点的学者都认为，违反股东平等原则的违法性可因蒙

① *Black's Law Dictionary*, 5th ed., West Publishing Co., 1979, p. 1074.
② 参见舒国滢《法律原则适用的困境——方法论视角的四个追问》，《苏州大学学报》2005年第 1 期。
③ Jeremy Waldron, "The Need for Legal Principles", 82 *Iowa Law Review* 857（1997）.
④ 徐国栋：《民法基本原则解释》，中国政法大学出版社，1992，第 37 页。
⑤ 梁慧星：《民法总论》，法律出版社，1996，第 40 页。
⑥ 〔日〕出口正义：《股东权的法理展开》，文真堂，1991，第 189 页。
⑦ 〔日〕田中诚二等：《新版商法》，千仓书房，1991，第 145 页。
⑧ 〔日〕末永敏和：《现代日本公司法》，金洪玉译，人民法院出版社，2000，第 67 页。

受不利益的股东的同意而获得治愈。① 笔者认为，法律原则具有强制性规范的性格，但与具体规范的强行法性格不同，具体强行法规范的价值判断为个案判决提供了清晰的、合理化的论据，而"法律原则是需要去证成的东西"。② 对个案来说，并不存在一项确定的、排他适用的法律原则，在适用法律原则中通过司法判决推导出来的个别规范，实际上是对不同法律原则的"分量"作出权衡的结果，也仅仅是作为支持该项判决的一个理由而存在，不具有普遍适用的意义。就股东平等原则而言，同时存在意思自治、契约自由诸多原则的交错，因此，股东平等原则受意思自治、契约自由原则的限制，或者说，违反股东平等原则的瑕疵可因蒙受不利益的股东的同意而治愈，这样的选择是可取的。

（二）股东平等：裁判准用的法律原则

2005 年公司法有关公司章程可以"另有规定"的六个事项中，除股东会会议通知和经理职权外，其余四项均系以股东权为中心展开的。在司法实践中，对"另有规定"的讼争大多也是因欠缺股东之间的合意或者不平等对待股东而引起的。对公司章程的"另有规定"，如限制或剥夺部分股东的表决权、确立不公平的利润分配办法、对部分股东持有的股权限制受让人和转让价格等，显然违反了股东平等的法律原则。

股东平等原则在 18 世纪受政治上、法律上平等思想的影响而被引入公司法中。现行各国公司法都在不同程度上贯彻这一法律原则。有的将它明文化，如 1976 年欧共体《公司法第 2 号指令》第 42 条规定，"为贯彻该指令，各成员国的法律应当确保处相同地位的全体股东获得相同的对待"。德国于 1978 年根据该指令修改了股份法，增列第 53a 条，规定"在同等条件下应平等对待所有的股东"。德国学者认为，这一条款具有更重要的深层意义：公司不能武断地、没有任何正当理由区别对待公司的股东。③ 而有的虽然没有明文化，如日本、韩国，但在公司法的具体规范中体现了这

---

① 刘俊海：《股东权法律保护概论》，人民法院出版社，1995，第 64 页。

② 〔美〕迈克尔·D. 贝勒斯：《法律的原则——一个规范的分析》，张文显等译，中国大百科全书出版社，1996，第 12 页。

③ 〔德〕托马斯·莱塞尔、吕迪格·法伊尔：《德国资合公司法》，高旭军等译，法律出版社，2004，第 118 页。

一法律原则。由于股东平等原则的重要功能，各国立法、判例或者学说都承认它为公司法的法律原则，甚至认为股东平等原则是"可与民法上诚实信用原则相比拟的一般条款的最高原则"。①

我国公司法并没有明确规定股东平等原则，但基于民法通则所规定的"当事人在民事活动中的地位平等"，以及公司法对股东诸权利的具体规范，同样可以推导出公司法所隐含的股东平等原则。理论上，法律原则以"实定的法律原则"和"非实定的法律原则"两种样态存在。② 股东平等原则即属于非实定的法律原则，虽然未存于法律明文，但由于其处于自我存在的状态，可从法律体系中归纳出来，也被称为"未有法律条文的法律原则"。③ 由于股东是以出资额为基础而享有权利的，所以从作为股权或者股份归属者的立场上，股东平等原则是股权平等或者股份平等在主体层面的表现。依照公司法的规定，股东依法享有资产收益、参与重大决策和选择管理者等权利。这些权利有的是依出资大小而行使，有的则仅以具有股东资格为条件，相应的，股东平等可以分为"绝对性平等"和"比例性平等"。④ 绝对性平等的权利，如质询权、查阅权等，只要具有股东身份，不管持股多少，都享有平等的权利；而比例性平等的权利，如利益分派请求权、表决权、剩余财产分配请求权等，是按股东各自持有的股权比例赋予平等的权利。因此，在适用股东平等原则时，对于比例性权利，应遵守比例性平等原则；对于非比例性权利，应遵守股东人人平等原则。

然而，对公司章程"另有规定"准用股东平等原则时，仍不免产生疑问。有两个值得讨论的问题。一是关于股东的表决权，公司法对有限公司规定了"股东按照出资比例行使表决权；但是，公司章程另有规定的除外"的任意性规范。从文义解释，似乎可以理解为有限公司章程可以规定股东不按照出资比例行使表决权，如采取一人一票的原则、不按持股比例重新分配表决权数等。这样的规定，其本质无异于限制了部分股东的表决权。从国外的经验看，公司章程可以限制股东的表决权，但这种限制不能

---

① 〔韩〕李哲松：《韩国公司法》，吴日焕译，中国政法大学出版社，2000，第224页。
② 〔德〕卡尔·拉伦茨：《法学方法论》，陈爱娥译，商务印书馆，2003，第19页。
③ 〔日〕星野英一：《未有条文的民法"原则"》，转引自梁慧星《民法总论》，法律出版社，1996，第39页。
④ 〔韩〕李哲松：《韩国公司法》，吴日焕译，中国政法大学出版社，2000，第223页。

针对单个股东。① 而根据初始章程与章程修正案的不同法理，笔者认为，因初始章程是全体股东一致的意思表示，对表决权作出非按照出资比例行使的规定，并不违反股东平等原则；而以章程修正案作出的非按持股比例行使表决权的规定，除非经权利受限制的股东的同意，或者有正当的理由，② 否则有悖于股东平等原则。另外，该条规定是否意味着有限公司章程可以规定无表决权的股权，有待进一步研究。二是关于利润分配权，公司法规定"股份有限公司按照股东持有的股份比例分配，但股份有限公司章程规定不按持股比例分配的除外"。不按持股比例分配的做法，实践中如规定所有股东均按同一比例分配利润、规定股东不同的分配比例但不与持股比例相对应、规定部分股东固定的分配比例，其余的股东按照持有的股份数分配，等等。同样，依照文义解释，似乎公司章程作出这些"另有规定"即可排除公司法的适用。但笔者认为，如果对公司章程的"另有规定"不加以限制，很容易导致资本多数决的滥用，限制或剥夺少数派股东的权利。因此，除全体股东一致同意公司章程的"另有规定"外，对利润的分派仍应贯彻股东平等原则，即比例性平等的原则，因为"在资本团体性浓厚的股份公司中，对股东来说，比例性原则更加具有本质性，通过它强烈地显示出股东的利害关系"。③ 对公司法的这一规定，应采取限缩性解释，即所谓的"不按持股比例分配"，应理解为公司章程可以规定适用不同分配原则的种类股份，如无表决权的优先股等，而即便规定了不同种类的股份，在同种类的股份相互之间，同样要遵守股东平等原则。

五 结语

公司章程"另有规定"之规范的引入，改变了原有公司法的规范结构。从强制性规范转变为可排除适用的任意性规范，在某种意义上同时改变了原有规范赖以存在的根基以及人们对此形成的法治观念，尤其是股东按照持股比例行使表决权和利润分配权，已经在实践中形成了比较深厚的

---

① 参见德国股份法第 134 条第 1 款。
② 〔德〕托马斯·莱塞尔、吕迪格·法伊尔：《德国资合公司法》，高旭军等译，法律出版社，2004，第 119 页。
③ 〔韩〕李哲松：《韩国公司法》，吴日焕译，中国政法大学出版社，2000，第 223 页。

信念。公司章程的"另有规定"要冲破这种信念,但被排除适用的规范让位于公司章程要有一个正当的理由,因为"法律规范导源于一群人共信的社会事实……社团或公司章程、决议,与契约一样,基于法律事实的法律规范,对其所提供的保护,直接来源仍是基于社会事实所导出的规范"。[①]虽然在立法层面上,公司章程"另有规定"作为一种制度性的安排已经确立,但在司法层面上对这一制度的解读却刚刚开始。本文所提出的问题和观点,并不一定切中这一命题的要害。初看起来,公司章程"另有规定"之规范不过是公司法规范体系中不起眼的细枝末节,但事实并非如此,这一规范对公司法基本制度的设计以及公司法体系化的逻辑都会产生重大的影响。例如,资本多数决原则是否因公司章程"另有规定"而改变,都是该规范衍生的问题,绝非"公司自治"这一话题所能简单涵盖。

---

① 参见〔美〕W. Friedmann《法理学》,杨日然等译,司法周刊杂志社,1984,第266页以下。

组织规则的本质与界限[*]

——以成员合同与商事组织的关系为重点

许德风[**]

摘　要： 在商事组织中，成员合同与组织规则不应截然区分。成员协议，尤其是全体成员一致达成的协议，可视为对章程的补充与修改，或是成员就有关事项作出的特别决议，其组织规则的效力应予承认。组织规则的本质在于为主体资格的确认提供制度框架，为组织的决策与管理提供协商机制，为组织财产的独立进而为与组织相关的第三人提供保障。组织规则的界限源于组织人格的拟制性与组织内部决策与管理机制的不完全性，后者是成员合同应予尊重、派生诉讼应予允许的深层依据。

关键词： 合伙合同　股东协议　公司章程　股权转让　派生诉讼　股东资格

本文所讨论的中心，是以章程为代表的组织性规则与其他非章程合同约定的关系以及组织的主体资格在多大程度上应被"认真"对待的问题。文中所使用的"组织规则"，具体表现为组织章程及合伙企业法、公司法等商事组织法所确定的企业决策和行为规则。组织规则在适用上的潜在要求是，商事组织在处理相关事项时，必须遵循既定的程序和经公示的对外代表体制，不得以个别成员的动议或多数成员的协议替代。与此相对应，

---

[*]　本文原载于《法学研究》2011 年第 3 期。

[**]　许德风，北京大学法学院教授。

本文所称"合同"，指上述规则以外的股东间、股东与公司间、股东与公司机关成员间、公司与机关成员间的各种协议。

毋庸否认，单就"商事组织法"或"社团法"的字面含义而言，其"组织"的属性是被彰显的。例如有学者将"社团法"定义为关于"私法性目的团体"的法律或关于"私法性组织"的法律。[1] 不过须注意的是，称谓的选择，除了准确的要求，还要考虑简明、习惯等因素，往往并不足以涵盖事物的全部特征。因此，即便被称作"组织"，也不是说理论与实践就完全忽略了其中的合同属性。公司等商事组织的设立，除了要经过注册登记这一外部程序外，发起人之间的合同亦是基础性法律文件。考虑到准则主义下登记不过是对设立合同的确认，应认为后者更具基础性。另外，即便是公司的经营与管理，成员合同（股东协议）也有发挥作用的空间。或许正是出于这一原因，在定义"社团法"时，也有学者强调其调整"由私法上合同确立的有共同目标的协作"，是"私法属性的合作法"[2] 等特征。德国当代公司法学者施密特索性将几种意见集合在一起，认为社团法既有组织法的属性，又有合同法的属性。[3] 笔者认为，作为概括，这一描述是准确的，但从制度的具体适用角度看，仍需进一步澄清组织法与合同法在社团中各自的适用界限。

一　组织规则与股东协议

实践中，对公司的决策和管理，股东常常以协议而不是公开的章程确定。[4] 此举可能带来诸多问题。比如，股东协议的效力如何？股东可否通过协议影响甚至限制董事会的决策权？股东违背协议在股东会上投票应如

---

① Friedrich Kübler, Gesellschaftsrecht, 5. Aufl., 1998, § 1 Ⅲ 1.

② Götz Hueck, Gesellschaftsrecht, 19. Aufl., 1998, § 1.

③ Karsten Schmidt, Gesellschaftsrecht, 4. Aufl., Carl Heymanns Verlag, 2002, S. 4.

④ 根据学者的总结，在有限公司中，股东协议在以下几个方面可以被用来影响"组织规则"：第一，协调股东在召开股东会时的投票选择；第二，确定公司经营管理人员的人选；第三，确定部分或全体股东与公司的长期雇佣合同关系；第四，确定任职于公司的股东的薪酬；第五，确定股东对公司业务投入的时间及其是否可以从事其他业务；第六，确定一位或多位股东否决公司（股东会）决议的权利；第七，确定分红规则；第八，确定股东争议的解决规范。参见 Robert B. Thompson, *O'Neal and Thompson's Close Corporations and LLCs*, Thomson/West, 2005, pp. 5 - 6 ff。

何处置，由此作出的股东会决议可否被撤销？协议的内容如何对章程发生影响？在解释章程时，能否像合同一样，参酌制定章程时的具体情境与当事人的原意？

（一）公司组织机构的职权范围及其限制

根据经营管理事项发生与股东协议签订的先后关系，股东协议可分为两种：一种是就公司经营管理事项，事后以股东协议而不是股东（大）会决议的形式达成多数或全体一致意见；另一种是股东事先达成关于公司经营管理事项的协议。① 以下分别探讨其效力。

1. 股东事后的全体一致协议

在理论上，通常认为如果股东协议是全体股东一致作出的，即构成股东会决议或对章程的修改，在通知公司后，便对公司发生拘束力。② 主要有两个方面的理由：其一，坚持股东协议可约束公司，能够充分贯彻"股东主导"的观念；其二，坚持全体一致的要求，可防止用于保护小股东利益的股东会程序制度和董事信义义务制度被"架空"。③

在德国的一个案例中，某无限公司设立时（1935 年）在章程（合伙协议）中规定利润在股东 A、B、C 间分配的比例是 50∶25∶25。1937 年起，因 C 服兵役，实际执行的利润分配比例是 50∶37.5∶12.5。自 1940 年开始，当事人实际执行的分配比例又被调整为 35∶35∶30。至 1954 年，有的股东（C 及 A 的继承人 D）试图回归到章程规定的分配比例上，遭到其他股东（B 的继承人）的拒绝，后者主张维持执行了十几年的 35∶35∶30 的分配比例。德国联邦最高法院认为，当事人事后的行为，尤其是长时间对分配比例变更的承认与接受，构成了全体一致的股东协议，效果上属于对章程的修改，因此应以其为准。④

---

① 这是借鉴 Paul L. Davies 所作的分类。参见 Davies, *Gower and Davies' Principles of Modern Company Law*, 8th ed., Sweet & Maxwell, 2008, pp. 677 – 680。

② 英国法上有类似的制度。参见 Re Home Treat Ltd., [1991] BCLC 705。

③ Davies, *Gower and Davies' Principles of Modern Company Law*, 8th ed., Sweet & Maxwell, 2008, p. 375.

④ BGH NJW 1966, 826; Karsten Schmidt, Gesellschaftsrecht, 4. Aufl., Carl Heymanns Verlag, 2002, S. 91.

除了股东事后达成全体一致意见的情形，若股东事后就特定议题达成多数意见，对公司是否有效？例如，某有限公司共有五名股东，每人持20%的股份，董事长由股东 A 担任。公司设立后不久，由于与 A 的经营理念有分歧，其余四名股东决定免去其董事长职务。若公司章程无其他（不同于公司法的）规定，他们可否基于方便和快捷的考量，直接以四人协议免除 A 董事长的资格？

在严守组织规则与合同规则区分的情况下，答案是否定的：按照公司法的规定，董事的任免属股东会的职权（第 38 条第 2 项）。因此，尽管这四位股东在股东会上享有 80% 的表决权（可以在召开股东会的情况下罢免董事 A，进而实现免去其董事长职务的目的），其仍必须遵循公司法关于召开股东会的程序性规范——如除非公司章程另有规定或全体股东另有约定，应当于会议召开 15 日前通知全体股东（第 42 条第 1 款）等。也就是说，在章程未作其他规定的情况下，尽管董事选举的表决要求是简单多数，但是欲不按公司既定决策规则，改变表决程序本身，仍须经全体股东一致同意。①

由此可见，股东在股东（大）会外就特定经营管理事项达成"全体一致"的意见时，应认为发生了两层效果。其一是以全体一致的方式修改了组织体就该事项进行决定（表决）的程序性规则，其二是就该事项本身达成了全体一致的意见。

2. 股东事先的协议与公司职权的限制

从商事经营角度看，股东协议一方面可以赋予小股东担任董事或其他经营管理公司的权利（权力），保障其免受大股东"欺压"；另一方面也可以在创业者获取风险投资或私募投资时，约定由创业者代投资者行使投票权，确保其对公司经营管理的控制（同时约定在公司上市或达到特定规模

---

① 即组织规则与合同规则仅在股东全体一致（改变章程）的情况下才有可能发生互换。由此引申，将章程和合同的差异归结为公示性（合同不公示，章程公示）与约束力（合同仅约束当事人，先前股东制定的章程对后续股东有约束力）的观点（参见赵旭东主编《公司法学》，高等教育出版社，2006，第 171 页），便完全未触及实质。一方面，如果所涉及的是公司内部的管理事项，公示与否并无本质的区别；另一方面，在约束力上，章程和合同一样，均不能自动对无关的第三人发生效力，新股东认购股份的行为同样可以看作是对原有章程的接受，如此一来，其发生约束力的方式与合同便并无本质的区别。参见邓峰《普通公司法》，中国人民大学出版社，2009，第 117 页。

时，投资方取得一定比例的完整股权，收回投资），因而实践中应用极为普遍。在我国，关于股东事先协议与公司组织、管理的关系，下述意见具有代表性：作为股东协议的重要代表，公司设立协议"由全体发起人订立，反映了各发起人的意思表示，调整的是发起人之间的权利义务关系，因而只在发起人之间具有法律约束力"。[①] 然而，下文的比较法分析将表明，不仅设立协议，其他股东协议也可能影响组织规则，对公司产生拘束力。

在英国法上，关于（事先）股东协议执行效力的关键判例是 Russell v. Northern Bank Development Corporation Ltd. [②] 案。该案中，在一项公司及全体股东参加的协议中约定：未经协议各方的书面同意，公司（股东会）不得决定发行新股或改变每股当前的权益。后来，公司通知召开股东会，将增资列为表决事项，原告对此提出异议。

北爱尔兰上诉法院驳回了原告的请求，原告于是继续上诉到上议院。在判决中，上议院首先指出该协议限制了公司股东会（决定公司重大事项）的法定职权，[③] 因此对公司不发生效力。但是该协议的其他部分并不因此项限制而无效，因而仍对股东具有拘束力，在得知其他股东有违约意图时，若股东申请禁令，法院会予以支持（本案中，原告并未申请禁令，但法院在裁决中提及了此种可能性）。[④] 在后续的几个案件中，上议院基本坚持了这一观点。

当然，如果预防性救济已无可能，例如公司已作出决议，当事人便不能再申请禁令等实际履行式的救济。如在 Exeter City AFC Ltd. v. Football Conference Ltd. [⑤] 一案中，法院认为如果股东协议约定禁止股东行使某项公司法上的法定权利（如在公司陷入困境时申请解散公司并进行清算），则该约定在股东间有效，但若股东已实际行使了权利，则股东会决议亦应有

---

① 赵旭东主编《公司法学》，高等教育出版社，2006，第171页。
② [1992] 3 All ER 161.
③ 根据当时的英国1985年公司法第121条以及Table A第32条，公司可以以简单决议决定增资。
④ Thomas et al. , *The Law and Practice of Shareholders' Agreements*, 3rd ed. , Lexis Nexis, 2009, pp. 55 ff.
⑤ [2004] EWHC 2304 (Ch); [2004] 4 All ER 1179.

效，但违约股东应承担损害赔偿责任。[1]

相比英国法更看重公司的独立人格这一形式而言，美国法更重视实质，在股东之间的协议可否约束公司的问题上，走得更远。[2] 早期的美国法对股东协议持自由态度，尊重并承认其效力。[3] 从 19 世纪末开始，随着公众公司的爆炸性发展以及由之而来的公司与合伙的分离，法律对股东协议日益持谨慎态度。[4] 在此后相当长时间内，因坚持董事处理公司事务的自治权，加之认为表决权是股权不可分离的组成部分，[5] 股东协议、投票权信托、投票权委托等股东间的特殊安排都被认为是无效的。[6]

在 1934 年 McQuade v. Stoneham[7] 一案中，小股东之一 McQuade 于 1919 年向大股东 Stoneham 支付了 5 万余美元而购得该公司的部分股份。与此同时，McQuade 还和 Stoneham 以及另外一位股东达成协议，根据该协议，股东选举 McQuade 为董事，同时公司任命其为财务经理，月薪 7500 美元。协议约定，各方必须尽最大努力确保 McQuade 的董事资格及财务经理的职位。另根据该协议，如果没有全体股东的一致同意，财务经理的薪

---

① Thomas et al. , *The Law and Practice of Shareholders' Agreements*, 3rd ed. , Lexis Nexis, 2009, pp. 58ff. 应附带指出的是：根据尚不完全的介绍，在法国法上，股东要求实际履行股东协议尤其是投票协议的请求，常会得到法院的支持。具体做法是，由紧急审理法官下达命令来预防可能发生的损害，如任命一个管理监察人负责监察股东的行为，或一个司法财产保管人保管公司股份。必要时，法官还可授权司法财产保管人在股东大会上投票，某些情况下，法官甚至可以决定暂停股东大会的召开。当然，在当事人违反股东协议的约定在股东大会上投票后，鉴于实际履行难以实现，法院通常不对一项在公司法上无任何瑕疵的决议提出质疑。此时，违反股东协议的股东应对其他股东承担损害赔偿责任。参见谭海《法国法上的股东协议制度之研究——兼论构建我国股东协议制度之初步设想》，硕士学位论文，复旦大学，2009，第 30 页。

② 对美国法上股东协议制度的介绍，可参见张学文《股东协议制度初论》，《法商研究》2010 年第 6 期。

③ Harwell Wells, "The Rise of the Close Corporation and the Making of Corporation Law", 5 *Berkeley Bus. L. J.* 263, 298 (2008).

④ 一个重要转折是 West v. Camden 案。对该案的详细介绍参见张学文《股东协议制度初论》，《法商研究》2010 年第 6 期。

⑤ 在这一观念下，公司章程被视为股东间关于在股东会上获得彼此独立意见与判断的协议，每位股东都对其他股东负有按照其所认为的公司最大利益行使投票权的义务。

⑥ Richard V. Ehrick, "Separation of the Voting Power from Legal and Beneficial Ownership of Corporate Stock (Comment)", 47 *Mich. L. Rev.* 547, 549 (1919); Notes, "The Validity of Stockholder's Voting Agreements in Illinois", 3 *U. Chi. L. Rev.* 640, 642 (1936); Notes, "The Irrevocable Proxy and Voting Control of Small Business Corporations", 98 *U. Pa. L. Rev.* 401 (1950).

⑦ 263 N. Y. 323, 189 N. E. 234 (1934).

酬不应发生变化，而且（大股东）不应从事任何足以危及或者干预小股东权利的行为。1928 年，公司解除了 McQuade 财务经理的职务，后来又罢免了其董事资格。McQuade 遂起诉要求大股东 Stoneham 履约。

当时的法院拒绝了原告的请求，认为该约定干涉了法律所确定的公司组织框架，限制了董事会任免经理、决定其薪酬、延聘人员等权力，因而是无效的。这项意见遭到了学者的批评。① 伊斯特布鲁克从效果分析的角度认为，此类约定是像 McQuade 这样的投资者出资入股的前提之一。法院否认这类约定的效力，"无疑使 Stoneham 可以像撕一张废纸一样，撕毁当初引诱 McQuade 投资的书面保证"。② 汤普森着重论述了封闭公司的特殊性，指出若应由法律的目的而非其字面含义决定法条适用范围，董事以其独立判断经营管理公司的规则或许根本就不应适用于封闭公司——至少在有关股东协议是由全体股东一致作出的情况下是如此——因为各州立法者在制定公司法时，很有可能并未考虑封闭公司的情形。"认为公司董事会是与股东截然相区分的机关，并拥有不受限制的独立决定公司有关事务的权力，在封闭公司中更多是一种拟制，不应用以掩盖问题的本质，或被股东用来逃避其在股东协议中所承诺的义务。"③

在 1947 年特拉华州的一个案件中，④ 某家族企业共有三个股东，其中两个股东达成一项有关投票权的协议，约定双方在未来 10 年内共同行使投票权，同时约定在双方无法就投票事宜达成一致时由一位仲裁员裁决确定投票的内容和方式，该裁决对于双方具有约束力。1946 年，两位股东无法就董事选举达成一致。在关于如何投票的仲裁中，仲裁员支持了本案原告

① "Decisions: Validity of Contract between Shareholders of 'Close' Corporation to Control Discretion of Directors", 36 *Colum. L. Rev.* 836, 837 – 838 (1936); John E. Meck, Jr., "Employment of Corporate Executives by Majority Stockholders", 47 *Yale L. J.* 1079, 1088 – 1090 (1938). 在后一篇文章中，Meck 还提及 1936 年的一项承认限制董事权力的股东协议效力的判决：Hayden v. Beane, 199 N. E. 755 (Mass. 1936)。在该案中，法官认为从有关协议中，可推知股东认为将原告选举为董事符合公司及其股东的最大利益，因而不与任何公共政策相违。

② 〔美〕弗兰克·伊斯特布鲁克、丹尼尔·费希尔：《公司法的经济结构》，张建伟、罗培新译，北京大学出版社，2005，第 266 页。

③ 参见 Robert B. Thompson, *O'Neal and Thompson's Close Corporations and LLCs*, Thomson/West, 2005, pp. 5 – 6 ff。

④ Ringling v. Ringling Bros.—Barnum & Bailey Combined Shows, Inc., 29 Del. Ch. 610, 53 A. 2d 441 (Sup. Ct. 1947).

的意见。但在实际投票中，被告拒绝服从该裁决，使原告中意的一位候选人落选。

一审法院认为共同行使投票权的约定有效，判决要求公司重新选举。理由是，该约定在性质上相当于一个不可撤回的投票代理授权，仲裁裁决支持的股东可以代理另一个股东行使投票权。到二审时，特拉华州最高法院虽然同意一审法院关于合同有效的观点，但并不认为合同中包含可撤回或不可撤回的代理授权，同时认为也没有重新选举的必要。不过，其最终的断案意见比一审更为"激进"：既然被告股东的投票违反了一项合同义务，适当的救济应当是否定该投票行为，将正确的投票结果建立在其遵守合同义务的基础上，进而判决拟制被告本应作出的投票选择，重新确定了股东会的表决结果。①

随着判例法的演进，学者关于"股东协议原则上应予承认"②的呼吁最终被成文法所肯认。在特拉华普通公司法中，针对第 140 条的规定（除非法律或公司章程有明确规定，否则"任何公司的经营与管理均应由其董事会进行"），第 350 条明确地规定了例外，即"闭锁公司中股东之间关于限制董事职权的约定有效"。也就是说，虽然作为组织体的公司不是股东间合同的当事人，但如果合同当事人是全体股东，或者合同所涉及的股东持有多数股份，甚至合同所涉及的一方不是股东，另一方是股东并持有相当份额的股票，有关约定都可直接对公司发生效力。③

---

① Abram Chayes, "Madame Wagner and the Close Corporation", 73 *Harv. L. Rev.* 1532, 1541 (1960).

② 例见 Bernard Goldstone, "Validity of Stockholders Voting Control Agreement (Comment)", 47 *Mich. L. Rev.* 580 (1948); Hornstein, "Stockholders' Agreements in the Closely Held Corporation", 59 *Yale L. J.* 1040, 1056 (1950)。

③ Welch et al., *Folk on the Delaware General Corporation Law*, Aspen Publishers, 2010, pp. 1012 ff. 此外，美国标准公司法对此也有详细规定，见该法第 7.32 条（……符合本条规定的股东之间的协议，在股东与公司之间有效……）。该条的官方评论指出："修订之前的标准公司法从未承认过股东协议的效力，而是将其交由司法实践调整，由此产生了相当多的不确定性。（新）第 7.32 条的规定有助于为当事人依合同'剪裁'其公司决策管理体制行为的有效性提供充分的预期……该条的目的并非在于确认新的公司形式，而不过是承认当事人为了实现其商业目的而进行的各种安排，包括组织的治理，红利的分配，股东、董事、公司之间其他方面的关系。""Changes in the Revised Model Business Corporation Act—Amendments Pertaining to Closely Held Corporations: A Report of the Committee on Corporate Laws", 46 *Bus. Law.* 297, 302 (1990—1991).

另外，鉴于很难准确估量股东违反协议行为所造成的损害，为了充分保障当事人在股东协议中的权利，美国法在发展中逐步改变了其合同法上所确立的损害赔偿规则，而以实际履行作为违反此类协议的救济手段。[①]目前，美国法院基本上"无一例外地执行闭锁公司出资人所有自愿达成的协议"。[②]

与英国法原则上不承认股东协议对公司的效力（即使公司是该协议的当事人）和美国法以判例法、成文法或示范法明确承认其效力的做法不同，德国法虽在成文法上并未明确规定，但在司法实践中承认股东协议对公司的拘束力。

在 1959 年的一个案例中，股份公司的全体股东与公司原有董事会成员以和解协议的形式约定，在董事会成员退职后，放弃追究其损害赔偿责任的权利。此后，公司股东大会决议对董事提起知情权之诉，以便为后续的损害赔偿之诉作准备。该董事会成员于是提起诉讼，要求撤销股东大会决议。[③] 在 1987 年的一个案例中，公司全体股东在章程之外约定选举 A 无限期地担任公司经营人。后来公司召开股东会，罢免了其公司经营人的资格。A 于是提起诉讼，要求撤销公司股东会的决议。[④]

在前一个案例中，德国联邦最高法院认为，原则上，法人应遵守其全体股东与第三人所签订的合同。在后一个案例中，德国联邦最高法院支持了原告撤销股东会决议的主张。时至今日，德国判例与主流学说认为，全体股东（事先）签订某项协议，应具有约束公司的效力。若公司股东会或股东大会所作出的决议与该协议的精神相悖，有关股东或其他利害关系人可以直接申请撤销该股东大会之决议，或在经营人身份被罢免时，要求重

---

① 从司法实践上看，在以实际履行作为救济手段的判例中，有关协议通常是全体股东共同订立的。不过，正如学者所指出的，在一些案例中，若协议有效，且除实际履行外当事人无法获得其他救济，则尽管是部分股东之间的协议，也没有理由不支持其实际履行。参见 Robert B. Thompson, *O'Neal and Thompson's Close Corporations and LLCs*, Thomson/West, 2005, pp. 5 – 177ff。

② Frank H. Easterbrook et al. , "Corporations and Agency Costs", 38 *Stan. L. Rev.* 271, 281 (1986).

③ BGHZ 29, 385, 389 ff. ; Hoffmann—Becking, Der Einfluβ schuldrechtlicher Gesellschafter-vereinbarungen auf die Rechtsbeziehungen in der Kapitalgesellschaft, ZGR 1994, 442, 446 f.

④ BGH NJW 1983, 1910; 1987, 1890; Karsten Schmidt, Gesellschaftsrecht, 4. Aufl. , Carl Heymanns Verlag, 2002, S. 94.

新被选举为经营人。① 当然，对于德国最高法院的立场，也有学者持反对意见。如许弗认为，有限公司是独立的民事主体，其（独立的）财产与经营不应受（经公证及登记公示的）章程之外股东协议的影响。若全体股东未将其约定写入章程并加以公示，那么所生的争议只不过在他们相互间发生而已，应在他们之间解决而不应将公司牵涉进来。②

根据其表现形式，股东协议可以分为两种类型：一为影响公司组织管理的协议，如 McQuade 案中限制董事或董事会经营管理职权的约定；二为规范或限制股东表决权的协议，如集体投票协议、投票权委托、投票权信托等限制投票权进而影响股东会决策的约定。③ 本文认为，至少在大多数有限公司以及部分股东人数较少的股份公司中，应肯定这两类协议对公司的拘束力。

对于前一类协议的可执行性，经济学上的企业理论与民商法上的代理制度可以提供一些解释上的支持。按照交易费用理论，市场和企业是相互替代的经济活动组织形式，采取何种形式，取决于交易费用之大小。现实中企业的生产经营主要依靠企业组织和企业家指令进行，因为这样做的成本比借助市场组织生产更低，在这个意义上，"官僚式"的层级组织（bureaucratic hierarchical organization）以及相应的组织性规则——主要是内部的指令与管理规则——确有存在的必要。④ 那么借助何种法律制度能实现此种效果，能将他人调来遣去？非委托与代理莫属。在职工与企业之间、董事高管与企业之间，通常存在劳动合同或服务合同关系，某些情况下还单独存在代理权授予的关系。在合伙人之间亦如此。在英美法上，合伙与

① Seibt, in: Schmidt/Lutter, Aktiengesetz Kommentar, Verlag Dr. Otto Schmidt, 2008, § 23 Rn. 68; Zöllner, in: Henze/Timm/Westermann (Hrsg.), Gesellschaftsrecht, RWS—Forum 8, 1995, S. 113 ff.; Kleindiek, in: Lutter/Hommelhoff, GmbH—Gesetz Kommentar, 2009, § 38 Rn. 15.

② Hüffer, in: GmbH Großkommentar, 2006, § 47 Rn. 84. 又如，Andreas Pentz 认为，应当坚持章程与股东合同的区分原则，违反股东合同，只发生债法之效果。Pentz, in MüKo, 2008, AktG, § 23 Rn. 194 ff.

③ 比较而言，着眼于公司董事高管人选、公司经营管理策略等的第一类股东协议可直接规范公司行为，这类股东协议的效果更显著，应用更广泛。参见 Robert B. Thompson, *O'Neal and Thompson's Close Corporations and LLCs*, Thomson/West, 2005, pp. 5 – 8 ff.

④ Ronald Coase, "The Nature of the Firm", 4 *Economica* 386 (1937); Melvin A. Eisenberg, "The Conception That the Corporation is a Nexus of Contracts, and the Dual Nature of the Firm", 24 *J. Corp. L.* 819, 829 (1999).

代理总是被并列阐述，学说上常认为合伙本质上不过是诸合伙人互为代理人的关系。[①] 由此展开的推理是，在各合伙人互为代理与委托时，委托人与受托人之间的约定、委托人对受托人的指示、被代理人对代理人权限的限制，便并无不生效的理由。实际上，根据合伙企业法的规定，合伙人可以约定委托一个或数个合伙人对外代表企业，执行合伙事务（第 26 条第 1 款），在这种情况下，当然应允许同时对执行合伙人之权限进行限制。合伙协议约定或者经全体合伙人决定，合伙人分别执行合伙事务时，合伙人也可以对其他合伙人执行的事务提出异议（第 29 条第 1 款）。法律甚至规定"在提出异议时，应暂停该项事项的执行"（第 29 条第 1 款）。比较而言，有限公司在属性上比合伙更进一步，毫无疑问地拥有法律人格，属独立之法律主体，但是其成员间的关系与合伙的差异并不显著。一些国家的统计表明，绝大多数有限公司由 5 名以下的股东组成，其经营者也通常是股东。[②] 因此，股东间关于公司经营管理事项的约定表面上影响的是公司，限制了董事高管的独立裁量，但在董事与股东的身份重合时，便不能再如此片面地认定，得出其作为股东应遵守而作为董事则不应受限制的错误结论。[③] 当然，随着商事组织复杂性、公众性的增强，董事、高管对企业的其他利益相关者也负相应的义务，即更多是受公司而非股东之委托，因而股东约定之于公司的效力，若影响第三人之利益，应持谨慎的态度。基于此点，美国标准公司法第 7.32 条 d 项的规定（在公司上市交易后，原本有效的股东协议应失效）便可更好地理解——在上市公司中，公众股东相对于发起人，地位更接近于第三人，因此更应受保护。

[①] Bainbridge, *Agency*, *Partnerships & LLCs*, Foundation Press, 2004, p. 2. 在德国法上，就合伙人个人承担债务的原理而言，一说解释为合伙执行人的负担行为具有双重效果，一方面对合伙发生效力，另一方面，因合伙是合伙人的联合，合伙的权利义务最终归属于合伙人，因而也对合伙人个人发生效力；另一说认为合伙执行人同时享有对其他合伙人的代理权，其负担行为对合伙发生效力的同时，亦基于代理关系对合伙人发生效力，系"双重负担法律行为"。Christine Windbichler, Gesellschaftsrecht, 22. Aufl., Verlag C. H. Beck, S. 79.

[②] 在德国，根据 2000 年的一项不完全统计，有限公司中，股东人数在 5 人以下的占 97%，其中股东人数为 1 人的占 40.8%，2—5 人的占 56.4%。另外，根据该统计，87% 的有限公司由股东担任经营人。Kornblum/Hampf/Naβ, GmbHR 2000, 1240. 我国没有类似统计，但经验表明，实际情形与德国的出入应不大。

[③] 参见 William H. Painter, *Painter on Close Corporations*, 3rd ed., Little, Brown and Company, 1991, p. 367。

对于后一种类型的股东协议，笔者认为，英国的做法——在认定股东协议对公司无效的同时肯定该协议在股东间的效力，同时允许股东要求实际履行与申请禁令进行预防性救济——是最保守的选择。僵化地坚持此点，可能会忽略股东与（封闭）公司在事实上的同一性。另外，考虑到在我国现实中预防性救济欠发达，适当借鉴美国法或德国法上的制度，支持当事人实际履行的请求，撤销公司股东会决议，亦非完全没有必要。

（二）章程解释与合同解释

组织规则与合同的互动，也可从章程解释的角度加以考察。通常认为，章程具有"法律规则"的属性，因此应作客观解释，而不考虑制定章程当时的情境或当事人的其他（未见诸章程的）表示或约定，毕竟章程不仅约束设立公司的发起人，也约束未来股东。[1] 相比而言，合同在解释上应适当结合主客观情境。不过，现实中的情况总是更为复杂多样。

在德国 1955 年的一个案例中，有限公司的章程规定在公司经营人死后，公司向其遗孀提供养老金。公司一位前经营人在退职后与原告结婚，后者在前者死后根据公司章程向公司请求支付养老金。[2] 在 1966 年的一个案件中，公司章程规定公司的财政年度为每年的 7 月 1 日到下一年的 6 月 30 日。同时规定，公司的存续期限为 15 年。在经营期限即将届满时，股东间对于 15 年的起算点（是否以财政年度的起始日为准）发生了争议。[3]

在前一个案件中，一审法院驳回了原告的请求，二审法院则按照对章程的客观解释规则，支持了原告的主张。三审法院即德国联邦最高法院认为二审法院在解释章程时所采用的方法有误，指出章程的约定考虑了个别股东的特殊情况，不应严格地按照其字面意思进行（客观）解释，进而判决发回重审。法院强调，即使对于纯属于组织性规则的章程条款，解释时也常要参酌发起人最初的意思，尤其在公司的股东自设立后未发生变更的情况下。在后一个案件中，法院认为，鉴于公司的股东自成立至今从未变

---

① BGHZ 21，373；BGHZ 47，149.

② BGH WM 1955，65；Karsten Schmidt, Gesellschaftsrecht, 4. Aufl.，Carl Heymanns Verlag，2002，S. 94.

③ Karsten Schmidt, Gesellschaftsrecht, 4. Aufl.，Carl Heymanns Verlag，2002，S. 91.

更，因此在解释章程时仍可追溯地考虑设立之时当事人的意思。① 相反，根据学者对德国联邦最高法院判决的进一步阐释，若公司股东自设立后发生了变化，包括从早年的创始者传到继承人或继任者，则原来的主观解释又可以转化为客观解释。② 此外，学者如弗卢姆还曾指出，随着股东人数的增加，公司章程客观解释的程度也相应增强。③ 也就是说，虽然同样具有组织属性，但合伙协议、封闭公司（人合性强、股东人数较少的有限公司和股份公司）章程与公开公司（上市公司或人数较多的股份公司）的章程仍有显著差别。在合伙与封闭公司中，组织成员距离组织的共同目的较近，组织的目的往往也是其成员个人的目的，因此在解释上还应当考虑成员的个人因素，适当引入主观解释。而在公开公司中，股东（尤其是上市股份公司的股东）距离组织的共同目的较远，公司利益具有较强的独立性，因此股东个人意思、章程订立的过程等对章程解释的重要性就要有所折扣。④ 当然，两者之间只是类型化而非法律原则性的差异，而法律上的类型与描述性概念一样，都是为了方便归纳，在具体判断时，还应当超越名称与形式，按事物之实质进行判断。

（三）小结

在制定德国有限责任公司法时，关于其定位，一直有两种意见。一种意见是以德国商法典规定的无限公司为基础，强调人合属性，同时作为与无限公司的区别，特别规定参与者承担有限责任；另一种是以德国股份公司法为基础，强调资合与组织法的属性。⑤ 尽管后来通过缩减股份公司法制定了有限公司法，但立法者心目中有限公司的典型图景仍是"适于小规模经营的"、"由可数的几个参与人组建，参与人自己担任经营人的社团"。⑥ 可见，有限公司与（具有很强合同属性的）合伙之间的关联未因法

---

① Karsten Schmidt, Gesellschaftsrecht, 4. Aufl., Carl Heymanns Verlag, 2002, S. 89.

② Marcus Lutter, Theorie der Mitgliedschaft: Prolegomena yu einem Allgemeinen Teil des Korpora-tionsrechts, AcP 180 (1980), 84 (96).

③ Flume, Allgemeiner Teil des BGB, Die Perosonengesellschaften, 1977, S. 32.

④ Marcus Lutter, Theorie der Mitgliedschaft: Prolegomena yu einem Allgemeinen Teil des Korpora-tionsrechts, AcP 180 (1980), 84 (95).

⑤ Hachenburg—GmbHG, 1926, Allg. Einl., Rn. 1 (S. 67).

⑥ Peter Ulmer, in: Ulmer et al., GmbH Groβkommentar, 2005, Einl. Rn. A7.

律上将前者规定为"法人"而被决然斩断。由此说来,坚持股东协议与章程、合同规则与组织规则截然区分的观点,至少就股东人数较少的封闭公司而言,并不能成立。

我国公司法在多处使用了"全体股东另有约定的除外"的表述。从上述分析看,这些规定意味着,某些决定虽然不是在组织的框架下作出的,但同样具有组织法上的效果,可直接对公司发生拘束力。在一些情况下,即使法律不作规定,亦可有此种效果。而在说理层面,可以像处理合伙人与合伙的关系一样,在一定程度上将股东与公司等同;也可以将这些约定解释为对章程的限制或修改;还可以将这些约定直接解释为公司的决定,如股东全体一致地以协议就股东会职权范围内的事项作出了决定,在通知公司后,即应与股东会决议具有相同的效力。

总之,判断股东协议的效力,应从以下几方面着眼。第一,股东协议的目的。以损害公司利益为代价而谋求个人利益,以及以损害第三人如公司债权人或其他股东利益为目的的约定无效,若不存在这些问题,则不应简单认定为无效。① 第二,签署协议的股东人数。若全体股东均签署,原则上应承认协议(包括对公司)的有效性;若只有部分股东签署,则应审查有关协议是否会对其他股东造成负面影响,在没有负面影响时,亦应承认其效力。

二 组织规则与派生诉讼

长期以来,过分甚至僵化地强调公司独立人格的观念,在我国司法实践中有深刻的影响。以股东派生诉讼为例,司法实务上长期持保守谨慎的态度,积弊重重。

在(香港)中添国际有限公司诉上海碧纯贸易发展有限公司等不正当

---

① 美国合同法重述(第一次)第569条规定:"公司股东或董事高管许诺将按特定要求行使其经营管理公司权力,并以此换取个人利益的约定无效",即股东单纯为个人利益出卖其投票权或经营管理权的做法应予禁止。该规定在合同法重述(第二次)中被第193条所替代。后者在内容上更为抽象:"基于公共利益,受托人违反其信义义务,或可能导致该种违反的许诺无效。"该条的评论指出,其可类推适用于股东行使投票权的行为,但同时指出,"该规定不影响那些唯一后果即增加公司整体价值的股东协议的效力"。

竞争案中，① 合资企业的两名股东发生争议。持有 40% 股份的中方股东在合资企业之外另行组建公司，生产与合资企业相同的产品，并使用与合资企业商标、商号等近似的产品标识。持有 60% 股份的外方股东试图召开董事会，并在 6 名董事中有 3 人未出席的情况下作出决议，以合资企业的名义起诉实施侵权行为的股东及该股东开办的公司。对此，中方股东在声明董事会决议无效的同时，又指令董事长即法定代表人以公司名义撤诉，使外方股东无法寻求救济，外方股东转而以股东个人身份起诉中方股东及中方股东所开办的公司侵权。

为了更为"正确"地解决问题，审理该案的法院不得不求助于最高人民法院的复函②和参酌其他法院③的相应做法。实际上，在相当大程度上，合资企业——无论采取怎样的组织形式——更多是一种合同性的组合，这一组合在很多情形是不平衡或难于自洽的。甚至就连当事人自身也常常并未"认真对待"在他们看来仅作为载体的组织形式。在这种情况下，如果法律还过度强调"组织"，只会导致一方当事人滥用"组织"名义损害他方利益的不公结果。

我国法院在处理此类案件时一度颇为踌躇，其原因除了对案件所涉及的派生诉讼问题缺乏充分的了解与关注外，还在于对法人资格的过分"迷信"。如果超越法人人格的掣肘，本案完全可以作为合同纠纷或侵权纠纷处理。按前者，可以在裁判中讨论中方股东的行为是否构成对合资协议约定的违背；按后者，原告股东可以直接代公司起诉其中一名股东侵权。比较而言，主张侵权请求权的原告要证明法定代表人和其他股东有侵权行为，要证明自己（的投资收益）因公司受侵权而受到损害，徒增了额外的中间环节，是非常困难的，因此违约之诉更妥（当然，在本文的语境下，

---

① 〔1996〕沪二中经初（知）字第 529 号。方流芳教授对此案有精彩的分析，参见方流芳《国企法定代表人的法律地位、权力和利益冲突》，《比较法研究》1999 年第 Z1 期。

② 《关于中外合资经营企业对外发生经济合同纠纷，控制合资企业的外方与买方有利害关系，合资企业的中方应以谁的名义向人民法院起诉问题的复函》（1994 年 11 月 4 日）："因控制合资企业的外方与买方有直接利害关系，其拒绝召开董事会以合资企业名义起诉，致使中方利益受到损害而无法得到法律保护，中方可在合资企业董事会不作起诉的情况下行使诉权，人民法院依法应当受理。"

③ 四川省高级人民法院于 1996 年在审理香港世亨洋行诉双流县乡镇企业局行政决定违法一案中确认，当合资公司因内部发生纠纷而无法正常行使权利时，承担相应法律后果的合资一方具有诉讼主体资格。

违约是指对具有组织规则属性的成员协议的违反）。

　　股东派生诉讼制度可以说是"生长"于罗马法上的"合伙之诉"（ac-tio pro socio）与组织独立性理论之间的制度。前者认为，各合伙人对团体目的之实现均负有出资与促进义务，因此在某一合伙人不履行该义务时，其他合伙人可以请求其履行。在这一理论下，成员越过组织（合伙）对其他成员提起诉讼无任何障碍。[①] 后者则强调组织的排他的、绝对的独立性。以早期英国法为例，在 1843 年的 Foss v. Harbottle[②] 案中，曾提出所谓"适格原告规则"，即当公司受到不当行为侵害时，只有公司才有权提起诉讼。[③] 针对这二者，现代组织法理论的折中特征体现在两个方面。

　　其一，认为"合伙之诉"制度过分强调了社团的合同性基础而忽略了其组织的属性，主张这些义务不仅存在于组织成员之间，在很大程度上也是成员对组织的义务，并且后者更为重要。在组织与成员之间，组织利益被认为优先于成员个人的利益（成员不能基于个人的考虑而拒绝履行该项义务）。因此，在判断某项决定是否对公司有益时，组织以及组织现有的管理机构也优先于组织成员个人。也就是说，提出派生诉讼的权利是一项补充性的权利，仅在组织没有正当理由拒绝行使时，成员才得行使。[④]

　　其二，正视公司的非自然性及其作为权利主体的非终极性：在行为上，"公司之意思形成与意思表达，均须仰赖作为公司机关担当人的自然人"；在财产上，公司虽然有自己的独立财产和独立的"公司利益"，但其终究还是要归属于股东。所有这些都要求对公司组织采取一个"相对"的

[①]　在德国法上，"合伙之诉"制度也被用来赋予有限公司股东对其他股东的请求权，该请求权行使的结果是要求其他股东对公司作出履行。通常认为其请求权基础在于股东之间的信义义务（BGH 65, 15 – ITT）。不过与传统的"合伙之诉"有所区别的是，股东应当在诉讼前通知公司其诉讼之意图，仅在公司自己不起诉或其诉讼行为有明显过失时，该股东方可自行起诉。Lutter, in：Lutter/Hommelhoff, GmbH—Gesetz Kommentar, Verlag Dr. Otto Schmidt, 2009, § 13 Rn. 52 – 54.

[②]　[1843] 2 Hare 461（67 E. R. 189）.

[③]　当然，正如学者所指出的，之所以形成这一规则，根本原因在于案件的社会经济背景：当时英国"正处在工业革命的鼎盛时期，经济上放任自由的思想占主导地位，受此影响，法院对公司诉讼占统治地位的态度是，只要是依多数决规则决定的起诉或者不起诉，都是正当的"。钱玉林：《英国的股东派生诉讼：历史演变和现代化改革》，《环球法律评论》2009 年第 2 期。

[④]　Marcus Lutter, Theorie der Mitgliedschaft：Prolegomena yu einem Allgemeinen Teil des Korporationsrechts, AcP 180（1980）, 84（133）.

态度，必要时直奔其"合作合同"的实质。

从比较法的发展来看，随着社会经济的演进，原本坚持组织独立理论的英国法院后来也认识到这一理论的弊端以及可能造成的不公，并在后续立法中进行了修正。① 我国现行公司法第152条确立的派生诉讼制度如何被更为恰当地适用，是值得进一步思考的问题。希望本文关于成员合同与组织规则区分的论述能够对这一问题的解决提供新思路：在争议涉及股东人数少的有限公司等封闭公司时，允许更为简便地提起派生诉讼，或者按合同纠纷处理那些表面上属"公司与股东"，但实际上是"股东与股东"的争议。

三 组织规则与股权转让

在我国当下的理论与实践中，除了僵化割裂成员合同与组织规则的误区外，还有另一极端：错误地在组织规则与合同关系间建立关联，以组织规则解决股东间源于合同的争议。在这一点上，理论与实践中对股权转让纠纷的处理是"重灾区"。

当前有学者将公司内部的变更登记和工商变更登记作为股权变动的必备步骤。② 也有学者认为，应对股权变动采取公司内部登记生效主义与公司外部登记对抗主义相结合的做法。③ 司法实践中，有些省的司法解释也认为生效的股权转让合同仅产生卖方将其所持股权让渡给买方的合同义务，股东资格自转让人或受让人将股权转让事实通知公司之日方取得。④

在一个案例中，出让人将股权转让给受让人，受让人支付了相应价

---

① 包括近期以成文法形式确立的不公对待之诉（英国2006年公司法第994条以下）和派生诉讼制度（英国2006年公司法第260条以下）。

② "股权的转让应当依照法律规定的程序，包括公司内部股东名册的变更和工商登记的变更。……由于未办理工商登记变更，因此重信公司（受让人）并没有实际取得该股权。"参见赵旭东主编《〈公司法学〉配套教学案例分析》，高等教育出版社，2009，第114页。

③ 刘俊海：《论有限责任公司股权转让合同的效力》，《法学家》2007年第6期。

④ 如《山东省高级人民法院关于审理公司纠纷案件若干问题的意见（试行）》（鲁高法发〔2007〕3号）第35条规定："股权转让合同生效后，受让人的股东资格自转让人或受让人将股权转让事实通知公司之日取得。但股权转让合同对股权的转让有特殊约定，或者股权转让合同无效、被撤销或解除的除外。"

款。付款后，受让人参加了股东会会议。但公司并未将其列入股东名册，也未向其签发出资证明书。四年后，受让人提起诉讼，请求法院终止股权转让合同，要求出让人返还转让款并赔偿利息损失。[1] 在另一个类似案例中，股权转让的双方签订了转让协议并告知公司，但出让人迟迟未协助受让人变更工商登记。约 6 个月后，受让人诉至法院，以出让人与公司逾期未办理股权变更登记为由，要求解除股权转让协议。[2]

对前一案件，颇具权威的分析认为，虽然公司董事会已在决议中授权出让人办理股权变更手续，但工商登记一直未变更，公司也未向受让人签发出资证明书及变更股东名册。因此，在合同签订后的 4 年间，合同转让的股权没有发生权利变动，受让人有权要求终止合同。[3] 而在后一个案件中，法院认为违反变更登记义务并不导致合同的解除。股权转让协议生效后，受让人参加了股东会，行使了股东权利，工商登记未予变更仅导致受让人的股东资格未予公示，不影响股权变动的效力，因此判令出让人与公司限期办理股权转让变更登记事宜。

为什么事实基本相同的案件会有完全不同的判决结果？根源在于对股权转让协议与公司组织规则之间关系的不同认识。笔者认为，股东是"公司"这一社团的成员，其变动主要应依股东个人的决定，最多也只涉及其他股东，而与公司无涉。否则将陷入股东依多数决管理公司，公司再决定股权处置的循环怪圈。[4] 因此，股东名册的记载、工商登记的变更等需要由公司依约完成的程序性步骤，断无决定股权变动效力的理由。[5] 由是观之，将股权的转让看作是权利的转让，适用债权让与之一般规则（德国民

---

[1]　参见"施建森诉上海川崎食品有限公司股权转让纠纷案"，载赵旭东主编《〈公司法学〉配套教学案例分析》，高等教育出版社，2009，第 186 页。

[2]　〔2000〕海经初字第 3658 号。

[3]　参见赵旭东主编《〈公司法学〉配套教学案例分析》，高等教育出版社，2009，第 187 页。

[4]　在反收购实践中，有的公司在章程中规定诸如股东在持有公司股份达到一定比例后，"应向董事会请求召开临时股东大会，由股东大会审议是否同意其增持公司股份计划"等条款。这显然混淆了组织与成员之间的关系，不恰当地扩大了组织的权力。参见上海证券交易所研究中心报告《中国公司治理报告（2009）——控制权市场与公司治理》，2009 年 5 月，第 117 页。

[5]　实践中此类模糊认识非常普遍，以至于有公司在公司章程没有特殊规定的情况下，召开股东会来处理股权转让事宜。相关案例参见刘康复《论股东会决议与股东协议的区分——由一起股东会决议效力认定案件引发的思考》，《法学杂志》2009 年第 9 期。

法典第 413、398 条）的做法，更为妥当。[①] 依此模式，股权让与合意达成的同时（通常股权转让合同生效即可推知股权让与合意之作成），受让人即取得股权并获得股东资格，通知、公司登记或工商登记之变动都不宜作为判断股权变动与否的标志。

当然，在债权让与中，由于权利本身并不具有公示性，因此债务人并不知道债权转让的事实，只有将债权让与的事实通知债务人，债权让与才对债务人发生效力。同理，在股权转让中，双方当事人须通知公司，股权变动方对公司产生效力。这里需要澄清两点。其一，其他股东同意与通知公司并不相同，不能认为既然其他股东已经同意了，公司便已然知晓。股东与公司是两个不同的主体，股东知晓并不等同于公司知晓。其二，此处的通知是一种单方行为，一旦公司基于通知或股东行使股权的行为（如参加股东会）了解了股权转让事实，股权转让即对其发生效力，而并不需要公司作出额外的意思表示。

有观点认为，在上述无须进行登记等手续即可发生权利变动的情况下，"一股多卖"的风险大，对于在先买主来说，其权益得不到应有的保障。[②] 具体来说，存在两种情形。一是存在先后多个股权转让合同，且都未办理工商变更登记，股权应归属于哪一个受让人？在后的受让人能否对股权进行诉讼保全，并在获得生效判决后申请强制执行？[③] 二是存在先后几份股权转让合同，签订在先的股权转让合同没有登记变更，而签订在后的受让人先完成了股权转让的公司通知和工商登记，如何处理？

对情形一，应当认为，若在先的股权转让合同生效、双方达成权利让与的合意并征得其他股东同意，即可发生股权变动的效果。此后的再次转让属于出让人（即原股东）的无权处分。次受让人不能仅依股权转让合同

---

① Karsten Schmidt, Gesellschaftsrecht, 4. Aufl., Carl Heymanns Verlag, 2002, S. 1046. 债权让与为典型之处分行为，让与合同生效即为让与合意之达成，权利即发生变动，受让人成为新的债权人。参见张谷《论债权让与契约与债务人保护原则》，《中外法学》2003 年第 1 期；韩世远《合同法总论》，法律出版社，2008，第 418 页。

② 参见张惠芳《试论有限责任公司股权转让生效时点的选择》，《金融法苑》2009 年第 1 期。

③ 参见"南华国际工程有限公司与天津市重信房地产开发公司等确权纠纷案"，最高人民法院〔2000〕经终字第 115 号民事裁定书。相关分析参见赵旭东主编《〈公司法学〉配套教学案例分析》，高等教育出版社，2009，第 114 页。

而申请对他人股权的诉讼保全，即便进行了诉讼保全并申请强制执行，在先受让人亦可提出异议。

对情形二，在现行法上，先签订股权转让合同的受让人虽然已经取得股权，但由于其没有变更股权登记，后购买股权者可基于善意取得制度而取得股权，成为公司股东。不过，正如论者所指出的，在此类情形下，善意取得的可能性不大。其一，实践中，有限责任公司股东较少，股权变动通常要受公司法第72条其他股东过半数同意规则的限制。如果第一份股权转让合同的受让人经过其他股东过半数同意，自然取得股权，成为股东。而第二份股权转让合同的受让人虽然可以同原出让人签订合同，但通常无法得到其他股东过半数同意，因此原股东再次有效处分并不容易发生。① 其二，法律在进行股权善意取得的制度设计时，可增加一股多卖情况下善意取得的难度。如德国有限责任公司法规定，受让人可依法律行为从在商事登记簿上登记的股东处有效地受让股权。但若存在错误登记，且在交易时该错误登记持续少于3年且权利人对该错误登记无过失，则前句规定不适用（第16条第3款）。② 也就是说，在一股二卖的情况下，善意第三人只有在前手转让中的受让人长期（3年）不办理变更登记手续时，才有可能善意取得所涉股权。

如果采用上述理论，现实中很多案件的处理将更妥当，不过分偏离法理。例如，在一个案例中，虎凤公司设立于1998年10月27日，登记的股东为张文虎、张文耀；注册资金人民币50万元。1999年3月25日，虎凤公司变更公司名称为宝星公司。1999年4月29日，被告张文虎与两原告签订一份"股东协议书"，约定三方共同投资1821693元成立宝星公司，三方股份均等，共担风险责任，共同分享经营利润，共同参与经营管理；决策问题投票决定，两票以上为有效。该"股东协议书"上加盖有被告宝星公司公章。此后，二原告要求确认其股东身份，并分享公司利润。

法院认为宝星公司成立在先，因此不能再次"成立"，1999年4月29日的"股东协议书""系三方当事人借用宝星公司名义进行合伙经营的形

---

① 参见刘杰《有限责任公司股东资格问题研究》，硕士学位论文，北京大学，2010，第27页。

② 另外，该款还规定，若受让人在受让时对有关登记错误明知或因重大过失而不知，或在登记簿上附有异议，则受让人亦不能取得股权。

式载体。两原告不能因实际投入部分资金及实际参与管理而成为公司股东”。① 公司不能再次“成立”这一观点于理有据，但法院对“股东协议书”性质的解读值得推敲。比较妥当的做法，是将该协议解释为股权转让协议，根据该协议原告已取得股东资格，公司在协议上加盖公章的做法可视为公司对通知的接受，进而发生对公司的效力。即使退后一步，按照法院的逻辑，既然承认二原告“借用宝星公司经营”的合伙人身份，为何不承认其对公司（此处为合伙经营的标的）未来收入的权利？

四　组织规则的本质与界限

商事组织中，组织性规则的“射程”即其适用范围，在很大程度上取决于对其功能的定位。综合以上论述，组织性规则的功能主要体现在以下三方面。

（一）确立主体资格

名不正，则言不顺。以商事组织的发展史上最具代表性的“公司”这一组织形式为例，从最初以特许的形式赋予少数人经营（或执行特定公法职能）“特权”，到发展为基于准则主义人人可申请的、用于交易的“一般性工具”，经历了相当长的时间。② 承认公司具有权利与行为能力，当然主要是社会经济的需要。不过，在法律技术上，仅有合同，人格尚无依凭，仍需要具有完备的决策与行为机制，方满足将之“拟制”为人的前提。在这个意义上，组织规则是法律确认组织人格的基础。

人格的取得，不仅让公司取得了广阔的对外行为空间，也为股东与公司之间的关系确立了新的维度。例如，A、B、C 为甲有限责任公司的股东，三人在设立合同中约定，每人应于 2009 年 9 月 1 日前出资 30 万元，各占1/3 的股份。A、B 按时缴纳了出资，而 C 迟至 2009 年 11 月 1 日仍未

---

① 参见“张庆超、王照明诉张文虎、上海宝星机械设备修造有限公司等合伙协议纠纷案”，上海市宝山区人民法院〔2002〕宝民二（商）初字第 1265 号；上海市第二中级人民法院〔2004〕沪二中民三（商）终字第 239 号。

② James Willard Hurst, *The Legitimacy of the Business Corporation in the Law of United States*, 1780–1970, The University Press of Virginia, 1970, Chapter I, pp. 13–57.

缴纳出资，导致公司业务无法正常开展。公司注册登记后，谁可起诉要求
C 缴纳出资？C 应向谁承担违约责任？

在公司成立后，如实、及时出资是股东对公司的基本义务，因此，理
论上应由公司追讨出资并要求股东向公司承担违约责任。① 而且，在公司
正式成立后，即便有股东未履行出资义务，也不构成其余股东同时履行抗
辩或导致其余股东获得解除合同的权利。② 另需注意的是，若当事人之间
明确约定股东向公司承担违约责任，并不必然排除对其他已出资股东的违
约责任，但是后者应通过当事人之间的合同解决，无须公司法的额外
规定。③

从组织规则构建社团人格基础的功能出发，可以展开的推理是：其
一，在组织设立登记完成后，其独立人格即正式形成，自此以后，组织与
其成员（如股东）便属平等主体，二者之间关系的基础是相应法律规范、
章程而非设立合同（尽管该章程系由设立协议演变而来）或其他依据。其
二，公司设立后，公司与股东便互为独立之存在，股东只在作为社团之社
员这一层面上与公司发生关系，因此，在前文提及的股权转让中，只发生
股东间的法律关系，无须公司介入。

---

① 现行公司法第 28 条第 2 款修订前，很多法院认为履行出资义务的请求应由已履行出资义
务的股东而不是公司提出。如在"淮安市盐化工有限公司诉江苏省淮安石油支公司股东
出资未到位案"（江苏省淮阴市中级人民法院〔1998〕经终字第 142 号）中，法院认为，
"原告淮安市盐化工有限公司与被告江苏省淮安石油支公司系公司与股东关系，被告出资
不到位，其违约行为直接侵害的是已足额缴纳出资的股东的合法权益，故要求被告履行
缴足出资额义务的权利，应由已足额出资的股东行使，原告主体资格不符合法律规定。"
② 在"沛时投资公司诉天津市金属工具公司中外合资合同纠纷上诉案"（最高人民法院
〔2002〕民四终字第 3 号民事判决书）中，法院在理论上肯定了股东出资关系中可能存在
不安抗辩权乃至同时履行抗辩权的适用余地（只是在本案具体情形中，尚不构成"不
安"），值得商榷。
③ 同样的结论参见邓峰《公司利益缺失下的利益冲突规则——基于法律文本和实践的反
思》，《法学家》2009 年第 4 期。由此看来，我国公司法第 28 条第 2 款关于股东未履行出
资义务"除应当向公司足额缴纳外，还应当向已按期足额缴纳出资的股东承担违约责任"
的规定，便无必要。相比而言，德国有限责任公司法确立了股东失权制度，其第 21 条规
定，在延期支付的情形下，可以书面催告拖延支付的股东，督促其在特定的宽限期内履
行支付义务，超过该期限，公司可宣告没收其股份（上述宽限期不得少于一个月）。德国
股份公司法第 64 条第 1 款规定："对没有及时支付所要求款项的股东，可以确定一个有
警告的延长期限，并告知期满后他们将失去所拥有的股票及已支付的股本。"美国标准公
司法（2002）第 6.20 条 d 项也有类似规定。

(二) 确立决策与管理机制

公司在设立登记完成后，除在对外关系上取得（包括与股东相对的）独立主体资格，在对内关系上，以章程、法律的任意性及强行性规范为中心的组织性规则也正式生效。为什么组织成立后，原来的合同主体便要遵循组织内部的程式或规范？对这一问题的回答，可以有不同的思路。

1. 组织独立性与团体行为理论

我国在学理上广泛引用"团体行为"理论为组织之独立性提供解释。不过若仔细考察其发展背景，该理论也不能证成组织的绝对独立性。在德国民法典第一草案中，其现行民法典第 25 条的前身——草案第 43 条，在规定上采取了法律行为的理论，认为法人社团之章程，除非是源于法律，其内容决定于设立合同中所体现的当事人的意思，只有设立后的变更才决定于团体成员的意志。① 第一草案公布后，以基尔克为代表的"规则理论"（Normentheorie）或"团体行为理论"（Gesamtakttheorie）的倡导者认为，草案所采纳的合同理论（Vertragstheorie）不妥，认为社团之成立并非源于各发起人的设立合同，而是源于全体成员"单方的团体行为"（einseitiger gesamtakt），合同法、法律行为学说主要适用于个体行为，无从适用于团体，相比合同行为或法律行为，团体形成其章程的过程更接近立法的过程。② 在最后的法典中，基尔克的理论在很大程度上获得了认同。经过基尔克的异议，现在的第 25 条完全看不到"意思"的字样。

当然，制度的解读不能仅停留于其文字之表现形式。在更深层次的背景上，两种不同的解释反映了对社团不同的法律认识，前者所反映的是私法自治的观念，后者则更多是结社自由的观念。③ 按照伯尔曼的分析，基尔克的主张建立在对罗马法上"社团"（universitas, corpus, collegium）概

---

① Werner Flume, Allgemeiner Teil des Bürgerlichen Rechts, Erster Band: Die juristische Person, Springer Verlag, 1983, S. 316.

② Otto von Gierke, Die Genossenschaftstheorie und die deutsche Rechtsprechung, Weidmannsche Buchhandlung, 1887, S. 133.

③ Herbert Wiedemann, Gesellschaftsrecht, Band I, C. H. Beck, 1980, S. 161.

念的批判以及对教会法上社团制度（corporation law）的借鉴之上。基尔克认为，从查士丁尼时代起，罗马法上将国家、宗教礼拜组织、市政府、丧葬团体、行会等视为社团，同时以皇帝的授权限制社团的权力，是为了统治正当化的需要。他甚至认为，欧洲14世纪前后专制主义的横行，很大程度上就是将团体理论建立在罗马法概念上的后果，因为这些罗马法理论就是建立在个别人可以控制社团这种理念的基础上的。在他看来，教会法及日耳曼法上的社团独立观念更有利于社会治理。需说明的是，虽然同样强调组织体的独立性，基尔克在组织意志的来源上与宗教组织还是有重要区别的。日耳曼法上"社团"的目的并非来自一种或神或人的更高权威，而是仅仅来自它自身，即仅仅来自"成员们为达到他们自己所设定的目标而自愿的结合"。① 在确立此点后，基尔克才进一步推演认为，组织之独立性，即独立于外力（包括个别成员）干涉的属性，具有弘扬自由、抵抗专制的意义。

尽管基尔克当时的主张最终导致了德国民法典第一草案的文字变动，但在文字沉淀后，其背后的信念之争也随着时间的流逝慢慢消失，而让位于功能之实现及体系与逻辑之圆通。如前所述，关于组织的属性，目前德国学说上的主流观点可以说是对法律行为理论和规则理论的整合：其一，发起人之间的关系在社团正式成立前是债法上的合同关系，在成立后，社团便与原发起人分离，取得独立之法律地位与意思、行为能力；其二，如上文所述，组织乃人为拟制，具有不完全性，因而可以依合同补充。

2. 作为决策与管理机制的组织规则

在经济效率的视角下，公司的组织规则可被视为决策机制，其本质是赋予公司股东（大）会以终极性的决定权，以"资本多数决"或其他类似的表决规则解决股东之间在价值选择上的分歧。这样做当然有其成本，② 甚至也不是理论上的最优选择，但在现实中，确实是大规模聚合资本的不多选项之一。若股东间的一切意见分歧都可以另行起

---

① 详细介绍参见〔美〕伯尔曼《法律与革命》，贺卫方等译，法律出版社，2008，第212页以下。

② 所谓"集体决策的成本"，参见〔美〕亨利·汉斯曼《企业所有权论》，于静译，中国政法大学出版社，2001，第55页以下。

诉或提出异议，不仅会极大增加决策的时间与机会成本，也会增加司法系统的负担。①

在承认组织规则具有提供决策与管理机制的功能后，可以展开的推理有以下几项。其一，这些机制源于人为之设计，而人总有考虑失周的时候，鉴于此，那些有损决策效率甚至导致决策僵局的机制应无效或者至少应受到限制。② 其二，在适用组织规则时，在公司法上尤指依章程处理相关事项时，应尊重当事人在接受该机制时所可能作的"保留"。这种"保留"同样确立了一种决策机制，并且，如果从当事人角度观察，通常更契合其心意，应予尊重。此为股东协议可拘束公司的法理。其三，资本多数决固然是基本的决策规则和有效决策的必要保障，但应主要局限于涉及公

---

① 这也是撤销股东（大）会决议诉讼中诸如"裁量驳回"等制度的设立理由。按照我国公司法第 22 条的规定，股东会决议的司法审查，仅限于"股东会或者股东大会、董事会的会议召集程序、表决方式违反法律、行政法规或者公司章程，或者决议内容违反公司章程"等情形，即在股东提起撤销之诉时，法院可以权衡决议瑕疵与决议所生利益，在瑕疵事由不严重并且不影响决议时，依职权驳回撤销请求。参见蔡立东等《论股东会决议撤销权的主体及其行使》，《当代法学》2008 年第 5 期。

② 在安徽丰原药业股份有限公司与程文显等损害公司权益纠纷上诉案（〔2004〕皖民二终字第 62 号）中，被告程文显是原告丰原药业委派在合资公司百春药业的董事，由于被告从事了损害合资公司进而损害股东丰原药业的行为，丰原药业欲更换该董事。但丰原药业无法征得外方股东的同意，同时合资公司的章程又规定"合营各方有权委派和更换董事，必须征得对方同意，并书面通知董事会"，于是陷入无法更换董事的困境。对此，法院的处理是，认为被告与丰原药业之间法律关系的性质应为委托关系。根据合同法，委托人或受托人可随时解除委托合同（第 410 条）。因此，丰原药业单方作出的撤换程文显在百春公司担任的董事、董事长职务的决定，符合合同法的规定和委托合同的法理。在这个意义上，合资企业章程中"合营各方有权委派和更换董事，必须征得对方同意"的内容，"与合同法的上述规定相悖，且本身又自相矛盾，故该规定不具有法律效力"。法院的上述意见很大程度上是在组织关系中贯彻了合同规范。不过，从法教义学的角度上看，认为章程违反合同法的规范是不能成立的，因为即便在委托合同中，当事人也可以约定排除第 410 条的适用。妥当的解释应当建立在这样的观念上：不是所有的组织法规范都应严格对待。尤其要认识到，商事组织不过是人为设计的拟制主体，支撑该组织的规范完全可能因为人为设计的失误陷入无法解开的"死结"，裁判者如果再听之任之，很可能会导致不公。实际上，中外合资经营企业法第 5 条第 1 款第 1 句，即董事"由合营各方委派和撤换"的规定，其本意就是要赋予股东自由更换派出董事的权利；鉴于合资公司的董事会在性质上相当于公司的股东会，这和法人股东可随时更换公司出席股东会的代表的内部行为毫无二致。实际上，我国台湾地区"公司法"第 27 条第 1 款就规定了法人董事和代表人董事制度，第 3 款同时规定委托人"得依其职务关系"随时改派代表人，以"补足原任期"，德国股份公司法第 103 条第 2 款也规定（该规定为强行性规范），派遣权人可以随时改变派遣，免除被派遣人的董事资格，可资参照。

司业务的经营管理等事项，且其隐含的要求是各股东应在诚意合作的前提下合理地追求利益。若公司多数股东或其他控制人滥用该规则侵害公司（进而侵害其他股东）的利益，应允许受害人越过组织规则的"藩篱"寻求救济，是为派生诉讼的基本法理。其四，在一国的公司法制度中，除了法律提供的任意性条款外，及时有效的司法救济亦是重要的组成部分。这种救济既包括事后提供争议的解决渠道，也包括事先的预防和禁止。[①] 在预防制度发达的情况下，股东可以在法院的支持下，利用组织规则临时但及时地制止董事或其他股东从事有损公司利益的行为，然后再谋求组织法上的"救济"，如罢免公司董事或以公司名义提起诉讼等。但由于专业性欠缺、司法资源紧张等多种原因，在我国的司法实践中当事人事实上无法寻求此类预防性救济。如果再过度严格地坚持组织法规则，必将造成救济的拖延，使当事人遭受更多的损害。

（三）责任承担之保障

确立商事组织之财产独立，是组织法以及包括章程在内的组织规则的重要任务。对此，美国学者汉斯曼等曾指出，无论采取何种形式，组织法的核心功能是确认企业财产的独立性，即强调在企业所有者破产时，企业所有者个人的债权人最多只能取得所有者在企业中的股份，而无权通过（物质性地）拆分或清算企业来满足自己的债权。[②] 理由有如下几点。

第一，企业的财产独立有效降低了股权融资与债权融资的成本。若没有关于企业财产独立性的规定，则意味着企业与所有者的财产混同，要相互为对方的负债承担责任。其后果之一是，在投资前，每个（潜在）所有者不得不审查其他所有者的资信状况，随着所有者人数的增加，这种审查的成本将以几何级数增长；后果之二是，债权人借钱给企业时，不得不在企业本身的资信外，审查企业所有者的资信，因为企业所有者的债权人也可以直接就企业的财产受偿。当企业所有者数量众多时，这种审查的成本

---

① 例如，根据德国有限责任公司法第38条，在股东罢免公司经营人的要求提交股东大会表决前，若有充分理由相信经营人可能损害公司的利益，可以根据德国民事诉讼法第916条、第940条申请临时保护令（einstweiligen Rechtsschutz），部分或全部地禁止经营人在此期间从事对外行为。Kleindiek, in: Lutter/Hommelhoff, GmbH—Gesetz Kommentar, 2009, § 38 Rn. 5.

② Hansmann et al., "The Essential Role of Organizational Law", 110 *Yale L. J.* 387, 394 (2000).

便非常高。

第二，以合同替代企业财产独立的成本巨大，不可行。在没有关于企业财产独立的法律规定时，如果想通过合同实现这一点，需要每一个企业所有者与自己全部债权人约定，企业不对所有者个人的债务负无限连带责任，同时还要在合同中详细说明其个人财产与企业财产的区分。在企业所有者人数有限时，也许尚可实行，但随着所有者人数的增多，这种约定的成本将急剧升高。

可以看出，组织法存在的主要理由，除了增进决策与管理的效率外，还在于保护企业财产（相对于股东、股东的债权人以及其他第三人）的独立性。在这个意义上，就其核心而言，公司法是物权法而不是合同法：就像所有权、抵押权的对世性与追及力需要通过法律的强制性规定来实现一样，唯有通过法律的强制规定与国家的赋权，才能有效确立公司财产的独立性，防止股东抽回出资，防止股东债权人对公司财产的任意攫夺，保障公司债权人优先（于股东及股东债权人）的受偿地位。①

由此得出的推理有两个。其一，在股东以协议限制董事、高管时，要尊重公司法的基本结构，不应破坏公司法上用于保护第三人利益的强制性规范。其二，在经营涉及第三人利益时，如在组织以自己的名义对外进行交易后，应导致（至少是责任层面的）组织性规则的适用，以便保护第三人的合理期待。前一点较好理解，对于后一点，以下稍作展开。

在从合同关系到组织关系转变的各种形式中，设立登记是最广为人知的方式。以公司为例，设立登记一经完成，组织体即确立，可脱离发起人的意志而独立决策和行为。如公司设立后可以经特别多数决而增资、减资或解散（我国公司法第44条、第104条），包括发起人在内的个别股东固然可以反对，但若其表决权数有限，仍可能无法阻止公司的决策。实践中，常为人忽略的是另一种导致组织关系发生的形式：对外行为。以合伙为例，作为合伙关系基础的合伙协议具有相对性，在合伙作为独立组织的特征尚未完全时，合伙关系应完全按合同对待。但是，在对外以合伙名义实施行为后，很多问题的解决便不能再简单援用合同法规则。

---

① Hansmann et al. , "The Essential Role of Organizational Law", 110 *Yale L. J.* 387, 440 (2000).

例如，A、B、C 三人订立合伙合同，约定 A 以载重卡车（估值为 20 万元）出资，B 与 C 各以现金 20 万元出资。在各方认缴出资前，A 的卡车发生交通事故而全损，A 陷入个人破产境地，无力履行出资义务。此时，B 与 C 可否解除合同？若三人已经以合伙的名义租赁了经营场地，回答是否会有所差异？

在该例中，A 无力履行出资义务，构成致合同目的不能实现的履行不能，原可适用合同法有关合同解除的规则（第 94 条第 1 款第 1 项），免除各方的合同义务（即使解除后产生损害赔偿责任，也仍局限于当事人间的内部关系）。但发生对外交易后，情况便有所不同：即使 B 和 C 如愿"解除"了合同，法律也仍会要求其（与 A 一起）对合伙的债务承担连带清偿责任——一种合同之外的、基于组织性规则的责任。这是一项着眼于第三人利益的选择：即便合伙因欠缺 A 的参与而不能正常运转，第三人对其他合伙人会承担连带责任的信赖以及在此基础上与合伙进行的交易仍可得到保护。相比通过合同解除制度消灭合伙关系的方式而言，退伙等组织法上的安排意味着合伙财产的清算，意味着 B 和 C（包括 A）要在其出资之外对合伙债务承担补充的连带责任。[①] 可见，在此例中，以合伙名义进行的"对外行为"使合伙在合同的属性外又增加了组织的属性，使合伙协议在"合同"之外又增加了组织章程的特征。相应的，在合伙对外行为后，即便合伙协议存在不成立、无效或可撤销等事由，当事人也不能溯及地消灭其效力。相关合伙人只能通过合伙解散与清算的程序终结合伙事务，清理合伙财产，并在合伙注销前承担相应的合伙义务。[②] 同理，按照德国通说，

---

① Hueck, Das Recht der offenen Handelsgesellschaft, 4. Aufl., 1971, §6 II 3a. 我国公司法第 95 条第 1 项的规定在原理上与此相同。

② 类似的考量在合伙人出资是否适用同时履行抗辩制度的讨论中同样适用。按通说，合伙合同在性质上属于为共同目的而订立的合同，并无直接的相互交换，因而不属于典型的双务合同，不能直接适用双务合同中的同时履行抗辩等制度。不过就其实质而言，仍可认为一方的出资与其他全体合伙人的出资密切相关，或者说，一人之所以参加合伙，是基于对其他合伙人均会为实现合伙共同目的而为相同付出的期待。从这个意义上说，此合伙人的出资与其他全体合伙人的出资也具有一定的关联性，因而仍有必要借鉴双务合同的制度，尤其在合伙人仅为二人的情形下。不过，在合伙已经对外发生行为后，为保护第三人的利益，（未出资之）合伙人便不得再为同时履行抗辩。Uwe Hüffer, Gesellschaftsrecht, 7. Auflage, C. H. Beck, 2007, S. 61；MüKo—Karsten Schmidt, HGB, 2006, Verlag C. H. Beck, §105 Rn. 114.

"设立中的公司"在性质上仍属合伙，能否独立起诉"股东"，也取决于其是否已经完成了向组织体的转变。① 若尚未实施任何对外行为，则应认为当事人之间的关系仍为纯粹的合伙合同关系，只能由此股东协议签订人向其他股东协议签订人行使请求权；若设立中的公司已经以其名义对外实施了交易行为（如租赁了营业场地），则该设立中的公司——本质仍为合伙可对未履行出资义务之股东行使履行请求权。

相反，从理论上说，在合伙未进行对外交易，或者虽进行了对外交易但可以确保不损害合伙债权人利益的情形下，应允许当事人约定其他清算方式。现行合伙企业法规定合伙企业解散后必须强制清算（第86条），表明立法者推定合伙企业于终结时必定存在尚未清理的债权债务关系，若不清算，将极有可能损害合伙企业债权人的利益。比较而言，这一推定在更为复杂的企业组织形式中较易获得支持，而在合伙中并非无商榷的余地。实际上，在德国商法典上，无限公司便可通过章程或决议灵活选择解散后的财产（与负债）清理方式，而不必都指定清算人（第145条第1款）。

五　结论

与既有的研究相比，本文在更宽泛的意义上使用"组织"这一概念。无论是法律规范还是章程条款，在确立主体资格、提供决策与管理机制、确保责任之承担等功能中满足一项，即可归为"组织"规则。综合本文论述，正确处理组织规则与合同约定的关系，应从以下三个方面着眼。

第一，组织性规则的重要功能之一，在于确立维持组织资格独立的基本框架。组织设立后，与其成员相互独立，成员不履行出资义务，组织享有独立之请求权；成员转让其份额或股权，组织亦无权干涉。

第二，在承认组织规则的独立性及其作为决策与管理机制的同时，应正视组织关系的"人合"属性与拟制属性，在封闭公司决策、管理以及股东间关系的处理上，不应排除股东协议的适用。

---

① Uwe Hüffer, Gesellschaftsrecht, 7. Auflage, C. H. Beck, 2007, S. 61; MüKo—Karsten Schmidt, HGB, 2006, Verlag C. H. Beck, §105 Rn. 59.

　　第三，商事组织财产的独立性是其交易主体资格得到认可的必要前提，这一属性非依强制性的组织规则无以维系。在涉及商事组织债权人利益时，组织规则优先适用的根本原因在于此；合伙之组织属性因对外交易而发生也是这一认识的推论。

第二编　股东权行使与保护

公司股东的表决权*

张民安**

摘　要：股东表决权是公司股东享有的最重要的权利，此种权利的有效行使可以确保公司股东地位的稳固。在现代社会，虽然公司股东表决权适用的范围受到严重威胁，但是，该种权利仍然在各国公司法中得到尊重，仍然在众多重要领域得到适用；公司表决权虽然要遵循集体行使的原则，但是，违反这一原则所作出的决议也并非完全无效。

关键词：表决权　表决权集体行使　瑕疵决议

在两大法系国家和我国，公司股东享有表决权、诉讼提起权和公司剩余财产的索取权等权利。通过表决权的行使，公司股东可以控制董事的选任和解任等事项，以及公司的某些结构变更；通过诉讼提起权的行使，股东可以对滥用职权的董事和高级官员的行为进行监督，抑制他们的不适行为，追究他们的法律责任；而通过剩余财产索取权的行使，股东可以保障自己的财产利益在公司清算中的实现。这三种权利的享有和行使，尤其是表决权的行使，使公司法学家们仍然坚信股东通过股东会对公司事务享有最终的控制权。虽然如此，公司股东通常并不参与公司事务的管理和公司业务的执行，对公司事务的最终控制权通常仅能够通过在股东会会议上作出决议的方式来实现。因此，表决权是股东干预公司事务最为积极有效的

---

　*　本文原载于《法学研究》2004 年第 2 期。

　**　张民安，中山大学法学院教授。

手段。各国法律都对公司股东的表决权问题作了明确规定。在现代公司法中，虽然一些国家的法律允许公司对股东发行无表决权股，但一般国家的法律均要求公司发行有表决权的股份。持有此种类型股份的股东可以据此对公司的某些事项进行投票表决。股东的表决权中需要讨论的问题很多，包括股东表决权所适用的范围、股东表决权行使的原则、股东瑕疵决议的法律效力等。

一 股东表决权的适用范围

在传统公司法中，公司股东会居于核心的地位，公司股东会可以就公司所有的重大事项和重要问题作出决议；在现代公司法中，公司股东会居于从属地位，传统公司法认为应当由股东会决议的事项已经被纳入公司董事会决议的范畴。因此，股东会的地位实际上已经沦落为公司董事会决议的追认或批准机关，很少积极主动地就公司事务作出决议，而仅仅在公司董事提议时对引起纠纷的决议进行表决。因此，在现代公司法中，学者在论及公司股东会决议的范围时，往往不仅从正面论及其适用的范围，而且还从反面论及其不能进行表决的事项范围，以限制公司股东的权利范围。Solomon 和 Palmiter 指出："明确公司股东在传统公司法的治理结构中不能从事的活动是十分重要的。公司股东不能经营公司的普通业务，不能管理公司的事务，包括不能签订对公司有约束力的契约，不能选任公司高级官员，不能解任公司高级官员（即便是有因解除），不能确定公司高级官员的报酬，不能制定公司股息分派政策，不能决定公司的市场营销政策，并且不能提起诉讼。公司股东不能强迫或推翻董事会所作出的特别决议。根据美国绝大多数州的公司制定法，公司股东不能发动公司的某些行动（诸如公司的合并和章程的修改），即便他们有权来批准这些行动。"[1] 在现代社会，关于股东表决权的适用范围，学者之间有不同的意见，有人认为，其适用的领域主要包括公司的两种事务，即选任和解任公司董事会的成员，以及批准或不批准公司从事某些特别交易；而有人认为，公司股东的

---

[1] Lewis D. Solomon and Han R. Palmiter, *Corporations*, Little Brown & Co., Boston, 1990, p. 163.

表决权适用的范围除了这些领域外，还包括其他众多的领域。本文认为，公司股东的表决权所适用的范围多种多样，主要包括以下三点。

（一） 选任和解任公司董事

在现代公司法中，董事的选任和解任方式多种多样，包括公司董事会对董事的选任和解任，第三人对董事的选任和解任以及公司股东对董事的选任和解任。[①] 在这三种选任和解任方式中，前二者仅仅是在例外的情况下适用，因此，只有公司股东对董事的选任和解任才具有重要意义。我国公司法第 38 条和第 103 条明确规定，公司股东有权选择和更换公司董事。

（二） 批准或不批准公司组织结构的变更

公司组织结构的变更包括两种：公司内部组织结构的变更，如公司章程的修改，以及公司外部组织结构的变更，诸如公司重要财产的出售，公司的合并、收购以及公司的解散和清算等。公司组织结构的变更要经过三个程序：公司董事会的决议，公司股东会的决议以及公司持异议股东的价值评估权的实现。公司组织结构的变更之所以要求公司股东会会议的决议批准，是为了通过此种程序来保护公司股东的期待利益，使该种期待利益不至于因为公司组织结构的变更而落空。当公司股东购买公司的股份时，公司股东实际上认可了该种公司的身份，认可了该种公司所具有的特性；当他们成为公司股东时，他们仍然期待公司具有自己在购买公司股份时所具有的身份和特性；任何人不得在没有获得他们同意的情况下改变公司的身份和变更公司的特性，否则，实际上就是强迫公司股东成为完全不同于自己所期待的公司的股东。[②] 公司作为民主组织，不得强迫那些反对公司组织结构变更的人待在他们对其期待已经完全落空的公司里面，否则，即构成对小股东的强制和压迫；反之，这样也可以刺激股东投资的积极性，使他们可以放心大胆地将资本投入公司，不至于担心当自己反对公司组织结构的变更决议时，在对公司的期待落空以后仍然被迫待在公司；而且这样做也能确保公司组织的稳定、协调和健康发展，因为如果不保护公司持

---

① 参见张民安《现代英美董事法律地位研究》，法律出版社，2000，第 5—13 页。
② Robert Charles Clark, *Corporate Law*, Little, Brown and Company, 1986, p. 444.

异议股东的价值评估权，不让他们在反对公司组织结构的变更时退出公司，他们必定会向法庭起诉，要求法庭撤销公司股东会所作出的变更决议，而保护公司持异议股东的价值评估权避免了此种后果的发生。

（三）批准或不批准公司董事从事其应尽忠实义务与其利益相冲突的交易

董事作为公司业务的执行人和公司事务的管理人，对公司承担忠实义务。此种忠实义务要求董事不得在未取得公司同意的情况下同公司缔结各种与之有利害关系的契约，不得与公司缔结协议，转让或受让公司财产，否则，董事应当承担相应的法律责任。但是，公司董事并非在任何时候和任何情况下都不得同公司缔结此种契约或从事此种交易，如果股东事先批准了公司董事所缔结的契约或所为的交易，则董事有权从事此类活动，此时就无须对公司承担忠实义务和法律责任；同样，即便董事事先没有取得公司股东的批准，如果他们在缔结此种契约或从事此种交易以后，能够取得公司股东的同意，他们对公司所承担的法律责任也可被免除。

二　股东表决权的集体行使原则：股东会会议

公司股东被认为是公司的所有权人而非公司的代理人，因此，他们在就其表决权适用范围内的事项作出决议时不能单独行动而必须集体行动。所谓集体行动是指当股东要就选任董事和其他事项进行表决时，必须在公司所召开的股东大会会议上进行，不得在股东大会会议之外作出决议。现代各国公司法均承认股东表决权的集体行使原则。

（一）股东大会会议的种类

在现代公司法中，股东大会会议的种类可以分为三种，即定期会议、临时会议和特别会议。

1. 定期会议

所谓定期会议，也称股东常会或股东年会，是指公司根据其章程所规定的时间和地点于每一年度所召开的股东大会。公司股东定期会议的主要作用是选任董事或采取其他行动。公司如果不按公司章程规定召开定期会议，其后果如何，我国的公司法没有作出规定，台湾地区的相关规定是，公司负责人如果违反公司法关于公司常会召开期间的规定，各科 2000 元以下的罚金。本文认为，公司定期会议必须按期召开，长期不召开此种会议，公司的人格即会受到影响，公司股东应被责令对公司债务承担个人性质的责任，同时对公司负责人科以行政甚至刑事责任。

2. 临时会议

所谓公司临时会议，是指公司在发生法律特别规定的情况下所召开的股东大会会议。根据我国公司法第 104 条的规定，公司如果有下列情形之一的，应当在两个月内召开临时股东大会：第一，董事人数不足公司法规定的人数或不足章程所规定的人数；第二，公司未弥补的亏损达到股本总额 1/3 时；第三，持有公司股份 10% 以上的股东请求时；第四，董事会认为有必要时；第五，监事会提议召开时。

3. 特别会议

所谓特别股东大会，是指当公司被认为要考虑某些重要的或紧急的问题时，基于公司董事会、公司持有 10% 的有表决权的股东或公司章程所授权提议召开特别股东会会议的人的提议而召开的股东大会会议。此种会议讨论的问题包括：公司与其他公司之间的合并或收购，公司董事的解除，公司章程的修改以及公司的解散等。实际上，公司的特别股东大会也是临时股东大会会议的一种情况。

（二）公司股东大会决议的种类

公司股东大会作出的决议可以分为两类，即普通决议和特别决议。所谓普通决议是指那些必须经出席股东会会议的股东所持表决权的半数以上通过的决议，换句话说，普通决议适用 51% 以上的简单多数规则。所谓特别决议是指那些必须经出席股东会会议的股东所持表决权的 2/3 以上或 3/4 以上或公司章程规定的超大股东规则通过的决议，换句话说，特别决议适用特定多数规则。特别决议究竟是适用 2/3 的特定多数规则还是 3/4 的特定多数规则，取决于各国公司法和各个公司章程的规定。例如，根据我国公司法第 106 条，特别决议的通过仅适用 2/3 的特定多数规则，而根据英国 1948 年公司法第 141 条，特别决议的通过须适用 3/4 的特定多数规则。在现代社会，究竟哪些内容要适用简单多数规则，哪些内容要适用特定多数规则，同样取决于公司法和公司章程的规定。现代公司法和公司章程一般对要适用特定多数的内容作出明确规定，其中没有规定适用特定多数规则的事项一般均被认为适用简单多数规则，由此作出的决议为普通决议。一般认为，对公司的目的性条款作出变更的决议，公司资本减少的决议，公司合并、分立、更生或收购的决议，公司清算中的重组决议，将有限公司转换为股份公司或股份公司转换为有限公司的决议，撤销或限制公司法所规定的优先权的决议，变更公司名称的决议以及由公司购买自己股份的决议，均是特别决议。① 必须注意的是，公司股东会所作出的决议的种类同公司股东会会议的种类没有必然关系，在公司股东大会的定期会议、临时会议或特别会议上均有可能作出普通决议或特别决议，所作出的决议究竟哪一种是适当的，取决于所作出决议的事项的性质而不是作出此种决议的会议的类别。②

（三）公司股东大会会议的召集程序

1. 会议的召集人

公司股东大会会议的召集人是谁？我国公司法第 105 条规定，股东大会会议由董事会依照本法规定负责召集，由董事长主持。如果董事会因为某种原因不能召集股东大会会议，公司成员或第三人是否有权召集？我国公司法对此没有作出回答。在公司正常经营的情况下，公司董事会往往可以召集股东大会会议，但在例外的情况下，董事会则往往不能召集股东大会会议。例如，在公司没有董事，或者公司有董事，但其人数不足，难以达到法定最低要求时，法律应当规定某种例外的救济，赋予某些股东或第三人以股东大会会议的召集权。本文认为，除了董事会有召集股东大会会议的权利以外，公司股东和法庭也有召集公司股东大会会议的权利。

第一，董事会。在现代公司实践中，公司章程一般都明确规定将召集股东大会会议的权利授予公司董事会。此时当董事会召集此种会议时，其召集行为有效；同时，即便公司章程没有将股东会会议的召集权授予董事会，他们也享有此权利。因为各国公司法大多将此项权利归于公司董事

---

① K. R. Abbott, *Company Law*, D. P. Publications, 1991, p. 233.

② Robert R. Pennington, *Company Law*, 4th ed., Butterworths, 1968, p. 561.

会。如我国台湾地区"公司法"第 171 条规定，股东会除本法另有规定外，由董事会召集之。日本商法第 231 条规定，除本法或章程另有规定外，公司股东会的召集，由公司董事会决议。我国公司法第 105 条规定，股东大会会议由董事会依照本法规定负责召集。只要公司董事会享有股东会的召集权，公司董事会所为的召集行为就是有效的，就对公司有约束力，即便会议是由那些任期已经届满但仍然以董事身份行为的董事召集，或者是由那些适当的会议通知还没有对所有董事作出的董事会会议所召集，或者是由那些法定人数不足的董事会召集的，也是如此。①

第二，公司成员。在现代公司法中，公司成员也享有股东会会议的召集权。英国 1948 年公司法规定，除非公司章程作相反的规定，否则持有公司已发行股份资本 10% 的两个或更多的成员可以召集普通大会会议。我国台湾地区"公司法"第 173 条规定：继续一年以上，持有已发行股份总数 3% 以上的股东，得以书面记明提议事项及其理由，请求董事会召集股东会临时会；前项请求提出后 15 日内，董事会不为召集之通知时，股东在获得地方主管机关许可后，可以自行召集。日本商法第 237 条规定：自 6 个月前连续集有已发行股份总数 3% 以上的股东，得以书面记明提议事项及其理由，请求董事会召集股东大会；前项请求提出后，董事会不为召集之通知时，经法庭许可，股东可以自行召集。公司法将公司股东会的召集权授予公司某些成员，其重要原因在于使公司在没有董事的情况下或董事会会议不足法定人数的情况下召集公司股东会。当然，公司股东享有的要求召集股东大会会议的权利并不限于这些情形，即便公司存在合格的董事会，适当数量的股东往往也享有要求公司召开股东会会议的权利。② 比较上述各国和地区的公司法规定，我国台湾地区和日本的公司法对公司小股东召集权的限制过多，要求有行政主管机关或法庭的同意。本文认为，这种限制不符合公司商事组织的性质，我国公司法应当借鉴英国法的经验，不要求法庭或行政主管机关对公司股东召集权的同意，而仅仅要求股东具有一定比例的股份即可。

第三，法庭。法庭具有要求公司召开股东会会议的固有权力。③ 在公

---

① Robert R. Pennington, *Company Law*, 4th ed., Butterworths, 1968, p. 560.
② Robert R. Pennington, *Company Law*, 4th ed., Butterworths, 1968, p. 560.
③ Robert R. Pennington, *Company Law*, 4th ed., Butterworths, 1968, p. 561.

司的实际生活中，法庭召集股东会会议的情况虽然多种多样，但是主要有二：其一，公司股东向公司董事会提出要求公司召集股东会的请求，公司董事会拒绝了此种请求，基于公司股东的申请，法庭有权召集公司股东会；① 其二，公司因为股东会达不到法定最低人数而无法召开公司股东会。如果公司法或公司章程对公司股东会会议的法定最低人数作出规定，而公司召开会议时的法定人数低于该种规定，则基于股东或董事的申请，法庭可以召开股东会。英国 1948 年公司法第 135（1）条规定，当公司无法以任何其他方式来召集股东会时，或者无法以公司法或公司章程所规定的方式来召开股东会会议时，基于公司董事或公司股东的申请，法庭有权召集股东会。

2. 会议的通知

在现代公司法中，公司股东大会会议的召开以公司就其会议的有关事项对股东作出通知为必要条件，除非作出适当通知，否则公司不得召开股东大会会议。根据现代公司法，除非公司章程作相反的规定，否则，公司股东会的通知必须对每一公司股东作出，无论他们是否有权参加该种会议或者是否有权对所要审议的事项进行表决。对股东所作的有关股东会会议的通知应当是书面通知，口头通知原则上不产生效力。此种会议通知应当在会议召开前的一定期限内作出，例如，根据我国公司法第 105 条，对于记名股份的持有人，公司应于会议召开 30 日以前通知股东；对于无记名股份的持有人，公司应于会议召开 45 日以前作出公告通知；而根据美国修正标准商事公司法第 705 条，公司对其股东的会议通知应当在会议召开日之前的 10—60 日内发出。会议通知应当记载股东大会会议召开的时间、地点和持续期间以及要讨论的事项。之所以要记载会议要讨论的事项，是因为如果对此不加记载，公司股东就无法知道股东会会议所要讨论的事项，无法理智地决定是否要参加该种会议以便保护自己的利益。对于股东大会会议通知上没有记载的讨论事项，股东大会是否可以作出决议？根据现代公司法，如果会议通知是公司定期会议通知，则该通知上无须列明此次会议的目的和所要讨论的事项，股东会会议可以就没有列明要讨论的事项作出决议，但是，公司在向股东发出会议通知时应当清楚地说明该种会议的

---

① Robert R. Pennington, *Company Law*, 4th ed., Butterworths, 1968, p. 561.

性质；如果会议通知是有关公司临时性或特别会议的通知，则该种通知必须列明此次会议的目的和所要讨论的事项，否则，公司不得就通知没有列明的事项作出讨论和决议。① 公司对股东会会议上要讨论的事项作出何种程度的通知始被认为构成足够的通知？学者认为，此种问题取决于案件的具体情况和法庭对该案件的自由裁量。总的原则是，公司对股东会会议的通知应当详细地规定所要讨论的事项的性质，详细到足以使那些对该种事项毫无了解的公司股东能够作出是否出席股东会会议的决定，或者作出是否可以在不作更进一步查询的情况下听凭公司股东会决议通过的决定。② 因此，如果公司对股东所作出的会议通知上陈述公司召开会议的目的是选任公司董事，该种通知是有效的，即便该种通知上没有具体列出董事候选人的姓名；同样，公司对股东的会议通知上记载公司召开股东会会议是要决议公司解散，此种通知也是有效的，股东会有权作出决议任命公司解散时的清算人，因为解散清算人的任命是公司解散的必要后果。③ 但如果公司对股东所做的会议通知是要求股东来决议公司授权资本的增加，则除非会议通知上列明所建议增加的数额，否则，此种通知是不充分的；公司成员需要知道，如果公司股东会的决议获得通过，公司董事会能够发行新股，但是，这会导致公司股份的稀释，影响到公司的借贷资本、优先股份和普通股份之间的关系，影响到公司扩张的权力，也影响到公司普通股东大会会议上的表决权的分配。同样，如果股东会会议的召开是为了决议是否变更公司章程或采取新的公司章程，则会议通知上应当列明所要作出的重大修改或变更的内容，仅仅通知股东会议的目的是修改公司章程，其通知是不充分的。④ 此外，如果公司董事对所拟通过的决议有利害关系，则该种利害关系也应当在公司对其股东作出的会议通知中加以充分的披露。如果通知中没有充分披露董事所享有的利害关系，则公司在该种会议上所通过的决议是无效的。⑤

---

① 参见《中华人民共和国公司法》第105条；Robert A. Prentice, *Law of Business Organization and Securities Regulations*, 2nd ed., Prentice Hall, 1994, p. 311。

② Robert R. Pennington, *Company Law*, 4th ed., Butterworths, 1968, p. 567.

③ Robert R. Pennington, *Company Law*, 4th ed., Butterworths, 1968, p. 567.

④ Robert R. Pennington, *Company Law*, 4th ed., Butterworths, 1968, p. 567.

⑤ Tiessen v. Henderson, 1899, 1 Ch. 861.

3. 出席会议的法定人数

公司股东会召开会议的有效条件之一是出席股东会会议的股东要达到法定人数。具体法定人数的规定则取决于公司章程。如果章程对此未作规定，则适用公司法的规定。在现代社会，关于公司出席股东会会议的法定最低人数有两种理论。其一，股东人数主义，它以一定数量的股东出席股东会会议为条件，至于这些股东所持有的股份数是多少，法律在所不问。此种主义为英国公司法所采取。英国 1948 年公司法第 134 条规定，除非公司章程作相反的规定，否则，公共持股公司至少要有三个股东出席股东会，有限责任公司至少要有两个股东出席股东会，他们构成股东会会议召开的法定最低人数。其二，股东股份主义，它以一定比例的有表决权的股东出席会议作为公司召开股东会会议的最低法定人数，至于这些股东的人数，法律在所不问。此种主义为美国法和我国台湾地区"公司法"所采取。美国修正标准商事公司法第 7.25（A）节规定，如果公司章程没有对法定人数作出规定，则有表决权的 51% 以上的股东出席股东会会议，是股东会会议召开的法定人数。我国台湾地区"公司法"第 174 条规定，股东会之决议，除本法另有规定外，应有代表已发行股份总数过半数股东之出席。

我国公司法没有对出席股东大会会议的最低法定人数作出规定，因此，无论公司出席股东大会会议的人数是多少，他们占有的表决权股是多少，公司均可以采取行动。[①] 股东会可以在不具备出席会议的最低法定人数的情况下召开股东会会议并作出有效决议，这种做法虽然使公司的效率大大提高，却违反了公司法的基本原则，同公司股东大会作出的普通决议的性质相违背，不利于公司组织的稳定、协调和健康发展。因此，我国公司法应当改变自己的理论，明确要求公司股东会会议的召开以出席会议的有表决权的股东达到一定的法定人数作为条件，在不具备该种最低人数的情况下所召开的股东会会议是无效的。在确定该种最低法定人数时，我们应当放弃英国公司法的理论而采取美国和我国台湾地区"公司法"的理论，应当以 51% 的有表决权的股东出席股东会会议作为公司股东会作出决议的最低要求，而不管他们的具体人数是多少，因为，如果像英国公司法

---

① 参见《中华人民共和国公司法》第 106 条。

那样，仅仅要求两个或两个以上的有表决权的股东出席股东会会议，则公司尤其是公共持股公司完全可以在大股东不出席的情况下召开股东会会议并作出决议，而这同完全不要求最低法定人数所带来的效果其实是一致的。

问题在于，如果公司章程对出席公司股东会会议的最低法定人数的规定不同于公司法的规定时，章程的规定是否有效，对此有三种理论。其一，为传统公司法所采取的最为保守的理论认为，该种规定是无效的规定。其二，最为开放的理论则认为，该种章程规定是有效规定。美国修正标准商事公司法第 7.25 条认为公司章程可以规定低于或高于 51% 的法定人数，虽然美国大部分州的法律并不允许此种比例低于 1/3。[①] 第三种折中理论认为，如果公司在召开股东会会议的时候具备了出席会议的最低人数要求，那么即便在整个会议期间股东人数低于法定人数，股东会会议也是有效的。此种理论为英国公司法所采取。英国 1948 年公司法表 A 第 53 条规定，如果公司股东会所要求的最低法定人数在股东会会议开始的时候具备，则股东会会议是有效的。本文认为，我国公司法目前应当采取保守的理论，等到公司组织发展壮大之后，再采取美国公司法的理论。

三　股东表决权集体行使原则的软化：公司股东的书面同意

如果公司没有召集和召开公司股东会会议即作出了决议，该种决议是否有效呢？在大陆法系国家和我国，法律和司法并没有对此问题作出规定，不过，根据各国公司法的精神，通过这样的方式所作出的决议应当是无效的，因为公司决议须在公司依法召集和召开的股东会会议上作出是公司法的强制性规定，公司不得违反，否则，其决议行为即为无效。而在英美法系国家，公司通过这样的方式所作出的决议并非完全无效，如果该种决议的作出符合一定的条件，它们对公司也有约束力。英国判例法早在 19 世纪末期即认可了该种原则，认为，即便公司根本没有召开股东会会议即

---

① Robert A. Prentice, *Law of Business Organization and Securities Regulations*, 2nd ed., Prentice Hall, 1994, p. 311.

作出了某种决议，但只要那些有权出席公司股东会会议的所有成员一致同意该决议，该决议就将被看作有效决议，就好像其是在公司适当召开的股东会会议上作出的一样。① 在今日的英美国家，此种规则不仅得到司法的承认而且还为制定法所明确规定。美国修正标准商事公司法第7.04条规定，本法要求或允许股东在股东会会议上采取的行动可以不在此种会议上采取，如果那些原本可以在此种会议上投票表决的全体股东书面同意此种行动的话。本文认为，公司股东会会议的召集和召开程序应当被公司所遵守，公司股东如果要代表公司作出某种行为，他们应当在依法召集或召开的股东会会议上作出。但是，如果公司无视此种强制性的规定，在没有召开公司股东会会议时即代表公司作出某种决议，公司股东之间所作出的决议并非当然无效。公司在通过该种决议之后，如果那些原本有权在公司股东会会议上作出反对投票的小股东没有及时反对，则该种决议对公司产生法律效力。同样，即便公司的某种决议并不是在公司依法召集或召开的股东会会议上作出的，而是通过书面协议方式作出的，如果公司有表决权的全体股东一致同意并在该协议上签字，该决议也对公司产生约束力。在公司法上实行这样一种规则的理由在于，公司法关于股东会会议召集或召开的程序规定是为了保护公司股东的利益而设，如果公司股东基于自愿而放弃此种利益，法律无须违反股东的意志而强迫他们接受该种利益。但是，法律承认公司在不召开股东会会议的情况下所作出的决议的有效性是有条件的。其一，该种决议须获得原本在公司召集或召开的股东会会议上有表决权的全体股东同意，如果有表决权的某一股东不同意该种决议，则以此种方式通过的决议就对公司无约束力。在这里，所谓同意包括明示的同意，即有表决权的全体股东在决议上签字，也包括默示的同意，即公司那些有表决权的小股东在得知该决议通过之后，没有及时提出反对意见。如果公司大股东以此种方式通过的决议没有获得公司小股东的同意，则无论大股东所占有的股份比例有多大，该种决议也是无效决议。其二，该种决议应当符合一定的程序要求。根据美国修正标准商事公司法第7.04条的规定，公司股东通过此种方式所作出的决议应当是书面的决议，口头协议不能产生约束公司的法律效力。那些赞成该决议的全体股东应当在决议上签

① Ashbury Railway Carriage and Iron Co. v. Riche, 1875, LR 7 HL 653.

字。此外，该种决议通过之后，公司还应当将其归档保存。其三，决议通过的交易必须是诚实的，是为了公司的利益。[1]

四　股东瑕疵决议的法律效力

在现代公司法中，股东会所作出的瑕疵决议分为两类，即决议内容的瑕疵和决议程序的瑕疵，前者是指股东会所通过的决议违反法律或公司章程，而后者则是指公司股东会的召集程序或决议方法违法。无论是哪种类型的决议瑕疵，都涉及股东由此形成的决议是有效还是无效的问题。对此人们普遍坚持的观点是，无论股东会的决议是在适当召集和召开的会议上作出的还是在非适当召集和召开的会议上作出的，只要决议内容违反法律或公司章程，则该决议都是无效决议，对公司无约束力。如果公司的决议仅仅是在非适当召集或召开的会议上通过的，则该种决议是可以被撤销的。

（一）违反制定法规定的瑕疵决议的法律效力

我国台湾地区"公司法"第191条规定：股东会决议之内容，违反法令或章程者，无效。我国大陆学者也指出，公司股东大会决议的内容违反法律的，自始无效，当然无效，任何时期，任何人均得提出此主张。[2] 本文认为，此种观点值得商榷，法律分为强制性规定、禁止性规定和任意性规定，并非任何违反法律的行为均可导致公司股东会决议的无效，而应取决于该种决议所违反的法律的性质：如果违反的是国家强制性或禁止性的法律，则该种决议可能是无效决议；如果违反的是国家任意性法律或补充性的法律，则该种决议仍应当是有效决议。基于公司企业维持理论的贯彻，现代公司法虽然对公司的行为设定了众多的强制性或禁止性规定，但司法并没有将一切违反公司法强制性或禁止性规定的行为都看作无效行为，相反，有时还会将它们看作有效行为。比如，尽管各国公司法都禁止公司与其董事从事自我交易行为，但是，该种行为可以因为公司的同意而

---

[1]　Robert R. Pennington, *Company Law*, 4th ed., Butterworths, 1968, p. 583.

[2]　参见王保树主编《中国商事法》，人民法院出版社，1996，第167页；郑玉波《公司法》，三民书局，1981，第127页。

成为对公司有约束力的行为；同样，各国公司法都要求公司在变更其章程所规定的内容之后登记注册该种变更的内容，但是，即便公司没有将其注册登记，各国法律也并不就认为公司章程的变更行为是无效的，而是认为其对公司有约束力。可见，并非一切违反强制性或禁止性规定的行为都是无效行为，而只有其中的某些才是无效行为。认为违反法令的一切决议都是无效决议的意见是不适当的，它违反了公司企业维持理论。至于何种违反强制性法律或禁止性法律的行为应被看作无效行为，何种违反强制性或禁止性法律的行为应被看作有效行为，则取决于司法的自由裁量。总的来说，强制性或禁止性的规定越是重要，违反该种规定的决议就越有可能被看作无效决议，反之，则越有可能被看作有效决议。

（二）违反公司章程的瑕疵决议的法律效力

公司股东会的决议违反了公司的章程时，该种决议是否一定要被认定为无效行为，也是值得讨论的。公司章程是公司最重要的法律文件，是公司与其股东之间的契约，对公司、公司股东和公司董事等有法律上的约束力。然而，公司章程地位的重要性并不意味着违反公司章程的决议都要被认定为无效决议。其原因显而易见：如果公司章程规定的内容同公司股东会作出的决议不同，实际上意味着股东会已经对公司章程的内容作出了修改。虽然公司章程这种契约应当向社会公开，而一般的契约无须向社会公开，但这种同一般契约不同的地方并不影响公司章程的契约性，只要大股东同意，他们就可以修改公司的章程。当然，必须强调，公司大股东在通过公司作出这样的决议时应当对那些反对此类决议的小股东提供法律上的保护，或者以公平的价格购买持异议的小股东的股份，或者承担其决议被司法所撤销的不利后果。总之，本文认为，当公司通过的有关决议违反其公司章程时，该决议并非无效决议，它或者是有效决议，或者是可撤销决议。说公司股东会通过的决议是有效决议首先是指，如果公司通过的决议已经被公司所执行，则即便该种决议违反公司章程的规定，公司也不得向法庭起诉，要求法庭以决议违反公司章程为由宣告决议无效，如果此种无效宣告影响到公司以外的交易第三人的利益的话。欧共体关于公司法方面的指令第9（1）条规定：由公司的机关所实施的行为对公司有约束力，即便这些行为不在公司的章程所规定的目的范围之内。在该条中，公司的机关既包括公司的董事会，也包括公司的股东会。说公司股东会的决议是有效决议还包括，如果公司大股东通过的决议违反了公司章程的规定，但没有小股东对此提出异议，或者小股东虽然提出异议，但他们仍然取得或继续持有该种决议带来的股利，则该违反章程的决议也对他们有效。说公司股东会通过的违反公司章程的决议是可撤销的决议，是对公司内部的股东而言的。公司小股东可以向法庭起诉，要求法庭撤销大股东所作出的违反公司章程的决议，如果法庭认为该决议是不公平的，对公司小股东构成欺诈，法庭可以命令撤销该违反章程的决议，此时，公司股东会所作出的决议即成为可撤销的决议。日本商法第247条规定，公司股东会的决议如果违反公司章程的，则该决议可以被撤销。但实际上，公司小股东反对大股东的决议而向法庭起诉时，法庭一般并不愿意撤销公司大股东所作出的违反公司章程的决议，而往往是责令公司或公司大股东以公平价格购买小股东所持股份。有时候，此种方法成为公司小股东得到法律保护的唯一手段。

（三）违反公司股东会召集或召开程序的瑕疵决议的法律效力

公司股东会决议的作出违反了股东会会议的召集或召开程序时，该种决议是不是无效决议？现代各国公司法对此几乎都持反对意见，认为此种决议并非无效决议，而是可撤销的决议。我国台湾地区"公司法"第198条规定：股东会之召集程序或决议方法违反法令或章程时，股东得自决议之日起一个月内，诉请法庭撤销其决议。日本商法第247条规定：公司股东会召集程序或表决方法违反法令或章程，或显著不公平时，公司股东、董事或监事可以诉请法庭撤销之。同样的方法也被英美法国家所采用。[①]本文认为，此种规定是合理的，因为，公司股东会召集程序违法或决议方法违法并不必然意味着公司股东会的决议就是不适当的，如果股东会在该种会议上作出的决议对公司小股东并不构成实质性的损害，小股东在决议作出以后的一定期限内也没有提出反对意见，则法律无须认定该种决议是无效决议。问题在于，当公司利害关系人基于公司股东会的召集或召开程序不当而向法庭起诉要求法庭撤销股东会的决议时，法庭是否有此义务？

---

① Robert R. Pennington, *Company Law*, 4th ed., Butterworths, 1968, p. 583.

对此，两大法系国家都持否定意见。依照日本公司法，即便公司股东会的召集或召开程序不当，法庭也不一定要作出撤销股东会决议的判决，法庭如果认为公司股东会的违法情节并不严重，而且对所作出的决议无影响时，有权驳回当事人的请求，维持股东会的决议。[1] 在英美国家，法律认为，即便公司在召开股东会时没有按照公司法或公司章程所规定的期限对那些应当对其发出会议通知的股东发出通知，公司在其所召开的会议上所作出的决议也并非必然是无效决议。[2] 可见，在公司股东会瑕疵召集或召开的会议上所通过的决议是否被撤销，取决于法庭对此种决议的性质的自由裁量，如果法庭认为，该种决议是公平的，对公司利害关系人无实质性损害，则法庭会维持该种决议；如果法庭认为，该种决议是不公平的，对公司利害关系人有实质性损害，则法庭会撤销该种决议。

---

① 〔日〕末永敏和：《现代日本公司法》，金洪玉译，人民法院出版社，2000，第129页。
② Art 51, Table A, C. A., 1948.

中国公司法人格否认制度实证研究[*]

黄　辉[**]

摘　要：实证研究表明，我国的公司法人格否认制度已经在现实中得到了积极应用。我国的公司面纱刺破率明显高于国外，而且呈现逐年上升的态势。很多案件发生在经济欠发达地区，而且这些地区的刺破率整体上高于经济发达地区。目前所有公司法人格否认案件都针对股东数量很少的有限责任公司提起，而且股东人数越少，刺破率越高，涉及一人公司的面纱刺破率高达100%。与理论预测不同，我国涉及合同之债和侵权之债的案件在刺破率上并没有明显不同，而且在公司集团场合的刺破率不高反低。混同是最为常见的刺破理由，其中财产混同又适用最多，导致的刺破率也最高。

关键词：公司法人格否认　刺破面纱　刺破率　实证研究

一　引言

我国 2005 年修订公司法时正式引入了"刺破公司面纱"（piercing the

---

* 本文原载于《法学研究》2012 年第 1 期。

** 黄辉，香港中文大学法学院教授。

corporate veil）制度或称为"公司法人格否认"制度。① 公司法第20条第3款规定："公司股东滥用公司法人独立地位和股东有限责任，逃避债务，严重损害公司债权人利益的，应当对公司债务承担连带责任。"这是我国现行公司法人格否认制度的一般规则。

根据文义解释，否认公司法人格应当满足以下三个要件：第一，不当行为，即公司股东存在滥用公司法人独立地位和股东有限责任的行为；第二，主观要件，即不当行为人的目的是逃避债务；第三，客观结果，即不当行为严重损害了公司债权人的利益。② 但是，上述条文仍然存在一些模糊之处，关于何种行为构成"滥用"、如何证明行为人的主观目的、如何判定"严重损害"、"公司债权人"的范围究竟多大（是只限于合同之债还是也包括侵权之债甚至更广），我国学者有不同见解。

除一般规则外，我国2005年公司法还允许设立一人公司。鉴于在一人公司的情形下滥用公司法人格的问题会相对严重，公司法第64条对于一人公司的公司法人格否认设置了特殊规则："一人有限责任公司的股东不能证明公司财产独立于股东自己的财产的，应当对公司债务承担连带责任。"该规则将举证责任从原告债权人转移到被告股东，从而便利债权人提出揭开公司面纱的诉求，但举证责任倒置只适用于财产混同的行为。问题在于，存在财产混同行为是否就足以揭开一人公司的面纱？

答案取决于如何理解公司法第20条第3款与第64条的关系。我国学者就此存在很大争论。一种观点认为，第20条第3款与第64条是一般规则与特殊规则的关系，特殊规则不清楚之处应适用一般规则。因此，除了财产混同这一不当行为要件外，还需要证明其他要件（即主观目的和客观结果等）才能刺破一人公司的面纱。另一种观点认为，第64条对于一人公司的规定独立于第20条第3款，只要满足该条的规定就可以刺破一人公

---

① "刺破公司面纱"规则又称为"揭开公司面纱"（lifting the corporate veil）。在英国，有些学者和法官对于这两个表述进行了认真区分。在美国和澳大利亚，虽然没有严格区分二者，但"揭开公司面纱"的含义似乎比"刺破公司面纱"宽泛。参见黄辉《现代公司法比较研究——国际经验及对中国的启示》，清华大学出版社，2011，第108页。鉴于这种用语上的区别，笔者采用"刺破公司面纱"的提法，同时根据国内的用语，也采用"公司法人格否认"一词。

② 参见朱慈蕴《公司法人格否认：从法条跃入实践》，《清华法学》2007年第2期。但有学者持不同观点，认为对于公司法人格的否认不应以股东主观故意为要件，因为难以举证。如石少侠：《公司人格否认制度的司法适用》，《当代法学》2006年第5期。

司的面纱，而无须考虑一般规则下的其他要件。

将"刺破公司面纱"这样一个普通法中以复杂和模糊著称的规则予以成文化，是我国公司立法者的一个大胆而有益的尝试，在国内外引起了广泛关注。我国是如何进行成文化的？迄今实践效果如何？我们从中能够汲取什么经验和教训？应当如何进一步完善？为了回答这些问题，本文对我国法院在公司法修订后的公司法人格否认案例进行实证研究，同时与国外相关实证研究进行比较，[①] 在此基础上对我国公司法人格否认制度的实效进行评估，并提出相关的改革建议。

二 实证数据和比较

（一）研究方法

本文通过对法院案例一手资料的收集并进行统计学分析，[②] 力求揭示我国公司法人格否认制度的现实执行情况，并为效果评估和政策建议提供基础。本文检索我国自 2006 年 1 月 1 日（即 2005 年公司法生效之日）起到 2010 年 12 月 31 日止的所有公司法人格否认案例，研究区间为 5 年。数据来源为北大法宝案例库，最后检索时间为 2011 年 6 月 1 日。需要指出，虽然这种研究方法能够揭示整体性的特征和趋势，特别适合对于法律执行情况的研究，但仍然有以下几个局限。第一，本文研究的是在法院争讼的

---

① 美国的相关实证研究参见 Robert. B. Thompson，"Piercing the Corporate Veil：An Empirical Study"，76 *Cornell Law Review* 1036（1991）；英国的相关实证研究参见 Charles Mitchell，"Lifting the Corporate Veil in the English Courts：An Empirical Study"，3 *Company Financial and Insolvency Law Review* 15（1999）；澳大利亚的相关实证研究参见 Ian M. Ramsay and David B. Noakes，"Piecing the Corporate Veil in Australia"，19 *Company and Securities Law Journal* 250（2001）。以下涉及美、英、澳的比较数据，如无特别说明，均引自此三篇文献，不再另行作注。

② 除了通常的百分比统计工具之外，本文还使用了卡方检定（chi-square test），进行两个及两个以上样本率以及两个分类变量的关联性分析，以显示绝对数值不同的公司面纱刺破率有无统计学意义上的差别。以抛硬币的简单实验为例，理论上讲，只要抛的次数足够多且不存在作弊等特殊情况，硬币落下为正面的概率约 50%。在实验中，几个人抛的次数不同，硬币落下为正面的概率也不同，即实测值与理论值存在差异。这种差异可能是由随机抽样误差产生的：即使是同一个人，抛 10 次硬币的正面概率可能为 30%，但抛 100 次的正面概率可能就是 50%；即使每个人抛的次数一样，硬币的正面概率也可能不同，但在统计学意义上可能并无显著差异。卡方检定可以测试不同概率数值之间的表面差异是否在统计学意义上也存在显著性。需要指出，由于本文的样本数量有限，统计检验结果仅供参考。

案件，但现实中很多纠纷并没有通过诉讼解决。第二，由于各种原因，有些诉讼案件可能没有公布。第三，虽然北大法宝是目前广泛使用的法律数据库，但它并不全面，更新也不够快，有时还存在归类错误等问题。第四，我国法院的判决书内容通常都比较简单，很少甚至完全没有阐述关键的法律推理过程，有时还遗漏一些重要的案件基本信息。

在北大法宝上，笔者与研究助理收集了公司法第 20 条和第 64 条下的相关案例，并利用诸如"股东滥用公司法人格"等关键词进行检索，共获得 99 个案例。这个数字少于北大法宝的检索结果，是因为笔者基于以下两个原因对初选样本进行了甄别，剔除了不合格的案例。第一，在北大法宝中，有些案例被同时列在不同的法条下，存在重复计数问题。第二，有些列在第 20 条和第 64 条下的案例实际上并不是真正的公司法人格案件，主要有三类。（1）由于第 20 条有 3 款，只有第 3 款是公司法人格否认规则，因此列在该条下的很多案例实际上涉及其他款项，如第 1 款下大股东滥用控股权的问题。（2）在有些案件中，虽然原告要求刺破公司面纱，但判决中并未涉及该问题，如债权债务关系被判决无效，当然也就无须刺破面纱保护债权人了。（3）很多案件涉及的是虚假出资和抽逃资本的问题，在这些案件中，行为人的责任限于他们虚假出资和抽逃出资的范围，而在公司法人格否认制度下，行为人须对公司债务承担无限责任，因此严格地讲，这些案件都不涉及公司法人格否认问题。

（二）总体性数据

在本文为期 5 年的研究期间内，一共有 99 个公司法人格否认的案例（见表 1）。从比较法角度看，这一数目是不小的。比如，在 20 世纪 80 年代的整整 10 年内，美国有 484 个案例，英国只有 74 个，澳大利亚只有 23 个。更为重要的是，在我国的 99 个案例中，有 63 个胜诉，公司面纱刺破率将近 2/3。这个数字明显高于国外。比如，美国大概是 40%，英国是 47%，澳大利亚是 38%。这一方面说明我国的公司法人格否认制度并不是一纸空文，另一方面也能够解释为什么有人认为我国的公司法人格否认制度已经到了滥用的地步。[①]

[①] 参见本刊编辑部《揭开公司面纱——法人人格否认制度理论与实务研讨》，《中国审判新闻月刊》2008 年第 4 期。

表1 我国法院刺破公司面纱的总体比率

单位：个，%

	样本总数	刺破	未刺破	刺破率
案件数量	99	63	36	63.64

表2展示了我国公司法人格否认案例的时间分布情况。总体上看，案例数量呈现逐年增加的态势，公司面纱的刺破率也呈现稳中有升的趋势，说明公司法人格否认制度已经在现实中越来越普遍地适用。需要指出，2007年的案件数量特别少，难以进行有效的统计学分析，而2010年的数据应该并不完整，因为有些案件还在审理之中，有些案件虽然已经审理完毕，但尚未公开发布或尚未收入北大法宝数据库中。

表2 我国法院刺破公司面纱案例的时间分布

单位：个，%

年份	案件数量	刺破	未刺破	刺破率
2006	13	7	6	53.85
2007	7	2	5	28.57
2008	24	15	9	62.50
2009	43	29	14	67.44
2010	12	10	2	83.33

表3展示了关于案件审理法院的一些发现。第一，从地区看，很多案件都发生于经济欠发达地区，其中三个省份即河南省、云南省和四川省的总计案件数量为28件，几乎占全国案件总量的1/3。比较而言，经济发达地区的案件很少，如北京只有6起，而上海更是只有1起。

表3 我国法院刺破公司面纱案例的地区分布

单位：件，%

法院	案件数量	刺破	未刺破	刺破率
浙江省	**29**	**18**	**11**	**62.07**
浙江高院	6	3	3	50
浙江省的其他13个法院（每个法院案件数量不超过3件）	23	15	8	65.22

续表

法院	案件数量	刺破	未刺破	刺破率
河南省	**16**	**15**	**1**	**93.75**
郑州中院	5	4	1	80
河南省的其他 9 个法院（每个法院案件数量不超过 2 件）	11	11	0	100
广东省	**12**	**5**	**7**	**41.67**
广州中院	6	2	4	33.33
广东省的其他 4 个法院（每个法院案件数量不超过 2 件）	6	3	3	50
云南省	**7**	**3**	**4**	**42.86**
昆明中院	6	2	4	33.33
云南高院	1	1	0	100
北京市（5 个法院，每个法院案件数量不超过 2 件）	**6**	**4**	**2**	**66.67**
四川省（3 个法院，每个法院案件数量不超过 3 件）①	**5**	**4**	**1**	**80**
江苏省	**4**	**1**	**3**	**25**
山东省	**4**	**2**	**2**	**50**
案件数量为 2 或 3 件的 5 个省份：新疆、湖北、甘肃、重庆、河北	**12**	**8**	**4**	**66.67**
案件数量仅为 1 件的 4 个省份：上海、福建、湖南、江西	**4**	**3**	**1**	**75**

注：①该省的一个案件最终上诉到了最高人民法院，但该案仍然归入四川省，因为本表的目的在于揭示案件的地区分布。该案是：中国信达资产管理公司成都办事处与四川泰来装饰工程有限公司、四川泰来房屋开发有限公司、四川泰来娱乐有限责任公司借款担保合同纠纷案，〔2008〕民二终字第 55 号。

　　第二，浙江省是案件数量最多的地区，一个省就有 29 件，几乎占到全国的 1/3。原因可能是，虽然浙江省是经济发达地区，但其经济模式以中小民营企业为主，而中小企业相对容易出现滥用公司法人格的问题。这个实证结果也解释了为什么 2005 年公司法修订过程中来自浙江省的人大代表力主引入公司法人格否认制度。①

　　第三，从法院层面看，广州中院和昆明中院是审理公司法人格否认案

────────

　　① 参见张穹主编《新公司法修订研究报告》上册，中国法制出版社，2005，第 20 页。

件最多的法院，各审理了6件。由于案件相对较多，这些法院积累的审判经验对于我国公司法人格否认制度的完善非常宝贵，值得关注。

第四，在刺破率方面，经济欠发达地区的法院明显比经济发达地区的法院更倾向于刺破公司面纱。比如，河南省和四川省的刺破率分别高达93.75%和80%；而浙江省和广东省的这一数字则只有62.07%和41.67%。这里可能有两方面的原因：一是客观原因，在经济欠发达地区，人们的法制观念相对淡薄，很多事情都不规范，因此公司法人格滥用问题更为严重；二是主观原因，经济欠发达地区的法官在法学专业水平方面可能有所欠缺，对于公司法人格否认制度的理解可能还不够全面和深入，在适用时可能过于简单化，导致刺破率较高。笔者在阅读和比较上述两类地区的判决书时，就有这方面的直观感受。

表4比较了一审和二审法院在刺破公司面纱案件中的态度。在案件分类时，如果一个案件经历了两审，该案就归入二审案件。从表4可以看出，一审和二审的案件数量大致持平，说明约半数的案件经历了两审。在刺破率方面，二审的数字明显低于一审，表明二审法院刺破公司面纱的可能性低于一审法院。[①] 另外，笔者对基层法院和中级以上法院的刺破率进行了对比分析，发现基层法院的刺破率为77.78%，明显高于中级以上法院的56.92%。与上文对于经济发达和欠发达地区刺破率差异的解释一样，这些数据也表明，由于二审法官的法学水平整体上高于一审法官，二审法官对于公司法人格否认制度的理解也更为深入，因此在刺破公司面纱时也更为慎重。

表4　一审和二审法院的刺破率比较

单位：件，%

	案件数量	刺破	未刺破	刺破率
一审	49	36	13	73.47
二审	50	27	23	54

（三）涉案公司的特征

1. 公司类型

我国公司分为有限责任公司和股份有限公司，类似于美国的封闭持股

---

① 卡方检定表明，一审和二审法院的刺破率不存在差别的可能性为18%。

公司和公众持股公司以及英联邦国家的私人公司和公众公司。① 为方便比较分析，无论国内国外，本文统一使用有限责任公司和股份有限公司的称谓。本文研究发现，在样本案件中，没有一起是针对股份有限公司提起的，换言之，所有案件都是针对有限责任公司提起的。

上述发现与国外的情况类似。英国也没有针对股份有限公司的案例。美国虽然有一些试图这么做的案例，但没有一件成功地刺破了面纱。澳大利亚的情况有些不同，2001 年的一项研究发现，有 18 件针对股份有限公司的案例，而且其中 4 件成功地刺破了面纱。

总体而言，要理解为什么公司法人格否认案件通常仅针对有限责任公司提起，就需要理解有限责任制度在有限责任公司和股份有限公司之间的区别。在通常情况下，公司法人格的一个效果就是公司获得有限责任的保护，② 从法经济学等角度，很多学者已经对有限责任制度的功能进行了详尽的阐述，此处不赘。③ 但是有限责任制度的功能主要体现在股份有限公司而非有限责任公司，这解释了为什么法院通常更倾向于刺破有限责任公司的面纱。

2. 公司股东的数量和身份

表 5 考量涉案公司的股东数量对于刺破率的影响。在计算股东数量时，没有区分股东是公司还是个人，如果涉案公司有一个公司股东和一个自然人股东，它的股东数量就是两个。这样处理的原因是，有些公司既有公司股东又有自然人股东，法院在判决中似乎并没有对二者进行区分，并且本表的研究对象是股东数量，对于股东身份的问题表 6 将进行单独研究。

---

① 关于各国公司类型的比较分析，参见黄辉《现代公司法比较研究——国际经验及对中国的启示》，清华大学出版社，2011，第 59 页以下。

② 但公司法人格并不必然导致有限责任，如国外存在无限责任公司，这种公司虽然具有法人格，但承担无限责任。

③ 例见 Frank H. Easterbrook and Daniel R. Fischel, *The Economic Structure of Corporate Law*, Harvard University Press, 1991, pp. 41 – 44; Brian R. Cheffins, *Company Law: Theory, Structure and Operation*, Oxford University Press, 1997, pp. 496 – 508。笔者对于这些理论的一个综述，参见黄辉《现代公司法比较研究——国际经验及对中国的启示》，清华大学出版社，2011，第 108 页以下。

表5　涉案公司的股东数量和刺破率

单位：个，件，%

股东数量	案件数量	刺破	未刺破	刺破率
1	18	18	0	100
2	32	24	8	75
3—5	26	11	15	42.31
不明	23	10	13	43.48

从表5可以看出，股东数量明显影响我国法院对于公司法人格否认案件的判决。总体而言，股东人数越少，刺破率越高。[①] 在一人公司中，刺破率甚至是100%。另外，值得指出，在公司股东数量明确的样本案件中，没有一家涉案公司的股东人数超过5个。这表明公司法人格否认的案件都集中在股东数量很少的公司。

表6　涉案公司的股东身份对刺破率的影响

单位：件，%

股东身份	案件数量	刺破	未刺破	刺破率
公司集团	18	11	7	61.11
母公司	7	6	1	85.71
子公司	1	1	0	100
姐妹公司	10	4	6	40
自然人	81	52	29	64.20

从表6中看到，总体而言，股东身份对于刺破率的影响不是很明显。在股东与公司构成公司集团的场合，刺破率是61.11%，稍低于股东是自然人情形下的64.20%。这个发现并不支持有些学者认为公司集团内的刺破率应当更高的理论预测，[②] 但是与国外的类似实证研究结果一致，包括

---

① 卡方检定表明，除了股东数量不明这项外，其他各项刺破率不存在差别的可能性为61%。

② 例见 Frank H. Easterbrook and Daniel R. Fischel, *The Economic Structure of Corporate Law*, Harvard University Press, 1991, p. 110; Cathy S. Krendl and James R. Krendl, "Piercing the Veil: Focusing the Inquiry", *Denv. L. J. 1*, 42 (1978); P. I. Blumger, "Limited Liability and Corporate Groups", 11 *Journal of Corporation Law* 573, 623 – 626 (1986); K. Hofstetter, "Multinational Enterprise Parent Liability: Efficient Legal Regimes in a World Market Environment", 15 *North Carolina Journal of International Law and Commercial Regulation* 299, 307 (1990).

美国汤姆森（Thompson）教授的研究和澳大利亚拉姆塞（Ramsay）教授的研究。

之所以实证结果与理论预测不一致，至少有两个可能的原因。第一，与小公司中的自然人股东兼经理人相比，大型公司集团的管理层通常管理水平更高，获得的法律服务也更多，更能够避免那些容易导致公司法人格被否认的情形。① 第二，公司只能通过自然人进行意思表示，因此法官在审理法人格否认案件时需要审查公司集团中的各类相关自然人，包括母公司和子公司的董事和高管等，这个审查工作显然比审查自然人的公司股东更难，法院在决定刺破面纱时也会更加慎重。

可以进一步将涉及公司集团的案件分为三大类，包括股东与公司构成姐妹公司关系、母子公司关系和子母公司关系。总体而言，姐妹公司关系的刺破率只有40%，明显低于母子公司关系的刺破率。另外，值得指出，尽管我国的公司法人格否认制度实施时间不长，但现实中已经出现了子母公司关系的情形，也就是所谓的"反向的刺破公司面纱"（reverse veil - piercing case），即刺破母公司的面纱，让子公司为母公司承担债务责任，而不是通常的刺破子公司的面纱，让母公司承担子公司的债务责任。② 虽然这类案件的数量只有一个，无法进行统计学分析，但其意义仍然十分重大。从文义上看，我国公司法是否允许这种反向的刺破公司面纱并不十分清楚。本文的实证研究表明，尽管法律不清晰，但我国法官在实践中发挥了很大的主观能动性。

最后，在所有案件中没有一件涉及真正的国有企业，但有一件涉及乡镇企业。③ 一个可能的解释是，一旦刺破国有企业的面纱，埋单的就是政府，因此一方面，涉及国有企业的案件法院可能不敢受理，④ 另一方面，即使受理胜诉希望也不大，这样原告就不会选择提起诉讼。事实上，2005

---

① Robert B. Thompson, "Piercing the Veil within Corporate Groups: Corporate Groups as Mere Investors", 13 *Connecticut Journal of International Law* 379 (1999).

② F. Gevurtz, "Piercing Piercing: An Attempt to Lift the Veil of Confusion Surrounding the Doctrine of Piercing the Corporate Veil", 76 *Oregon Law Review* 853, 897 - 898 (1997).

③ 巩义市河洛镇人民政府与刘保森等民间借贷纠纷上诉案，河南省郑州市中级人民法院〔2010〕郑民四终字第 922 号。

④ F 省高级人民法院的 L 法官长期从事民商事案件审判工作，经验丰富。他告诉笔者，法官在审判中需要先保护自己，国有企业确实是一个比较敏感的领域。在一个涉及国有企业的案件中，一位法官的判决引起了有关方面的不满，最后该法官被调离岗位。

年公司法的修改过程中，国有资产监督管理委员会就坚决反对引入公司法人格否认制度。① 虽然公司法人格否认制度最终被引入，但该委员会的反对显然还是起到了作用，使得国有企业实际上游离于公司法人格否认制度之外。

（四）案件的诉讼方和请求权基础

表 7 考量原告是自然人还是公司对于刺破率的影响。表 7 一共列了 100 个案件，超过样本总数 99，因为有一个案件既有自然人原告又有公司原告。② 从表 7 中可以看出，原告身份对于刺破率几乎没有影响。③

表 7　原告方的身份对刺破率的影响

单位：件，%

原告	案件数量	刺破	未刺破	刺破率
自然人	45	28	17	62.22
公司	55	35	20	63.64

表 8 根据诉讼的请求权基础将案件分为三大类，即合同、侵权和法定事由等。表 8 列出的案例一共有 102 个，超过样本总数，因为一些案件涉及多个请求权基础。由表 8 可见，合同之债的刺破率与侵权之债的刺破率大体相当。这个结果不支持很多学者认为的侵权之债应当更容易导致公司法人格否认的理论预测。④ 在美国、英国、澳大利亚，类似研究的结果也不符合理论预测，甚至是完全相反，即合同之债的刺破率更高。当然，本文的研究结果需要审慎对待，因为样本数量还不够大，侵权之债案件只有 7 个。另外，在 7 个侵权案件中，有 3 个是侵犯知识产权案件，这个发现回答了一些人提出的公司法人格否认制度是否适用于知识产权案件的

---

① 参见张穹主编《新公司法修订研究报告》上册，中国法制出版社，2005，第 106 页。
② 巩义市河洛镇人民政府与刘保森等民间借贷纠纷上诉案，河南省郑州市中级人民法院〔2010〕郑民四终字第 922 号。
③ 卡方检定表明，原告是自然人或是公司的刺破率不存在差别的可能性为 53%。
④ 例见 Frank H. Easterbrook and Daniel R. Fischel, *The Economic Structure of Corporate Law*, Harvard University Press, 1991, p. 58。

疑问。①

表8 诉讼的请求权基础对刺破率的影响

单位：件，%

请求权基础	案件数量	刺破	未刺破	刺破率
合同之债	68	38	30	55.88
侵权之债	7	4	3	57.14
法定事由	27	23	4	85.19

公司法人格否认案件也可以基于特定的法定事由而提起。在国外，刺破公司面纱的法定事由很多，如税法、劳动法、环境保护法和破产法等法律中的特定条文。相比之下，我国案例中涉及的法定事由只有一个，即公司法中关于公司破产解散的条文和最高人民法院对此发布的司法解释。②由于司法解释比较详细，因此律师更能够判断提起公司法人格否认案件的胜诉概率，从而能够选择性地提起那些更有可能胜诉的案件，这也许解释了为什么这类案件的刺破率比较高，达到85.19%。③

在司法实践中，反对刺破公司面纱的诉讼方可能是公司本身，可能是控股股东，也可能二者都是，因此表9中的案件数量为123个，多于样本总数99。在大多数案件中，都是控股股东反对刺破公司面纱，因为公司面纱一旦被刺破，他们将直接承担公司的债务责任。值得注意的是，在公司也参与诉讼反对刺破面纱的场合，效果似乎适得其反，刺破率为85%，高于公司未反对刺破面纱情形下的67.07%。④ 一个可能的解释是，当公司也参加诉讼并与控股股东一起反对刺破公司面纱时，法官在心理上会觉得这正是公司被控股股东支配或控制的证据，从而更倾向于刺破公司面纱。

---

① 参见《揭开公司面纱法人人格否认制度理论与实务研讨》，《中国审判新闻月刊》2008年第4期。
② 参见公司法第185条、第186条；《最高人民法院关于适用〈中华人民共和国公司法〉若干问题的规定（二）》（2008年5月12日发布，5月18日生效）第18—20条。
③ 如果将合同之债和侵权之债两项合并起来，然后将合并项与法定事由一项进行卡方检定，结果是两项的刺破率不存在差别的可能性是36%。
④ 卡方检定表明，反对方是控股股东或是公司的刺破率不存在差别的可能性为52%。

表 9　反对刺破公司面纱的诉讼方

单位：件，%

反对方	案件数量	刺破	未刺破	刺破率
股东	82	55	27	67.07
公司	20	17	3	85
不明	21	14	7	66.67

（五）　刺破公司面纱的理由

如前文所述，我国现行公司法人格否认的一般规则有三个要件，即滥用公司法人格的不当行为、逃避债务的目的以及对于债权人造成严重损害的后果。此部分将先讨论后两个要件，然后再讨论第一个要件。

首先，在几乎所有的样本案件中，不当行为人是否具有逃避债务的目的似乎都不是争议的重点。只有在为数很少的几个案件中，被告抗辩说自己的行为不是出于逃避债务的目的。比如，在一个案件中，公司被控告向其股东等人提供了大量贷款，导致公司无力偿还自己的债务。被告股东称，那些贷款是公司在正常经营过程中提供的，并非出于逃避债务的意图。[①] 遗憾的是，即使在这个案件中，法官也没有在判决书中详细讨论上述争议问题。总体而言，法官没有对主观要件进行单独判断，而是将其与第一个客观行为要件联系在一起，即只要认定了滥用行为，就推断不当行为人存在逃避债务的目的。

其次，对于不当行为是否给债权人造成严重损害的问题，当事人同样几乎没有争议，法院的判决书也不作任何讨论。这里有几点值得指出：首先，在所有案件中，法官都默认损害是严重的。法院的态度似乎是，既然债务无法履行并且争议已经诉诸法院，损害当然是严重的。其次，损害的严重程度与涉案债权的绝对数额没有明显相关性，即不存在涉案金额越大法院就认为损害越严重的统计规律。最后，损害赔偿的数额也没有明显影响刺破率，即不存在涉案债权数额越大法院就越倾向于刺破公司面纱的统

---

① 王晓宇等与一拖（洛阳）工程机械有限公司欠款纠纷上诉案，河南省洛阳市中级人民法院〔2010〕洛民终字第 980 号。

计规律。实证数据表明，在公司面纱被成功刺破的案例中，最低的损害金额是 11860 元，最高的是 1674 万元；而在公司面纱未被刺破的案件中，最低的损害金额是 58032 元，最高的是 1100 万元。

表 10 分析了要求刺破公司面纱的各种理由。该表列出了 118 个案件，超过了样本总数，因为有些案件的刺破理由不止一个。在各种理由中，涉及混同的案件最多，但它的刺破率并非最高。相比之下，尽管涉及欺诈或不当行为的案件数量不是最多，但它的刺破率却是最高的。

混同可以进一步分为三类，即财产混同、营业混同和人员混同。从表 10 可以看出，涉及财产混同的案例最多，而且刺破率也最高。由于一人公司中的财产混同实行特殊的举证责任倒置规则，因此一人公司的面纱刺破都是基于财产混同，刺破率为 100%，远高于美国的 49.64% 和澳大利亚的 50%。营业混同的刺破率就低很多，只有 28.57%，但还是稍高于人员混同 20% 的刺破率。这个发现与美国汤姆森教授的研究结果基本一致，即法院在审理公司法人格否认案件时，对于实质上财产混同的关注度远高于形式上人员混同的关注度。

表 10　要求刺破公司面纱的理由

单位：件，%

理由	案件数量	刺破	未刺破	刺破率
混同	74	40	34	54.05
财产混同	50	34	16	68
营业混同	14	4	10	28.57
人员混同	10	2	8	20
资本显著不足	1	0	1	0
欺诈或不当行为	32	20	12	62.50
过度控制	11	5	6	45.45

总之，混同是我国在公司法人格否认制度的实践中最重要的刺破理由。[1] 这个情况可能与最高人民法院在 2003 年发布的一个关于公司法人格

---

[1] 卡方检定表明，除了资本显著不足一项之外（只有一个案件，无法进行统计学分析），其他各项刺破率不存在差别的可能性为 74%。

否认制度的征求意见稿有关。① 这个征求意见稿只列出了财产混同和营业混同作为刺破公司面纱的理由。由于 2005 年修订公司法，这个征求意见稿最终并未出台。尽管如此，该征求意见稿还是潜在地影响了我国法院对于公司法人格否认案件的处理，因为它在某种意义上代表了最高人民法院的态度。此外，也没有关于公司法人格否认制度的其他官方文件。

三　理论分析与对策建议

上文的实证数据揭示了我国公司法人格否认制度在现实中的适用情况，并与美国、英国和澳大利亚等国进行了对比研究，展现了中外各国在这方面的类似和差异之处。由于我国与上述各国在法律背景、经济发展阶段等方面存在很大差异，因此在对待比较结果时需要全面和慎重考量，不能简单地机械处理。不过，鉴于我国的公司法人格否认制度在实质内容上是参考国外经验，这种对比还是有助于衡量我国制度的有效性并寻求进一步完善的方法。

（一）从判例法到成文法

虽然我国以成文法的形式引入了英美普通法上的公司法人格否认制度，是一个大胆而有益的探索，但相关法条仍相当模糊和原则化，对于何为"滥用"、"严重损害"以及债权人的范围等重要问题没有作出清晰的界定。从这个意义上讲，我国目前的公司法人格否认制度实际上仅"半成文化"，还有很多细节有待法院在审判中进一步解决。

实际上，即使在法治发达的西方国家，公司法人格否认案件都是公认很难处理的一类案件，是一个仍处于动态发展之中的公司法领域。有些学者和法官干脆指出，在该领域，目前还不可能归纳出确切的、普遍的具体适用规则。他们将刺破公司面纱案件比喻为闪电和抽奖，属于随机事件，无章可循、难以预测。② 为了解决刺破公司面纱制度的模糊和混乱问题，

---

① 《最高人民法院关于审理公司纠纷案件若干问题的规定（一）》（征求意见稿）（2003 年
11 月）。

② 参见 Frank H. Easterbrook and Daniel R. Fischel，"Limited Liability and the Corporation"，52
U. Chi. L. Rev. 89（1985）；John Farrar，"Fraud，Fairness and Piercing the Corporate Veil"，
16 *Canadian Business Law Journal* 474，478（1990）。

国外也有学者提出了成文化的建议，^① 但更多学者包括美国在这方面的权威学者汤姆森教授都坚决反对，认为该制度的灵魂就在于开放性和灵活性，不适合完全成文化，否则可能会过于僵硬，引发法律规避行为，削弱和破坏其应有的制度功能。^②

我国是大陆法系国家，引入公司法人格否认制度必然要将其进行某种形式的成文化，因此真正的问题是如何进行成文化和如何实施。从英美法系国家关于公司法人格否认制度的经验和教训中，我们可以得到以下几点总体性的启示：第一，成文化的工作非常困难，需要不断探索，一步到位的目标并不现实；第二，为避免成文化导致公司法人格否认制度的僵化，在成文化时必须保持一定的弹性，对于一些目前难以界定的问题，不妨先予搁置，让法院充分实践后再作判断；第三，在保持弹性的同时，也要避免该制度在实施中的混乱甚至滥用。

根据上述原则，笔者提出实施层面的三个建议。第一，将公司法人格否认案件的初审权限制在中级人民法院。公司法人格否认案件的审理需要法官具体情况具体分析，对法官的专业素质和审判经验提出了很高的要求。法官的素质和水平是公司法人格否认制度有效运行的核心要素。本文的实证研究表明，中级人民法院在审理公司法人格否认案件时更为慎重，这一点非常重要。毕竟我国的公司法制度建立时间还不长，根基尚不稳固，不宜过度适用公司法人格否认制度。我国将证券市场虚假陈述案件的初审限定于中级人民法院，就是一个很好的先例。

第二，最高人民法院应当充分利用指导性案例的形式，为公司法人格否认案件的审判工作提供指导和积累经验。2010 年 11 月 26 日，最高人民法院出台《关于案例指导工作的规定》，旨在建立中国特色的案例指导制度。根据该制度，最高人民法院发布的指导性案例，各级人民法院审判类似案例时应当参照。这为公司法人格否认制度的发展和完善提供了一个很好的平台和契机。

第三，最高人民法院制定司法解释，将目前实践中比较成熟的规则确

---

① 例见 Rebecca Huss, "Revamping Veil Piercing for All Limited Liability Entities: Forcing the Common Law Doctrine into the Statutory Age", 70 *U. Cin. L. Rev.* 95 (2001)。

② Robert Thompson, "Piercing the Veil: Is the Common Law the Problem?", 37 *Conn. L. Rev.* 619, 623 (2005).

定下来。下面依次讨论这些规则。

（二） 第 20 条第 3 款与第 64 条的关系

前文提到，我国学者对于公司法第 20 条第 3 款与第 64 条的关系存在争议。从实际案例看，法院在判决时经常同时引用上述两个条文，但对于第 20 条第 3 款规定的主观目的和损害严重等要件，法院又没有进行专门讨论。从国外经验看，美国、英国和澳大利亚等国都没有对刺破一人公司的面纱作特殊规定。当然，虽然在法条规定方面一视同仁，但实践中一人公司的面纱刺破率还是相对较高。

笔者认为，公司法第 20 条第 3 款与第 64 条应当是一般规则与特殊规则的关系。对于一人公司的法人格否认，在法律适用时应注意以下几点。第一，对于第 20 条第 3 款规定的不当行为要件，一人公司适用特殊规则，即财产混同行为即为滥用公司法人格的行为，而且该要件的证明责任转移到被告股东。第二，理论上讲，滥用一人公司法人格的行为并不限于财产混同。当然实践中财产混同应当是滥用行为的主要类型。第三，第 20 条第 3 款规定的其他要件仍然适用，而且证明责任仍然在原告方。虽然实证研究发现这些问题通常都不是争议的重点，但在有些案件中，被告还是进行了这方面的抗辩。另外，目前我国一人公司的面纱刺破率是 100%，远高于国外的数据，因此，同时适用第 20 条第 3 款有利于防止一人公司情形下公司法人格否认制度被滥用。

我国一人公司的面纱刺破率如此之高至少有三个原因。第一，我国的一人公司历史很短，加上其固有的结构性特性，被滥用的可能性确实相对较大。第二，法院对于一人公司可能有先入为主的偏见，从而在适用混同标准时比较宽泛。第三，在一人公司中，财产混同的证明责任转移到被告，即推定被告存在财产混同问题，而现实中法院对于该条的适用很严格，以至于被告几乎不可能进行有效的反驳。在赵庸英诉衢州威尼化工实业有限公司等买卖合同纠纷案中，法院的判决过程非常简单，认为涉案公司是一人公司，因此应当刺破面纱，甚至都没有提到被告是否对于财产混同问题进行了任何抗辩。① 在一人公司中实行举证责任倒置是为了解决原

---

① 浙江省衢州市衢江区人民法院〔2009〕衢商初字第 1130 号。

告举证难的问题，但从目前的实施效果看，似乎杀伤力过强。

（三）适用范围

与国外相比，我国的公司法人格否认制度在适用范围上相对较窄。这主要体现在两个方面：一是可以请求法院刺破公司面纱的原告范围较窄；二是刺破公司面纱必须满足的要件较为严格。

就原告范围而言，目前在我国只有"债权人"才能提起刺破公司面纱的诉讼。如前所述，我国学者对于"债权人"的范围还有争议，有人认为只适用于合同之债，[①] 有人则主张扩大适用范围，除了合同之债外，还应包括侵权之债和诸如税务等特殊债务。[②] 本文的实证研究发现，我国的公司法人格否认案件既涉及合同之债又涉及侵权之债，但尚未扩展到诸如税务等特殊债务。

相比而言，国外能够请求刺破公司面纱的主体范围要大很多。除了传统的合同之债外，刺破公司面纱规则可以适用于侵权之债以及其他各种法定政策场合，以实现消费者保护、劳工保护、环境保护、税法义务甚至反垄断等公共利益目标。另外，除了债权人能够请求刺破公司面纱之外，公司自己、股东和政府等也可以提起诉讼。因此，国外的公司法人格否认制度已经超越了保护债权人的传统功能。比如，公司的小股东可以申请刺破公司面纱，将公司的某些不当行为直接归属于大股东，避免与大股东一起为公司的不当行为埋单，从而起到威慑大股东滥用控制权和保护小股东的作用。

就适用要件而言，我国公司法人格否认制度的核心要件就是"滥用法人格"。但是目前国际上的一个最新发展是，即使不存在滥用情形，公司面纱也可能被刺破。比如，美国近来发展了一个所谓的"单一商业体"的理论，主要适用于公司集团的场合。[③] 根据该理论，公司法人格的滥用或

---

① Mark Wu, "Piercing China's Corporate Veil: Open Questions from the New Company Law", 117 *The Yale Law Journal* 328, 334－335 (2007)；沈四宝：《新公司法修改热点问题讲座》，中国法制出版社，2005，第 148 页。

② 雷兴虎、刘斌：《论公司法人格否认诉求主体适用范围之拓宽》，《政法学刊》2010 年第 4 期；刘俊海：《新公司法的制度创新：立法争点与解释难点》，法律出版社，2006，第 88 页。

③ 例见 Green v. Champion Insurance Co., 577 So. 2d 249 (La. Ct. App.), cert, denied, 580 So. 2d 668 (La. 1991)；S. Union Co. v. Edinburg, 129 S. W. 3d 74, 86－87 (Tex. 2003)。关于该理论的评介，参见黄辉《现代公司法比较研究——国际经验及对中国的启示》，清华大学出版社，2011，第 112 页。

欺诈不是刺破公司面纱的必要条件，只要各关联公司之间的关系足够紧密，无论是姐妹公司还是母子公司，都可以将它们视为一个商业体，让它们为彼此的债务承担责任。这一理论提出的背景是，在当今社会，公司行为对于社会影响巨大，产品责任和环境污染等问题日益严重，于是很多公司集团化，利用子公司的形式控制法律责任。虽然这种策略并不必然构成滥用或欺诈，但是一旦公司集团造成巨大的社会损害，最终还是需要有人埋单。"单一商业体"理论绕开了滥用要件，是适用刺破公司面纱规则的一个新思路。同样，在澳大利亚，可以基于公平正义的理念刺破公司面纱，因此即使股东没有过错，没有滥用公司法人格，公司面纱也可能被刺破，以实现社会的公平正义。①

笔者认为，由于我国公司法人格否认制度的历史还很短，其适用范围不宜过宽，而应采取循序渐进、逐步扩大的策略。在现阶段，可以明确请求刺破公司面纱的主体限于债权人，债权人的范围既包括合同之债也包括侵权之债，但不扩展到诸如税务等其他特殊债务类型。另外，虽然国际上已经突破了滥用法人格要件的限制，我国还是应当坚持该要件，以避免公司法人格否认制度的过度适用。

（四）刺破理由

刺破理由是刺破公司面纱制度的核心所在，也是法律适用的难点，是导致刺破公司面纱案件审理结果不确定的主要原因。遗憾的是，在阅读和研究我国的相关案例后，笔者发现我国的法院判决书总体而言都过于简单，通常都是先描述案情，然后援引相关法条，最后作出判决，很少甚至完全没有解答为什么和如何适用相关法条的关键问题。由于法官没有提供其中间推理过程的重要信息，因此难以进行传统的个案分析。在这种情况下，进行统计学研究从而揭示案件整体特征的意义就更加凸显出来。

不少人根据国外经验提出，最高人民法院应当以司法解释的形式提供一个清单，列出法院在审理公司法人格否认案件时应当考虑的各种因

---

① 例见 Harrison v. Repatriation Commission （Unreported, Administrative Appeals Tribunal, Barbour SM, 19 October 1996）。

素。① 这个建议当然值得尝试，但问题在于这个清单应当如何制定，又应当如何适用。实际上，国外目前也没有对法院应当考虑的相关因素达成共识。比如，美国各州法院列出的考虑因素各不相同。综观各州清单，以下因素似乎是共同之选：第一，资本显著不足；第二，没有遵守公司的各种形式要件；第三，公司被完全控制或支配，以至于没有自己的独立身份；第四，一个商业体被过度地分拆为很多公司；第五，公司与股东的资产混同；第六，公司与股东的银行账户和会计记录没有分开；第七，没有定期举行股东或董事会议；第八，利用公司形式从事欺诈和其他不合法、不正义的行为。② 因此，其一，清单只是示范性的，没有穷尽所有相关因素，法院在实际判案时可以不限于清单而考虑其他相关因素。其二，清单的适用不是机械地按图索骥，仍然需要法官的自由裁量。清单上的相关因素必须整体考虑，没有一个因素是决定性的，其适用取决于案件的具体情况。

　　另外，学习国外经验要注意我国国情。在美国，资本显著不足是刺破公司面纱的一个重要理由，但在我国该理由可能很难适用。在实证数据中，只有一个这方面的案件，而且法院没有刺破被告公司的面纱。③ 原因应当主要有以下两个。第一，与英美法系不同，我国规定了公司的最低注册资本。这个制度在一定程度上意味着只要公司资本达到了最低注册资本的要求，其资本就是足够的，除非原告能够特别地证明资本显著不足。④ 在 2005 年公司法修改之前，公司注册资本数额要求较高，不少公司达不到上述要求，因此法院以资本额不足为由刺破公司面纱的案件并不鲜见。相反，2005 年公司法大幅降低了公司注册资本的要求，该要求对于公司设立几乎不构成任何实质性障碍，现实中已经很少出现公司资本低于法定最低注册资本的情况，因此现在以资本显著不足为由刺破公司面纱的案件数量

---

① 参见石少侠《公司人格否认制度的司法适用》，《当代法学》2006 年第 5 期；Mark Wu, "Piercing China's Corporate Veil: Open Questions from the New Company Law", 117 *The Yale Law Journal* 328, 334 - 335（2007）。

② 参见黄辉《现代公司法比较研究——国际经验及对中国的启示》，清华大学出版社，2011，第 113 页。

③ 东莞华润水泥厂有限公司与张斌等买卖合同纠纷上诉案，广东省广州市中级人民法院〔2006〕穗中法民二终字第 1791 号。

④ 最高人民法院在 1994 年 3 月 30 日所作的《关于企业开办的其他企业被撤销或者歇业后民事责任承担问题的批复》第 1 条就确立了以下原则：如果股东实际出资等于注册资本，且高于法定的最低注册资本，那么股东就承担有限责任。

很少。这表明，在新公司法下，我们不能再用法定最低注册资本的标准去判断公司资本额是否显著不足。

第二，在公司资本数额高于法定最低注册资本时，对于公司资本额是否显著不足的问题，法院很难判断。从本质上讲，公司的资本额是否显著不足是一个非常复杂的商业判断，而法官通常没有这方面的专业技能。虽然法官在判决时可以参照一些量化的财务指标，比如资产负债率、产权比率以及或有负债比率等，但是在不同公司中，这些指标差异很大，取决于行业、规模和地域等多种因素。即使是同一家公司，在不同发展阶段和商业环境下那些指标也会有重大差异。对于何为"显著"，完全是一个度的把握，确实很难判定。即使对于国外的法官而言，公司资本是否显著不足的问题也不易处理。相比之下，由于我国法官在学识和经验方面更加匮乏，他们面临的困难只会更大，从而在判决时也会更加保守。

最后，为了增强公司法人格否认制度在适用时的确定性，可以考虑引入一些法定的刺破情形。近年来，澳大利亚加强了对公司集团的监管，在公司集团中引入了一个法定的刺破公司面纱规则，即母公司需要为子公司的"破产交易"承担责任，以遏制利用母子公司关系金蝉脱壳的做法。[①]根据该规则，如果满足以下四个要件，母公司就需要为子公司的交易债务承担责任：其一，在子公司产生债务时，母公司的控股法律地位已经确立；其二，在交易债务产生时，子公司已经处于破产状态，或者由于该交易债务的产生而发生破产问题；其三，在子公司产生上述债务时，客观上存在合理的基础去怀疑该子公司已经处于破产状态，或者将由于该债务而破产；其四，在子公司产生上述债务时，母公司知道或应当知道第三个要件中的合理基础。该责任的追究有时间限制，即必须在子公司破产程序开始后的 6 年内提起相关诉讼。另外，对于该责任，母公司具有一些抗辩理由，如母公司已经采取了所有的合理措施去阻止子公司进行该交易等。

我国法院在审判中已经在某种意义上运用和发展了上述规则的思维逻辑。比如，在武汉市蔬菜集团有限公司诉武汉天九工贸发展有限公司等股权转让合同纠纷案中，[②]被告王女士是涉案公司的控股股东，被指控挪用

---

① 关于该规则的详细讨论，参见黄辉《现代公司法比较研究——国际经验及对中国的启示》，清华大学出版社，2011，第 297 页以下。

② 湖北省武汉市中级人民法院〔2009〕武民商初字第 66 号。

了其公司从原告公司处购买的一宗资产。法院认为，王女士的挪用财产行为在客观上影响了其公司的偿债能力，导致原告公司无法实现债权利益，从而决定刺破公司面纱，让王女士连带清偿原告公司的债权。在本案中，如果适用普通法上的欺诈理由或财产混同理由等去刺破面纱，困难都会很大，因为前者需要证明王女士的欺诈故意，即存在转移资产逃避债务的主观要件，后者需要分析财产混同的程度问题。而法院只是关注了王女士行为的客观结果，而没有纠缠其主观心态等问题；另外，法院也没有讨论一次性的挪用财产行为是否构成财产混同的问题。笔者认为，上述关于破产交易的法定规则已经在国外实行，而且我国法院也自发地进行了创造性适用，值得考虑借鉴引入。

股东派生诉讼的合理性基础与制度设计[*]

胡　滨　曹顺明[**]

摘　要： 股东派生诉讼制度在多个方面突破了法律的一般规则，这不仅是法律因应保护少数股东权之现实需要而作出的变通，而且有深刻的制度背景、思想条件和政治学基础。我国股东派生诉讼制度尚付阙如的现状已严重影响了公司治理结构的改善。在导入该制度时应遵循保护少数股东权利、公司自治与国家干预相平衡、鼓励正当诉讼与防止投机诉讼相协调、借鉴国外先进经验与协调国内法律体系相兼顾原则，并将之落实在具体内容的构建之中。

关键词： 股东派生诉讼　理论基础　现实动因　制度设计

一　问题的由来：作为法律规则之异态的股东派生诉讼

股东派生诉讼，[①] 是当公司利益受到他人，尤其是受到控股股东、董

---

[*]　本文原载于《法学研究》2004 年第 4 期。

[**]　胡滨，中国社会科学院金融研究所研究员；曹顺明，中国再保险（集团）股份有限公司内控合规与法律事务部总经理。

[①]　关于此种诉讼的称谓五花八门，主要有派生诉讼、代表诉讼、代位诉讼、衍生诉讼等。英美国家公司法多称之为派生诉讼（derivative action，也译为衍生诉讼），日本、韩国和我国台湾地区公司法则称之为代表诉讼。对此笔者认为，将来我国规定此种诉讼时宜称为派生诉讼，理由有以下几点。第一，派生诉讼一词能更准确地反映此种诉讼的本质。派生诉讼具有代位性（即原告股东代公司之位对侵害公司权利之人提起诉讼）与代表性（即原告股东代表其他未起诉股东提起诉讼），仅称代表诉讼或代位诉讼难免顾此失彼。事实上，在这种诉讼中，股东是因公司怠于行使诉权才在特定情况下代公司（转下页注）

事及其他高级管理人员等的侵害，而公司怠于追究侵害人责任时，符合法定条件的股东以自己之名义为公司利益对侵害人提起诉讼，追究侵害人法律责任的诉讼制度。作为普通法国家的一项天才发明，[①]股东派生诉讼首创于英国衡平法，目的是制约公司内部人，保护少数股东权利。它是对付公司中那些滥权、浪费和盗窃行为的最后一道防线。[②]

考察股东派生诉讼制度，可以发现，其在以下方面突破了法律的一般规定，表现出了明显有异于一般法律规则的特点。

第一，原告股东在公司怠于行使诉权时代行公司诉权，限制了公司处分自己权利的自由。权利既可行使，亦得放弃，此为权利之本质特性。作为民事主体，公司得自由处分其权利，此亦法律之一般规则。因此，就一般意义而言，公司不得怠于行使甚至放弃其诉权，但股东派生诉讼却于此情形之下赋予原告股东为公司利益以自己之名义行使公司诉权，在客观上限制了公司处分自己权利的自由。

第二，原告股东越过公司直接起诉侵害公司利益之人，忽视了公司的独立人格。独立人格是公司的本质特点，[③]也是公司制度的基础与核心，其与有限责任制度一起被誉为公司法人制度的两大基石。[④]根据该制度，公司具有独立的、有别于股东的人格，其与股东是不同的法律主体，股东与公司财产之间虽具有一般性、抽象性的利害关系，但对公司的对外权利

（接上页注①）行使的，股东的派生诉讼权系由公司的原始诉权派生而来，故称派生诉讼更能准确反映此诉讼的本质。第二，称派生诉讼简洁易懂，不易产生混淆。在我国，民诉法规定了代表人诉讼，合同法规定了债权人代位权诉讼。这两种诉讼与股东代公司提起的诉讼在本质上大相径庭。如将此种诉讼称为代表诉讼或代位诉讼，极易与代表人诉讼或代位权诉讼产生混淆。称衍生诉讼又晦涩难懂，而称派生诉讼则无这些问题。第三，此种诉讼之称谓在英国的演进也间接表明派生诉讼这一称谓更为恰当。在英国，法律界最初将此种诉讼称为少数股东诉讼，并将其作为代表诉讼的一种。后来，由于认识到此种诉讼的诉因乃由公司诉权派生而来，于是将此种诉讼改称为派生诉讼。参见 L. C. B. Gower, D. D. Prentice, B. G. Pettet, *Gower's Principles of Modern Company Law*, Sweet & Maxwell, 1992, p. 647。

① Robert C. Clark, *Corporate Law*, Little, Brown & Company, 1986, p. 639.

② Michael A. Collora, David M. Osborne, "A Derivative Claim by Any Other Name: Direct Claims to Remedy Wrongdoing in Close Corporations", *Securities News*, No. 2, (2000).

③ Janet Dine, *Company Law*, 法律出版社, 2003, 第 22 页。

④ 参见朱慈蕴《论公司法人格否认法理的适用要件》，《中国法学》1998 年第 5 期。

并不具有直接或者代位提起诉讼的地位。① 在英美法国家，这一规则被称为福斯诉哈博特规则（Foss v. Harbottle rule）：如果将要强制执行的义务系对公司的义务，则执行该义务的首要救济就是由公司对违反义务的人起诉；如果董事们违反了其对公司的诚信义务，或违反了对公司以必要的谨慎和技能行事的义务，那么，公司是诉讼中唯一适格的被告。② 但在股东派生诉讼中，原告股东以自己名义直接提起本属公司的诉讼，穿透了公司这一"面纱"，在某种程度上忽视了公司的人格。

第三，少数股东在公司根据多数意思怠于行使诉权时代行公司诉权，否定了资本多数决原则。资本多数决原则是公司运作的一项基本原则。在通常情况下，依多数决原则进行决策，并不违反社会所认可的公平、正义理念，因为向公司出资是股东对公司承担的最重要义务，大股东由于出资多而对公司承担比别人更多的风险，因而公司根据其意思行事应无可厚非。③ 在根据多数决原则运作的股东会及根据多数决原则选举产生的董事会、监事会拒绝或怠于起诉侵害公司利益之人时，不追究侵害公司利益之人的责任是公司中多数的意思，本应得到尊重。然而，股东派生诉讼制度却在此种情形下赋予少数股东代行公司诉权，这无异于在该特定情形下否定多数原则的有效性。

因此，与一般法律制度相比，股东派生诉讼是一项极具特性的制度，是法律规则的异态。④ 一般认为，公平与效率是法律追求的两大终极价值目标。从整体上看，此二者是一致的，但有时也会发生冲突，此时，法律往往取公平而舍效率。诚如有人所言，公平是"法律本身的救世主思想"，⑤ "权

---

① 〔韩〕李哲松：《韩国公司法》，吴日焕译，中国政法大学出版社，2000，第516页。

② Foss v. Harbottle，(1843) 2 Hare 461.

③ 甘培忠：《有限责任公司小股东利益保护的法学思考——从诉讼视角考察》，《法商研究》2002年第6期。

④ 在普通法国家，股东派生诉讼正是作为确立一般规则的 Foss v. Harbottle 案的例外而发展起来的。无论从经济意义还是从社会意义上看，该案确定的一般规则均值得肯定，因为：第一，其能减少不必要的诉讼；第二，其可降低重复诉讼的可能性；第三，其允许公司经营层自己判断什么是该诉的，什么是不该诉的。参见 Pearlie Koh Ming Choo, "The Statutory Derivative Action in Singapore—A Critical and Comparative Examination", http://www.bond. edu. au/law/blr/wol13 - 1/koh. polf.

⑤ 〔美〕哈德罗·J. 伯尔曼：《法律与革命》，贺卫方等译，中国大百科全书出版社，1993，第125页。

利的分配强调平等，甚至不惜以效率为代价"，① 可见，在法律背后，真正永恒的是公平和公正的价值理念。作为一种异态规则，股东派生诉讼制度突破了法律的多种常态规则，似乎可能违背法所坚持的根本价值理念并进而影响其创设与传播。然而，实践表明，股东派生诉讼制度不仅没有因此而胎死腹中或昙花一现，反而在其逾百年的历史中功能日显、移植渐广、生命力益强。这一现象促使我们对其产生的理论根基和现实动因进行探索，并就我国导入该制度加以思考。

二　股东派生诉讼的理论基础：多维视角下的正当性

（一）股东派生诉讼的制度背景：公司的非自然性及作为权利主体的非终极性

作为具有独立人格的民事主体，公司享有法律赋予的广泛的民事权利能力，能够通过公司机关为自己取得权利承担义务，从而创造和维护公司利益。在这点上，公司与自然人并无二致。

然而公司毕竟与自然人不同。首先，公司并非自然之存在，而系社会的存在。公司无头脑以为思考，无口耳手足以对外表达和接受意思；公司之意思形成和意思表达，均须仰赖作为公司机关担当人的自然人。这样，由于公司与作为公司机关担当人的自然人间效用函数不同，公司机关担当人可能偏离公司的利益。其次，公司虽然拥有自己的财产、具有独立的责任能力，但公司财产是由股东出资形成的，在公司有盈利时，须按章程在股东间进行分红，在公司终止时，须将剩余财产在股东间进行分配。可见，公司作为权利主体虽有独立的"公司利益"，但对该利益并非是终极的。自然人则不同，作为权利主体，其对特定利益的持有是终极的，其不是为他人，而是为自己享有权利或持有利益。因此，公司作为权利主体与自然人毕竟不同，其并非最终权利主体，而仅为股东权利的伸张，在公司背后，隐藏的是股东的利益。

正是公司的非自然性，决定了公司中可能存在代理问题，公司怠于行使

---

① 〔美〕阿瑟·奥肯：《平等与效率》，王奔洲等译，华夏出版社，1987，第 7 页。

诉权并不一定符合公司最大利益。不仅如此，公司作为权利主体的非终极性，决定了公司对自身权利与义务的处分应与自然人有所不同。对具有完全民事行为能力的自然人而言，其不仅可依自己的行为取得权利承担义务，而且当权利受侵害时，其也有权自主决定是否捍卫权利及如何捍卫权利，对此，他人无权置喙。理论上认为，这不仅是维护正常法秩序的需要，更是尊重权利主体的需要。然而，当公司权利受侵害时，如果也与自然人一样，完全由公司决定是否捍卫权利，则有时会显失妥当。特别是当侵害人是公司董事、经理或大股东时，由于公司的意思和行为均为这些人直接或间接把持，公司很难主动追究侵害人责任，此时中小股东利益难免受损。可见，在公司权利受侵害时，如将捍卫权利的权利排他性地赋予公司，极可能造成侵害终极权利主体利益的后果，因此，必须赋予终极权利主体以救济之途。

（二）股东派生诉讼的思想条件：权利社会化思潮的兴起及立法理念的转变

中世纪后，欧洲经历了波澜壮阔的文艺复兴运动，民智渐开，社会进化，家族渐形解体，人们经历了梅因所谓的由身份到契约之进步。与此同时，法律也由义务本位时代跨入权利本位时代，保护个人权利成为法律最高使命，权利成为法律之中心观念，契约自由、所有权绝对、自己责任也因此成为近代民法的三大基本原则。

权利本位思想的兴起及在立法上的确认，对于保护私有财产权，鼓励自由竞争，促进资本主义经济发展起了巨大的推动作用。然而，19世纪中叶以后，随着资本主义由自由竞争时期向垄断时期过渡，特别是由于私有财产权绝对与契约自由原则的长久实行，强凌弱、众暴寡、劳资冲突、贫富悬殊等问题日渐突出，于是权利社会化思潮乃应运而生。相应的，立法思想也由权利本位过渡到社会本位，契约自由开始受到一定限制，所有权绝对原则不断被修正，无过失责任适用范围逐渐扩大，弱者权利保护不断强化，民法理念亦由追求形式正义转向追求实质正义，[1] 社会公平和实质正义等现代法律理念深入人心。[2]

---

① 梁慧星：《民法学说判例与立法研究》（二），国家行政学院出版社，1999，第83页以下。

② 冯果：《变革时代的公司立法——以台湾地区"公司法"的修改为中心考察》，《南京大学学报》（哲学·人文科学·社会科学版）2003年第2期。

在公司制度中，19 世纪后期以来，为矫正过去绝对奉行资本民主原则所引致的少数股东权保护不力之状况，许多国家公司法规定了大股东表决权限制制度、累积投票权制度、委托投票制度、股东提案制度及股东权利救济制度。[1] 所有这些，无不与权利社会化思潮的兴起对公司法的影响息息相关，无不是立法理念由保护形式正义转向追求实质正义的产物。[2] 特别是在作为股东权利救济制度内容之一的股东派生诉讼制度中，为保护少数股东利益，不仅对公司处分自己诉权的自由加以直接限制，而且对多数决原则也予间接限制。对经过权利社会化思潮涤荡后的立法者和司法者来说，这种在权利本位时代可能会大受鞭挞的做法，现在却是再自然不过的了。

（三）股东派生诉讼的政治学基础：民主现代化与多数原则下的少数人保护

民主政治的核心是多数原则，即少数服从多数。民主政治之所以奉多数原则为圭臬，其原因是"一致性虽是件好事，但却非常昂贵"。[3] 根据公共选择理论，如果公共选择有两种或两种以上的不同意见，必定会出现多数和少数，此时，决策成本是既定的，而选择少数赞同的决策会产生比选择多数赞同的决策更大的外部成本，故根据少数服从多数原则进行公共选择可以降低决策成本。

不可否认，多数原则是一项颇具合理性的制度，这也是其至今仍被民主政治国家所坚持的原因之所在。但是，多数原则并非完美无缺，如果执行不当，特别是过分强调少数服从多数，则很可能会造成无法挽回的消极后果。在谣言蛊惑下，古希腊公民大会依多数原则处死了苏格拉底；雅各宾专政时期的"人民主权"更是将多数人的暴政及对少数人的强权推至历史极限。可见，多数原则也是有缺陷的。在多数原则下，存在如何尊重和

---

① 余永祥：《资本民主与小股东利益保护机制》，《浙江学刊》2000 年第 5 期。
② 如 Anisman 指出："在过去的二十年中，加拿大公司法的指导原则是向更大的平等性迈进，在平衡公司多数股东和少数股东间的利益时，公司法更强调对少数股东予以公平保护的思想。"参见 P. Anisman，"Majority – Minority Relations in Canadian Corporation Law：An Overview"，12 *Can. Bus. I. J.* 473（1986 – 1987）。
③ 盛洪：《经济学透视下的民主》，载汤敏、茅于轼主编《现代经济学前沿专题》第 2 集，商务印书馆，1993，第 98 页。

保护少数人权利的问题。事实上，在人类历史长河中，智者们一直未停止过对这一问题的思索。亚里士多德将民主称为"暴民统治"。[①] 贡斯当认为，"如果你确信人民主权不受限制，你等于是随意创造并向人类社会抛出了一个本身过度庞大的权力，不管它落到什么人手里，它必定构成一项罪恶"。[②] 孟德斯鸠基于对平等的思考，在构想议会制度时，提出要建立一个由少数人组成的贵族院以对抗多数人的众议院。[③] 托克维尔则提出，平等主义和个人主义可能是导致多数暴政的诱因，随着平等的日益发展，人们相互依赖加深却不够密切，人民整体形象逐渐高大宏伟起来，对少数人的价值便采取轻视态度，形成"社会的利益是全体的利益，而个人的利益则不足挂齿"这样一种态势。[④]

资产阶级革命以后，特别是二战以来，在深刻反思多数原则缺陷之基础上，民主的理论与实践不断走向现代化。根据现代民主理念，民主不仅要奉守多数决定原则，更要保护少数，"民主不是多数人对少数人的统治，不能压服少数"。[⑤] 在实践上，现代民主认为"必须给公共权力规定一个明确和固定的界限，并为私人生活提供一个广阔的发展空间"，强调赋予公民"不可干涉的个人生活的自由"，主张"在按照多数人的意见处理公共事务的同时，给少数人提供一个变成多数的机会"，[⑥] 并通过宪法规定了基本人权，赋予少数人即便经多数同意也不得予以剥夺的权利。

公司就像一个民主的小国家，[⑦] 在这个"国家"中，也以多数原则为核心运行规则。与国家不同的是，公司实行的是资本多数原则，而非成员多数原则。[⑧] 根据资本多数原则，大股东通过资本的表决取得对公司的控制权。与政治中的多数原则可能会造成多数暴政一样，资本多数原则也会

---

① 亚里士多德：《政治学》，吴寿彭译，商务印书馆，1997，第141页。
② 〔法〕邦雅曼·贡斯当：《古代人的自由与现代人的自由》，阎克文、刘满贵译，商务印书馆，1999，第56页。
③ 〔法〕孟德斯鸠：《论法的精神》，张雁深译，商务印书馆，1997，第113页。
④ 〔美〕托克维尔：《论美国的民主》，董果良译，商务印书馆，1988，第841页。
⑤ 郑知：《民主是什么？》，《学习时报》2003年第82期。
⑥ 燕继荣：《民主理念的演变》，《学习时报》2003年第88期。
⑦ S. M. Watson, "Directors' Duties in New Zealand", *The Journal of Business Law*, 495 (1998).
⑧ 诚如有人精辟地指出，"其他合议体的民主，一般是人（包括自然人和法人）的民主"，而股东大会的民主"是资本的民主，是股份的民主"，"是持有股份的人的民主"。参见王保树、崔勤之《中国公司法原理》，社会科学文献出版社，2003，第192页。

引起多数资本对少数资本的剥夺和压迫。① 因此，基于对多数原则下少数人权利的保护考虑，在实行资本多数原则的公司中，也须赋予少数股东特定权利以对抗多数股东滥用多数原则而施加的"暴政"。从某种意义上说，股东派生诉讼制度即法律赋予少数股东对抗多数股东暴政的一柄利剑。

三 股东派生诉讼的现实动因：少数股东权保护不力困境下的积极求变

公司制度是人类的一大发明，从某种意义上说，其推动社会进步之意义远甚于蒸汽机和电的发明。② 公司促进社会进步作用之发挥在很大程度上取决于股东之投资热情和投资信心，而后者又端赖法律对投资者权益之保护程度。③ 因此，在证券市场每次大危机发生后，为重振投资者尤其是中小投资者信心，总会有相关加强投资者权益保护立法的通过。例如，南海泡沫事件后，英国国会通过了1720年反泡沫公司法；1929年的美国股灾导致了1933年证券法和1934年证券交易法的出台；2002年安然等事件催生了萨班斯·奥克斯莱法。

在公司内部运作层面，可能发生的损害主要是大股东、经营层等内部人对公司和中小股东的损害，因此，从公司内部视角看，加强投资者权益保护就是加强中小投资者权益保护。为保护中小投资者权益、平衡公司内部各关系人间的利益，法律设计了累积投票、表决权限制等一系列制度，规定了董事、经理的注意义务与忠实义务，赋予了大股东对中小股东的诚

---

① 公司资本多数决原则有效运行的前提是，股东间，尤其是控股股东与小股东间利益同质、股东与公司间利益同质。参见余永祥《资本民主与小股东利益保护机制》，《浙江学刊》2000年第5期。但现实告诉我们，这仅为一种理想状态，在很多情况下，此二者间是冲突的。这样，资本多数决原则就可能沦为控股股东侵害少数股东利益的工具。

② Roger Meiners, "Piercing the Veil of Limited Liability", 4 *Del. J. Corp. L*, 351 (1979).

③ 关于投资者投资热情和投资信心与法律对投资者权益保护间的正相关关系，只要看一看损害投资者权益事件之发生对个股交易价格和证券市场指数的负面影响即可窥见一斑。例如，2001年8月2日，银广厦因《财经》杂志披露其虚构利润问题而被停牌，9月10日复牌后创下连续15个跌停板的纪录，至当年11月19日股价已从停牌前的30.79元跌至4.24元，跌幅高达86.23%。参见谢建平《"银广厦事件"的反思与对策》，《大公报》2001年11月21日。

信义务，允许股东提起直接诉讼，等等。然而即使有这些，在欠缺股东派生诉讼制度的背景下，少数股东权益仍处于保护不力的困境之中。

第一，从现实制度层面看，如无股东派生诉讼制度，少数股东权益在受公司内部人间接侵害时将无法救济。累积投票、表决权限制、委托投票等制度提供的是一种事前保护，对已经发生的损害，其无能为力；董事、经理、大股东的义务与责任及保证这些义务履行的直接诉讼制度，虽能对侵害少数股东权益的行为提供事后救济，但这种事后救济的作用却是有限的：在公司大股东、董事等内部人侵害公司利益，而公司因受内部人控制怠于追究时，少数股东所受间接损害将得不到救济。[①] 如将保护少数股东权益的各种制度比作相互交错将其紧紧保护起来的围墙，则股东派生诉讼制度就是围墙的门。如果门缺了，少数股东权益必将暴露于外，各种不法之手就会从此隙缝伸向少数股东。

第二，从实际运作情况看，公司内部人侵害公司利益的现象随处可见，其数额之大、情节之严重、情况之普遍令人触目惊心。例如，在我国上市公司中，由于公司治理结构不规范，许多大股东把上市公司当作"提款机"、"摇钱树"，滥用和侵占上市公司资金的现象比比皆是。多个上市公司均因资金被控股股东严重侵占而由绩优股沦为垃圾股。[②] 2002 年，由中国证监会和国家经贸委组织的"上市公司建立现代企业制度专项检查"结果表明，大股东掏空上市公司已成为当今最突出的问题，在 1200 多家上市公司中共查出 676 家公司存在控股股东占用资金的现象。[③] 在这些上市公司中，由于公司完全控制在侵害人手中，公司根本不可能真正去追究侵害人责任，小股东又因欠缺股东派生诉讼制度而无法代行公司诉权。在政府监管最为严格、运作最为规范的上市公司中，少数股东权保护情况尚且如此，更遑论其他公司了。

第三，从少数股东对自身权益保护的法制环境评价看，情况不容乐观。在我国上市公司中，通过公司法、证券法、《上市公司治理准则》、《上市公司章程指引》等法律和规章，已经基本引入了前述保护中小投资

[①] L. C. B. Gower, D. D. Prentice, B. G. Pettet, *Gower's Principles of Modern Company Law*, Sweet & Maxwell, 1992, p. 644.

[②] 参见元元《大股东掏空上市公司十大案例》，《证券日报》2001 年 9 月 14 日。

[③] 王芳：《"大股东掏空上市公司"问题突出》，《市场报》2003 年 1 月 2 日。

者权益的各种实体措施。但根据深交所的调查，79.1%的投资者对目前证券市场个人投资者权益保护的现状不满意，其中，人们认为最突出的问题是缺乏应有的保护措施（43.7%），而"建立民事诉讼与赔偿机制"则是最受投资者支持的保护投资者权益的三项措施之一。[①]

所有这些均表明，在股东派生诉讼制度尚付阙如的情况下，少数股东权益很难得到有效保护。国外的研究也表明，股东派生诉讼确实可起到改善公司治理、增强少数股东权保护之作用。[②] 因此，为摆脱少数股东权保护不力的困境，立法不得不突破法律的种种常态规则，建立异态之股东派生诉讼制度。

四　股东派生诉讼的制度设计：应遵循的基本原则

在设计我国的股东派生诉讼制度时，我们必须先明确该制度应遵循的基本原则，只有基本原则确定了，才能进行具体制度的构建。笔者认为，我国股东派生诉讼制度应遵循以下原则。

（一）保护少数股东权利原则

保护股东权是现代社会权利本位与经济民主原则的必然逻辑引申，是激发广大民事主体投资热情的催化剂和甜味剂。[③] 从公司内部视角看，公司董事、经理、大股东等掌控着公司的意志和行为，他们是公司内部各利益主体中的强者，也是最易滥用优势地位侵害弱者权利的人；少数股东由于势单力薄，加上信息不对称、搭便车等因素，因而成为公司内部易被压迫和剥夺的一族。正是基于保护少数股东权益的初衷，立法者才决意打破

①　陈斌、李信民、杜要忠：《中国股市个人投资者状况调查报告》，《证券时报》2002 年 4 月 13 日。

②　美国密苏里州大学一项课题对美国法院 1982 年至 1994 年受理的 215 宗股东派生诉讼案件进行了研究。结果发现，在管理层代理问题越严重的公司中发生派生诉讼的概率越高；而在被告输掉官司的公司中，其董事会规模将变小、外部董事成员增多。为此他们得出结论认为，股东派生诉讼确实具有改善公司治理的作用。参见 Stephen P. Ferris, Robert M. Lawless, Anil K. Makhija, "Derivative Lawsuits as a Corporate Governance Mechanism: Empirical Evidence on Board Changes Surrounding Filings", *CORI Working Paper* No. 01 – 03, (2001)。

③　刘俊海：《股份有限公司股东权的保护》，法律出版社，1997，第 7 页。

种种常规，毅然引入股东派生诉讼制度。因此，在构建我国股东派生诉讼制度时，毫无疑问应将保护少数股东权原则作为首要原则。

（二）公司自治与国家干预相平衡原则

作为具有独立人格的企业法人，公司通过一系列制度形成了内部各机关间分工协作、相互制衡的自我调节机制，于此基础上，法律允许公司在守法前提下按意思自治原则进行运作。因此，在公司利益受侵害时，应由公司自己决定是否追究侵害人责任，他人不得非法干预。但在公司受内部控制人侵害时，公司内部制衡机制失灵，公司自治基础不复存在。"由于商事主体在商事活动中的自我制衡机制难以发挥作用，需要国家以社会的名义进行整体调节"，[①] 需以股东派生诉讼的形式请求国家干预。

然而，股东派生诉讼是一把双刃剑，它"可能剥夺公司管理者基于商业判断为公司利益正当行使管理公司的权力"，[②] 运用得当，可起到保护股东权益，完善公司治理结构之功效；运用不当，则会损害公司利益进而危及其意在保护的股东权益。事实上，在股东提起派生诉讼代行公司诉权时，国家干预之手已经在某种程度上伸入了公司自治的领地。如果股东派生诉讼被滥用，必然导致外部司法力量对公司内部事务的过分干预，反而会干扰公司正常经营，使公司为防御派生诉讼而疲于奔命，最终损害公司和股东利益。

可见，科学平衡公司自治与国家干预，合理划分二者的界域至关重要。因此，在构建股东派生诉讼制度时，应遵循公司自治与国家干预相平衡原则，既要确保资本多数决原则被滥用时少数股东权利能得到充分保护，又要防止公司自治因国家过分干预而受影响。

（三）鼓励正当诉讼与防止投机诉讼相协调原则

在股东派生诉讼中，由于信息不对称、搭便车心理的存在，股东很难知晓诉因的存在或不愿耗时费力去"管闲事"，而且胜诉的结果直接归属

---

① 王保树：《商事法的理念与理念上的商事法》，载王保树主编《商事法论集》第 1 卷，法律出版社，1997，第 7 页。

② 黄辉：《股东派生诉讼制度研究》，载王保树主编《商事法论集》第 7 卷，法律出版社，2002，第 423 页。

公司，原告股东只能从中间接受益，这些因素都自然地抑制着股东提起派生诉讼。因此，为有效发挥派生诉讼的功能，我们在制度设计时，应本着鼓励股东正当提起的精神，尽量方便股东提起派生诉讼并消除原告股东的后顾之忧。

但是，正如没有制约的权力会产生腐败一样，没有限制的权利必然会被滥用。国外经验表明，如果设计不当，股东派生诉讼极易被滥用。例如，二战后的美国，有的律师在发现公司管理层违规后，便找一个合格的原告股东，代理其提出派生诉讼，但此诉讼的目的并不是真正想追究被告对公司的责任，而是想通过诉讼和解获得一笔数目不菲的律师费。[1] 这种诉讼被称为投机诉讼，它不仅有害于股东权利的保护（因为诉讼的判决或和解会阻止其他股东提出同样的诉讼），而且干扰公司正常经营，浪费国家司法资源。[2]

因此，在构建派生诉讼制度时，为真正保护股东权益，不仅要鼓励正当诉讼，避免派生诉讼成为"死的文字"；而且要注意防范投机诉讼，避免引发诉讼浪潮。当然，在某种意义上说，鼓励股东提起派生诉讼与防止投机诉讼是一对矛盾体，它们存在此消彼长的关系。因此，如何协调二者关系，把握好二者的平衡将是构建股东派生诉讼制度的一个难点，也是制度设计时应遵守的一项基本原则。

（四）借鉴国外先进经验与协调国内法律体系相兼顾原则

自英国衡平法创立股东派生诉讼制度以来，短短 100 年间该制度已为世界许多国家所移植。我国由于公司制度不发达、公司立法经验不足，故至今尚未建立严格意义上的股东派生诉讼制度。应该说，将来导入该制度本身即是对国外先进经验的借鉴。但是，国外不同国家关于派生诉讼的具体规定并不完全相同，有的甚至大异其趣，因此，在借鉴国外经验时，应对不同国家立法例的理论合理性与实际效果进行研究，取其精华、去其糟

---

① Robert W. Hamilton, *The Law of Corporations*，法律出版社，1999，第 466 页。
② 纽约州商会曾对该州法院所受理的约 1300 件股东派生诉讼案件进行分析，发现只有 8%的案件使公司获得了赔偿。纽约州商会分析认为，许多小股东提起派生诉讼的目的在于干扰公司正常经营并使自己获利，对公司而言并无实际意义。见 Robert C. Clark, *Corporate Law*，Little，Brown & Company，1986，p. 653。

粗，力争导入最先进、最有效的立法例。

同时，股东派生诉讼制度是一项兼涉实体法与程序法的异态规则，它的导入必然会对实体法上的公司治理结构与程序法上的民事诉讼制度产生重大影响。因此，在导入股东派生诉讼制度时，必须充分考量其对国内现有制度的影响，努力使之与我国现行法律体系相协调，既不要因移植产生排异现象，更不能因此破坏现有法律体系的完整与和谐。

五　股东派生诉讼的制度设计：应包含的主要内容

作为公司法中的一项重要制度，股东派生诉讼的制度特点是通过其具体内容表现出来的。在构建我国股东派生诉讼制度时，必须十分重视具体内容的设计，要在遵循前述基本原则的前提下，做到规范、合理、可操作性强，使该制度真正发挥保护少数股东权益、完善公司治理结构之作用。笔者认为，该制度应包含以下主要内容。

（一）原告资格

原告资格解决的是何种股东有权提起股东派生诉讼的问题。对此，国外立法一般从持股数量、持股时间、股东代表之公正性与充分性等角度进行规范。

1. 持股数量

有权提起派生诉讼的股东应否有持股数量要求？对这一问题的回答取决于将股东派生诉讼提起权视为单独股东权还是少数股东权。如采前一观点，则对股东提起派生诉讼不应有持股数量限制；如采后一观点，则要求提起派生诉讼的股东须持有一定数量的股份。

在立法例上，美国、日本、法国等国家将股东派生诉讼提起权视为单独股东权；德国、韩国和我国台湾地区等将股东派生诉讼提起权视为少数股东权。如德国和我国台湾地区公司法规定，只有持有公司已发行股份总数 10% 以上的股东才有权提起派生诉讼（在德国，持有股本总额的市值在 200 万马克以上的股东也有权提起此等诉讼）。韩国公司法规定，持有发行股份总数 1% 以上的股东有权提起派生诉讼；对上市公司，韩国证券交易法规定，持有发行股份总数 0.01% 以上的股东就有权提起派生诉讼。

将派生诉讼提起权视为单独股东权，利于鼓励小股东监督公司合规运营，维护公司整体利益，但易被居心不良的股东滥用而造成干扰公司正常经营之后果；将派生诉讼提起权视为少数股东权，可提高股东派生诉讼的门槛，有防止诉讼浪潮之功效。

笔者认为，我国导入股东派生诉讼制度时，宜采少数股东权立法例，规定只有持有公司已发行股份总数一定比例以上的股东才有权提起派生诉讼。这是因为以下两点。（1）在持股数量方面设一道门槛利于缓和股东派生诉讼可能对现行法律体系带来的冲击。作为异态法律规则，股东派生诉讼在多方面突破法律的一般规定，必然会对不同主体之间的利益格局产生重大影响。如果在持股数量方面设一道门槛，则可缓和派生诉讼制度对法律体系的冲击，减轻该制度对现行利益格局的影响，更好地平衡各方利益。（2）若原告资格完全无持股数量要求，股东派生诉讼极易被滥用，结果只能是投机诉讼盛行，公司正常经营受干扰。为防范股东派生诉讼被滥用，许多国家规定了诉讼费用担保制度。然而，其一，如下文将要论及的那样，诉讼费用担保制度在制度价值等方面有天然的缺陷；其二，诉讼费用担保制度的一种主要模式，是规定那些持股数低于公司已发行股份一定比例或持股市值低于一定金额的原告有义务提供担保，而这事实上不过是根据持股数量或持股价值来限制派生诉讼提起的一种变相方法，与要求原告持有一定比例股份并无本质区别。

不过鉴于在我国股份有限公司中，国有股一股独大、流通股高度分散的现象比较普遍，在规定股东提起派生诉讼所需持股数量时，宜将持股比例规定得低一些，笔者认为应允许持有股份有限公司已发行股份总数1%以上的股东提起派生诉讼。另外，与股份有限公司相比，有限责任公司人合性较强、股东数量较少、股权相对集中，因此，应将提起股东派生诉讼所需持股比例规定得高一点，如10%，以防个别股东利用派生诉讼干扰公司经营。

2. 持股时间

在起诉股东的持股时间要求上，主要有三种立法例。一种是美国多数州公司法采取的"当时拥有股份"原则，将有权提起派生诉讼的股东限定为在过错行为发生时持有股份的股东；一种是日本和我国台湾地区公司法的做法，规定只有起诉之前一段时间内持续持有股份的股东才有权提起派生诉讼；一种是英国和韩国公司法的做法，仅要求股东在起诉时持有一定数量股份即可。

笔者认为，英韩两国仅要求股东在起诉时持有股份这种立法，等于是为专营诉讼、谋取私利者提起投机诉讼大开绿色通道，极易被居心不良者滥用。日本和我国台湾地区要求股东在起诉时须持续持有股份半年或一年这种立法，则不利于股东权益之保护。综合观之，倒是美国公司法采取的"当时拥有股份"原则更能平衡鼓励正当诉讼与防止投机诉讼之关系，既能有效保护股东权利，又能防止被滥用。因此，我国将来构建派生诉讼制度时，应借鉴美国的"当时拥有股份"原则。同时，为保护善意股东权利，还应允许下列在过错行为发生时虽不持有股份但后来取得股份的股东享有诉权：第一，在与过错行为相关的事实被公开披露或知悉此种事实之前受让股份的股东；第二，在具备派生诉讼原告资格的自然人死亡时，取得此种股份的继承人；第三，在具备派生诉讼原告资格的法人合并、分立或解散时，继受该股份的人。此外，在诉讼过程中，原告须持续持有股份，不得出现中断，否则即丧失原告资格，因为此时诉讼的进展与结果已与原告没有利害关系，原告作为诉讼当事人的基础不复存在。

3. 原告股东代表之公正性与充分性

与一般诉讼不同，股东派生诉讼中股东代行的是公司的诉权，诉讼结果关系公司和其他股东的切身利益并对公司与其他股东具有既判力，因此原告股东应既能公正、充分地代表公司利益，又能公正、充分地代表除实施过错行为的被告之外的其他股东的利益。但是，如何判断原告股东符合这一要求呢？应该说，对此"很难抽象出一个可操作性强且适于所有案件的统一标准"，[1] 因此，只能由立法机关对原告股东代表之公正性与充分性作出原则规定，而赋予法院在此方面广泛的审查权力。

（二）原告的权利与责任

在规定股东派生诉讼制度中原告权利和责任时，须充分体现保护少数股东权利原则及鼓励正当诉讼与防止投机诉讼相协调原则。

---

① 刘俊海：《论股东的代表诉讼提起权》，载王保树主编《商事法论集》第1卷，法律出版社，1997，第110页。

在原告权利方面，主要是赋予胜诉股东以费用补偿请求权。派生诉讼维护的是公司利益，当原告胜诉时，直接受益的也是公司，因此应由公司补偿原告因诉讼所支出的全部合理费用。另外，有人主张应赋予原告以比例性个别赔偿请求权，即在不损害公司债权人利益的前提下，原告股东有权要求被告给予自己以直接赔偿。对此，笔者持反对态度，理由为以下几点。其一，规定比例性个别赔偿请求权易损害公司债权人利益。比例性个别赔偿请求权实现的直接结果是公司责任财产因流向股东而减少，但这与向股东分配利润或减资又显有不同，既不像分配利润那样需公司有盈余且提足各项公积金，也无须像减少注册资本那样要经过公告债权人、提前清偿或提供担保等程序。欠缺这些保护债权人利益的相应制度，比例性个别赔偿请求权的实行极易损害债权人利益。其二，赋予胜诉股东比例性个别赔偿请求权的目的之一，是避免有过错股东与无过错股东一样受益或防止恢复后的公司财产仍处于有过错董事、经理的控制之下。[①] 但根据股东平等原则，只要该过错股东没有转让其股份或退股，我们就不能剥夺其享有的股东权利。正确的做法是，在某些股东利用控制地位侵害公司利益时，可依法使其承担责任，但不能据此剥夺其作为股东的权利。同样，对过错董事和经理，原告股东可通过法定程序将其解任或限制其权限，但不能据此主张比例性个别赔偿。

在原告责任方面，主要是败诉时对公司与被告承担赔偿责任。对此，美国和日本公司法规定败诉股东在特定情况下仅对公司负赔偿责任，我国台湾地区“公司法”规定败诉股东在特定情况下对公司、被诉董事等均负赔偿责任。关于承担赔偿责任的要件，美国一些州的公司法以败诉股东对于诉讼之提起没有正当理由为要件，[②] 日本则以败诉股东对诉讼有恶意且给公司造成了损害为要件。[③] 由于败诉股东对诉讼之提起没有正当理由的事实可能是出于恶意，也可能是不知情，因而从维护股东派生诉讼提起权

---

① 刘俊海：《论股东的代表诉讼提起权》，载王保树主编《商事法论集》第 1 卷，法律出版社，1997，第 110 页。

② Harry G. Henn, John R. Alexander, *Laws of Corporations*, West Publishing Company, 1983, p. 115.

③ 日本商法典第 268 条之 2 规定，“股东在败诉的情形下，如果没有恶意，对公司不负损害赔偿的责任”。依反对解释，如果败诉股东对派生诉讼之提起有恶意，则应对公司负赔偿责任。

及鼓励正当派生诉讼原则出发，在构建我国股东派生诉讼制度时，在责任要件上应采日本立法例，规定败诉股东只在有恶意时才承担赔偿责任；在赔偿责任范围上，则可从防范引发投机诉讼的角度出发，加重原告股东责任，要求败诉股东对公司及董事等均负赔偿责任，这也符合"有损害就有救济"这一法律格言。

（三）公司在股东派生诉讼中的地位

公司在派生诉讼中究竟应处于何种地位，这是一个理论难题。从各国立法来看，也表现出较大的差异。在英美等国，公司在派生诉讼中的地位是名义上的被告；在日本和韩国，公司在代表诉讼中既非原告，也非被告，而是诉讼参加人。

关于我国构建股东派生诉讼时公司应处何种地位，主要有四种观点。第一种观点认为，应将公司列为名义上的被告。[①] 第二种观点认为，应由法院或原告将诉讼告知公司，如果公司参加诉讼，则列为共同原告。[②] 第三种观点认为，可借鉴美国等国家的"诉讼参加"制度，在原告、被告、共同诉讼人、诉讼第三人、诉讼代表人之外，设计诉讼参加人制度，即在派生诉讼进行过程中，当公司和其他股东发现原被告双方有串通一气、损害公司利益之虞时，可以诉讼参加人的身份介入诉讼。[③] 第四种观点认为，可以公司作为无独立请求权的第三人参加诉讼。[④]

笔者认为，应采最后一种观点。理由如下。（1）派生诉讼的提起条件之一是公司怠于行使诉权，如将公司列为被告，即意味着怠于行使权利会成为被告，这在理论上难以自圆其说。而且，在原告胜诉时，胜诉所得利益归属公司，如将公司列为被告则会出现原告胜诉但被告受益的情形，这也不符合常理。因此，不宜将公司列为名义被告。（2）正是因为公司拒绝以自己名义起诉，才有派生诉讼之提起。而且，在股东提起派生诉讼的情况下，公司多为被告所控制或为被告利益代言人，公司与原告股东是对立

---

① 王岩：《略论股东派生诉讼的当事人》，《前沿》2002 年第 11 期。

② 段厚省：《股东代表诉讼中公司和其他股东的地位》，《法学杂志》1998 年第 5 期。

③ 罗培新：《股东派生诉讼若干问题探讨》，《学术交流》1999 年第 3 期。

④ 丁艳琴：《派生诉讼的法律适用问题——股份有限责任公司小股东的权益保障》，《黑龙江省政法干部管理学院学报》2002 年第 1 期。

的。因此，将公司列为共同原告也不恰当。（3）美国的"诉讼参加"制度实际上是针对集团诉讼中诉讼代表人能否公正、充分地代表其他股东利益而设计的一项制度，其并不能解决派生诉讼中公司的法律地位问题，故在美国的派生诉讼制度中，公司地位不是诉讼参加人，而是名义上的被告、实质上的原告。日本商法与韩国商法虽规定公司在派生诉讼中的地位为诉讼参加人，但这是与其民诉法规定了一般性的诉讼参加人制度相关的，而我国民诉法并无诉讼参加人制度，如将公司在派生诉讼中的地位界定为诉讼参加人，难与我国法律体系相融合。因此，不应将公司作为诉讼参加人。（4）将公司作为无独立请求权的第三人参加诉讼，既符合诉讼理论，又与我国现行诉讼制度相协调。首先，所谓无独立请求权，是指对当事人争议的诉讼标的没有独立的请求权，但案件的处理结果同他有法律上的利害关系。在派生诉讼中，原告股东起诉后，公司即不得就同一诉因提起诉讼，但诉讼结果与其无疑具有法律上的利害关系。其次，从诉讼构造上看，在我国诉讼制度中，与股东派生诉讼制度最接近的是债权人行使代位权而提起的诉讼。根据司法解释，在行使代位权的诉讼中，债务人的地位是第三人。① 一般认为，此处被代位人应为无独立请求权的第三人。② 因此，应将公司列为无独立请求权的第三人。

（四）股东派生诉讼的对象范围

所谓股东派生诉讼的对象范围，是指原告股东得以提起派生诉讼的请求原因。对此主要有三种立法例。一种以美国为代表，派生诉讼的对象十分广泛，与公司自身有权提起的诉讼范围相同，包括就大股东、董事、高级管理人员、雇员和第三人对公司实施之不正当行为提出禁止、撤销和赔偿等。③ 一种以日本为代表，派生诉讼的对象范围相对较窄。股东可对董事、监察人、发起人、清算人、行使决议权接受公司所提供利益之股东、以明显不公正价格认购股份者提起代表诉讼，即将股东代表诉讼的对象范

---

① 《最高人民法院关于适用〈中华人民共和国合同法〉若干问题的解释（一）》第 16 条。

② 张卫平：《诉讼构架与程式——民事诉讼的法理分析》，法律出版社，2000，第 477 页以下。

③ Harry G. Henn, John R. Alexander, *Laws of Corporations*, West Publishing Company, 1983, p. 1049.

围限于对公司内部机关、人员责任的追究。[①]一种以我国台湾地区"公司法"为代表，派生诉讼的对象范围十分狭窄。根据我国台湾地区"公司法"第214条规定，代表诉讼的范围为董事责任。

股东派生诉讼是在特定情形下由股东代行本应由公司行使的诉权，是对公司自治原则的一种突破，是国家在不得已情况下通过司法方式干预公司内部运作的一种方式。笔者以为，应将股东派生诉讼的对象范围限于通过公司内部制衡机制不能解决的特殊情况。这样，美国立法规定的派生诉讼对象范围过于宽泛，而我国台湾地区规定的派生诉讼对象范围又过于狭窄。相反，日本立法将派生诉讼对象范围限于公司内部人对公司的责任，既有利于实现创设该制度的初衷、保护少数股东权益，又有利于防范投机诉讼，不失为一种恰到好处的立法。因此，建议我国将来宜将股东派生诉讼的对象范围限于董事、经理、监事、清算人、控股股东对公司的责任。

（五）股东派生诉讼的前置程序

股东提起派生诉讼的要件之一是公司怠于追究侵害公司利益之人的责任。因此，股东如未竭尽公司内部救济之途，应不得径直提起派生诉讼。为此，在建立股东派生诉讼制度的国家均设置了诉讼前置程序，要求股东在提起派生诉讼之前须先请求公司机关提起诉讼或采取其他补救措施，否则不得提起派生诉讼。我国在构建股东派生诉讼制度时也应引入诉讼前置程序。根据建立股东派生诉讼的初衷及应遵循的原则，笔者认为，我国派生诉讼前置程序应包含以下内容。

第一，原告在提起派生诉讼之前须书面请求监事会（或监事）为公司对被告提起诉讼，只有在被请求机关不提起诉讼的情况下股东才能提起派生诉讼。在英美国家，由于没有监事会，立法一般要求原告股东在起诉之前须向董事会提出追究被告责任的诉讼，必要时还须向股东大会提出此种请求。在我国，公司设有专司监督经营层的监事会（或监事），它们有权要求侵害公司利益的经营层作出纠正，并代表公司对侵害公司利益之经营层进行诉讼。因此，原告股东在起诉之前应向监事会（或监事）提出追究

---

① 参见日本商法第196条、第267条第1款、第280条第1款、第280条之11第2款、第294条之2第4款、第430条第2款规定。周剑龙：《日本的股东代表诉讼制度》，载王保树主编《商事法论集》第2卷，法律出版社，1997，第269页。

被告责任的请求。

第二，诉讼前置程序制度之例外。在特殊情况下，如果强行要求原告股东请求公司机关起诉或采取补救措施，将悖于前置程序制度建立之目的，并有违公平。因此，在构建股东派生诉讼制度时，我国须参酌国外立法例，将下列情况规定为诉讼前置程序制度之例外，免除原告股东请求公司机关采取补救措施的义务：其一，要求原告股东履行前置程序有给公司造成不可恢复损害之虞；其二，接受请求机关丧失独立性而导致原告股东的请求成为徒劳时。

（六）诉讼费用担保制度

所谓诉讼费用担保制度，是指在原告股东提起派生诉讼时，法院可根据被告或公司的申请而责令原告股东提供相当的担保，以便在原告股东败诉时，被告或公司能从中获得诉讼费用的补偿。关于诉讼费用担保制度的模式，主要有以下四种。（1）美国纽约州模式，即如提起派生诉讼的股东所持股份占公司已发行股份的比例低于一定比例且其市值低于一定金额的，法院可根据公司或被告的请求，责令原告股东提供诉讼费用担保。（2）美国加州和日本模式，即被告或公司只要证明原告股东提起诉讼系出于恶意或不存在使公司或其股东受益之可能性时，法院即可根据被告或公司的请求要求原告提供担保。（3）我国台湾地区模式，即只要被告提出请求，法院即可要求原告提供担保。（4）美国示范公司法模式，即不在公司法中规定特别的诉讼费用担保制度。

对此，我国学者多主张我国导入股东派生诉讼制度时在诉讼费用担保制度上也采此模式。[1] 但笔者认为，将来我国应采第四种模式，即不专门规定股东派生诉讼的费用担保制度，理由如下。

第一，诉讼费用担保制度并不能达到限制无理缠讼的目的。诉讼费用担保制度旨在运用利益杠杆遏制别有用心的股东滥用派生诉讼提起权，预防通谋诉讼现象的恶性膨胀。[2] 然而事实上，姑且不论第一种模式下"提

---

[1]　郑曙光：《论公司股东代表诉讼制度在我国的完善》，《河北法学》2002 年第 6 期；黄辉：《股东派生诉讼制度研究》，载王保树主编《商事法论集》第 7 卷，法律出版社，2002，第 437 页。

[2]　万勇：《股东代表诉讼与中小股东权益保护》，《山西财经大学学报》2001 年第 5 期。

供诉讼费用担保的义务能被原告股东轻易规避"，① 就是在第二、三种模式下，原告股东既然不惧诉讼失败而承担赔偿责任，就更不会因法院要其提供诉讼费用担保而放弃诉讼，除非其无能力提供诉讼费用担保。

第二，诉讼费用担保制度实际上限制的是穷人的诉权。根据诉讼是投机诉讼还是正当诉讼，及原告股东是否有能力提供诉讼费用担保为标准，可将派生诉讼分为四类：其一，正当诉讼且有能力提供担保；其二，正当诉讼但无能力提供担保；其三，投机诉讼且有能力提供担保；其四，投机诉讼但无能力提供担保。由于不能提供担保就不能使诉讼进行下去，这样，第二、四类诉讼将难以为继。可见，诉讼费用担保制度能限制的只能是第二类和第四类诉讼，事实上，其最后限制了的只是穷人的诉权。

第三，国外有废除派生诉讼中的诉讼费用担保制度的立法趋势。美国1969 年示范公司法及其后的几个修订本规定了派生诉讼中的诉讼费用担保制度，但由于人们"越来越怀疑诉讼费用担保制度的有效性及公正性"，故自 1984 年修订本删除该制度以来，以后的各个修订本均未再规定它。②

第四，在民事诉讼未建立一般性诉讼费用担保制度的情况下，仅要求股东派生诉讼的原告提供诉讼费用担保无异于歧视股东派生诉讼的原告。

（七）法院在股东派生诉讼中的地位

鉴于股东派生诉讼的代位性和代表性及其在两大法系国家中时常被滥用的情况，我国在构建此制度时应加强法院在该种诉讼中的地位，赋予其较大的裁量权，确立其在派生诉讼的提起、进行和终止方面决定性的影响和作用。具体来说，必须赋予法院在审查派生诉讼是否符合提起的实质条件、是否适用前置程序例外、原告股东是否满足代表公正性与充分性、是否允许原告股东撤诉、和解是否正当等方面以较大的自由裁量权。另外，"从控制理论上说，股东派生诉讼实质上是外部司法机制对公司内部机制的耦合机制"，③ 为防止国家假司法之手过分干预公司经营，法院在通过股东派生诉讼介入公司内部事务时必须始终保持谨慎态度，在判断被告是否

---

① Robert W. Hamilton, *The Law of Corporations*，法律出版社，1999，第 469 页。
② Robert W. Hamilton, *The Law of Corporations*，法律出版社，1999，第 469 页。
③ 黄辉：《股东派生诉讼制度研究》，载王保树主编《商事法论集》第 7 卷，法律出版社，2002，第 451 页。

侵犯公司利益，特别是在追究董事、经理违反注意义务的责任时，应尊重公司管理层的商业判断，避免对公司经营的具体判断进行司法审查。

除上述主要内容外，立法还应对股东派生诉讼的诉讼管辖、诉讼费用、判决效力、二审与再审、诉讼的通知与公告等问题作出明确规定。

累积投票制的引入与实践[*]

——以上市公司为例的经验性观察

钱玉林[**]

摘　要： 在学界和社会各界的呼吁下，2005 年公司法修订时引入了任意性累积投票制。累积投票制作为公司董事、监事的选举制度，目的是保护少数股东的权利。虽然立法上采取了任意性累积投票制，但实践中绝大多数样本上市公司实施了累积投票制，这与监管机构和证券交易所对累积投票制倾向于采取强制主义的态度是分不开的。实证数据显示，一方面累积投票制的实施在目前的股权结构下有很强的现实意义，另一方面累积投票制在上市公司中未能得以有效实施。存在诸多有待解决的影响累积投票制有效实施的问题，包括等额选举、股东大会会议出席率低以及表决权的不当行使等实践层面的问题，也包括提名资格限制、当选原则、选举方法以及独立董事、非独立董事和监事分别选举等制度层面的问题。从数学的角度分析，累积投票制在我国上市公司中存在实施的空间和价值。

关键词： 累积投票制　上市公司　公司法　实证分析

引　言

累积投票制由瑞典政治思想家提出后，首先进入了丹麦宪法。1870

———————————

* 本文原载于《法学研究》2013 年第 6 期。

** 钱玉林，华东政法大学经济法学院教授。

年，美国伊利诺伊州宪法也引入了累积投票制，所不同的是，该宪法规定累积投票制不仅适用于众议院的选举，也适用于非公众公司董事的选举，从而开创了公司选举中适用累积投票制的先河。① 饶有意味的是，累积投票制最初只是为政治选举中的少数派而设计的一个工具，却在公司法领域中得以广泛应用，很多国家的公司法相继规定了累积投票制。但该制度工于计算，容易引发公司控制权的争夺，因此，理论和实践中对之褒贬不一。有的认为累积投票制是实现资本民主、保护少数股东的重要制度，有的则认为，由资本多数派选择的董事会才是管理公司最有效的团队，累积投票制下产生的少数派代表只会引起董事之间的矛盾和低效率。② 有些国家在立法上的态度也逐步发生改变，如在美国，"累积投票制的使用率经历了一个不断降低的过程"。③

我国于 2005 年公司法修订时引入了累积投票制，而实践中累积投票制早就在部分地方性法规和许多公司的章程中作出了规定。④ 这种成文法化似乎表明了立法者有意强化累积投票制，从而走出与其他国家不同的发展路径。然而，在公司法正式引入累积投票制之前，上海证券交易所 2004 年的一份调查报告曾指出："尽管一半以上的被调查公司在公司章程中规定

① 美国思想家约翰·斯图亚特·密尔（John Stuart Mill）受北欧政治思想家的影响，在 1861 年发表了《代议制政府》一文，主张采用累积投票制，以倾听少数派的观点，借此推动政治体制的进步。密尔的这一主张推动了美国的政治思想家去思考这一制度。1870 年伊利诺伊州宪法率先引入了累积投票制，虽然在此之前，纽约和芝加哥已经进入了少数代表权的社会，但立法上并未规定累积投票制。伊利诺伊州宪法之所以能成功引入累积投票制，主要有两个重要的原因：一是密尔思想的忠实拥护者约瑟夫·梅迪尔（Joseph Me-dill）是该州选举和代表改革制宪委员会主席，对推动累积投票制的入宪产生了巨大的影响；二是人们认为用累积投票制解决该州普遍存在的政治问题的时机已经成熟。参见 Whitney Campbell，"The Origin and Growth of Cumulative Voting for Directors"，10 *The Business Lawyer* 3 – 4（1954 – 1955）。

② 参见 Whitney Campbell，"The Origin and Growth of Cumulative Voting for Directors"，10 *The Business Lawyer* 3（1954 – 1955）；Frank H. Easterbrook & Daniel R. Fischel，"Voting in Corporate Law"，26 *The Journal of Law & Economics* 395（1983）；John G. Sobieski，"In Support of Cumulative Voting"，15 *The Business Lawyer* 316（1960），etc.。

③ 邓峰：《普通公司法》，中国人民大学出版社，2009，第 436 页。

④ 地方性法规中最早引入累积投票制的是 1989 年 2 月 4 日《昆明市人民政府关于在我市全民所有制企业推行股份制的试行办法》（昆政发〔1989〕28 号）。该办法第 5 条第 2 项规定："股东会议表决权每股一票，可累积投票，以保护少数派股东的利益。"深圳发展银行则率先在公司章程中规定了累积投票制。根据《深圳发展银行章程》（1992 年 3 月 8 日修改）第 32 条和第 40 条的规定，董事和监事的选举采用累积投票制。

了股东的累积投票权，但从该制度的实施情况看，仍存在两大待解决的问题：一是有些公司尽管作出了相应的规定，但在实际投票时仍然采取简单多数表决制度；二是无论是否采取了累积投票制度，流通股股东在董事会中代表性普遍不足，事实上，平均持股 38.7% 的 387 家公司流通股股东未在董事会拥有席位。"① 那么，该调查报告所反映的问题在 2005 年公司法实施后是否依然存在？任意性累积投票制下究竟有多少上市公司在章程中规定了累积投票制？累积投票制实施的有效性究竟有多大？如何使之真正成为一项有意义的制度？

提出上述疑问，一方面是基于对累积投票制实施基本状况的评价之考量，另一方面也是为了检讨立法上引入累积投票制的制度意义。毫无疑问，要找到上述问题的答案离不开经验性的考察。为此，本文主要以在上海证券交易所挂牌交易的 A 股上市公司为例，采用实证分析的方法，尽可能从充分的数据中去寻找答案。本文研究中所示数据除了在注释中注明出处外，均系笔者自行整理或采集。鉴于上市公司退市制度的实施，某些数据可能随时发生变化，故在阅读或引用时须特别留意观察时间窗口。

一　累积投票制的法典化

尽管有些地方性法规中已经引入了累积投票制，但或许是因为 1993 年公司法肩负着国有企业改制之重任，对累积投票制并未予以关注和吸收。而随着公司法的实施，控制股东滥用权利的现象日益突出，少数股东权的保护问题也就逐步显现出来，成为公司法学界的热门课题。其中，不乏学者致力于对累积投票制的提倡与呼吁。

通过中国学术期刊网输入"累积投票"检索全文，发现在 1993 年公司法实施以前，仅有少量文章在文中对累积投票制作了简要的介绍。1993年公司法施行后，学者开始陆续发表文章，提出在中国公司法中引入累积投票制的观点，并从 1996 年起出现了以累积投票为题名的专门性学术论文。笔者统计了 1995 年（1993 年公司法施行后）至 2004 年（2005 年公

① 上海证券交易所研究中心：《中国公司治理报告（2004）：董事会独立性与有效性》，复旦大学出版社，2004，第 83 页。

司法修订前）中国学术期刊网关于累积投票制的全部文献（见图1），发现该类文献几乎逐年呈几何级的增长，1995 年仅为 5 篇，到 2004 年达到了 243 篇。与学术论文关注累积投票制一样，有关公司法的学术专著也大致从 1995 年开始倡导引入累积投票制，认为 1993 年公司法对于股东的累积投票权未作任何规定，属立法中的一大缺憾。[①]

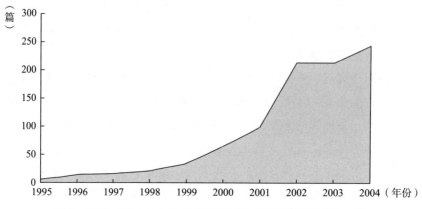

图1　1995—2004 年中国学术期刊网有关累积投票制的论文数

虽然国外立法、学说与判例中对累积投票制的利弊和存废一直存有争议，但我国绝大多数学者仍竭力主张在公司法中引入累积投票制，仅有少数几位学者对累积投票制的引入持谨慎或者否定的态度。因此，学界的主流观点并非公司法中要不要引入累积投票制，而是应当引入什么样的累积投票制。对此，代表性的意见有两种：一是主张引入强制性的累积投票制，[②] 二是倡导引入任意性的累积投票制。[③] 学界的态度无疑对立法者产生了重要影响。2005 年公司法修订过程中，全国人大法工委组织召开了多次座谈会和研讨会，广泛听取社会各界意见。部分人大代表和政协委员以及北京市律师协会、中国石油天然气股份有限公司召开的公司法修改研讨会

---

① 较早主张在公司法中引入累积投票制的学者，如刘俊海（《股东诸权利如何行使与保护》，人民法院出版社，1995，第 214 页）、梅慎实（《现代公司机关权力构造论》，中国政法大学出版社，1996，第 204 页）等。

② 参见刘俊海《股东诸权利如何行使与保护》，人民法院出版社，1995，第 214 页；王继军《股份有限公司累积投票制度研究》，《中国法学》1998 年第 5 期。

③ 参见王保树主编《中国公司法修改草案建议稿》，社会科学文献出版社，2004，第 275 页。

或座谈会都建议增加规定累积投票制。① 另外，国务院发展研究中心关于修改公司法的意见也建议："规定上市公司股东选举董事、监事的累积投票权。"② 中国法学会商法学研究会建议："增加规定控股股东持股比例在30% 以上的上市公司股东大会选举董事时，采用累积投票制。其他公司可在公司章程中规定累积投票制。"③ 在全国人大法工委征求到的意见中，有的也明确建议规定强制性的累积投票制度。④ 有的则认为"累积投票制是否实行，应由公司自主决定。由于累积投票制的复杂性，未必方便小股东认识，且表决权回避的措施实际上已能够充分保护小股东权益。故交由公司股东自己决定。而在上市公司，可由有关交易所规则自定"。⑤ 在学界和其他社会各界的呼吁下，2005 年公司法修订草案（第一稿）引入了累积投票制，而且在其后全国人大常委会的各次审议中均未就该项新增的规定提出任何意见和建议，最终被写入公司法第106 条。⑥ 在立法模式上，公司法选择了"选入式"的任意性累积投票制。

根据公司法修订草案的说明，"健全股东合法权益和社会公共利益的保护机制，鼓励投资"成为公司法修订的主要内容，其中，在"完善股东会召集程序和议事规则"中建议"规定股份有限公司股东大会选举董事、监事，可以实行累积投票制"。⑦ 这是立法资料中所能见到的阐明引入该项制度的唯一说明。至于引入该制度的立法理由或者立法目的，全国人大法工委编的公司法释义认为，规定累积投票制的目的是"为了防止股东大会中处于控制地位的股东凭其优势把持董事、监事的选举，致使持股分散的公众股东提名的董事、监事丧失当选的机会"，"通过累积投票制，中小股

---

① 参见张穹主编《新公司法修订研究报告》上册，中国法制出版社，2005，第24、29、34、52、55 页。
② 参见张穹主编《新公司法修订研究报告》上册，中国法制出版社，2005，第86 页。
③ 参见张穹主编《新公司法修订研究报告》上册，中国法制出版社，2005，第79 页。
④ 参见张穹主编《新公司法修订研究报告》上册，中国法制出版社，2005，第24 页。
⑤ 张穹主编《新公司法修订研究报告》下册，中国法制出版社，2005，第113 页。
⑥ 2005 年公司法第106 条对累积投票制的规定表述为："股东大会选举董事、监事，可以根据公司章程的规定或者股东大会的决议，实行累积投票制。本法所称累积投票制，是指股东大会选举董事或者监事时，每一股份拥有与应选董事或者监事人数相同的表决权，股东拥有的表决权可以集中使用。"
⑦ 参见2005 年2 月25 日国务院法制办公室主任曹康泰在第十届全国人民代表大会常务委员会第十四次会议上所作的《关于〈中华人民共和国公司法（修订草案）〉的说明》。

东提名的人选有可能进入董事会、监事会，参与公司的经营决策和监督，虽不足以控制董事会、监事会，但至少能在其中反映中小股东的意见，使大股东提名的董事、监事在行事时有所顾忌，有所制约，而实现董事会、监事会内部一定程度上的监督"。[①] 累积投票制通常被认为"是确保少数股东有可能选出董事会中的代言人的唯一制度设计"。[②] 因此，这一解释基本上表达了引入累积投票制的立法本意。

二　累积投票制的实施及其效果

在任意性累积投票制模式下，上市公司对累积投票制的态度和实施情况究竟如何？为验证这一问题，本文选取了在上海证券交易所挂牌上市的全部 941 家 A 股上市公司为分析样本，以这些公司现行的公司章程为观察对象。[③] 依照公司法第 106 条的规定，股东大会选举董事、监事，除了根据公司章程的规定外，也可以根据股东大会的决议实行累积投票制。但由于根据股东大会决议实行累积投票制具有或然性，难以获取统计数据，为了保证研究样本的科学性以及对其他研究者提供有效的数据参考，本文仅以公司章程的规定作为观察和分析的基础。对样本公司章程的分析表明，有 840 家上市公司在其章程中引入了累积投票制条款，占样本公司总数的 89.3%。而上海证券交易所 2004 年的调查显示，在上海证券交易所挂牌交易的 191 家样本公司中，有 107 家公司在公司章程中规定股东大会在选举董事时应（可）采取累积投票制度，占样本总数的 56%。[④] 这表明自 2005 年公司法实施以来，上市公司章程中规定累积投票制的做法呈快速上升趋势。

在公司章程中规定累积投票制条款的 840 家上市公司中，有 45 家上市

---

①　安建主编《中华人民共和国公司法释义》，法律出版社，2005，第 155 页以下。

②　Steadman, "Should Cumulative Voting for Directors Be Mandatory? —A Debate", 11 *The Business Lawyer* 16 – 17 (1995).

③　选取样本公司的最后时间为 2012 年 11 月 14 日。

④　上海证券交易所研究中心：《中国公司治理报告（2004）：董事会独立性与有效性》，复旦大学出版社，2004，第 72 页。

公司规定以控股股东持股比例在 30% 以上为实施累积投票制的条件。这表明这类上市公司采取累积投票制的一个重要原因是为了满足监管机构在《上市公司治理准则》中提出的要求。① 不过，即便排除这一因素，在公司章程中由股东自由决定引入累积投票制条款的比例，仍然高达 84.5%。曾有学者选取 2003—2008 年作为观察窗口，对控股股东持股比例在 30% 以下的上市公司章程引入累积投票制作了实证分析，结果显示："超过半数样本公司小股东成功地将累积投票条款设置进公司章程中"。② 这表明由上市公司股东自由决定实施累积投票制的情形呈明显的上升趋势。

问题是，上述数据是否真正表达了上市公司对累积投票制的积极态度。事实上，与立法上对累积投票制的态度不同，证券市场的监管机构和交易所对累积投票制似乎更趋向于采取强制主义的态度。《上市公司治理准则》虽然原则上采用了任意性累积投票制，但对控股股东控股比例在 30% 以上的上市公司则要求实行强制性累积投票制。2004 年 12 月 7 日证监会颁布的《关于加强社会公众股股东权益保护的若干规定》进一步强调，"上市公司应切实保障社会公众股股东选择董事、监事的权利。在股东大会选举董事、监事的过程中，应充分反映社会公众股股东的意见，积极推行累积投票制。"2005 年 11 月 2 日国务院在批转证监会《关于提高上市公司质量意见》的通知中强调，"要进一步加强上市公司监管制度建设，建立累积投票制度……规范上市公司运作。"2006 年 1 月 12 日深圳证券交易所发布的《中小企业板投资者权益保护指引》也规定："上市公司应当在公司章程中规定选举两名及以上董事或监事时实行累积投票制度。"虽然这些部门规章或指导性文件对上市公司并不具有强制力，但作为上市公司的监管机构或者市场管理者，其对累积投票制的态度一方面表达了监管者和市场的一种呼声，另一方面也会在客观上对上市公司实施累积投票制产生强大的行政压力。假设没有监管机构严格的监管措施，单纯依靠公司

---

① 由证监会、原国家经贸委于 2002 年 1 月 7 日颁布的《上市公司治理准则》规定："在董事的选举过程中，应充分反映中小股东的意见。股东大会在董事选举中应积极推行累积投票制度。控股股东控股比例在 30% 以上的上市公司，应当采用累积投票制。采用累积投票制度的上市公司应在公司章程里规定该制度的实施细则。"
② 吴磊磊、陈伟忠、刘敏慧：《公司章程和小股东保护——来自累积投票条款的实证检验》，《金融研究》2011 年第 2 期。

法第 106 条的任意性规范，上市公司是否还能在其章程中积极引入累积投票制，不无疑问。

《上市公司治理准则》要求采用累积投票制度的上市公司在公司章程里规定该制度的实施细则，但上述 840 家上市公司中，仅有 93 家公司制定了累积投票制实施细则。经查阅上海证券交易所发布的上市公司公告，这 93 家公司中有 31 家公司在 2012 年进行了董事会换届选举工作。其中，有 7 家公司虽然制定了累积投票制实施细则，但在董事会换届选举中仍采用简单多数的直接投票制，其余 24 家公司在股东大会决议公告中明确说明董事会换届选举采用了累积投票制，累积投票制的使用率达 77.4%，说明多数制定了累积投票制实施细则的公司在董事选举中实施了该制度。本文以这 24 家公司为样本，分析这些公司在非独立董事换届选举中实施累积投票制的实际状况。

经对 24 家公司股东大会决议公告的梳理，可以发现所有样本公司都是在等额选举的前提下采用累积投票方式的。其中，除了 4 家公司的选举结果为非全票同意外，其余 20 家公司的选举结果均为 100% 同意通过。在非全票同意的 4 家公司中，只有 2 家公司的个别董事候选人得票超过了 100%，这应当认定为累积投票的结果。而另外 2 家公司是由于个别股东弃权而造成所有董事候选人的得票率均未达 100%。在累积投票制下，只有当所有出席会议的股东都将选票平均分配给每一个董事候选人时，才能使每一个董事候选人的得票率达 100%，但如果以这种方式来投票，则无异于直线投票制。因此，90% 以上的样本公司虽然声称采用了累积投票制，但实际的投票方式或投票效果却等同于直线投票制。上海证券交易所在 2004 年对上市公司的调查中发现，一些公司尽管在章程中规定了累积投票制度，但在实际选举董事时却采取了简单多数投票制。[1] 这说明到目前为止，这一状况并未发生根本改观。

经测算，当控股股东持股比例达 75% 以上或者占出席会议的股东所持股份总额的 75% 以上时，实施累积投票制是没有任何意义的。从 24 家样本公司公开披露的持股信息来看，所有样本公司第一大股东的持股比例均

---

[1] 上海证券交易所研究中心：《中国公司治理报告（2004）：董事会独立性与有效性》，复旦大学出版社，2004，第 72 页。

未超过75%。因此在理论上，所有样本公司实施累积投票制都有意义。但根据样本公司股东大会决议公告，本文对第一大股东所持股份数占出席会议的股东所持股份总额的比例所作的统计数据显示（见图2），半数以上样本公司的第一大股东在以累积投票方式选举董事的股东大会会议上，其所持股份占出席会议的股东所持股份总额的比例在75%以上。其中，有3家公司第一大股东在股东大会会议上持有100%的表决权数。这表明，即便样本公司规范地实施了累积投票制，仍有半数以上的样本公司在客观上根本无法取得累积投票制的实施效果。

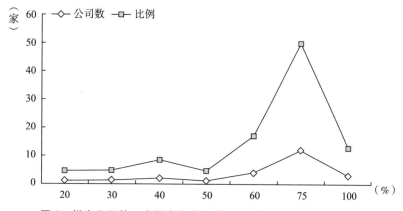

图2　样本公司第一大股东占出席会议股东持股总数比例的情况

总之，上市公司在章程中引入累积投票制条款，并不意味着这些公司在董事会选举中实际实施了累积投票制。同时，在董事会选举中实施了累积投票制，也并不意味着一定能发挥累积投票制的作用。上述数据实证表明，一方面，样本公司中第一大股东的持股比例均未超过75%的上限，说明所有样本公司在现有的股权结构下，累积投票制都存在适用的余地。另一方面，在实际的董事会选举过程中，半数以上样本公司第一大股东所持股份占出席会议的股东所持股份总额的75%以上。而这些样本公司的股东大会决议公告显示，出席股东大会会议的股东人数最少的只有1人，最多的也只有47人，平均为8人。出席股东大会会议的股东人数偏少，绝大多数中小股东对股东大会会议采取了消极主义的态度，加上董事选举中采取等额选举、平均分配表决权的投票方式等因素相互交织，使累积投票制丧失了实际的效果。

三　影响累积投票制效用的制度性因素

董事、监事的选举制度是公司治理机制的核心问题之一。尽管其弊端是客观存在的，但累积投票制仍然是股东公平参与公司治理的一项理想制度。实践中累积投票制的正确实施对股东参与公司治理发挥了积极的作用。美国证券交易委员会曾在一份报告中对 28 家公司作出了数据分析。这 28 家公司中有 14 家公司实施了累积投票制。结果显示，在实施累积投票制的 14 家公司中，反对派股东赢得董事会中部分席位的有 12 家。而未实施累积投票制的其他 14 家公司中仅有 3 家公司的少数派股东选出了代表自己的董事。① 因此，累积投票制在美国经历了近一个半世纪的实践后，目前仍有多达 43 个州的公司法强制性地或者任意性地规定了该项制度。

在我国，累积投票制的引入和实践时间并不长。除了上文提及的实践中存在的问题外，在制度层面也存在较多的问题。为便于更好地作出直观的分析，本文以前述 93 家制定累积投票制实施细则的上市公司为观察对象，重点分析这些实施细则所存在的问题。鉴于 2005 年 3 月 30 日上海证券交易所公司管理部依照《上市公司治理准则》起草了一份累积投票制实施细则建议稿（以下简称"建议稿"），② 供相关上市公司在修订公司章程时参考，本文将样本公司的实施细则与该建议稿作对照，以便对影响累积投票制效用的制度性问题有更深层次的把握。归纳起来，主要存在以下问题。

---

① Steadman, "Should Cumulative Voting for Directors Be Mandatory? —A Debate", 11 *The Business Lawyer* 16 – 17（1995）.

② 《〈公司章程〉累积投票制实施细则建议稿》共有五条。第 X 条第 1 款："公司董事（含独立董事）、监事（指非由职工代表担任的监事）的选举实行累积投票制。"第 2 款："每一有表决权的股份享有与拟选出的董事、监事人数相同的表决权，股东可以自由地在董事、监事候选人之间分配其表决权，既可分散投于多人，也可集中投于一人，按照董事、监事候选人得票多少的顺序，从前往后根据拟选出的董事、监事人数，由得票较多者当选。"第 X +1 条："通过累积投票制选举董事、监事时实行差额选举，董事、监事候选人的人数应当多于拟选出的董事、监事人数。"第 X +2 条："公司在确定董事、监事候选人之前，董事会、监事会应当以书面形式征求公司前十大流通股股东的意见。"第 X +3 条："公司在发出关于选举董事、监事的股东大会会议通知后，持有或者合计持有公司有表决权股份 1% 以上的股东可以在股东大会召开之前提出董事、监事候选人，由董事会按照修订股东大会提案的程序审核后提交股东大会审议。"第 X +4 条："在累积投票制下，独立董事应当与董事会其他成员分别选举。"

第一，规定董事候选人提名资格的持股比例要求过高。提名权一般被认为包含在提案权之内。股东的提案权是 2005 年公司法修订时新增的内容。公司法第 103 条第 2 款规定："单独或者合计持有公司百分之三以上股份的股东，可以在股东大会召开十日前提出临时提案并书面提交董事会。"在此之前，有关股东的提案权仅有两个规范性文件提及。一是证监会于1997 年 12 月 16 日印发的《上市公司章程指引》，规定"公司召开股东大会，持有或者合并持有公司发行在外有表决权股份总数的百分之五以上的股东，有权向公司提出新的提案"。二是证监会于 2001 年 8 月 16 日发布的《关于在上市公司建立独立董事制度的指导意见》，规定"上市公司董事会、监事会、单独或者合并持有上市公司已发行股份 1% 以上的股东可以提出独立董事候选人，并经股东大会选举决定"。而建议稿规定："持有或者合计持有公司有表决权股份 1% 以上的股东可以在股东大会召开之前提出董事、监事候选人。"上述两个规范性文件和建议稿虽然对上市公司并没有约束力，而且均发布在 2005 年公司法修订之前，但还是对不少上市公司产生了影响。93 家样本公司所制定的实施细则对独立董事候选人的提名资格基本上作出了类似的规定，即单独或者合并持有公司股份 1% 以上的股东可以提出独立董事候选人。但对于非独立董事和监事候选人的提名资格，样本公司提出了不同的持股比例要求，共存在 1%、3%、5% 和 10%四种不同的情形。其中，规定 3% 者为多数，其次为 5%，规定 1% 和 10%的为个别公司。规定 1% 为提名资格的持股比例，显然是受到了建议稿的影响，而规定 3% 的持股比例要求，则符合公司法的规定。样本公司实施细则中将 5% 和 10% 作为股东提名资格的持股比例，明显高于公司法规定的 3% 的法定要求，其效力是有待斟酌的。根据下文表 1 显示的样本上市公司持股比例状况，仅前三大股东的平均持股比例达到了 3%，这意味着其他股东只有通过表决权的征集或者成为一致行动人，才能具备董事候选人的提名资格，而这无疑会增加代理成本，从而影响小股东出席股东大会会议的积极性，最终影响累积投票制的作用发挥。

第二，选举方式和当选原则减损了累积投票制的有效性。累积投票的基本规则是将多个候选人按得票数由高到低依次排序，根据应选人数确定其是否当选，因此只有差额选举才有实际意义。但上述 2012 年样本公司的实际选举均采用等额选举的办法，使累积投票制按照候选人得票高低的顺

序而非具体得票多少来决定是否当选的制度设计失去了意义。建议稿规
定："按照董事、监事候选人得票多少的顺序，从前往后根据拟选出的董
事、监事人数，由得票较多者当选。"建议稿所确立的这一当选原则是累
积投票制的本质使然。但从93家样本公司制定的实施细则来看，与建议稿
规定相一致的公司仅占全部样本公司的17%。80%以上的上市公司章程规
定，除了满足建议稿的要求外，当选者应同时满足公司法第104条第2款
的要求，即每位当选者的得票数必须超过出席股东大会股东所持表决权股
份总数（以未累积的股份数为准）的二分之一。公司法第104条一共有两
款，其中第1款规定："股东出席股东大会会议，所持每一股份有一表决
权"；第2款规定："股东大会作出决议，必须经出席会议的股东所持表决
权过半数通过。"依照该项规定，超过出席股东大会股东所持表决权股份
总数的二分之一是直线投票制下的基本规则。在累积投票制下，公司法第
104条第2款是否仍应适用，不无疑问。当然，公司章程中规定累积投票
制下当选董事、监事的最低表决权数，理论上并不违反公司法的规定，但
将公司法第104条第2款的要求确定为累积投票制下董事、监事的当选原
则，实质上是对少数股东的表决权数提出了更高的要求，将大大减损累积
投票制发挥作用的有效性。

此外，少数样本公司制定的累积投票制实施细则仍然规定了直线投票
制下的反对票和弃权票。如《新疆天富热电股份有限公司累积投票制实施
细则》规定："普通董事（或独立董事）、监事获得同意意见的投票权如小
于或等于反对意见的投票权时，该普通董事（或独立董事）、监事候选人
不得当选。"《新疆友好（集团）股份有限公司累积投票制实施细则》、
《海南航空股份有限公司累积投票制实施细则》则明确规定，"选举董事分
为'赞成'、'反对'和'弃权'，股东可以根据自己的意愿行使累积投票
权"；"董事（或监事）候选人获得'赞成'的累积投票权数超过'反对'
与'弃权'的累积投票权数之和时，即为当选"。在累积投票制下设置反
对票和弃权票，无疑是对该制度的一种曲解。如果计算反对票、弃权票，
则持股较多的股东就可以轻而易举地将代表少数股东意愿的候选人逐出董
事会，使累积投票制失去应有的意义。

第三，非独立董事、独立董事和监事分别选举减少了当选人数的规
模，降低了累积投票制的实效。建议稿规定："在累积投票制下，独立董

事应当与董事会其他成员分别选举。"93 家样本公司中有 90 家公司规定，为确保独立董事当选人数符合公司章程的规定，独立董事与非独立董事选举应当分开进行，以保证独立董事的比例；采用累积投票制时，应分别就非独立董事、独立董事、监事进行选举，将非独立董事、独立董事、监事分设为不同议案组，并在该议案组下列示候选人作为子议案。样本公司中仅有 3 家公司将独立董事和非独立董事合并采取累积投票制选举。因此，绝大多数样本公司采纳了建议稿的要求。

理论上讲，选举名额越多，累积投票制的效果就越好，因此建议稿所称的"分别选举"究竟应如何理解才能不削弱累积投票制的效果呢？对此，山东上市公司协会认为，"累积投票制的奥妙在于把本来投给众多人的选票集中起来投给 1 人，以保证中小股东的代表进入董事会。若把应选董事一分为二分别累积投票，其可累积起来的票数便大幅减少，累积投票制的精妙之处便被抹杀了，这与推行累积投票制的初衷是相背的。"① 为此，其制定的《山东上市公司累积投票制操作参考》规定："为确保累积投票制的效用，须将独立董事、非独立董事的选举实行合并累积投票，即不得将二者分别累积投票。为最大限度地发挥累积投票制的效用，也可将独立董事、非独立董事、监事三者的选举合并累积投票，但独立董事、非独立董事、监事的当选人数不能超过章程规定的各自应选人数。"这一规定值得肯定。按照独立董事、董事、监事候选人得票多少的顺序，从前往后根据拟选出的独立董事、董事、监事人数，由得票较多者当选的当选原则，并不会伤及公司法或者公司章程对独立董事人数的规定。

累积投票制并不是一种单纯的选举方法。之所以说它是一项制度，是因为累积投票制从引入公司法开始就是作为少数股东保护机制的制度要素予以设计和考量的。制度要形成体系方能产生制度的功能。公司法第 106 条虽然引入了累积投票制，但该条尚停留在定义或观念层面，欠缺发挥制度应有功能的体系构造。实践中，上市公司正是抓住公司法第 106 条存在的制度缺漏做足文章，才导致表面上多数上市公司实施了累积投票制，既满足了监管者的要求，又迎合了投资者保护的迫切意愿，但实质上累积投票制并没有发挥倡导者所期待的理想功效。

---

① http://www.sdlca.org/news/200807/299.html，最后访问时间：2012 年 11 月 20 日。

四 从计算层面追问累积投票制的意义

公司选举中采取累积投票制，是为了少数股东能选出与其持股比例大致相当的董事、监事进入董事会或监事会。但对于是否要确保这样的结果，在判例中存在两种不同的观点。一种观点认为，要确保行使累积投票权的实际效果，另一种观点则认为，累积投票制仅是给予少数股东累积投票的权利，但无须确保累积投票权行使的有效性。① 事实上，累积投票权和累积投票的效果是两个不同的命题。如果法律或者公司章程赋予股东累积投票权，则当然要保护这一权利免受侵害。但影响累积投票权行使的实际效果的因素很多，有的并不是司法救济所能解决，其中，少数股东的持股数就是这样一种影响因素。在累积投票制下，拟选举名额与股东持股数之间形成了一种数量关系，股东要精于计算，才能有效地发挥累积投票制的功能。美国学者在很早以前就对这种数量关系进行了研究，一共建立了 12 个计算公式以解决如何累积投票的问题。② 本文选取其中的两个公式，结合我国上市公司股权结构的现状，分析实施累积投票制的现实意义。

公式 1 是由查尔斯·W. 盖尔斯滕贝格（Charles W. Gerstenberg）建立的，据此求得股东欲获得董事的席位数所需的最低股份数。该公式中，x 代表欲获得董事席位数所需要的最低股份数，a 代表有表决权的股份总数，b 代表拟选举的董事数，c 代表欲获得的董事席位数。

公式 1：$x = \dfrac{ac}{b+1} + 1$

上述公式强调的是要选出代表自己的董事数所需要的最低股份数。但在选举董事时，股东持有的股份数已经确定，对于股东而言，只是想知道凭借其所持有的股份数究竟可以选出多少代表自己的董事。为此，根据公

① 参见 Richard S. Dalebout, "Cumulative Voting for Corporation Directors: Majority Shareholders in the Role of a Fox Guarding a Hen House", *Brigham Young University Law Review* 1199 (1989)。

② Arthur T. Cole, "Legal and Mathematical Aspects of Cumulative Voting", 2 *South Carolina Law Quarterly* 225 – 244 (1949).

式 1 演化出公式 2，用以解决这一问题。该公式中，c 代表可以选出的董事数，x 代表股东持有的股份数，a 代表有表决权的股份总数，b 代表拟选举的董事数。

$$公式 2：c = \frac{(x-1)(b+1)}{a}$$

本文以前述 2012 年董事换届选举中实施累积投票制的 24 家上市公司为样本，验证如何从计算层面正确行使表决权，使累积投票制成为有意义的制度。基于上市公司股权结构的现状，本文以样本公司前五大股东出席股东大会会议行使表决权为分析基础。表 1 统计了样本公司前五大股东的持股比例状况。统计结果表明，样本公司前五大股东持股比例的中位数与平均值偏离均不大，表明不存在偏离均值的异常值。标准差均比较小，说明样本公司前五大股东持股比例波动很小。第二、三、四、五大股东平均持股比例差别并不显著，且均明显小于第一大股东，显示样本公司的股权结构在整体上仍然存在"一股独大"的状况。同时，根据样本公司股东大会会议公告，在 2012 年的董事换届选举中，各样本公司拟选非独立董事人数为 4—9 人不等。

表 1 样本上市公司前五大股东持股比例统计

单位：%

股东	平均值	中位数	最大值	最小值	标准差
第一大股东	34.62	33.97	60.13	12.12	13.56
第二大股东	7.84	4.67	23.22	0.42	7.11
第三大股东	3.34	2.16	13.57	0.33	3.52
第四大股东	2.26	1.61	11.13	0.32	2.42
第五大股东	1.51	1.14	4.77	0.30	1.21

鉴于样本公司的总股本大小不一，为便于计算，假设样本公司的总股本为 1000 股，又鉴于前五大股东持股比例波动不大，故取平均值计算各自的持股数量，依次分别为：第一大股东 346 股、第二大股东 78 股、第三大股东 33 股、第四大股东 22 股、第五大股东 15 股，合计出席会议的股东持有 494 股。根据公式 1 和公式 2，以选举非独立董事为例，对拟选董事人数 4—9 人分别予以计算，结果如下（见表 2）。

表 2　样本公司累积投票的理论效果

单位：人，股

拟选董事数	选出 1 名董事最低股份数	第一大股东可选出董事数
4	100	3
5	84	4
6	72	4
7	63	5
8	56	6
9	51	6

　　表 1 的统计数据表明，50％ 以上的样本公司中第一大股东的持股数超过了前五大股东持股总数的半数以上。这就意味着，假设前五大股东出席股东大会会议选举董事并采取直线投票制的话，第一大股东将毫无疑问地可以完全控制选举结果。但在累积投票制下，表 2 的数据显示，无论拟选董事数为多少，第一大股东单凭其自身的持股数量都无法囊括全部拟选董事数。表 2 是以表 1 中前五大股东持股比例的平均值计算的结果，也就是说，50％ 以上的样本公司如果实施累积投票制的话，都能取得累积投票制的实际效果。但正如前所述，由于半数以上样本公司的第一大股东控制了出席会议股东所持表决权总数的 75％ 以上，使得半数以上的样本公司收不到累积投票制的任何效果。这就造成了理论分析与实践经验的背离。但这并非意味着累积投票制本身存在问题，而是样本公司在实施累积投票制过程中存在问题。

结　语

　　本文只是以上市公司为例所作的实证分析。绝大多数样本公司的章程中引入了累积投票制，并不代表非上市股份有限公司也呈现相同的样态。且上市公司实施累积投票制的数量呈现上升的趋势，是由于证监会发布的规章和证券交易所制定的规范性文件对累积投票制倾向于强制主义的态度。

　　作为一项移植过来的法律制度，累积投票制会面临本土化的问题。不能因为其他国家对累积投票制在立法态度上发生了趋势性的变化，就成为我国立法上应当作出相应选择的根据或理由。强制性累积投票制在美国等国家的渐趋衰弱，无疑是这些国家股权分散和多元化以及少数股东权救济体系渐趋增强的结果。但即便如此，仍有学者对美国立法态度上的转向提出了批评，认为"对累积投票制采取任意性法律规定时，所谓对少数股东的保护是虚幻的，因为累积投票制屈从于多数股东的控制"。① 而我国目前的股权结构和少数股东权的保护所面临的问题，与这些国家早期引入累积投票制时的状况是相似的。上海证券交易所资本市场研究所发布的《沪市上市公司 2011 年度董事、监事和高级管理人员履职情况分析》针对独立董事的选举现状，呼吁"积极推行累积投票制，鼓励中小股东提名并选举独立董事，积极参与公司治理"。② 这就是法律移植应当面对的社会现实。

资本民主或者股份平等是现代公司法应当恪守的基本原则。但在"一股一权"下，资本民主或股份平等仅仅实现了形式正义的一面，而忽略了资本多数决下少数股东事实上沦为弱势者的一面。少数股东的这种弱势，并非纯粹是基于持股的劣势，而是由于资本多数决这一制度因素造成了少数股东表决权的有效价值等于零的现实。累积投票制是一种制度设计，目的就是实现股份的实质平等。累积投票制在本质上并不与资本民主或股份平等原则相冲突。正是由于累积投票制追求比例性代表，符合资本民主或股份平等的精神，也与公司治理原则中贯彻平等保护股东的宗旨相吻合，因此，累积投票制有利于股东积极参与公司管理活动，对于建立健全公司治理结构有积极的意义。这也是累积投票制滥觞于政治选举，却在公司法领域中得以广泛采用的原因。本文实证的结果，是为了引起学者对累积投票制制度体系构造的重视，真正将累积投票制植根于我国公司法的法律体系之中。

---

① Richard S. Dalebout，"Cumulative Voting for Corporation Directors：Majority Shareholders in the Role of a Fox Guarding a Hen House"，*Brigham Young University Law Review* 1200（1989）．

② 上海证券交易所资本市场研究所：《沪市上市公司 2011 年度董事、监事和高级管理人员履职情况分析》，《中国证券报》2012 年 8 月 8 日，第 7 版。

司法解散公司事由的实证研究*

李建伟**

　　摘　要：通过对一份解散之诉裁判书样本的实证分析发现，被解散公司的"经营管理困难"实质指向"管理困难"而非"赢利困境"，管理困难的根源在于封闭型中小公司的股东人合性障碍导致的治理失灵。据此，将解散之诉的本质定位于治理失灵后的司法权介入，给予部分（少数）股东退出公司的低成本路径，更具立法论上的解释力，也得到裁判实务的经验支持。公司治理失灵的具体表象包括对立股东控制权势均力敌下的公司僵局与对立股东控制权势力悬殊下的股东压制，与此相对应，司法解散公司的事由也存在公司僵局与股东压制的二元化格局。公司僵局在立法论上被视为解散之诉的唯一事由，这与裁判现实并不符合，但由于缺乏立法的明确规定等缘由，股东压制作为解散事由的事实在裁判中被淹没与压抑了。相关规范分析与实证研究都发现，将中国式股东压制也即"严重的复合性股东权侵害"添列为解散公司的事由，在我国存在现实的裁判规则方面的需求。由此，我国公司法应构建司法解散公司事由的"二元"格局，涵盖封闭型公司人合性障碍的所有情形，为股东提供更具实效的救济。

　　关键词：司法解散公司　公司僵局　股东压制　不公平损害
信义义务

---

　　* 本文原载于《法学研究》2017 年第 4 期。
　　** 李建伟，中国政法大学民商经济法学院教授。

引 言

2005 年公司法第 183 条[①]首次确立了司法解散公司之诉（下称"解散之诉"），3 年后最高人民法院又颁布了相应的司法解释，但从各地法院裁判来看，尚有诸多问题亟待进一步讨论，核心问题乃关于解散事由的界定。"公司僵局"一词虽未被立法直接使用，但在立法解释上曾一度被解读为唯一的解散事由，[②] 尤其在 2008 年《最高人民法院关于适用〈中华人民共和国公司法〉若干问题的规定（二）》（法释〔2008〕6 号，下称"公司法解释二"）进行立法性司法解释之后，解散之诉条款几乎等同于公司僵局救济条款。[③] 但是，公司僵局究竟是否如理论推理那样为唯一的解散事由？这一推理与司法裁判实践是否契合？最有意义的回答可能不是源于理论推演或规范解释，抑或寻踪索迹于域外法的比较研究，而是来自解散之诉案例的实证分析。本文运用类型化案例研究方法，尝试展现我国解散之诉的司法运行轨迹，并寻求对现行公司法规定的解散之诉适用事由作出恰当的规范解释。

一 解散之诉适用事由的类型化

（一）关于样本的说明

类型化案例研究类似于流行病学的调查，需要数据足够的样本。本文

① 2013 年公司法修正案将其调整为第 182 条："公司经营管理发生严重困难，继续存续会使股东利益受到重大损失，通过其他途径不能解决的，持有公司全部股东表决权百分之十以上的股东，可以请求人民法院解散公司。"

② 参见江平、李国光主编《最新公司法条文释义》，人民法院出版社，2005，第 466 页；安建主编《中华人民共和国公司法释义（2005）》，法律出版社，2005，第 257 页；朱少平主编《中华人民共和国公司法释义及实用指南》，中国民主法制出版社，2005，第 384 页；陈丽洁《新公司法详论》，经济科学出版社，2005，第 421 页；赵旭东主编《新公司法条文释解》，人民法院出版社，2005，第 369 页；王保树主编《中国公司法修改草案建议稿》，社会科学文献出版社，2004，第 68 页。

③ 参见刘俊海《现代公司法》，法律出版社，2011，第 923 页；葛伟军《英国公司法要义》，法律出版社，2014，第 319 页。2014 年公司法解释二进行了修订，但解散之诉相关条款的顺序和内容未作实质性变动。故下文统一称为"公司法解释二"。

采集的 150 份样本裁判均为生效裁判文书，均发生在 2006—2014 年这 9 年期间，并通过多种有效渠道获取。① 本文对每一份裁判书提取了解散事由这一核心要素，之后又提取了 8 项相关要素，分为被诉公司的基本特性、原告股东的基本情况、裁判的基本样态等三类科目，具体包括：公司类型、公司规模、股东人数、公司经营状况（以上属于科目一）；原告股东持股比、原告股东在公司任职情况（以上属于科目二）；法院审级和审判程序、裁判文书类型（以上属于科目三）。统计学的价值在于，通过对少量样本的评估进而预测整体的评估结果，因此，样本统计对象的选取需要较强的针对性、可统计性和论证价值。8 项要素与解散事由的关联性在于：一者，是解散之诉的关键环节与该制度理论学说的预设命题，同时是庭审的焦点，针对性较强；二者，都是裁判书载明的指标或事项，可以按照裁判书记载的信息摘取，具有直观性与可统计性；三者，囊括了被告公司、原告股东与裁判者等三方主体，对其信息含量的挖掘有助于理解解散之诉的实际运行状态。需要说明的是，不少裁判书中解散事由的确定较为复杂，需根据法院最后认定的事实综合判断，同时适当参照原告股东的主张。虽然原告主张的事实可能因证据不足不为法院认定，但不能据此简单认定原告主张的事实不存在，故有必要参考之。

（二）解散事由的类型化分析

"公司僵局"源于英美判例法，原是对公司内部矛盾极端化状态的一个描述性概念，表明封闭型公司处于死亡状态且无能为力，② 我国学者直接解读其为股东会、董事会的运转失灵和结构性瘫痪。③ 公司法第 182 条关于解散事由的规定抽象概括，文义上是否等同于公司僵局，多数著述持

---

① 1993 年公司法没有规定解散之诉，2005 年修正案第 183 条方有规定，修正案自 2006 年 1 月 1 日实施，故采集的案例时间区间从 2006 年开始。通过输入"解散公司案例"、"司法解散之诉"、"解散公司之诉"、"公司法第一百八十三条"等，获得 185 例裁判文书，其中，源自北大法宝法律检索系统 50 例、威科法律检索数据库 30 例、各法院网站公布的裁判文书 105 例（其中，中国法院网 35 例，北京法院网 20 例，上海法院网 20 例，浙江与江苏法院网各 15 例），剔除重复者 35 例，最终选定 150 例。最后统计时间是 2015 年 9 月。

② 参见 Robert W. Hamliton, *The Law of Corporations*, 法律出版社，1999 年影印本，第 299 页。

③ 参见王保树主编《中国公司法修改草案建议稿》，社会科学文献出版社，2004，第 68 页。

肯定论。①公司法解释二第 1 条第 1 款也被认为列举了公司僵局的若干情形，② 进一步强化了公司僵局乃唯一解散事由的认识。究公司法解释二第 1 条第 1 款之文义，前 3 项确为公司僵局的类型化划分，但第 4 项 "经营管理发生其他严重困难" 的规定留下一处开放性空间，是前 3 项所列公司僵局具体情形之外的其他情形之概括性条款，抑或公司僵局之外的其他解散事由的立法性扩展？这需要进一步的法理阐释与证成。我们考察样本裁判书认定的解散事由即以此为背景，寄望厘清 "公司僵局" 的概念范畴与具体情形，并考察司法上是否肯认其为唯一解散事由。

事实上，150 例裁判表述的解散事由可谓五彩缤纷，间或夹杂着其他违法、违约行为甚至股东间的情感纠葛，但不妨碍将这些解散事由进行类型化。如以公司法解释二第 1 条第 1 款前 3 项所列公司僵局为第一类，第四项的 "其他事由" 为第二类，样本统计结果为：以 "公司僵局" 为诉由的有 121 例，占比 80.7%；以 "其他事由" 为诉由的有 29 例，占比 19.3%。至于 29 例裁判书所列的 "其他事由" 的具体情形，可作进一步归纳。

1. 股东之间的人合性基础坍塌

在郑某某与上海某某集装箱仓储有限公司、第三人姚某某公司解散纠纷案③中，公司上一次召开股东会的时间是 2009 年 9 月 11 日，原告股东于 2010 年 11 月 15 日起诉（无法召开股东会的状态尚不满 2 年），法院结合原告与第三人往来的信函以及当事人之间多次发生诉讼等事实认为：双方之间的信赖关系已经坍塌、合作基础已经动摇，股东失和的状况势必影响

---

① 参见刘俊海《现代公司法》，法律出版社，2011，第 925 页；施天涛《商法学》，法律出版社，2011，第 254 页；雷兴虎主编《公司法学》，北京大学出版社，2006，第 313 页。

② 公司法解释二第 1 条第 1 款规定："单独或者合计持有公司全部股东表决权百分之十以上的股东，以下列事由之一提起解散公司诉讼，并符合公司法第一百八十二条规定的，人民法院应予受理：（一）公司持续两年以上无法召开股东会或者股东大会，公司经营管理发生严重困难的；（二）股东表决时无法达到法定或者公司章程规定的比例，持续两年以上不能做出有效的股东会或者股东大会决议，公司经营管理发生严重困难的；（三）公司董事长期冲突，且无法通过股东会或者股东大会解决，公司经营管理发生严重困难的；（四）经营管理发生其他严重困难，公司继续存续会使股东利益受到重大损失的情形。"

③ 参见上海市宝山区人民法院〔2011〕宝民二（商）初字第 1231 号判决书。类似的裁决还有李某某诉上海熹明实业有限公司解散公司纠纷案，上海市第二中级人民法院〔2012〕沪二中民四（商）终字第 713 号判决书。

到被告的经营和发展。被告已经没有了经营场所，业务无从开展，一直处于停业状态，公司运营已出现严重困难。失去人和、地利的被告如继续存续，将使损失进一步扩大，对股东的利益明显不利，故准许解散。

在这类案件中，法院侧重实质上审查公司的人合性基础是否坍塌，未拘泥于公司法解释二规定的股东会未召开期间的硬性规定，可视为实质性的公司僵局，或者视为公司僵局之外的其他情形，类似于普通法上股东之间相互丧失信任和信心的情形，但究竟何者为妥，尚需进一步讨论。

2. 公司目的不达

在中国核工业第二三建设公司、北京兴国展投资管理公司、牛国强、孙胜婕公司解散纠纷案①中，被诉公司的成立是为了承揽北京新国际展览中心的建设业务，但由于种种原因未能实现，导致公司没有任何实际经营行为。此类案件，法院没有按照公司法及司法解释的规定去考察公司组织机构瘫痪与否，而从"公司目的不达"的角度证成解散公司的必要性与正当性。公司目的不达，从解释上似乎更符合基于股东信赖利益理论而生的股东压制情形，类似于普通法上的公司基础崩溃，难以列入公司僵局。

3. 公司被用于违法活动

在许德光诉北京乐万宝建筑工程有限公司公司解散纠纷案②中，第三人利用被诉公司公章等实施合同诈骗犯罪，股东无法就公司解散达成一致，诉至法院，法院裁判公司解散。此类案件可归结为公司被用于非法目的，资产正在被滥用或浪费，致使公司经营管理发生严重困难。公司被用于违法活动，类似于普通法上公司经营与存续存在欺诈和重大不当行为，显然逸出了最广泛意义上公司僵局的含义，将其归于基于股东信赖利益理论而生的股东压制情形，似更具有解释力。

4. 股东压制

样本裁判书直接提到股东压制这一措辞或者基本等同措辞的，共计15份，裁判书认定的案件事实可视为实质性地构成"股东压制"的有51例，

---

① 参见北京市通州区人民法院〔2009〕通民初字第2529号判决书。类似的还有黄某玉诉柳州市某某焊接材料有限公司、第三人徐某某公司解散纠纷案，法院认为："被告公司设立至诉讼时没有获得法律规定的生产焊条的许可，不具备必要的正常经营的条件……"因此准许解散公司。参见广西壮族自治区柳州市柳北区人民法院〔2011〕北民二初字第110号判决书。

② 参见北京市昌平区人民法院〔2008〕昌民初字第8488号判决书。

分别占比 10%、34%。此类案件的原告大多诉称，多数股东利用控制地位进行不公平关联交易，强制剥夺少数股东的经营管理权、知情权、分红权等，其中有 37 例还伴生股东之间、股东与公司之间的多起或者至少一起单独诉讼。我们暂且将此类案例的案由归结为股东压制。

从审判结果看，几乎所有法院均以此类事由不属于法定解散事由或者可以通过其他方式单独解决而不必提起解散之诉为由，裁判驳回原告诉请，样本的唯一例外是 2007 年最高人民法院二审结案的重庆正浩实业（集团）有限公司与重庆国能投资有限公司、重庆正浩机电工业有限公司股东知情权及公司解散纠纷案（下称"重庆国能案"）。[①] 一审法院认为：正浩实业（第三人，占 51% 股权）利用大股东的控制地位，违反公司章程规定，使小股东重庆国能（原告，占 49% 股权）始终不能行使决策经营权、不能享有知情权，且小股东在股东会决议上对大股东作出的相关报告始终表示反对，对正浩实业通过转嫁投资、交易及利用公司资产为自己贷款作抵押等行为提出严重异议，正浩机电已形成经营管理僵局。由于大股东在诉讼前及诉讼中的相关表现，本院有理由认为，如果公司继续存续，会使股东权利受到重大损失。本案这种情况判决公司解散，有利于保护小股东的合法利益。

一审裁决解散公司，二审维持。本案中的一审判决虽使用"僵局"一词，但究其案情，实际上超出了"僵局"范畴而更接近于"股东压制"。该裁决发生在公司法解释二出台之前。在某种程度上，后来的公司法解释二对公司僵局的形式化列举可能反而束缚了审判机关，使得以股东压制为由的解散诉请难以得到支持。

在高冬青与康得新电（北京）科技有限公司、康得投资集团有限公司公司解散纠纷案（下称"高冬青案"）[②] 中，原告诉称：康得投资公司（第三人）通过受让方式取得康得新电（北京）科技有限公司（下称"新电公司"）75% 股权。发起设立股东、原告高冬青持有 25% 股权。康得投资公司在取得控制权后开始排挤原告，先是撤销其总经理的职务，任命为副总经理，后来连副总经理职务也免去，并解除了与原告的劳动关系。

---

① 参见最高人民法院〔2007〕民二终字第 31 号判决书。
② 参见北京市海淀区人民法院〔2008〕海民初字第 15743 号判决书。

2006 年以来，新电公司所有的董事会决议均在原告没有出席的情况下作出。原告于 2007 年向法院起诉要求查阅、复制公司的财务会计账簿并胜诉，但新电公司拒绝履行，其知情权受到侵害。与此同时，新电公司曾经承诺的分红款也一直未支付给原告。此外，新电公司将核心资产"高压大容量变频设备"专项技术转让给康得投资公司的关联控股子公司康得环保科技公司抵扣债务，将绝大部分固定资产低价转让给康得环保科技公司抵扣债务，导致新电公司几乎全部经营业务、经营收入归给了康得环保科技公司，新电公司经营陷入严重困难，名存实亡。

类似的，在徐爱琴诉赵静巍、河南宏泰置业发展有限公司解散公司案（下称"徐爱琴案"）[1] 中，原告诉称：赵静巍是河南宏泰置业发展有限公司的第一大股东，在其成为法定代表人后，拒不向原告徐爱琴签发出资证明书，也不置备股东名册并将原告作为股东记载于股东名册；拒不召集和主持公司股东会。赵静巍还绕开公司，试图将公司拥有的项目转移给其关联公司经营，损害公司利益。赵静巍把公司印章交其父控制，单独掌控公司财务账册，无故拖欠员工工资，全部停止公司应为职工交纳的失业、养老、医疗保险，单方以公司名义对外开展活动，使原告应享有的股东权利全部被剥夺。

类似的情形描述在样本中还见于不少案例。[2] 法院虽认定上述原告所称属实，但还是以公司尚处于较正常的经营运作状态、未达到经营管理发生严重困难的程度为由驳回原告诉请。由此得出初步的结论：部分法院未完全固守公司僵局之形式标准，更强调公司陷入"经营管理困难"为解散事由的实质性标准；对于股东压制，虽作为概念直接出现在部分裁判书中或者有实质性表述，但法院多不支持其作为解散公司的事由，虽然也有个别引人注目的例外裁判。

---

[1] 参见河南省郑州市中级人民法院〔2006〕郑民三初字第 1 号判决书。

[2] 如裴海鹰与北京嘉诚创新照明电器制造有限公司、裴旋、张冬生公司解散纠纷案（下称"裴海鹰案"），北京市大兴区人民法院〔2010〕大民初字第 207 号判决书；何刚与北京宏鑫凤和消防技术有限公司公司解散纠纷案（下称"何刚案"），北京市朝阳区人民法院〔2009〕朝民初字第 06119 号判决书；蔡迎迎诉泉州明恒纺织有限公司、何文安解散公司纠纷案（下称"蔡迎迎案"），福建省泉州市中级人民法院〔2006〕泉民初字第 294 号判决书；赵某与上海星道驰某公司等解散纠纷上诉案（下称"赵某案"），上海市第一中级人民法院〔2010〕沪一中民四（商）终字第 2400 号判决书。

二 对公司法第 182 条的规范分析与实证研究

对裁判思路的剖析有助于深入理解某项法律规范的司法适用轨迹并发现其结构局限。关于第 182 条的规范分析表明，解散事由的适用存在层级递进的"三部曲"模式，法官对"三部曲"的法律解释形成裁判书的说理中心，但不同法官的解释似乎不尽相同甚至差异明显。司法实践是否肯认与践行第 182 条规定的"公司僵局"这一解散事由，乃关注焦点。

(一) 经营管理发生严重困难

关于"公司经营管理发生严重困难"的认定，法院审理焦点有三："经营管理困难"究竟指向经营困难还是管理困难，抑或作为一个不可分割的整体；什么程度才称得上"严重困难"，判断标准如何；"经营管理困难"是否等同于公司僵局。以下逐一分析。

1．"经营管理严重困难"的界定

经营管理本为管理学概念，是指对企业全部生产经营活动的管理。[①]据此，经营管理困难可以包括战略投资计划失败、公司目的落空、经济效益低下、管理混乱等多种状态的描述，但显然并非所有此类状态都成为解散事由下的"经营管理困难"，其究竟指经营困难也即发生停业亏损，还是指公司法解释二列举的无法决议或决议不能的管理困难，抑或须同时兼备？样本裁判书的说理部分所展示的裁判逻辑大致有三类情形。

情形 1：在杨虎诉李玉德、天津腾德化工有限公司解散纠纷案（下称"杨虎案"）[②] 中，被诉公司停业前仍在赢利，一审裁决书写道："两股东在公司的经营管理过程中因意见分歧对选举公司的法定代表人等事项未能

---

① 参见中国企业管理研究会《企业管理》编写组《企业经营管理》，经济科学出版社，2002，第 3 页。

② 参见天津市第二中级人民法院〔2006〕津二中民二初字第 132 号判决。该判决后被天津市高级人民法院〔2007〕津高民二终字第 70 号判决书撤销，二审判决指出，"'公司经营管理严重困难'，不能理解为资金缺乏、亏损严重等经营性困难，而应当理解为管理方面的严重内部障碍，主要是股东会机制失灵，无法就公司的经营管理进行决策。"

达成一致意见。但在腾德公司因上述分歧停产之前公司处于正常经营，效益良好的状态。杨虎所举证据并不能证明公司的继续存续会使股东利益受到重大损失……"

此处的裁判逻辑是：被诉公司仍处于正常经营状态，可以断定不存在"经营管理困难"，进而认定公司继续存续不会使股东利益受到重大损失，故裁决不解散。由此可见，"经营管理困难"首先或者就是"经营困难"，即从经营状况可以判断"困难"存在与否。在裁判不解散公司的裁判书中，同样或者类似的表述可谓"基本规范版本"。

情形2：在陶国琴等诉杭州华安电气有限公司公司解散纠纷案[①]中，判决书指出："公司经营管理发生严重困难"是指公司经营已处于持续恶化状态，且公司管理已处于僵局状态；"股东利益受到重大损失"是指公司的人合基础已完全丧失，且法人财产已处于不断消耗和流失状态。

此处的裁判语言是一种双向的要件式表述，其逻辑与情形1基本一致，但又有进一步的考量："经营管理困难"首先看经营状态，如"经营困难"（经济效益恶化）具备，则还要看"管理困难"（公司僵局）具备与否，如二者同时兼备，则毫无疑问构成"经营管理困难"。这在解释上似乎更符合"经营管理困难"的文义，在不解散公司的裁判书中更常见，连同情形1一起占比样本的85%左右。

情形3：在2012年最高人民法院发布的第8号指导性案例"林方清诉常熟市凯莱实业有限公司、戴小明公司解散纠纷案"（下称"林方清案"）[②]中，一审法院认定，虽然两名股东持续4年无法作出有效股东会决议，但公司仍处于正常经营状态，故驳回原告诉请。二审法院撤销一审判决，认定凯莱公司存在经营管理困难，判决解散。判决书指出："'公司经营管理发生严重困难'的侧重点在于公司管理方面存有严重内部障碍，如股东会机制失灵、无法就公司的经营管理进行决策等，不应片面理解为公司资金缺乏、严重亏损等经营性困难。"

"林方清案"的二审裁决被最高人民法院列为指导性案例，可认为代

---

① 参见浙江省杭州市余杭区人民法院〔2008〕余民二初字第2576号判决书。
② 参见江苏省高级人民法院〔2010〕苏商终字第0043号判决书。

表了主流的司法立场。① 本案也回答了前文的发问，公司未发生亏损并不能当然地判定不存在经营管理困难，停业、亏损的经营情况也不是认定经营管理困难的必备因素，单纯的管理困难，如组织机构因股东对峙而瘫痪等公司治理严重障碍，也得认定构成"经营管理困难"。对于这一裁判立场，赞同者认为，其准确地揭示了"公司经营管理发生严重困难"的实质乃在于管理②困难，而非经营困难。有学者认为此裁决有利于理解"'好公司'为什么也会被解散"这一中外共同的裁判立场，也有利于引导人们认同解散之诉解决的真正问题是封闭型公司的人合性治理障碍。但也有批评者认为，此举取消了"经营困难"的限制性条件，无异于赋予异议股东无理由甚至恶意退出公司的权利，从而极大影响公司持续稳健地运行。③

经营状况是法院进行解散公司裁判时着重考量的因素之一，它既可以作为判定"公司经营管理发生严重困难"与否的依据，也可以作为判定"继续存续会使股东利益受到重大损害"与否的证据。④ 其实，经营效益尚好的公司（或曰"好公司"）被解散，在各国司法裁判中都是一个正常的现象。海瑟林顿（Hetherington）等人对 1960—1975 年美国 54 例涉及封闭公司解散案的实证研究发现，有 45 个被认定为有偿债能力，占比 83.3%；有 9 个被认定为无偿债能力，占比 16.7%。由此可见，考察或者关注公司经营状况似乎只是美国法院处理该类案件的一个重要参数，远不是决定性因素，甚至法院在裁决书中未必专门关切。⑤ 无独有偶，兰姆赛（Ramsay）

---

① 样本中还有昌飞跃诉赵向东、深圳市圣地保人防有限公司解散纠纷案等。该案中，公司截至诉讼时没有发生亏损，相反，应收账款还有 2000 多万元，处于赢利状态。但法院认定，由于两名股东各占 50% 股权，处于僵持状态，股东赵向东占据法定代表人职务，另一股东昌飞跃掌握公司的法人印章及公章，双方互不信任，不能就经营决策形成一致意见，已不能按法定程序作出决策。法院最终支持了原告解散公司的诉讼请求。详见深圳市罗湖区人民法院〔2006〕深罗法民一初字第 435 号判决书。

② 参见蒋大兴《"好公司"为什么要判决解散——最高人民法院指导案例 8 号评析》，《北大法律评论》第 15 卷·第 1 辑，北京大学出版社，2014，第 7 页。

③ 参见耿利航《公司解散纠纷的司法实践和裁判规则改进》，《中国法学》2016 年第 6 期，第 233 页。

④ 参见姜一春《最高人民法院第 8 号指导案例与公司解散制度》，载赵万一主编《判例视野下的公司法》，法律出版社，2015，第 113 页以下。

⑤ 参见 J. A. C. Hetherington and Michael P. Dooley, "Iliquility and Exploitation: A Proposed Statutory Solution to the Remaining Close Corporation Problem", 63 *Virginia Law Review* 1, 38 (1977)。

关于澳大利亚公司 1989—1994 年 88 个裁判强制公司清算案例的实证研究表明，澳大利亚法院的裁决也存在类似的现象。① 在我国，蒋大兴教授关于 261 份解散之诉裁判的实证研究发现，有 168 家公司非正常营业，但也有 93 家公司尚在正常营业，只不过前一类公司被最终裁判解散的比例（90%）远高于后一类公司（14%）。② 在本文的 150 例样本裁判中，采集的相关要素 4 "公司经营状况"统计显示，根据公司被诉时是否停业与赢利分为三类：发生亏损的公司占比 96%，这其中的 44% 已停业，其余的 52% 未停业；公司仍在赢利的仅有 6 例，占比 4%，其中停业前仍在赢利的有 1 例，未停业且仍在赢利的有 5 例；公司在赢利状态下被判决解散的有 2 例。由此可以得出如下结论：被诉公司陷入经营亏损，是解散之诉的整体性特征，但公司仍在营业甚至赢利的也可被解散，公司盈亏状况与经营管理困难、股东利益受损之间的逻辑联系需要审慎判断。

实际上，在英美法院的裁判经验里，解散之诉的真正诉由很少是公司经营状况不好，而更多的是原告股东受到了不公平对待。③ 鉴于我国也有尚在赢利的"好公司"被裁判解散的多个案例，有学者建议，公司法第 182 条的"经营管理发生严重困难"干脆修改为"公司管理发生困难"，去除"经营"的字样，从而排除"经营是有关公司绩效"的判断。④ 这一建议有利于消除关于尚在赢利的"好公司"不能或者不应该被裁判解散的误解。当人们通过比较法研究结论、境外司法裁判经验以及以第 8 号指导性案例为代表的我国既有司法经验来更多地支持"经营管理困难"就是指或者主要指向"管理困难"，或者至少可以接受只要出现"管理困难"就视为出现"经营管理困难"的逻辑，所谓的"经营困难"既非裁判解散的必要条件也非充分条件（上述情形 1、情形 2 某种意义上只能说明，经营困难的公司被裁判解散的比例更高而已，详见后文分析）。如此立场，可

---

① 参见 Ian M. Ramsay, "An Empirical Study of the Use of the Oppression Remedy", 27 *Australian Business Law Review* 1（1999）。

② 参见蒋大兴《"好公司"为什么要判决解散——最高人民法院指导案例 8 号评析》，载《北大法律评论》第 15 卷·第 1 辑，北京大学出版社，2014，第 8 页。

③ 参见 Ian M. Ramsay, "An Empirical Study of the Use of the Oppression Remedy", 27 *Australian Business Law Review* 1（1999）。

④ 参见蒋大兴《"好公司"为什么要判决解散——最高人民法院指导案例 8 号评析》，载《北大法律评论》第 15 卷·第 1 辑，北京大学出版社，2014，第 50 页。

以视为对第 182 条"经营管理发生严重困难"用语的检讨，也可以视为司法裁判实际上修改了第 182 条规定的解散事由，其背后透露的法理是什么？我们认为，"管理困难"的实质是公司（尤其封闭型公司）发生了严重的人合性治理障碍（失灵）。但此处的封闭型公司人合性治理障碍是否限于公司僵局这一种情形，则需要进一步考察。

2. 一个相关概念的引出：股东压制

"经营管理困难"重在"管理困难"，其实质指向公司治理的严重障碍。从逻辑分类看，公司治理严重障碍不仅包括股东之间的"对峙"即公司僵局，还包括多数股东的"暴政"即股东压制。公司僵局的形成，就其形式逻辑与构成要件而言，似乎都需要以相对立的两方（多方）股东在表决权（控制权）上的大致平衡为前提，这从公司法解释二第 1 条第 1 款关于公司僵局若干具象的规定也可以看出，如"公司持续两年以上无法召开股东会或者股东大会"、"股东表决时无法达到法定或者公司章程规定的比例，持续两年以上不能做出有效的股东会或者股东大会决议"、"公司董事长期冲突，且无法通过股东会或者股东大会解决"。股东压制则是对于股权集中度较高的公司中多数股东与少数股东之间关系的一种描述。前者利用股东会上的表决权优势或者董事会的多数席位而实质性剥夺后者参与公司经营管理权，压制由此而生。作为英美公司法的一个常用概念，股东压制通常统称多数股东对少数股东的压制、压迫、压榨、排挤出局、逼迫出局、挤出、榨出、挤压等诸类情形，[①] 表达的是少数股东遭受多数股东的诸种不公平对待。在英美公司法上，股东压制常被作为解散公司的事由之一。

在中国，无论公司法第 182 条的文义解释，还是截至目前缺乏自觉关注股东压制概念的各类扩张解释，都不将股东压制包含于解散事由之中，这使得立法论上适用解散之诉救济受压制股东不可行。公司法解释二第 1 条第 1 款的具体列举，则从解释论上断然排除了对第 182 条进行更大想象力的扩张解释的可能性，也就彻底排除了（少数）股东以股东权受侵害为由而提起解散之诉的路径。立法与司法解释的这一安排，无疑存在对少数

---

① 参见 Robert W. Hamilton, *The Law of Corporations*, 5th ed., West Publishing Company, 2000, pp. 365 – 366。

股东保护不力的问题。对此，有学者给出立法论上的谨慎设想：修订公司法第 20 条，允许原告以公司其他股东滥用权利为由提出解散公司之诉，也借此实现公司法第 20 条与第 182 条的衔接。① 这一设想成立与否，暂且不论，但其的确折射出以下事实：在规制股东压制问题上，第 182 条或者没有适用价值，或者应有的价值未被激活。

（二）继续存续会使股东利益受到重大损失

三部曲的第二步"继续存续会使股东利益受到重大损失"，被看作对第一步"经营管理发生严重困难"的自然延伸。文义上的反义解释是：公司经营管理已经发生严重困难，但未给股东造成利益损失的，则不需解散；虽有利益损失但不重大的，也无须解散；如股东遭受的重大利益损失并非公司经营管理严重困难所致，也不应解散。因此，问题的关键在于，原告股东如何证明"公司继续存续会使股东利益受到重大损失"。

"股东利益受到重大损失"的判断，存在对象范围与程度上的界定问题。首先，此处是股东"利益受损"，不限于"权利受损"。依法理，权利是实现利益的意志获得了法律上的效力。② 在逻辑上，并非所有利益都以权利形式体现，利益的范围大于权利。在美国法上，解散之诉皆以股东利益而非权利受损作为要件，如美国北卡罗来纳州公司法规定，"当为保护申诉股东的权利或利益是合理必要时，法院可以解散公司。"③ 美国绝大多数州公司法都有相同或类似的规定。④ 其次，股东利益可以分为公司管理控制权益与财产收益权益。通常认为，公司发生经营困难，将导致股东财产收益权益受损；公司发生管理困难，将相应地导致股东管理控制权益受损，比如赢利的公司被裁判解散的，通常都以股东管理控制权益受损为理由。再次，"股东利益受到重大损失"通常不是股东利益的具体、个别、直接、有形的损害，而是股东利益将来、可能、间接、整体、全面遭受的

---

① 参见耿利航《公司解散纠纷的司法实践和裁判规则改进》，《中国法学》2016 年第 6 期，第 232 页。
② 参见王卫国主编《民法》，中国政法大学出版社，2007，第 33 页。
③ N. C. GEN. 511. 55 – 14 – 30（2）（1990）.
④ 参见 Robert B. Thompson，"The Shareholder's Cause of Action for Oppression"，48 *Bus. Law* 711 – 712（1993）。

损害,① 某项具体股东权利，如知情权、利润分配请求权受损害的，可以通过单项诉讼求得救济，不必诉诸解散之诉。最后，如何界定股东利益受损达到"重大"的程度？处于亏损状态的 144 个公司样本统计显示，"重大"程度不存在一个统一的量化标准，经营亏损是通常的外在证明，但并非唯一证明；而 6 份处于赢利状态的公司被诉解散的样本显示，原告股东被完全排除在管理之外，也可以视为管理控制权益的严重受损。具言之，某一类股东利益或者整体股东利益损害的不可逆转性和终局性，通常是样本裁判书说理的关注点。

此处"股东利益受到重大损失"的"股东"，是指原告股东抑或全体股东？从诉讼法的证明目的看，原告仅需证明个人利益受损即可，无须证明其他股东、公司的利益受损。至于证明的途径，区分公司停业、亏损、赢利等不同状态而有所不同。在 150 例样本裁判中，144 例被诉公司处于停业或者亏损状态，原告通常通过举证公司在持续停业状态下无法止损，或者公司亏损一直在扩大，即可证明自己的利益受损。在公司仍在营业甚至赢利状态下的另外 6 例裁判中，原告则举证公司治理处于僵局状态或者自己长期无法参与经营管理，自身的管理控制利益遭受重大损害。比如上引"林方清案"中，原告林方清诉称，被告凯莱公司的内部运营机制早已失灵，自己的股东权、监事权长期处于无法行使的状态，其投资凯莱公司的目的无法实现，利益受到重大损失。

公司仍赢利能否当然否定股东利益受损？回答是否定的。在普通法国家和地区，法院对有偿付能力的公司拥有衡平法上命令解散（order dissolution）的固有权力，这几乎与公司法一样悠久。② 虽然美国示范公司法对于仍然赢利的公司应否判决解散无明文规定，但也有州公司法或者法院裁决直接指出，在决定是否裁判解散时，不能仅仅因为公司能够继续赢利而否决股东的诉讼请求。③ 在我国，样本统计也显示，那种简单地认为"但凡公司赢利、股东利益即不受损害"的观点在实践中并不受支持。这一裁

---

① 参见蒋大兴《公司法的观念与解释Ⅲ——裁判逻辑 & 规则再造》，法律出版社，2009，第 200 页。

② 参见 John H. Matheson & R. Kevin Maler, "A Simple Statutory Solution to Minority Oppression in the Closely Held Business", 91 *Minnesota Law Review* 657 (2007)。

③ Me RS tit 13 - A § 1115 (7); NJ State 14 A: 12 - 7 (9); NY Bus Corp L § 1111 (b) (2).

判立场背后的逻辑，与前述"经营管理困难"是指（或者主要指）"管理困难"，"经营困难"（经营效益恶化）并非裁判解散的必要、充分要件的逻辑，实则一脉相承。在前引"重庆国能案"中，虽然多数股东控制下的公司仍正常经营，但原告拥有的经营管理权、股东会召集权、知情权、分红权、关联交易异议权均被剥夺，法院根据多数股东在诉前诉中的相关表现，认为如公司存续，会使原告股东权益受到重大损失，最终裁决解散。又如前引"杨虎案"，二审裁决书指出，原审判决依据"天津腾德化工有限公司停产之前处于正常经营、效益良好的状态"，认定杨虎的主张不符合公司解散条件并不予支持欠妥，应予纠正。换言之，如法院的事实认定只能表明公司原先存在良好的经济基础和经营条件，并不能据此得出股东利益不会受到重大损失的结论。当然，对于起诉时公司仍处赢利状态的解散之诉，法官的裁量会更慎重。

（三）通过其他途径不能解决

1. "通过其他途径不能解决"的性质分析

对于"三部曲"的最后一步——"通过其他途径不能解决"存在不同理解。一种观点认为，"'通过其他途径不能解决'，是司法解散事由的构成部分，是法院是否作出解散判决的实体标准，而并非股东提起诉讼的前置程序。"[1] 另有观点认为，"通过其他途径不能解决"乃解散之诉的前置程序，类似于派生诉讼中的"穷尽内部救济"规则，股东只有用尽公司内部救济手段，方可起诉。[2] 详考 150 份样本中 79 例解散判决的事实认定与裁判说理部分可以发现，"通过其他途径不能解决"具有双重法律意义。

第一，作为诉讼前置程序。最高人民法院民二庭负责人曾在公司法解释二答记者问时指出，将"通过其他途径不能解决"解读为导向性的形式要求、诉前前置程序，有利于谦抑性适用解散之诉，也有利于节约司法资源。[3] 样本统计显示，原告几乎都会向立案庭提供被告公司不同意回购、收

① 金海平：《公司司法解散制度研究》，博士学位论文，中国政法大学，2007，第 64 页。

② 参见张勇健《新〈公司法〉的先进理念与公司诉讼》，《法律适用》2006 年第 1—2 期，第 32 页。

③ 参见《规范审理公司解散和清算案件——最高人民法院民二庭负责人答本报记者问》，《人民法院报》2008 年 5 月 19 日，第 2 版。

购股权或者其他对立的股东不肯受让股权的证据，即高度盖然性地证明原告已经尽到举证责任，法院通常予以认可。毕竟法院在此阶段无法仔细评估可供选择的其他途径，如贸然拒绝受理，有违立案登记制度。此外，"通过其他途径不能解决"的实质判断唯有通过庭审方能进行，从而保护当事人的诉讼权利。① 针对79例解散判决的样本统计显示，原告通常会在前述基础上举证用尽更多的"其他途径"，如第三人居中调停、双方和解等仍不能解决与对立股东的矛盾。在此意义上，这些案件的解散判决似乎不是偶然作出的，与原告"通过其他途径不能解决"的举证努力具有某种密切关联。

第二，作为裁判解散公司的实质要件。鉴于解散公司在结果上的终局性、不可逆转性以及谦抑性适用司法解散的理念要求，法院希望各方通过自行协商等方式解决争议，而不轻易解散了之。基于此法理，法院在审理过程中自然将"通过其他途径不能解决"当作裁判解散公司的实质要件，原告需要证明"通过其他途径不能解决"诉争纠纷，否则其诉请将面临被驳回的风险。几乎所有支持解散的判决书都有"法院审理过程中主持（多轮）调解失败"的类似表述，以作为法院论证"通过其他途径不能解决"的佐证。② 这足以说明，"通过其他途径不能解决"是决定解散与否的实体要件之一。

2. 关于"其他途径"的关联分析

公司法解释二第5条第1款列举了法院调解下的股权转让、公司回购与减资等替代性救济措施，也即"其他途径"。③ 众所周知，诉中调解在我国民事诉讼实务中举足轻重，但样本统计显示，以调解方式结案的解散之诉仅有4例，占比2.7%，调解的实效性可见一斑。究其原因，一方面，解散之诉的当事人利益冲突激烈，对抗性强，调解的客观难度大；另一方面，公司法及司法解释提供的具有实效性的替代性救济措施少。150份样

---

① 参见唐明、赵静《公司司法解散诉讼实证研究》，《法治研究》2008年第4期，第37页。

② 参见周灿荣诉上海福康世纪房地产开发有限公司公司解散纠纷案，上海市奉贤区人民法院〔2009〕奉民二（商）初字第1611号判决书；许承斌、庞廷进诉广西香江资产经营管理有限公司公司解散纠纷案，广西壮族自治区高级人民法院〔2009〕桂民二终字第84号判决书。

③ 公司法解释二第5条第1款规定："人民法院审理解散公司诉讼案件，应当注重调解。当事人协商同意由公司或者股东收购股份，或者以减资等方式使公司存续，且不违反法律、行政法规强制性规定的，人民法院应予支持。当事人不能协商一致使公司存续的，人民法院应当及时判决。"

本裁判无不提到法院在审理过程中曾经采取的种种替代救济措施，如股权内部转让的强制定价权、强制公司回购股权等，但由于配套措施缺乏等缘由，成功调解的仅有 4 例。总之，无论是作为裁判解散的前置程序抑或实质要件的"通过其他途径不能解决"，还是其他补充性救济途径实效的乏善可陈，都从某一侧面说明被压制股东欲通过解散之诉获得救济的困境。这在我国公司法的立法论与解释论上几乎都是无解的。

综上，对照第 182 条"三部曲"及司法解释的细化规定的规范分析与类型化实证分析，一方面，正如有学者数年前已观察到的，我国法院在审理司法解散纠纷时，事实上已经以公司现状标准取代了公司僵局，公司法解释二通过明确公司僵局的具体情形以规范此类案件审理的努力，未达到预期效果。① 严格来说，此处的"取代"一词并不符合本文实证研究的真实情况，如使用"突破"一词，指我国法院创造性地将"经营管理困难"指向"管理困难"，以及股东压制和类似现象实际上被采纳为解散之诉适用事由的情形，则无疑恰如其分。但另一方面，我国公司法目前对股东压制的制度规则尚无积极、友好的态度，股东压制的替代救济安排也不完备，这共同导致了被压制股东欲求救济而不得的尴尬处境。

（四）解散公司事由的司法经验支持

以解散事由为中心，对 150 份样本裁判书的 8 项相关要素进行类型化分析，可以探求解散之诉适用事由的本质特性及其关联细节。

1. 统计科目一：被诉公司的基本特性

透过被诉公司的基本特性可以验证解散之诉适用事由的诸理论假设的准确性。在科目项下的相关要素 1 "公司类型"，理论假说之一是，解散之诉主要发生在封闭型公司，因为僵局与压制都是公司自治出现了结构性问题。其根源在于，此类公司的管理类于合伙，股东通常兼任董事或经理，公司的封闭性与人合性因素明显，治理相对不规范。② 统计显示，样本中

---

① 张学文：《市场理性与法院自制——公司裁判解散的实证研究》，《法学评论》2012 年第 1 期，第 37 页。

② 参见刘俊海《现代公司法》，法律出版社，2011，第 925 页；叶林《公司法研究》，中国人民大学出版社，2008，第 354 页；施天涛《公司法论》，法律出版社，2006，第 283 页。

有 149 例为有限公司，占比 99.33%，还有 1 例是 6 个股东发起设立的股份有限公司。① 发起设立的股份有限公司与有限公司在封闭性、人合性方面几无二致。② 故此处可作如下结论：封闭型公司为解散之诉的目标公司。

在相关要素 2 "公司规模"，封闭型公司是解散之诉的目标公司，而此类公司又多为中小企业，这是否意味着解散之诉多发在中小企业？如以注册资本多少为公司规模划分的法律标准，统计显示，注册资本在 3—99 万元的有 53 例，占比 35.3%；100—299 万元的有 31 例，占比 20.7%；300—499 万元的有 15 例，占比 10%；500—999 万元的有 31 例，占比 20.7%；1000 万元以上的有 20 例，占比 13.3%。③ 综上，注册资本在 1000 万元以下公司的占比近 90%。故此处可得出如下结论：解散之诉主要发生在中小型公司。

在相关要素 3 "公司股东人数"，股东人数较少是公司封闭性的表征之一，这也是被诉公司的特征吗？统计显示，股东为 2 人的有 78 例，占比 52%；股东为 3 人的有 50 例，占比 33.3%；股东为 4—7 人的有 17 例，占比 11.3%；股东超过 7 人的仅 5 例，占比 3.3%（最高为 9 人）。综上，股东 3 人（含）以下的公司占比 85.3%，易诱发解散之诉。一个合理的解释是，股东人数少首先意味着股东的人合性更强，股东之间缺乏牵制与协调，矛盾难化解而易于积存，容易出现僵局或压制。其次，封闭型公司的股权转让高度依赖内部转让，股东人数较少加剧了股权内部转让的难度。最后，股东人数较少且股东大多参与管理，意味着股权分布的单调性，决定了表决权多样组合的可能性小，④ 这将放大控制权的决定作用，诱发股东压制。故此处可作如下结论：股东人数较少是被诉公司的重要特征。

关于相关要素 4 "公司经营状况"的分析，请见上文。

2. 统计科目二：原告股东的基本情况

原告股东是解散之诉的启动者与救济对象，对其基本情况的分析有助于理解解散诉讼的立法意旨。根据公司法第 182 条的规定，持有公司全部

---

① 参见深圳北大双极高科技股份有限公司与杨应昌公司解散纠纷上诉案，北京市第一中级人民法院〔2009〕一中民终字第 5321 号判决书。

② 参见施天涛《公司法论》，法律出版社，2006，第 282 页。

③ 其中，最高注册资本为 1.8 亿元。参见北京玉泉兴业投资管理公司诉北京新立世界风情园公司解散纠纷案，北京市丰台区人民法院〔2008〕丰民初字第 16598 号判决书。

④ 对于两方股东而言，表决结果大致只有三个：意志一致、意志对抗、意志屈从。

股东表决权 10% 以上的股东,才有权请求人民法院解散公司,因此,解散请求权被立法定位为少数股东权。在科目项下的相关要素 5 "原告股东持股比",样本统计显示,原告持股不足 50% 的占比 67.3%,这与立法预设相合。但也不乏多数股东起诉的案例,在样本中,原告股东持有 2/3 以上绝对多数表决权的有 3 例,其中 1 例的公司章程规定全体股东一致同意才能形成解散决议,① 另外 2 例是股东之间不能就继续合作达成一致意见、多数股东转而要求裁判解散公司。② 根据公司法的规定,拥有 2/3 以上表决权的股东可以决定自愿解散,③ 为何舍简就繁,不得而知,这似乎验证了一个预言:"解散公司不仅是中小股东的诉权,也是确保全体股东早日摆脱痛苦、各奔前程的福音。"④ 故此处的结论为:原告大多为少数股东,但也有个例特殊原因的多数股东。

"公司僵局是对公司管理权的争夺和公司成员矛盾的特殊描述。"⑤ 在"两权分离"不明显的封闭型公司,几乎所有股东都兼任高管职务,参与管理。股东兼任管理职务会触发少数股东与多数股东的代理成本,加之公司组织机构高度重合,彼此的制约功能几乎不存在,股权控制效应被放大。与此相关,股东兼任重要管理职务易于导致公司全面陷入僵局——管理层及董事会的缠斗在股东会上重复上演,诱发多层面的股东对抗。在相关要素 6 "原告股东在公司的任职",样本统计显示,原告股东(包括法人股东委派的股权代表)担任公司高管、法定代表人职务的占比 86.7%,其中,任法定代表人的占比 17.3%。故此处的结论为:原告股东大多兼任公司高管职务,参与经营管理。

---

① 参见上海杜比技术有限公司与北京北燃实业有限公司、北京炼焦化学厂、北京北燃杜比能源运营有限公司公司解散纠纷上诉案,北京市第一中级人民法院〔2009〕一中民终字第 5139 号判决书。

② 参见郭鲜粉、翟光恩诉巩义市恩威水泥有限公司、翟志龙公司解散纠纷案,河南省巩义市人民法院〔2012〕巩民初字第 1062 号判决书;中国石油天然气股份有限公司等诉宁海中油岔路白溪加油站有限公司公司解散纠纷案,浙江省宁海县人民法院〔2008〕宁民二初字第 1688 号判决书。

③ 公司法第 43 条第 2 款规定:"股东会会议作出修改公司章程、增加或者减少注册资本的决议,以及公司合并、分立、解散或者变更公司形式的决议,必须经代表三分之二以上表决权的股东通过。"

④ 刘俊海:《现代公司法》,法律出版社,2011,第 929 页。

⑤ 叶林:《公司法研究》,中国人民大学出版社,2008,第 353 页。

3. 统计科目三：裁判的基本样态

法院的审级、适用程序及裁判类型等信息可以显示诉讼的对抗程度。从诉讼法角度观察，是否上诉、独任制抑或合议庭、简易程序还是普通程序等都与纷争的复杂程度、利益冲突是否激烈息息相关。[①] 在科目项下的相关要素 7 "法院审级和审判程序"，样本统计显示，生效裁判由一审法院作出的有 79 件，占比 52.7%，组成合议庭、适用普通程序的有 72 件，占比 48%，适用独任制、简易程序的仅 7 件，占 4.7%；其余 71 件生效裁判由二审法院作出，占比 47.3%。作为对比，全国民事案件的一审上诉率远低于这一数字。[②] 解散之诉当事人的利益冲突与诉讼对抗的激烈度可见一斑。故此处可得出如下结论：解散之诉的当事人利益冲突激烈，诉讼对抗性强。

谦抑性适用司法裁判解散之诉的理念为学界赞同，[③] 但司法实践中是否贯彻之？与此相关的一个问题是，调解作为解散之诉的必经程序，其实效如何？在相关要素 8 "裁判文书类型"，样本统计显示，以判决结案者有 144 例，占比 96%，其中判决解散者有 79 例，占判决结案的 54.9%；不解散者有 65 例，占判决结案的 45.1%。在非判决结案的 6 例中，裁定驳回起诉者有 2 例，调解结案者有 4 例，没有 1 例和解结案。判决解散的比例之高，反映出解散之诉的对抗激烈度；尽管司法调解被寄予厚望，但与全国民事案件的调解结案率[④]相比较，实效难谓理想。故此处的结论为：公司被判决解散率较高，调解难以适用。

回归分析以上 8 项要素的统计数据，有助于总结解散之诉的事由与公

---

① 参见李建伟《股东知情权诉讼研究》，《中国法学》2013 年第 2 期，第 87 页以下。

② 根据《中国法律年鉴》提供的统计数据，2007—2012 年全国民事案件的一审上诉率平均为 9.23%，具体情况是：9.76%（2007 年）、9.76%（2008 年）、10.33%（2009 年）、9.55%（2010 年）、8.77%（2011 年）、8.17%（2012 年）。参见《中国法律年鉴》编辑部编《中国法律年鉴》2007—2012 年，中国法律年鉴社。

③ 参见刘俊海《现代公司法》，法律出版社，2011，第 928 页；黄辉《现代公司法比较研究——国际经验及对中国的启示》，清华大学出版社，2011，第 277 页。

④ 根据《中国法律年鉴》提供的统计数据，2007—2012 年全国民事案件的一审调解结案率平均为 38.05%，二审调解结案率平均为 14.59%。具体情况是：33.43%、10.92%（2007 年，前者为一审调解结案率，后者为二审调解结案率，下同）、35.18%、12.43%（2008 年），36.21%、15.02%（2009 年），38.80%、15.89%（2010 年），40.64%、15.95%（2011 年），41.70%、16.06%（2012 年）。参见《中国法律年鉴》编辑部编《中国法律年鉴》2007—2012 年，中国法律年鉴社。

司僵局、股东压制之间的内在逻辑联系及其内容的精确表达。科目一"被诉公司的基本特性"项下的前 3 个要素显示的信息可归结为一句话，股东人数较少的中小型封闭型公司，是解散之诉的目标公司，也恰是公司僵局、股东压制现象发生的主战场，二者是重合的。相关要素 4"公司经营状况"的统计显示，赢利的公司也可被解散，经营管理困难主要指向管理困难，相呼应的是，出现股东压制的公司不一定发生以盈亏为衡量点的"经营困难"，压制下的股东内斗不仅是公司"管理困难"的根源，也是"管理困难"的直接表象。

科目二"原告股东的基本情况"项下的相关要素 5、6 显示的信息，可被视为清楚地展现了股东人数较少、封闭型的中小公司的治理特征：几乎所有股东都参与经营管理，一旦少数股东被剥夺管理职位，不服者即有可能提起解散之诉以求救济。此与股东压制的联系在于：被剥夺管理职位或参与管理机会，是股东压制的一个典型表象。

科目三"裁判的基本样态"项下的相关要素 7、8 的信息显示，当事人利益冲突激烈，诉讼对抗性较强，司法调解难以适用，可被解读为公司僵局和股东压制下的股东关系的真实描述，二者都是公司自治失灵的表象。

回到"解散事由"这一核心论题，从上文 8 项要素统计信息所展现的解散之诉的关联表征看，其不仅与公司僵局的概念以及行为特征契合，与股东压制的概念及其行为特性亦相契合，更有部分要素（如相关要素 5、6）直接指向股东压制。这份实证经验数据证明，出现股东压制现象的被诉公司可能相当普遍，只是由于股东压制一词未被立法、司法解释使用，甚至并未成为公司法学上的常用词汇，所以无论原告的起诉状还是法院的裁判书里都少有直接使用者，或者相当部分被公司僵局的概念及其表述所掩盖，但这并不意味着股东压制很少发生，只是由于缺乏实定法的支持，受压制者解散公司的救济请求难以得到司法的肯定性回应。

三　解散之诉的适用事由重述：列入股东压制

（一）股东压制：英美法上的内涵界分与行为类型化

在英美法系国家的公司法中，股东压制均被列为解散公司的事由。例如，美国标准公司法第 14.30 节（2）规定，"在股东提起的程序中，如经证明：……②董事或者控制公司的人已经、正在或者将会以非法的、压制性的或者欺诈性的方式行为；……④该公司的资产正在被滥用或者浪费"，① 公司得被裁判解散。英国公司法对股东压制的救济传统由来已久，1947 年之前，股东面对压制行为能够寻求的唯一保护是公平和公正的清算。1947 年公司法第 9 条引入"不公平损害诉讼"，规定股东如认为公司事务以一种压制部分股东的方式作出的，得请求法院强制清算公司，法院如认为事实表明解散是公正的，即可作出解散命令。这一规则历经演变，最终形成 2006 年公司法第 30 部分"保护股东免受不公平损害"（第 994—998 条），其中第 994 条给予少数股东更强有力的保护与更宽泛的救济途径。② 首先，利益受损的股东，尤其是少数股东可以对相关人员提起直接诉讼；其次，法院受理强制清算案件的范围扩大；最后，在股东之间建立起一种非信托的义务关系，如多数股东违反了这一义务，少数股东可以申请救济。③ 实践中，少数股东对多数股东提出的最多指控就是后者的压制。④ 英国的公司股东提起不公平损害诉讼有两个关键性要件：一是股东利益受到侵害，二是存在不公平损害的行为。此处的股东利益含义宽泛，不限于法定的股东权利，合理期待（legitimate expectations）是判断的关键词，即股东对于公司以一种特定的方式管理具有合理期待，如公司不能以合理期待的方式运营，就对该股东的利益构成不公平损害。⑤ 但 2006 年公司法没有明确规定"不公平""损害"的含义，故对于不公平损害行为的判断需考证衡平法上的案例规则。

"股东压制"作为宽泛、不确定、描述性的词汇，其外延具有较大的开放性，成文法不作界定。判例法经验弥补了这一缺失，还尝试对其作类型化总结。保罗（Paul）归纳了英国的 9 类不公平损害行为，可以合并为：

---

① 沈四宝：《最新美国标准公司法》，法律出版社，2006，第 212 页。

② 第 994 条的主要内容是："基于下列理由，公司股东可以通过诉状向法院申请清算法令：（1）公司事务以不正当歧视所有股东或者一部分股东（至少包括他自己）之利益的方式正或已经被处理；（2）实际或者被提议的公司作为或者不作为（包括代表其作为或者不作为）构成或者将构成这样的歧视。"

③ 参见《英国 2006 年公司法》，葛伟军译，法律出版社，2008，第 622 页，引注②。

④ 参见 Sandra K. Mille，"How Should U. K. and U. S. Minority Shareholder Remedy for Unfairly Prejudicial or Oppressive Conduct Be Reformed?"，36 *Am. Bus. L. J.* 579，580（1999）。

⑤ 参见《英国 2006 年公司法》，葛伟军译，法律出版社，2008，第 319 页。

排挤少数股东出经营管理层，妨害少数股东知情权，不分红，不正当操纵持股，恶意修改公司章程，给自己支付过高的薪酬，控制人不按照公司章程的条款行事以及诸如此类的程序不当等。① 在美国，常见的股东压制行为（策略）被类型化为 4 种：排斥少数股东参与公司管理；剥夺少数股东的知情权；长期不向少数股东分配股利；稀释少数股东的股权比例。② 因此，英美法上股东压制的基本特性可以概括为 4 个层面。（1）描述的是股东之间的关系状态，而非股东与公司、其他利益主体之间的关系状态，但需要借助股东与公司之间的解散之诉最终获得解决。（2）主要存在于封闭型公司。（3）侵害的法益是多重的，既包括少数股东的法定权利，还包括合理性利益，即加入公司时的合理期待。在美国各州，"最近数十年来，调整股东之间的法律呈现最显著的趋势之一就是，法院越来越倾向于通过考察股东的合理期待，进而判断压制或者类似诉因是否足以构成非自愿解散或者提供其他救济的理由。"③ 前述公司目的不达、公司被用于违法活动等解散事由之表述，即可归属于少数股东无法获取投资收益、投资公司的合理期待落空之具象。（4）主要指向多数股东、实际控制人的不当行为，既包括违法违章的"不法行为"，也包括合法前提下的"不合理行为"，且后者是主流形态。

股东压制的经典形态乃是多数股东利用控制权优势，在"合法"外衣之下，通过一系列计划性的策略性安排及其有步骤地实施，步步逼迫少数股东承受不公平的后果，而非直接以明显违法手段侵害后者的具体股东权，这使得压制行为在外观上具有相当的隐蔽性，呈现一系列链条环环相扣的连贯性与持续不断的过程性。这一隐蔽性，导致法官判定"是否公平合理"而非"是否合法"的困难性、复杂性，因为在任何时候，对于合理与否的量化判断都远比合法的定性判断来得复杂。这一过程性，使得法官单凭行为链条中的任何单个行为来判断压制构成与否，几乎变得不可行甚至错误，而必须立足于这一链条包含的诸性质相同、目标一致、逻辑连贯、链条衔接的复合行为进行综合性判断。

---

① 参见 Paterson Paul, "A Criticism of the Contractual Approach to Unfair Prejudice", 7 *Company Lawyer* 204, 206 – 209 (2006)。

② 参见 F. Hodge O'Neal and Robert B. Thompson, *O'Neal and Thompson's Oppression of Minority Shareholders and LLC Members: Protecting Minority Rights in Squeeze-outs and Other Intracorporate Conflicts*, 2d ed., Thompson/West, 2004, pp. 3 – 181。

③ 邓江源:《有限责任公司股东压制的困境与出路》，人民法院出版社，2015，第 62 页。

（二）股东压制：中国司法实践的发现与表达

从我国的司法经验看，上述美式的 4 种股东压制情形虽相对常见，但并非全部，且这 4 类情形虽可能单独发生，但数种情形一并发生且造成较为严重的损害后果，才是更为常见的真实形态，可以命名为"严重的复合性股东权侵害"。比如，考虑到股东知情权的基础性权利性质，拒绝分配股利、排斥参与经营管理等策略往往以剥夺少数股东知情权为前提与铺垫。再如，排挤少数股东参与经营管理的策略经常借助于稀释股权比例的策略得以实施，从而达到倍增效应，因为少数股东持股比例愈减，对公司事务的参与能力与发言权愈弱。同时，排挤策略与拒绝分配股利、剥夺知情权、稀释股权比例等意在压制的诸策略交叉实施，反复实行，在相当长的期限内相互作用，加重被压制者的窘迫处境。

相比于可以借助股东会、董事会多长时间未召开或者无法作出决议等形式标准进行简单判断的公司僵局，股东压制是股东之间隐蔽性累积的深层次矛盾爆发，掺杂着多层次的复杂的股东利益冲突，使少数股东陷于持续的孤立无助之境遇。部分的股东压制可以构成公司僵局的背后原因，但并不一定都体现为公司僵局，如被压制者的股权比例过低，尚不足以享有最低限度的否决权，[①] 就无法与多数股东形成有效的抗衡，僵局自然无法形成。由于公司法既未使用股东压制的概念，也未列其为解散事由，导致样本裁判中直接使用股东压制这一概念并不常见，仅有 15 例。[②] 但仔细研读"本院认为"部分关于案件事实的描述，裁判实质性地认定案件事实构成"股东压制"抑或有"股东压制"影子的，有 51 例，其中，原告股东直接以股东压制为由诉请解散的有 6 例，但最终获得法院支持的仅有 1 例（见前引"重庆国能案"二审裁决）。多数裁判的逻辑是，如股东以知情权、利润分配请求权等权益受损害为由请求解散公司，法院告知其另行起诉，不支持作为解散公司的诉由。在前引"高冬青案"中，原告作为发起人股东持股 25% 并任总经理，但在第二被告取得控股权后，其高管职务被撤销，劳动关系被解除，股权开始遭受全面的侵害与剥夺。尽管如此，法

---

① 根据公司法第 43 条第 2 款的规定，享有超过 1/3 比例的表决权，对于公司章程修订、合并分立等公司重大事项就享有否决权。

② 典型案例如前引"徐爱琴案"、"裴海鹰案"、"何刚案"、"蔡迎迎案"、"赵某案"。

院审理后仍认为，高冬青主张的解散公司事由，如其作为小股东不能正常行使股东权利，包括参加股东会、知情权、分红权等；大股东转移公司资产，造成公司资不抵债、经营困难；股东之间矛盾不可调和等，均不属于我国公司法第 183 条（现为公司法第 182 条）及相关司法解释中规定的公司解散法定事由，高冬青如认为其股东权利或者新电公司的利益受到损害，其可以通过其他途径寻求救济。事实上，高冬青已经陆续向法院提出股东知情权、分红权、确认股东会决议效力等一系列诉讼主张权利。故对其诉讼请求不予支持。

公司治理严重障碍无非两种情形：一是"对峙"形成"僵局"，二是"暴政"形成"压制"，如前者得成为解散事由，而后者被排除在外，需从法理上提供正当性解释。如少数股东仅仅因为表决权、知情权、分红权等某种具体股东权受侵害而诉请解散的，法院不会支持，因为现行法提供了相应的单项诉讼救济。① 但如果是多项股东权的复合性侵害，手段具有多样性、复合性，结果具有严重性，危害具有全面性，不啻一个有预谋的体系性侵害，意图直指将后者排挤出公司，可谓之"严重的复合性股东权侵害"，则符合英美公司法的股东压制概念，实有必要给予解散救济。然而，由于现行法未列股东压制为解散事由，"严重的复合性股东权侵害"发生后，股东只能通过单项诉讼逐个求得救济。在前引出现了股东压制概念表述的 15 例裁判样本中，有 12 例在原告起诉时已经伴生多起单项股权侵害救济之诉，占比 80%，前引"重庆国能案"、"高冬青案"莫不如此。但究竟将公司法第 20 条规定的股东信义义务具体化解释后运用到解散之诉，还是直接添列股东压制为解散之诉的事由，是股东压制入法的具体路径选择问题。

四 增列股东压制的入法进路、规范
表达与适用机制

解散之诉救济之本旨，实不在于为解散公司而解散公司，而在于赋予

---

① 公司法第 21 条、22 条、33 条、151 条、152 条、167 条等分别就不公平关联交易损害赔偿之诉、公司决议瑕疵之诉、知情权之诉、股东代位之诉、股东直接诉讼、利润分配请求权之诉等作出具体规定。公司法解释二第 1 条第 2 款亦明确规定："股东以知情权、利润分配请求权等权益受到损害，或者公司亏损、财产不足以偿还全部债务，以及公司被吊销企业法人营业执照未进行清算等为由，提起解散公司诉讼的，人民法院不予受理。"

少数股东以解散公司为手段的"平衡性权利",从而旨在为终结封闭型公司的股东间人合性障碍提供一条法律通道,即通过赋予某些(少数)股东解散公司权为可能的武器,从而获得与其他(多数)股东谈判的权利,最终获得退出公司的机会。① 如果这一立论成立,对于少数股东的最合适保护,是在任何时候都有权得以公平价格被买断而退出公司。② 在此意义上,解散之诉应被设计为一种成本相对较低的退出公司制度,尤其对于受到压制的少数股东而言,经由司法解散的退出应该是一种较为容易适用的制度。

(一)入法进路

一是扩张解释现行公司法第 182 条。为了满足法律规范足以应对一个处在永久运动中的社会的所有新需求,面对崭新的社会生活事实的法官总要将某种生活事实与法律规范相对应,现实的生活事实需要是法官反复斟酌法律文本用语真实含义的最大动因。在法律规范与案件事实的对照之间,法官通过比较、分析与权衡的思维方式,经历着从案件到规范、从规范到案件的反复过程。③ 在此期间,规范成为"符合存在的",案件成为"符合规范的",且逐步地规范变成更具体、更接近现实的,案件变成轮廓较清楚的,成为类型。④

公司法第 182 条关于司法解散事由的规定,无论究该条款的立法原意还是最高人民法院的司法解释,以及最高人民法院第 8 号指导性案例体现的裁判意旨,都指向第 182 条规定的解散事由就是公司僵局。⑤ 所以,若使第 182 条能包容股东压制,需对其进行创造性的扩张解释。事实上,公司法第 182 条所描述的司法解散事由是相对开放的,虽有一个核心概念,但并未有固定的界限。

---

① 参见蒋大兴《"好公司"为什么要判决解散——最高人民法院指导案例 8 号评析》,《北大法律评论》第 15 卷·第 1 辑,北京大学出版社,2014,第 45 页以下。

② 参见 J. A. C. Hetherington and Michael P. Dooley, "Iliquility and Exploitation: A Proposed Statutory Solution to the Remaining Close Corporation Problem", 63 *Virginia Law Review* 38 (1977)。

③ 参见张明楷《从生活事实中发现法》,《法律适用》2004 年第 6 期,第 33 页。

④ 参见〔德〕亚图·考夫曼《法律哲学》,刘幸义等译,五南图书出版有限公司,2000,第 237 页。

⑤ 参见彭冰《理解有限公司中的股东压迫问题——最高人民法院指导案例 10 号评析》,载《北大法律评论》第 15 卷·第 1 辑,北京大学出版社,2014,第 99 页。

在此，需要将第 182 条关于解散事由的规定视作较为抽象模糊、而非定义性的刻画，也即视其为一个初步的指示。依此，具体哪些事实构成解散事由，需要进一步考量法律对它的规整，才能看出其适用的详细情况。但是，即使我们能够确定出每一种具体适用的事实情形，但几乎每一种情形都有另外的情形，因此具有较大的可变性。站在法官司法适用的立场，对于"通常类型"而言，具有决定性的仍旧是由此等规定的整体可以发现的形象，假使尝试依据这个形象来界定其主要特征的话，"除了……之外，尚有以下诸特色"的现象在所难免，只是不应忽略，在以其整体构成类型的诸特征之间，具有下述有意义的关系：在某种程度上，其彼此互为条件，或者彼此至少可以共存不悖。德国民法学者莱嫩说，由其所规定的法效果在事理上的适当性出发，来规定构成要件要素，这是"一种——为评价性归类预作准备之——类型取得的正当程序"。① 因此，在将特定案件归属于其案例类型时，重要的倒不是个别特征的逐一吻合，具决定性的毋宁是"整体形象"。这一段引论告诉我们，掌握法的构造类型应以法律对此类型的整体规整为出发点。质言之，第 182 条关于解散事由的形式标准（公司僵局）的规定，并未提出终局性且足够精确的定义性刻画，还需要诸多由法律规整推论出来的特征，以此确定符合解散之诉立法意旨的适用事由的精确内涵（解散事由的决定性整体特征），以及由此涵摄下的解散事由"通常类型"（其合理范围）。

如果我们将第 182 条规定的"经营管理困难"直接界定为"管理困难"，进而承认"管理困难"的背后是封闭型公司治理失灵，即股东人合性障碍，这就易于达成共识——解散事由的"决定性整体形象"既然是人合性治理障碍，基于封闭型公司股权结构整体上符合逻辑与现实验证的类型化划分——势均力敌或者强弱悬殊，以及由此决定的两类人合性治理障碍——公司僵局与股东压制，这自然也就是并立而列的两个解散事由。至此，股东压制经由创造性的扩张解释路径而列入解散事由，也完全符合第 182 条的立法目的：本条对解散之诉的决定性整体规整是，通过事后的司法介入，为陷入人合性治理障碍的少数股东提供以退出公司为必要"要挟"手段的低成本退出路径。

① 转引自〔德〕卡尔·拉伦茨《法学方法论》，陈爱娥译，商务印书馆，2003，第 343 页。

二是利用修法机会，增加规定股东压制救济的一般性条款，将股东压制列为解散之诉的事由之一。这一进路，具体又有两个可能的选项。

（二）规范表达

如修订公司法并将股东压制列为解散之诉的事由之一，那么规范意义上的股东压制如何获得立法表达？股东压制这一概念所涵摄的现象极其宽泛，对其现象性的描述存在较大的模糊性，这决定其定义的困难性，也使得其相对应的司法救济一直面临不确定性的困扰，有学者将其称为"封闭型公司（有限公司）的难掩之伤"。[①] 由于立法语言对于股东压制描述的客观困难性，股东压制的构成依赖于个案的综合研判。有鉴于此，作为选项之一，可以考虑借鉴英国公司法的经验，引入作为一般性条款的不公平损害之诉。一般性条款的"兜底性"功能为法官提供了一种一般性考量标准，同时一般性条款发挥宣示性功能，可以为公司、股东提供行为指引——引导多数股东检讨自己的行为，并通过法律制裁的后果来督促其依法诚信行事；引导少数股东警醒自己的处境，明白权利救济武器之所在，以收预防股东压制发生之功效。

另一选项是通过公司法分则的条文设计或者司法解释，将公司法第20条规定的（控股）股东对于其他股东的信义义务（禁止权利滥用）条款予以类型化，并在此情形适用解散之诉。这可能是更节省立法成本的方案。2005年修订公司法增加第20条，规定股东不得滥用权利损害公司、其他股东的利益，其意蕴深远。作为一般条款存在的第20条之适用，尚有两个问题需要解决：一是在法无明文规定的情况下，某种行为是否构成了滥用权利，需依照个案情形而定；[②] 二是违反信义义务的法律后果，是仅限于该条规定的（给公司、其他股东造成损失的）"依法承担赔偿责任"，还是另有其他法律后果？尽管学界持肯定态度，[③] 但仅就第20条的规定来看，对于股东的滥权行为，公司、其他股东只能提起损害赔偿之诉。第21条紧接着将中国最常见、最严重的股东滥权行为——不公平关联交易作进一步

---

① 邓江源：《有限责任公司股东压制的困境与出路》，人民法院出版社，2015，第15页。
② 参见王军《中国公司法》，高等教育出版社，2015，第276页。
③ 参见张学文《封闭式公司中的股东信义义务：原理与规则》，《中外法学》2010年第2期，第262页以下。

的具体规制，但救济手段仍然限于损害赔偿之诉。[①] 由此可见，股东滥权行为的规制与解散之诉全无联系。

然而，股东通过不当关联交易、移转公司资产等利益输送行为，以及滥用或者浪费公司资产的行为，与公司经营管理过程中公开抑或隐蔽的压制行为之间，存在某种密切的关联，或者说是逻辑上的某种一致。如果立法机关或者最高人民法院借助于股东信义义务、权利不得滥用、股东合理期待等公司法基本理念及相应的概括性条款，通过立法条文或者司法解释来进一步发掘规制滥权行为的规则体系，就会发现，赋予因其他股东滥权行为而致权益受损的少数股东以退出公司为必要"要挟"手段的低成本退出路径，不仅具有"擦边球"般的边缘意义，[②] 而且与我国法院的裁判实践具有相合性。进而，我们可以基于各级法院丰富的裁判实践经验，对可适用解散之诉的股东滥权行为进行类型化。这些类型化的滥权行为可能包括前述实证研究已经发现的股东之间的人合性基础坍塌、股东事先书面约定的目的不达（实为股东合理期待落空的具体化）、公司被用于违法活动，以及股东滥用或者浪费公司资产、股东侵占或者转移公司资产等。

（三）司法适用机制

基于解散之诉适用的谦抑性考量，增列股东压制为解散之诉的事由之后，司法政策上需要明确将解散之诉定位于股东压制的诸种救济方式之最极端者。具体而言，在司法政策方面，由股东压制而致公司司法解散的适用应该坚持两个平衡维度。

一是审慎适用于极个别的情形，发挥其威吓功能。一方面，仅仅适用于"严重的复合性股东权侵害"情形，如已经发生知情权诉讼、分红诉讼、不公平关联交易撤销之诉等一项或者几项诉讼，少数股东即便获得单项诉讼的胜诉，也不能执行，或者只能解决表面矛盾，或者多数股东在诉后仍变通作出决议，引发二次诉讼。总之，只有股东单项诉讼难以消弭纷

[①] 公司法第 21 条规定："公司的控股股东、实际控制人、董事、监事、高级管理人员不得利用其关联关系损害公司利益。违反前款规定，给公司造成损失的，应当承担赔偿责任。"

[②] 有学者观察到，信义义务等概括性条款的创造性适用，有助于发现股东可能存在的"边缘"意义上的违法行为。参见 Lawrence E. Mitchell，"The Death of Fiduciary Duty in Close Corporation"，138 *U. Pa. L. Rev.* 1697（1990）。

争，股东们继续陷入无谓的消耗和缠斗的情形，才需要考虑适用解散之诉。团体法的思维建立在合作共赢的理念之上，"团体法中的法律不再是压制性的，而是以个体、团体之间的合作为基础的"，① 所以，解散之诉"多数情况下并不能直接解决股东之间的纠纷，其更大意义在于对公司控股股东的威吓作用"。② 质言之，解散之诉的目的绝不在于为解散而解散公司，而在于授予法院判决公司解散的可能性"权力"，给予受到压制的少数股东一个讨价还价的利器（毕竟只有少数股东拥有如谈不成就解散公司的威胁力，才会获得多数股东更为友善对待或者保持基本诚意的谈判态度）。如果考虑到被裁判解散的公司中只有少数最终被清算，解散之诉作为手段性权利的性质就更加显著。循此逻辑，增列股东压制为解散事由的真实意旨并非鼓励股东解散公司，而在于赋予处于绝境中的少数股东终极退出权，反向抑制多数股东的机会主义行为。

二是关于少数股东诉权滥用的担忧不必要。兰姆赛对澳大利亚相关案件的调查发现，股东诉讼的最常见事由是压制行为（占判决的35%）。③ 在另一项关于压制诉讼的研究中，兰姆赛报告显示，26%的案例与违背诚信义务有关，20%与侵占公司财产有关，12%与薪酬过高有关。④ 换言之，相当比例的股东压制诉讼案与股东权利义务的行使有关。一个常见的担心是，如将股东压制列为解散事由，一些怀有不良企图的少数股东会采取策略行为，如以解散公司相威胁，对公司（以及背后的多数股东）"敲竹杠"（Hold - up），影响公司的正常运营秩序。其实，此种担心没有必要。任何权利都可能被滥用，滥用风险不是否定赋权的理由。对于少数股东通过解散之诉来敲诈公司、谋取额外利益的威胁，可以设定相应的防免与制裁规则。⑤

---

① 谢鸿飞：《法律与历史：体系化法史学与法律历史社会学》，北京大学出版社，2012，第72页。

② 张学文：《有限责任公司股东压制问题研究》，法律出版社，2011，第161页。

③ 参见 Ian M. Ramsay, "Enforcement of Corporate Rights and Duties by Shareholder and the Australian Securities Commission: Evidence and Analysis", 23 *Australian Business Law Review* 174, 175 (1995)。

④ 参见 Ian M. Ramsay, "An Empirical Study of the Use of the Oppression Remedy", 27 *Australian Business Law Review* 23, 33 (1999)。

⑤ 如美国标准公司法第14.34条规定的"不可撤销期间"和"法院强制定价权"，就被认为可以有力地促使争议股东达成和解，以及减少股东的策略性行为。参见耿利航《有限责任公司股东困境和司法解散制度——美国法的经验和对中国的启示》，《政法论坛》2010年第5期，第139页。

结　论

公司僵局，在解释论上被视为我国司法解散公司的唯一法定事由。对于司法解散事由适用"三部曲"的规范分析发现，"经营管理严重困难"多指向"管理困难"而非"经营困难"，背后是封闭型公司股东间的人合性基础坍塌所导致的公司治理失灵。将解散之诉的本质定位于公司治理失灵后的司法权介入，赋予部分（少数）股东退出公司的低成本路径，更具解释力：一者，合理解释了解散之诉的事由，乃资本多数决规则导致的股东利益冲突，以及由此引发的封闭型公司治理的人合性障碍，包括势均力敌下的股东僵持（公司僵局）与实力悬殊下的股东暴政（股东压制）；二者，昭示了解散之诉的审理焦点，即审查公司的管理困难而非经营困难；三者，解释了解散之诉的双方虽为股东与公司，但背后严重对立的股东关系状态才是诉讼发生之源；四者，验证了解散之诉的司法政策立场，"基于司法权适用的谦抑性，在公司自治尚有治愈余地时，法院不得轻易介入之"，所以"通过其他途径不能解决"不仅是诉讼前置程序，更是判决支持解散公司的实体要件。现行法将公司僵局作为唯一事由，既存在单调性，也不能涵盖司法实践中屡有面对的股东压制现象。为此，有必要扩张解释公司法第182条的解散事由，增列股东压制于其中，同时将中国式的股东压制严格定位于"严重的复合性股东权侵害"，这样形成解散事由的"二元"格局，涵盖封闭型公司人合性障碍，也即公司治理的所有情形，为陷入纷争困境的股东提供更具实效的救济。

第三编　公司资本制度

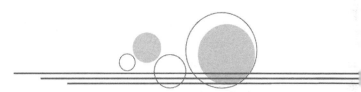

从资本信用到资产信用[*]

赵旭东[**]

摘　要： 从立法、司法乃至整个学理，中国公司法都表现出鲜明的资本信用的理念和相应的制度体系。但事实上，以资本为核心所构筑的整个公司信用体系不可能完全胜任对债权人利益和社会交易安全保护的使命。决定公司信用的并不只是公司的资本，公司资产对此起着更重要的作用。中国公司资本制度改革的基本思路与方向是从资本信用到资产信用、从法定资本制到授权或折中的授权资本制。为此，应对最低资本额、股东出资、资本缴纳、股权退出机制、公司转投资、股份的折价发行禁止、股份回购禁止与限制及与资产信用相配套制度的其他公司制度进行全面的改革。

关键词： 资本　资产　信用　公司法

尽管对信用概念的界定众说纷纭，但在公司法领域内，对公司信用的理解毫无疑问应落脚于公司履行义务和清偿债务的能力上。在公司法学理上，公司有人合公司与资合公司之分，所谓人合公司指以人的联合为基础而组成的公司，其信用基础在于公司的股东，在于股东个人的财产状况和支付能力及既往的商业信誉，无限公司是最典型的人合公司。所谓资合公司指以资的联合为基础而组成的公司，其信用基础在于公司本身，在于公

---

*　本文原载于《法学研究》2003 年第 5 期。

**　赵旭东，中国政法大学教授。

司本身的财产状况和支付能力及既往的商业信誉，有限公司和股份有限公司通常属于资合公司。然而，资合公司所谓的"资"，究竟是指公司的资本还是公司的资产，公司的信用基础究竟在于公司的资本还是公司的资产，却是公司法上极为核心的问题，在某种程度上整个公司制度的设计和构造都是由此展开的。

较早明确提出资本信用这一概念的江平教授在其《现代企业的核心是资本企业》① 一文中指出："现代企业也就是以资本为信用的企业。因此，资本信用是资本企业的灵魂"，"从公司发展的历史来看，公司以什么作为其信用是公司类型的主要划分标准，以资本作为信用的公司正是近现代发展起来的现代公司的最本质特征"。同时，江平教授又对资本信用作了进一步的解释："作为现代企业的资本信用应该包括三个方面内容。第一，公司注册资本的信用。第二，公司的信用，即公司的全部资产信用。第三，信用的破产，即公司本身的破产。"显然，江平教授所称的资本信用是包容资产信用在内的广义概念，他是在较宏观的层次和角度上对资本信用作出了一个总体判断，将资本与资产视为同类性质的信用要素，与企业的所有制性质等其他信用要素进行比较，在此基础上分析究竟何为企业信用基础。而本文所称的资本信用是狭义的资本信用，是不包含资产信用的资本信用，本文是在其奠定的基础上，在微观的层面上对资本信用与资产信用本身进行更具体的比较分析。

一　资本信用基础上的中国公司法体系

虽然并无旗帜鲜明的昭示，但从立法到司法及至整个公司法的学理，中国公司法都表现出鲜明的、贯穿始终并协调一致的资本信用的理念和法律制度体系。在立法上，中国公司法首先毫无疑问地以资本信用为基础构建了自身的体系。从公司资本制度到股东出资形式，再到公司权利能力和行为能力的限制无不体现了资本信用的明晰观念和要求。

在资本制度上，公司法贯穿了资本确定、维持、不变的基本原则，规定设立公司的最低资本额的条件和增加资本、减少资本的严格法律程序。

① 江平：《现代企业的核心是资本企业》，《中国法学》1997 年第 6 期。

有限公司最低注册资本从零售服务业的 10 万元到生产制造业的 50 万元，股份公司的注册资本从非上市股份公司的 1000 万元到上市公司的 3000 万元。任何公司成立时，都必须确定资本总额，并需由股东一次性全部认足缴纳，使其注册资本与股东实际出资总额完全一致。公司资本一经确定注册，即成为相对固定的金额，非经法定增资、减资程序不得变更。这一严格的制度设计，其立法用心十分明显，就是以公司资本奠定公司的经营能力和责任能力，以公司资本作为公司债权人利益的基本保障，此所谓典型的资本信用。

在股东出资制度上，公司法实行严格的出资形式法定主义，只规定了货币、实物、土地使用权、工业产权和非专利技术五种出资形式，并规定了工业产权等无形资产出资的最高比例限制，而排除了劳务、信用、股权、债权等其他经营要素和条件的出资，不允许当事人对出资形式作另外的约定。其原因在于这些法定出资形式价值的确定性、稳定性和可转移性。首先，这些出资形式具有价值上的确定性，其中货币出资直接表现为价值金额不言而喻，实物、土地使用权的财产价值也极易量化，即使是工业产权等无形资产，借助现有的资产评估技术也可以进行相对客观、合理的价值评定。其次，这些出资形式的价值又具有相对的稳定性，非因外部环境和条件的变化，其价值一般不会因自身的原因发生意外变化。最后，这些出资形式不仅可以由公司股东缴纳于公司，而且在公司对外清偿债务时，也可以有效地从公司移转给公司的债权人，并由债权人予以有效的利用。相反，这些出资形式之外的其他经营要素则因其价值确定性、稳定性和可移转性的欠缺或不足而被排除在法定出资形式之外。与此同时，公司法又规定了严格的出资评估和验资程序。公司法对股东出资的关注给人印象至深，在有限公司设立部分共计 17 个条文中，涉及出资问题的达 7 条之多，其中有 3 条专门规定股东出资的形式和要求。此种出资形式的法定主义和严格限制是与资本制度相辅相成的配套制度，因为既以股东出资为公司资本的来源，那么资本信用的进一步表现就是出资信用，既然公司以资本为其信用的基础和对债权人的保障，那么作为资本来源的股东出资就必须具有上述确定、稳定和可移转的基本特性，否则资本的债权担保功能将无从实现。

在公司行为规则方面，公司法设有一系列对公司或其股东行为的严格限制，其中包括以下几点。（1）对公司转投资比例的严格限制，规定除投资公司和控股公司外，公司对外累计投资额不得超过本公司净资产的50%，其目的在于防止公司资本被层层投资而导致资本信用的虚假扩张。（2）禁止股份的折价发行，但允许股份的溢价发行，其原因在于资本的折价发行等于资本是虚假的，背离了资本确定、维持的基本原则。（3）禁止公司收购本公司的股份和以本公司股份设定抵押，其理由十分明显，公司购回并持有自己的股份完全可能是用公司的原始资本对外支付的，其结果等同于公司的这部分股份未能发行或股东抽逃出资。而接受本公司股份的抵押即可能因抵押权的行使而取得自己的股份。（4）设定严格的公司减资程序，包括资产的清理造册、债权人的通知和公告、债务的清偿或担保。这一程序的目的就是防范通过减少资本而抽逃出资，并进而逃避债务的清偿，因此，这一程序又称为债权人保护程序。（5）禁止股东退股，在现行公司法制度下，公司成为易进而不易出，甚至是能进而不能出的企业，除减资的特殊情况外，任何退股都可能构成法律所严禁的抽逃行为。任何投资者一旦投资于公司，除非通过股权转让，几乎没有任何股权退出的机会和机制。

二　资本信用的神话及其破灭

说中国存在资本信用的神话，并非夸大其词，也非危言耸听。公司立法所精心构筑的资本信用体系已如前述，司法和执法领域对此的亦步亦趋也是显而易见的。

在司法领域，司法机关只关注公司资本是否真实，股东出资是否到位，以及公司成立之后是否抽逃资本，而不甚关注公司资产的合理变化和对异常变化的追踪和监控。自 20 世纪 90 年代以来，最高人民法院发布的涉及公司财产责任的司法文件和批复已有多件，包括 1987 年 8 月 29 日的法（研）复〔1987〕第 33 号《关于行政单位或企业单位开办的企业倒闭后债务由谁承担的批复》、同年 10 月 15 日的法（经）复〔1987〕42 号《关于企业开办的公司被撤销后由谁作为诉讼主体问题的批复》、1994 年 3 月 10 日的法复〔1994〕4 号《关于企业开办的其他企业被撤销或者歇业后民事责任承担问题的批复》、1996 年 3 月 27 日的法复发〔1996〕3 号《关于金融机构为行政机关批准开办的公司提供注册资金的验资报告不实应当承担责任的批复》、1997 年 2 月 25 日的法复〔1997〕2 号《关于对注册资金投入未达到法规规定最低限额的企业法人签订的经济合同效力如何认定问题的批复》等，这些司法文件几乎都是根据公司的注册资本来确定公司、股东或其他相关主体的财产责任的。最为典型的当属法复〔1994〕4 号《批复》，该《批复》规定：企业自有资金虽与注册资金不符，但达到了法规规定的数额，并且具备了企业法人其他条件的，应当认定其具备法人资格，以其财产独立承担民事责任。但其财产不足以清偿债务的，开办企业应当在该企业实际投入的自有资金与注册资金差额范围内承担责任。企业实际上没有投入自有资金，或者投入的自有资金达不到法规规定的数额，或者不具备企业法人其他条件的，应当认定其不具备法人资格，其民事责任由开办该企业的企业法人承担。在此，注册资本的作用已被抬高至无以复加的程度，不仅规定以注册资本来确定出资不到位的投资者的责任范围，而且把是否达到注册资本的最低限额作为公司是否具有法人人格和地位的标准，公司实际资本额低于法定最低资本额的，公司即不再独立承担财产责任，其股东不再享受有限责任的特惠，而要承担无限责任。这一批复的法理逻辑十分清晰，既然公司法对公司规定有法定的成立条件，那么只有符合法定条件的企业才能取得公司的资格和地位，反之，欠缺法定资本条件的公司就不是真正法律意义上的公司，就应否定其公司的资格和性质。

与上述虚报注册资本、出资不实民事责任的追究相应的，是整个社会对公司资本担保功能的误解和过度期望，市场活动的交易者往往只关注对方的注册资本，而疏于对其整个资产状况的了解；只看重对方成立时的资本数额，而忽视其目前的资产结构和真实、可变现的财产价值；只相信公司注册登记和营业执照上显示的表面信息，而忽略了社会中介机构对公司资产的实际调查和评价；只依赖公司自身财产对债权的保障，而放弃了公司之外各种担保手段的采用；只满足于当事人出资已经到位、资本没有虚假的最低标准，而无视公司资产不当转移、非法侵吞和无故流失所应追究的责任。

改革开放以来的公司法理论学说无疑是将资本信用神化的主导和核心角色，可以说包括本文作者在内的多数公司法学者都是这一神话的制造者和参与者。在 20 世纪 80 年代，当历经 20 余年的法律虚无岁月而开始引进传统的公司法律形态时，公司法的学者们对国外既有的理论学说怀有天然的敬仰和盲从，其中被奉为至善的公司资本制度更得到学者的青睐。那时，只有对传统资本制度精细的揣摩和循规的诠释，而少有理性的分析和创新的思考，在这种特殊的历史背景下，资本信用得到了理论的树立和宣扬。

当时的论著在论及资本的作用时，常有这样的论断：“在影响公司责任能力的许多因素中，没有比公司资本更为显要的了……公司资本的多少便成为判断该公司信用高低的基本外在标志”，[①]“股份有限公司作为资合公司，其股东出资构成的公司资本是债权人利益的唯一担保，公司的责任能力和范围直接取决于公司资本的大小。因此，依法确定公司的最低资本额，就成为使公司责任能力达到一定底限的基本保证”。[②] 到 90 年代，对资本信用的推崇有增无减，有关的论述绵延不绝，有学者提出：“从交易信用的角度来看，股份公司的运作不仅需要发达的银行信用和商业信用扶助，也离不开社会信用的支持，而公司资本正是这些信用赖以形成和稳固的基础”，[③]“公司资本构成公司对外交往的信用基础，与公司交易的相对方往往通过公司的资本额判断公司的资信状况”，[④] 还有的认为，“公司资本是公司赖以生存的血液，是公司运营的物质基础，是公司债务的总担保……为保护债权人的利益和交易的安全，就必须确定和维持一定数额的公司资本，并将其公之于众，以便使与公司发生经济往来的相对人，了解和掌握公司的资本状况，决定其交易的范围和条件”。[⑤]

中国大陆学者的资本信用观念并非孤立形成的，在我国台湾学者中，亦有相同或接近的观念：“对外关系而言，资本总额为公司债务之唯一担保”，“故公司自设立中、设立后，以致解散前，皆应力求保有相当于资本之现实财产，始能保护交易大众和投资股东，并维护公司信用以保持公司

---

① 赵旭东：《论公司的财产责任形式》，载《民法硕士论文集》，群众出版社，1988，第108页。
② 江平主编《公司法教程》，法律出版社，1987，第151页。
③ 范健：《公司法论》，南京大学出版社，1997，第335页。
④ 周友苏：《公司法通论》，四川人民出版社，2002，第199页。
⑤ 石少侠主编《公司法教程》，中国政法大学出版社，1999，第86页。

于不坠"。①

立法、司法及公司法理论所构筑的资本信用制度和理念，培育了一代中国人质朴的资本信用意识，建立了一个简单的信用标准，复杂的公司信用判断被表面的注册资本认定所取代，严格的责任追究止步于出资已经到位的抗辩。资本的作用被神化了，10 余年来的公司法实践，无意中制造了一个资本信用的神话，人们对资本已经形成了事实上的迷信或崇信，已经产生了深深的信赖或依赖，资本信用有意无意地冲淡和误导了人们应有的风险意识。似乎只要对方的资本真实，己方的利益就有了保障，似乎只要一个公司的资本数额巨大，其履约或支付的能力也就同样的巨大，这的确是中国民商法制度建立以来，整个社会所陷入的一个很大的误区。

然而，尽管"法定资本制立意至善，对债权人权益之保护甚为周到"，② 建立在资本信用基础上的中国公司法制度却并未产生其预期的效果，其对债权人的保护是如此的软弱无力，以至于在频频发生的公司破产风险面前奏效甚微。中国公司法颁布前后所发生的形形色色的公司破产，使债权人蒙受着巨大的损失，众多的债权人在痛定思痛之余，都不能不对资本信用产生深深的怀疑：既然债务人公司拥有达到法定限额的资本，既然该公司的资本规模巨大，既然该公司的资本额远远超过与债权人公司的交易额和债务额，却为何陷入资不抵债或不能支付，并致债权人无从受偿的境地？

道理显而易见，公司资本不过是公司成立时注册登记的一个抽象的数额，而绝不是公司任何时候都实际拥有的资产。撇开非由资本形成的公司资产不论，除在公司设立的某个瞬间，公司资产纯粹由资本构成且资产本身未发生任何价值变化，会出现公司实际资产与注册资本完全一致的情形外，公司资产与资本的脱节是公司财产结构的永恒状态。公司的资本是一个静态的衡量，而公司的资产则是一个动态的变量。公司资本一经确定，除经法定的减资程序，不得随意也不会自动变更。而公司资产完全不同，随着公司经营的赢利或亏损、公司财产的增值和贬值，其每时每刻都在发生着程度不同的变化，因公司经营的盈利和财产的增值，公司的资产会大

---

① 王泰铨：《欧洲公司法导论》，《台大法学论丛》第 25 卷第 1 期。
② 雷兴虎主编《公司法新论》，中国法制出版社，2001，第 91 页。

于公司的资本，因公司经营的亏损和财产的贬值，公司的资产会少于公司的资本。通常情况下，公司经营存续的时间越长，资产与资本之间的差额就越大，以至于资产与资本可能会完全脱节，从公司资本无以判断公司的资产，从公司的资产也无以判断公司的资本，一个一百万资本的公司可能拥有几千万元甚至上亿元的资产，而一个资本几千万元的公司可能只剩下几百万元甚至几十万元的资产。而公司赖以对外承担财产责任的恰恰是公司的资产，而不是公司的资本。公司资产的数额就是公司财产责任和清偿能力的范围，公司的资本再大，也不能扩大公司的责任范围，公司的资本再小，也不能缩小公司的责任范围。因此，从实际的清偿能力而言，公司资本几乎是没有任何法律意义的参数，以资本为核心所构筑的整个公司信用体系根本不可能胜任保护债权人利益和社会交易安全的使命。就此而言，由资本所昭示的公司能力或信用多少带有虚拟的成分。资本不过是公司资产演变的一个起点，是一段历史，是一种观念和象征，是一个静止的符号或数字。资本信用及其对债权的保障其实不过是一个理论和立法上的构思和假设。近年来，公司法研究已经开始重新认识资本的作用，并作出了新的论断。有的学者写道："注册资本仅仅是一个账面数字，它不过是表明了股东已经按其出资额履行了其对公司的债务责任，它在大多数情况下并不能反映公司资信情况"，[1]"在公司存续一段时期后，公司资本实际上已成为纯粹的计算上之数额"，[2]"在西方某些国家，由于商业信用的发达，注册资本已逐步丧失了原来的意义，成为公司的一种象征"。[3] 有的学者更加直截了当地指出："公司资本对公司债权人是虚幻的，是没有实际意义的。有的学者将公司资本称为债权人的'总担保'，这种说法是不确切的。"[4]

因此，以资本来昭示信用总是对公司信用程度不同的歪曲，无论在资产低于资本还是在资产高于资本的情况下，资本都不能准确地反映公司信用的真实情况，从而会影响甚至损害当事人的利益。在资产低于资本的情况下，公司处于亏损状态，公司的债务清偿能力低于资本，如以资本判断

---

① 刘燕：《对我国企业注册资本制度的思考》，《中外法学》1997 年第 3 期。

② 柳经纬主编《商法》，厦门大学出版社，2002，第 174 页。

③ 甘培忠：《企业与公司法学》，北京大学出版社，2001，第 235 页。

④ 徐燕：《公司法原理》，法律出版社，1997，第 310 页。

其信用，必导致对公司信用的高估，债权人信赖于此而达成的交易将自始就承受资不抵债的风险。在资产大于资本的情况下，公司处于盈利状态，公司的债务清偿能力高于资本，如以资本判断其信用，必导致对公司信用的低估，债权人虽获得对其利益的充分保障，但公司的更高信用被掩盖和浪费，实际上使交易能力和商业机会受到了遏制。

除此以外，更为现实和复杂的情况则是资本本身的虚假和抽逃。作为强行法的法定资本制所要求的资本真实和出资履行只是法定的目标和为当事人设定的义务，它并不就等于所有公司依法遵行、使资本全部到位的现实。相反，公司成立伊始即存在的注册资本虚假和公司成立后股东收回出资、抽逃资本是公司实践中较为普遍的现象，这使得本已不实的资本信用越发脆弱。无论注册资本虚假还是抽逃资本，都使名义上的公司资本与事实上的公司资产发生脱节，而且这种脱节不是发生在公司成立后的经营过程中，而是自公司成立之初即先天存在，如果说由资产与资本脱节所导致的信用歪曲属于公司经营的客观因素所致，那么，由资本虚假和抽逃资本所导致的信用歪曲则完全是主观的操纵和恶意使然。尽管公司法对此种行为加以严苛的惩罚，包括刑事责任的追究，但这也不可能完全补救股东无力填补资本或追加出资时财产能力的缺失，更不能奢望此种情况的绝迹。毫无疑问，资本虚假和抽逃情形下的资本信用本身就构成对债权人的欺诈，在此信赖基础上进行的商事交易给当事人造成的巨大风险是不言而喻的。

由此可见，资本是靠不住的，无数破产企业发生的情况已经，并正在验证着这个似乎还未被捅破的事实。

三　资本信用的弊端和缺陷

"我国对内资企业法人实行法定资本制的实践，也表明它无法实现为债权人提供必要担保的初衷，相反其僵硬而阻滞投资、妨碍交易便捷的固有弊端则暴露无遗。"[①] 事实上，资本信用及其刻板、僵硬的资本和出资制度，在公司法颁布后不久就开始受到人们的怀疑和异议，并随公司法的实

---

① 史际春、温烨、邓峰：《企业和公司法》，中国人民大学出版社，2001，第196页。

施而遭遇日愈尖锐的挑战。首先受到诘难的是最低资本的数额。在美国，绝大多数州的公司法都没有最低资本额的规定，有的州虽有规定，但其最低额不过为1000美元。在欧洲，法国公司法规定的最低公司资本额，有限公司为2万法郎，股份有限公司为10万法郎，德国公司法规定的最低公司资本额，有限公司为5万马克，股份有限公司为10万马克。① 因此，当中国公司法规定有限公司的10万元最低注册资本和股份有限公司的1000万元注册资本的时候，就不能不受到条件过严、门槛过高的质疑。比较中美和中欧的经济发展水平与公司的规模和实力，中国的公司注册资本只应低于欧美，而绝无高于欧美的道理。为何在经济高度发展的欧美国家最低资本额较低，而在经济尚欠发达的中国却有如此高额的资本要求，其原因恐怕不仅仅是立法动机要放宽限制或抬高门槛这么简单，更重要的可能是对资本功能定位和认识的不同。毫无疑问，任何国家的公司立法都不可能对公司的责任能力不予关注和要求，不可能放任公司对债权人形成的风险，但在欧美国家，这种关注和要求显然主要不是通过资本额的限定来实现的。在经济高度发达的美国，由于没有法定资本的限制，理论上，只有1美元都可以设立公司，但却依然有着良好、井然的经济秩序，并未因此而发生公司丧失信用基础和危及债权人利益的后果。很显然，在它们豁免最低资本要求的法律制度下，公司的信用不是靠公司资本来维持的，在资本之外，一定存在维持公司信用的其他因素。那么比较而言，中国公司法上的资本就负载太重了，我们对资本过多的要求和期望导致它超越了现时中国一般公民的投资能力，阻碍或剥夺了许多投资者开办公司的机会。尽管客观而论，依目前中国公民的财产能力，10万元人民币并非太高的数额，对许多从事经营活动的人来说，也并非十分困难，如果将公司的资本定位为公司的信用基础，把最低资本作为公司对外承担财产责任和债权人利益的唯一担保的话，这一数额实在算不上过高或过分。但如果资本不再背负公司信用基础的功能，不再赋予公司资本以债权担保的使命，而只把资本作为公司自身经营的物质手段并交由公司的股东自行判断和决定的话，那么，这一最低数额也许就过高了，甚至是完全不必要的。尤其是对那些智

---

① 〔英〕迈恩哈特：《欧洲九国公司法》，赵旭东等译，中国政法大学出版社，1988，第9、45、62、102页。

力密集型的高科技企业，也许只需要简单的办公设备和少量的办公经费就足以开展其预定的经营活动，大量的资本只会导致多余资金的闲置和浪费。

在资本信用之下，公司股东的出资形式制度也被完全扭曲和变形，不得不屈从所谓债权人保护的要求，而完全忽略了对投资资源全面、充分的利用，牺牲了投资者的自身投资优势和公司的实际需要。股东的出资本来具有两方面的功能，其一是经营功能，即作为公司的经营手段，用于公司的经营活动，就此而言，只有公司及其股东最了解何种出资为公司所需要，只要股东同意和认可，任何具有经营价值的东西都可以成为出资的标的。其二是债务清偿和债权担保功能，即以此作为公司对外承担独立责任、股东承担有限责任的手段，就此种功能而言，出资标的价值的可确定性和可移转性就成为当然的要求。应该说，公司的设立，首先的考虑应是如何经营而非如何偿债，经营是出发点，是根本的目的性问题，而偿债则是经营行为的后果问题。在出资的两种功能中，经营功能应是基本的、主要的，偿债功能应是从属的、次要的。但在资本信用之下，出资的经营功能被弱化，偿债功能被强化，甚至以偿债功能作为出资方式取舍的唯一标准，一些经营功能很强而偿债功能不足的出资形式被排除在法定的出资形式之外，公司迫切需要的经营手段无法施展，投资者富有价值的投资资源不能开发，经营者的重大利益无法实现。为了服从资本信用的需要，整个社会为此付出了巨大的成本，而回报的却是假设和虚渺的资本信用。

在公司法禁止的出资形式中，股权，是随公司发展日益普遍存在的民事权利，是公民和法人财产构成中越来越重的部分，以股权对外投资是民事主体处置财产和投资理财的基本需要，尤其在企业改制、资产重组，包括上市公司组建的过程中，以股权的置换完成对新公司的出资是许多投资者优先选择的出资方式。然而，在资本信用之下，它却遇到难以逾越的障碍。由于股权的价值并不取决于其自身，也不取决于股东获得股权时原始投入的出资额，而取决于股权所在公司总资产减去总负债的余额，即公司的净资产或股东权益，同时，股权的价值又极不稳定，随其所在公司的经营结果和资产变化而随时变动，那么如允许股东以其他公司的股权出资，则既需要对该股权所在公司进行全面的资产评估和财务审计以确定其价值，从而使股权的出资变得异常麻烦和艰难，同时又因股权价值的不稳定性而影响了公司资本实质上的确定和维持。因此，在严格、彻底的资本信用之下，为保证资本的真实和可靠，股权只能被排除在法定出资形式之外。

债权也同样如此，虽然其价值或债权金额是确定无疑的，但债权的实现却具有极大的或然性，债务人的商业信用或支付能力对债权的实现起着决定性的作用，除债务人对债权本身的存在和数额可能存有异议、必须通过司法或仲裁程序加以裁决的情形外，即使已经获得司法或仲裁胜诉裁决的债权，甚至是已经处于法院强制执行之下的债权，都仍有可能因债务人丧失客观偿付能力或陷入破产而无法实现，而在债务人恶意逃债成习的恶劣商业环境下，债权更具有很大的落空风险。此种财产如作为股东出资而进入公司资本，无疑将会完全动摇公司资本的基础，对资本确定和维持构成直接的威胁。更如股东故意将已经无望实现的债权，甚至连债务人都不见踪影的不良债权充作出资的时候，相应部分的资本事实上就变成了虚假资本。因此，资本信用制下当然地排斥以债权作为出资。

被资本信用排除在外的不只是股权和债权，除法定出资形式之外的所有其他以权利来表现的财产都是被排除在外的，包括经营权、采矿权、承包经营权等。

由公司的资本信用决定，股东对公司的出资还必须具有财产价值的确定性和可移转性。只有以易于确定财产价值的标的作为出资，才能保证由股东出资构成的公司资本额的真实、确定，只有在民事主体之间能够进行有效移转的标的，才能用于公司对外债务的清偿，才能实现资本的清偿功能。由此，信用和劳务等形式，虽然同样有经营功能，但却只能被排除在有限公司和股份有限公司的出资范围之外了，虽然在现实经济生活中信用出资和劳务出资的合理性已毋庸置疑，公司实践要求解除这一法律限制的呼声也日益强烈。

首先来看信用出资，在我国大陆现行公司法中它不被允许，在日本、我国台湾地区等大陆法系公司法中，也只允许无限公司的股东和合伙企业的合伙人以信用出资。然而，信用的经营功能是显而易见的，作为一种商业评价和信誉，信用不仅是商事主体所能拥有的无形资产，更是其开展营业活动的重要条件，有的公司甚至可以在几乎没有任何资产能力的情况下仅靠其卓越的信用而获得经营的资源，对于某些从事特殊经营的公司而言，良好的信用甚至较之雄厚的资本更为重要。无限公司和合伙对信用出资的准入其实已经肯定了信用所具有的经营效用及相应的财产价值。在中国，对信用的利用尽管尚未得到法律的明确认可和理论的肯定，但在现实经济生活中却早已是客观存在的事实。如对于挂靠企业的产权认定就存在信用利用与估价的问题。事实上，许多被挂靠组织尽管未向挂靠企业进行有形资产的投入，但其信用却被挂靠企业实际地利用，所谓挂靠关系在许多情况下正是挂靠企业为了利用被挂靠组织的信用而产生的。挂靠企业的产权关系是一个十分复杂的法律问题，有些挂靠企业纯粹由私人投资，并完全依靠私人的有形投资和私人投资者的经营管理而使企业资产滚动增值，企业成长壮大，对此种企业应恢复其私营企业的本性并确认私人投资者对企业产权（股权）的所有，当是无可置疑的原则。然而，许多挂靠企业的成长却非如此单纯和简单。有的挂靠企业虽然资产由私人投入，但资产数额微不足道，不过数万元或数十万元，有的甚至通过虚假出资和虚报资本取得公司注册，实际上根本没有任何资产的投入。但起始资本或资产能力微弱并不当然意味着其赢利能力就低下或成长性不足，一些小型企业在短短的几年中，迅速成长为资产规模达数千万元甚至数亿元的巨型企业，按照"谁投资，谁所有"的产权界定原则，可以说这种企业并无严格意义上的投资者，企业经营的一切条件完全靠后天获得，靠企业成立后的融资和管理去创造。而在这一创造过程中，私人管理者恰是利用了被挂靠组织的某种渠道、便利或影响，恰是通过由挂靠关系所产生的身份和背景获得了他人所无法获得的经营资源和条件，那么，被挂靠组织以管理费等名义取得收益并进一步主张投资者的权益就是顺理成章的逻辑，很显然，在此他们的投资方式正是也只能是信用的出资。但信用的下述两个特点又使其在资本信用之下存在致命的出资缺陷。第一，价值难以界定。信用的无形较之知识产权更难以把握，既没有商标证书或专利证书之类的权利表现形式，也无法就信用之上的权益在当事人间作有效的分割，因而，无论是商事主体的整体信用还是其用于对外投资的部分信用，都难以进行价值上的判断和界定。同时，对同样的信用，不同的人基于不同的立场或由不同的公司利用，都会有完全不同的评价或利用效果。第二，无法有效移转。信用的原有人可以有效地展示和利用其信用，但信用的受让人不一定就能利用这种信用，如果信用原有人配合，受让人还可能能够利用，而在原有人不予配合时，受让人可能就无法利用。在资本信用体系之下，既然公司资本被作为公司债权的基本担保，既然以公司的资本作为判断其偿债能力的标志，信用的此种特点就决定了其不可能成为出资的对象，被计入公司的资本。

除信用外，劳务出资遇到同样的命运。劳务，系指为公司已经或将要付出的劳动或工作，包括简单的体力劳动，也包括复杂的、高级的技术或管理性的工作。毫无疑问，劳务出资具有经营的功能，甚至是极强的经营功能。企业的经营活动以劳动者、劳动工具和劳动资料为基本的经营要素，其中劳动者所提供的正是各种各样的劳务，任何公司都不可能缺少对劳务的需要，都不可能离开人的工作和管理。虽然这种劳务在通常的情况下，是以工资、酬金等形式通过公司经营成本的支付而获得的，但劳务的经营功能却是毋庸置疑的。在资本密集型的公司中如此，在智力密集型的公司中更是如此，货币、实物对公司的经营必不可少，而管理和技术性的劳务也至关重要，对有些公司来说，要从事经营和取得经营佳绩，并不需要太多的资金或实物，或者要获得资金或实物的支持也并非难事，困难的却是如何得到需要的人才和管理能力与技术。如果撇开公司对外偿债的需要，劳务本是完全可以进入公司的资本的，完全应该允许股东以此作为投资的手段，股东之间可以就此达成有关劳务出资作价的任何协议，但由于资本信用所决定的对出资标的偿债功能的要求，它却被排除在法定出资形式之外了。

作茧自缚和削足适履，是现行资本和出资制度弊端的最准确而生动的描述。

四　资产信用及其结构分析

其实，决定公司信用的并不只是公司的资本，相反，公司资产对公司的信用起着更重要的作用，与其说公司的信用以公司的资本为基础，不如说是以公司的资产为基础。公司以股东的有限责任和公司自身的独立责任为其根本法律特征，而所谓公司的独立责任恰是以其拥有的全部资产对其债务负责，公司对外承担责任的范围取决于其拥有的资产，而不取决于其注册的资本。

也许通过公司资产负债表的结构分析，可以使我们对公司信用的对应关系有一种直观的感受。公司的资产负债表本来就是公司信用关系的对应显现，资产本来就是与负债配置并与其相生相长的信用因素，公司的负债既形成公司资产，反过来又以公司资产为其基本担保。在公司资产负债表上，资产和负债栏下永远都是两个平衡的数字，因此，资产负债表又称为平衡表。从公司财产构成的角度分析，资产栏和负债栏所载实质上不过是公司财产形态转换的两种不同表现形式，资产栏表明公司财产的物质状态和现实构成，负债栏则表明公司财产的形成来源，资产负债表左栏下的资产不过是其右栏下的负债转换而成的结果。

公司资产的形成来源于两个方面，其一是股东的出资即公司的资本，其二是对外的负债，因而公司资产负债表的负债栏下分为股东权益和真正的公司负债两大部分。股东权益，从法律性质而言，虽列于负债栏下，却并非真正的公司债务，而是公司自有的财产，但从财务构成分析，此项财产来源于股东的出资，相当于公司欠付股东的债务，因此，基于公司财产物质构成和来源构成平衡的需要，亦将其列在资产负债表的负债栏下。与此同时，在资产栏下，该股东权益根据股东的出资形式而相应地转换为货币、实物、土地使用权、工业产权和非专利技术等资产。公司资产的另一来源是真正的公司负债，如长期负债、短期负债以及应付账款等，在公司承担这些债务的同时肯定会获得相应的资产，比如从银行贷款承担长期或短期的借款之债的同时，也就会获得相应的货币资产。在买卖合同中，收取对方货物而未支付货款之前，此项货款在负债项下属应付账款，在资产项下，则成为货物形态的流动资产。

就资产和负债的静态关系言之，既然公司资产系由其负债转换而来，那么，公司有多大负债，必有多大资产，负债增加，资产必相应增加，而资产减少，必引起负债减少。即使没有股东出资及由此形成的公司资本，公司的资产和负债也总是一致的，此种关联关系有如物理学上之物质不灭定律，资产与负债不过是财产在公司名下形态转换的表现，就此而言，断无资不抵债情况发生的可能性。因此，静态的公司信用是绝对的资产信用，依靠负债形成的资产本身就是负债的完全而可靠的保障。

然而，公司的负债也许是静态不变的，但公司的资产却始终处于动态的变动之中。如前所述，由于公司经营的盈利或亏损，由于有形或无形的增值或贬值，公司资产从其形成的时刻起，就处于每时每刻不断变动之中，而人为的转移和流失则更会加剧公司资产无规律的变化。在资产变动但负债不变的情况下，必然发生资产与负债的脱节，公司经营的盈利和资产的增值会使公司资产高于其负债，而公司的亏损和资产的贬值则会使公司的负债高于其资产，资不抵债的情况由此而生。因此，实际存在的资产信用对债权的保障也总是相对的和不完全的。但是，虽然这种动态下的公司信用无法从资产那里获得完全、绝对的保障，资产所能清偿的债务范围与全部公司债务的范围并不总能完全重合，但资产对负债的担保关系却不会发生任何改变，清偿范围的缩减和担保价值的降低既不改变资产作为公司信用因素的性质，也不会使公司资本取代公司资产而成为公司信用的基础。与负债对应并构成其基本担保的从来就是公司的资产，而不是资本，资本只是公司资产的来源之一并构成资产的一部分，与公司的负债之间并不存在直接的、必然的、重合的对应关系。以资本为公司的信用基础，显然是不恰当地把信用基础从资产游移到了资本上，这是一种实在的错位和错觉。

在定性分析的基础上，我们还可以对资产信用进行简单的定量分析。资产与负债的对应关系表明，决定债务受偿范围和受偿程度的是资产以及资产与负债的比例关系，即财务指标上的资产负债率。资产本身对公司信用的影响又取决于两个要素，其一是资产规模或数额，其二是资产有效性。资产规模当然是决定债务受偿的首要因素，资产规模越大，资产数额越多，债务的清偿能力越强，但这只是就总体资产对个别债务的清偿而言，如果以总体资产对总体债务，那么，债务的清偿能力则不取决于资产单方面的规模或数额，还取决于总资产与总负债的比例关系，取决于资产负债率的高低。资产负债率低，即使资产规模不大，债务却有保障；资产负债率高，即使资产规模很大，债务却有不能清偿之虞。就此而言，要害的问题并不在于绝对的资产规模或数额，而在于资产与负债之间的相对比例。

进一步的分析还表明，资产负债率所反映的同时也是公司净资产与公司负债的比例关系。资产负债率越低，表明公司的净资产率越高，反之，资产负债率越高，公司的净资产率越低。而净资产率当然是决定公司清偿能力的更直接的指标和数据。从总体资产对总体债务的根本意义上说，资产信用就是净资产信用，就是公司总资产减除公司总负债后的余额的范围和幅度。净资产越多，公司的清偿能力越强，债权人越有保障。

资产有效性是资产对债务清偿的效用。资产负债表中的资产是以固定资产、流动资产、长期投资、无形资产和递延资产的特别状态存在的，在价值界定上，各种形态的资产无疑都可以计算为一定数额的资产，这些资产对公司的经营也都有其本身的功效，但对债务清偿而言，并非所有的资产都具有债务清偿的功能，不同形态资产的价值与其债务清偿的效用也不完全等值。资产在债务清偿方面的效用是以资产的可变现性和可移转性为前提的，只有可以转换价值形态尤其是可以换成流通货币的可变现资产和可以从公司手中移转到债权人手中的可移转资产才具有债务清偿的效用。就此而言，资产负债表中的固定资产和流动资产一般具有较高的清偿效用，长期投资、无形资产的清偿效用则有着相当大的变数，而作为公司开办费用已经对外付出、有待于往后逐年摊销的递延资产，则根本不具有债务清偿的效用，在以资产判断公司信用时，此类资产应当从公司的有效资产中予以剔除。因此，资产的债务清偿功效不仅取决于资产的总量，更取决于资产的具体构成，取决于有效资产在总资产中所占的比重，取决于有效资产与无效资产的比例关系。就此而言，"公司的偿债能力并非取决于账面资产，而取决于可以即时变现的账面资产占多大比例"。[①]

五　从资本信用到资产信用——中国公司制度重构

从资本信用到资产信用，是对公司信用科学分析基础上的理性选择，是公司法发展的历史轨迹，也是中国公司法正在形成的发展趋势。

很明显，资本信用已经成为中国公司法发展的枷锁，公司法制度创新的桎梏，面对法定资本制的过度要求和出资方式的不当限制，我们常常会感到作茧自缚和削足适履的苦恼与无可奈何的屈从。突破了资本信用，失去的只是一个虚幻的担保，而获得的却是对投资者的解放和对债权人更为切实的保障。从资本信用到资产信用的转变，其突出的法律意义在于对现行公司法制度的变革，将借此取消由资本信用决定的、阻碍公司发展的不合理和不必要的制度和约束，改革现行的资本制度和出资制度，发展和完

---

① 孔祥俊：《公司法要论》，人民法院出版社，1997，第222页。

善公司的财务会计制度，从而实现对公司债权人利益的全面和根本性的保护。

以资产信用取代资本信用，首当其冲的是法定资本制本身的改革。"由法定资本制到授权资本制"是现代西方国家公司法的发展趋势之一。[①]早在大陆法系国家严守法定资本制的时期，英美法系国家就形成了可以分次发行股份、不必一次缴足股款的授权资本制。由于法定资本制的固有弊端和授权资本制的优越，后来多数大陆法系国家已采用授权资本制，或借鉴授权资本制对法定资本制进行修正，形成了认可资本制或折中授权资本制。毫无疑问，中国公司法实行的是典型的法定资本制，如果说在资本信用之下，这种法定资本制还有其存在的根据，为了奠定公司的债务清偿能力，中国公司法不得不容忍法定资本制带来的公司设立难度大、公司资金闲置与浪费、增资程序复杂等弊端，那么，在资产信用之下，对授权资本制或折中授权资本制的采纳就是不必犹豫的选择。其原因在于，既然公司以资产为其信用基础，资本是一次还是分次发行，公司名义资本与其实缴资本是否一致，就都只是关涉公司自身需要和内部关系的安排，而不会决定公司实际的债务清偿能力，也不会导致债权人对公司信用判断的误解。况且，目前对中国公司和外商投资公司要求上内外有别，对外商投资公司实行"授权资本制"，对内资公司则实行"法定资本制"的做法，也不符合 WTO 规则的要求和国民待遇原则。

最低资本额制度的调整和取舍是资本制度改革的重要内容之一。在资产信用之下，公司的最低责任能力不再取决于其最低资本额，资本不再背负公司信用基础的功能来实现债权担保，而主要是作为公司自身经营的物质手段交由公司股东自行判断和决定，因而，公司法大可不必对其设定过高的条件，甚至最终彻底放弃最低资本额制度也并无不可。对那些智力密集型的高科技企业尤其应该如此，以尽量避免多余资金的闲置和浪费。在经济高度发达、投资实力强大的欧美国家和我国香港地区，都只需要很低甚至根本没有最低限额的资本，那么也大可不必过分忧虑我国降低或取消最低资本额所可能导致的后果。认为"这种高度发达的企业制度，不适宜

---

① 雷兴虎：《现代西方国家公司法的发展趋势与中国公司法的选择》，《法学评论》1998 年第 4 期。

于在中国立即借鉴或效仿，中国需要一个资本确定并能维持的时期，以培养优良的商业文明和传统"① 的看法，或许是片面地强调了资本与市场环境的关联，尽管中国现时的市场成熟和商业文明程度以及信用意识还不能与西方国家相比，但其中的差距并非必须通过资本限额的提高而完全可以通过其他的制度来弥补。

以资产信用取代了资本信用，法律对股东出资形式的硬性限制也就可以放宽直至彻底解除了。既然资本不再肩负债权担保的使命，股东的出资也就不再必须具有债务清偿的功能，凡具有经营功能的资源和要素都可以作为股东的出资，唯一的条件只是股东的认可和同意。由此，股权、债权、劳务、信用等都可成为出资的标的，而严重影响技术密集型公司的设立，影响技术，尤其是高科技技术的充分开发和利用、抑制科技人员和脑力劳动者创业积极性的无形资产出资最高比例限制也完全可以解除。公司法的立法原则将从完全的出资法定主义走向出资自由主义或法定主义与自由主义的适当结合。这一方面，我国台湾地区"公司法"最新的发展已给了我们某种启示，台湾长期以来也实行严格的出资限制，规定"股东之出资，除发起人之出资及本法另有规定外，以现金为限"（第 156 条），但2001 年的第 12 次台湾地区"公司法"修正将其改为"股东之出资除现金外，得以对公司所有之货币债权，或公司所需之技术、商誉抵充之"。② 随着这一原则的调整，现行出资评估制度和验资程序的强制性与严格要求，也可以适当地弱化并使其具有更多的弹性和灵活性，缩小国家强制和干预的范围，给当事人留出更大的意思自治和利益协调的空间。

公司信用基础的转变也必将引起公司和股东行为规则的重要变化，包括不需再严守资本维持的原则，公司的名义资本与实缴资本的脱节得到允许，股份的折价发行就不必再严格禁止，公司设立的特殊背景和当事人之间利益调整的需要有时会使股份的折价发行具有合理性；正在发展的股份或股票期权制度，能够充分发挥公司管理人员和员工的积极性，是增强企业凝聚力和竞争力的有效方式和途径，但其中的股份回购却违反现行公司法规定，那么，一旦突破了资本维持原则，立法也就不需再禁止股份回

① 甘培忠：《企业与公司法学》，北京大学出版社，2001，第 235 页。
② 赖源河等：《新修正公司法解析》，元照出版公司，2002，第 184 页。

购，将打破股票期权制度发展的瓶颈；公司的转投资是公司的财产支配和自主经营行为，本应服从公司经营战略和盈利追求的需要，在财产能力上，它也只是公司资产的形态转换问题，并不直接影响资本真实与维持，只是影响资产的变现能力和程度，其对债务清偿产生的影响完全属于债权人对公司资产信用判断的因素，即使在法定资本制的国家对此也少有严格的法律限制，以资产信用取代资本信用后，更无限制转投资比例的理由，事实上，中国股份制改革和国有企业公司化的实践也早已突破了现行公司法的比例限制；在资产信用之下，公司增资或减资都不再直接决定公司对外清偿债务的范围和影响债权人利益，因而，公司法的减资程序应该相应简化，由此公司的运营效率将会提高，操作成本将会降低；公司法股权退出机制的缺少一直与投资者对投资风险的防范和控制发生着尖锐的冲突，尤其在股东之间存在尖锐矛盾、公司经营效益低下而部分股东又无法参与公司管理的情况下，会导致极不公平、不合理的结果。一旦撒开了资本信用，股权退出机制的建立也就是顺理成章的，在确保现有债权安全的前提下，完全可以允许股东的退出。

在资产信用之下，维护公司资产的稳定和安全具有根本性的意义，公司的独立责任和股东的有限责任是公司人格独立的基础，也是公司这种组织形式极大的优越性所在，投资者借此而避免了倾家荡产的投资风险，而把风险转嫁给了公司的交易对方。但公司法上的独立责任和有限责任是以公司资产的独立为前提的，只有合理演变形成的资产才能作为公司独立责任的范围，人为的资产转移和流失则应成为公司人格否定并进而要求股东承担无限责任的根据。在此，至为关键的问题是公司资产流向的合理与监控。上文资产结构分析表明，静态关系上的资产和负债有如物质不灭，公司负债的形成通常都会伴有相应的资产获得，动态关系上的资产则会因公司经营的盈利或亏损、有形或无形的增值或贬值而发生经常性的变化，而无论是静态的物质不变还是动态的价值增减，都属债权人可以也应该预见的结果，由此而发生的资不抵债属于债权人理应承受的交易风险，在此情况下，并不存在追究公司过错责任的问题。但如果公司资产非因正常经营的原因而发生人为的资产转移和流失，则是债权人所无法预料的，由此而发生的资不抵债就是债权人不应承受的不合理的交易风险，这种结果和风险无疑应由法律严加控制和防范。从某种意义上说，对债权人利益的威胁，不在于公司资本或资产的多少和规模，而在于公司资产的转移和流失。因此，必须建立一套监控公司资产流向的法律制度，公司的资产演变必须具有法律和财务上的合理性，任何债权人在公司资不抵债时，都应有权提出审查公司资产流向的要求，公司必须提供相关资料并对其资产的变化作出充分的说明，对于恶意逃债及资产非正常转移和流失的，债权人除可以通过合同法上的撤销权实现救济外，还应能够追究公司相关人员的个人责任，直至否定公司的法人人格而追究股东的清偿责任。如此，面对债务人公司动辄资不抵债，甚至幸灾乐祸的结果，债权人自认倒霉，司法和执法机关束手无策的局面将不会再现。

公司的财务会计制度是资产流向监控的主要手段。公司财务会计制度不只是一种会计制度，更是一种法律制度，其成为公司法上重要制度的主要原因不在于公司经营管理和财务管理的需要，而在于对公司、股东和债权人权益的保护，其中对债权人的保护尤为重要。要发现、了解和最终证明公司资产的转移和流失，没有财务会计制度是绝无可能的。严格的财务制度不仅会暴露和留下非法资产转移的事实和痕迹，为债权人和司法机关追究股东责任提供有效途径，而且也会对此种行为形成有效的遏制。现行公司法及其司法、执法恰好在此方面缺少具体有效的制度和手段。为此，应赋予债权人对无力清偿其债务的公司以财务审计的申请权；应规定与债务人公司发生交易往来的当事人配合财务审计的法律义务；应对缺少完整财务记录、财务账册虚假而无法确定和说明公司资产去向和变化情况下债务责任的追究作出明确规定；受理和处理公司债务纠纷的司法或行政机关应在财务保全、财务审计和财产追索方面作出相应的、简捷高效的程序安排并采取有力的措施。

在资产信用基础之下，公司资产信息的作用极为突出。无论是资产信息的收集、提供、获得、利用，还是信息渠道的畅通、充分和有效都是至为重要的，也许这种信息的重要性还无法上升到证券法上信息公开制度的地位，但的确要比资本信用之下重要得多。资本信用之下，债权人关注的只是债务人公司的资本规模等静态的表面事实和资本是否真实、出资是否抽逃等简单事实，而资产信用之下，债权人则要对债务人公司所有信息实时跟踪，包括资产结构信息、资产流动信息、资产状态信息等。资产结构信息包括公司拥有的土地、房产、机动车、股权、知识产权、银行存款等；资产状态信息包括资产的查封、冻结、抵押、质押、担保等。然而，现行立法在资产信息方面对债权人几乎未提供任何法律的服务和救济，实践中，债权人追偿债务的努力往往功亏一篑于信息的不畅和有关部门、单位本可提供而拒不提供的信息服务。因此，必须建立一套系统的、与资产信用配套的信息服务体系，在依法维护当事人商业秘密的前提下，赋予债权人就债务人公司的土地、房产、机动车、股权、知识产权等资产进行调查和收集信息的权利；应规定管理相关事务的政府部门或单位按法定条件向债权人提供资产信息的义务；对于金融、保险、证券等特殊资产信息，在更为严格的条件下，司法机关应根据当事人的请求协助索取；还应鼓励和发展更为完善的征信业务和征信制度，为债权人提供更为丰富有效的市场信息服务。

从资本信用到资产信用的转变不是现行公司制度的局部修正和补充，而是整个公司立法、司法和理论的战略性调整，它将使我们的注意力从静态不变的资本转向动态变化的资产，从资本的确定、维持、不变转向现有资产的结构分析、流向监控和合理性认定，从固化的原始财产金额转向现实的债务清偿能力或支付能力，从静态的、历史的、局部的资本观念转向动态的、现实的、整体的资产观念。

资本制度变革下的资本法律责任[*]

——公司法修改的理性解读

赵旭东[**]

摘　要：公司法资本制度的重大变革并未否定资本制度的基本原理和与之相关的股东出资义务和责任。取消最低资本额，改变的只是股东出资义务的范围或数额，而非股东出资义务本身。公司资本从有限制的认缴制到无限制的认缴制，改变的只是股东履行出资义务的期限，股东以其认缴而非实缴的出资额为限对公司债务负责，资本的"认而不缴"并不免除股东的出资义务或责任。认缴资本的采用也不能终结或取代实缴资本的独特作用。资本真实的法律要求不因取消法定最低资本额和实行完全的认缴资本制而改变，取消验资的特定法律程序，绝非否定资本真实的法律要求，而只是改变资本真实的实现方式。

关键词：资本制度　最低资本额　股东出资义务　资本真实　股东出资责任

2013 年末公司法资本制度修改对现行公司法制度和规则的冲击与震动几乎不亚于 2005 年公司法修正时资本制度的突破，横亘在公司设立者面前的最低资本的门槛没有了，注册资本成为不需要即时或限期兑付的"空头支票"，把守资本真实性的验资关口也同时被撤除了。多年来已经习惯于

---

　　*　本文原载于《法学研究》2014 年第 5 期。
　　**　赵旭东，中国政法大学教授。

严格资本管制和出资约束的投资者，在顿失规则枷锁的同时，也陷入了对公司资本规模设定及注册资本所蕴含之法律后果的迷茫。与此同时，一系列严峻的现实问题拷问着中国的公司法理论与实务：新资本制度下股东是否还负有出资义务与责任？股东出资是否还有真实性与适当性的法定要求？是否还存在虚假出资和抽逃出资的违法行为？公司法司法解释为追究股东出资责任所确定的一系列裁判规则是否已不合时宜？刑法中的虚假出资罪和抽逃出资罪条款是否也应当废止？概言之，本次资本制度的改革对现存公司资本制度的相关规则与法律原理是否构成颠覆性的影响？

理性分析的结果表明，本次公司法修改依然是资本制度基本原理指导下的局部制度变革，一系列具体法律规则的突破、放弃和变动，并非对资本制度基本原理的整体否定，并不构成对资本法律责任认定和追究的颠覆性影响。

一　最低资本额的取消与股东出资义务

最低资本额制度曾是公司法上独具特色的专有规则，虽然演绎此规则的原理十分精深，支撑该项制度的学理逻辑非常缜密，但依然未能阻挡废弃最低资本额制度的公司法改革国际潮流。几十年来，美国、英国及欧盟一些国家和日本等境外公司法经历了公司法定最低资本额从高到低及至最终取消的演变过程。对此一过程的梳理和总结，中国学者的成果并不逊于任何他国学者。[①] 中国公司法本次修改也顺应时势，取消了有限责任公司 3 万元、股份有限公司 500 万元的最低资本额的规定。随之而来的追问则是，与公司资本如影随形、紧密相连的股东出资义务将受到怎样的影响，其是否也随之消灭？

答案当然是否定的。公司资本与股东出资原本是构成公司资本的两面，公司资本来源于股东的出资，资本总额即为全体股东的出资总额，股东是资本的供方，公司是资本的收方，离开股东出资，资本就成为无源之水、无本之木。虽然公司获取财产的渠道有多种，但只有股东出资形成的

---

① 参见傅穹《重思公司资本制原理》，法律出版社，2004，第 135 页以下；薄燕娜《股东出资形式法律制度研究》，法律出版社，2005，第 21 页以下。

财产才构成资本。要保障公司资本的真实与可靠，必以股东出资的真实与有效为条件。虽然完整的资本制度的精细设计从来就是将其分解为资本一般规范和股东出资规范（或股份认购与对价支付规范）分别加以规定，但二者间互为表里、相辅相成的孪生关系却是无法割裂的。在最低资本额制度之下，既有法定最低资本额的门槛，就必有股东出资义务的底线，而今没有了法定最低资本额，股东的出资义务也就没有了最低的极限，但却并不意味着股东出资义务的完全免除。决定每一公司股东出资义务或出资范围的并非法定的最低资本额，而是公司自我设定的注册资本。有公司资本必有股东出资，该资本虽仅为全体股东认缴而不一定实缴的资本数额，但一经确定并注册登记，即产生和决定了全体股东的出资义务。最低资本额的取消，改变的只是股东出资义务的范围或数额，而非股东出资义务本身。没有了最低资本额，是否可以将资本设定为零，是目前具有争议的问题，但高额资本产生较高的出资义务，低额资本决定较低的出资义务，哪怕只有一元钱的资本，也必定附随一元资本项下的股东出资义务。

由此，股东出资义务其实与最低资本额的取消并无多大的关联。那种认为取消了最低资本额也就免除了股东出资义务的认识，是完全的误解和错觉。注册资本本来就设定在原定最低资本额之上的公司，最低资本额的取消对其股东的出资义务根本不产生任何影响，即使是注册资本低于原定最低资本额的公司，也不存在股东出资义务的免除问题，而只是根据具体设定的资本总额确定全体股东的出资义务，根据每个股东认缴的出资额确定各自的出资义务。诚然，不同公司的投资者可以量力而行，基于其投资能力酌定所设公司的资本规模，并由此限定自己的出资义务，但这并非本次资本制度改革的创新结果，而是公司资本制度设计的固有精神。

由此导出的一个耐人寻味的问题是，股东出资义务究竟是法定义务还是约定义务。有关公司法适用的某些著述对此有所分析但却未有明确的结论。[①] 无疑，股东出资义务首先是约定义务，没有任何外力强迫民事主体创立公司和为此投入，每一公司的资本多少和各个股东认购的出资额也完全取决于股东的自愿，无论是公司设立协议的约定、认股书的承诺还是公

---

① 参见奚晓明主编《最高人民法院关于公司法解释（三）、清算纪要理解与适用》，人民法院出版社，2011，第 106 页。

司章程的规定，都表明了出资义务的约定性或契约性。与此同时，当资本被注册、股东认购的出资额被登记或记载后，依照资本制度的一般规则，股东即应承担资本项下的出资义务，这又体现出股东出资义务的法定性和强制性。而这种义务从约定转换到法定的合理根据，则在于注册资本应有的公示效力，是因资本的注册已使该项信息超越合同相对人的范围而对无缘参与订约过程的第三人进行了宣示与声明，并会在一定程度上影响信赖该项信息的第三人对公司财产能力的判断，进而作出是否与公司进行交易的选择，为交易安全和债权人保护之需要，不能不赋予股东出资义务以法定的效力。由此，股东出资义务既是一种约定义务，同时又是一种法定义务，只关注和肯定其中的一面对股东出资义务进行定性，肯定是片面的。

更具挑战性的问题是公司资本不足对公司法人人格及至股东出资义务的影响。在公司法人格否认理论上，构成人格否认的重要事由之一是公司资本显著不足。尽管在美国等国家或地区，法律上没有最低资本要求，但不意味着从事特定营业活动的公司没有最低资本的经营需求。在公司法看来，当某一公司设定的资本规模与其营业内容严重脱节、根本不足以应对其可能承受的债务风险时，已不属正常的商业经营而属于过度的商业投机行为，其过小的资本安排应推定为公司设立者规避和转嫁商业风险的不良动机。对此，学者早有评述："公司资本显著不足，表明公司股东利用公司人格经营其事业的诚意欠缺。这种利用较少资本计划经营大事业者或高风险事业者，目的就在于利用公司人格和有限责任把投资风险降低到必要极限之下，并通过公司形式将投资风险外化给公司的债权人。"① 因此，公司资本显著不足成为一些国家法人格否认规则的法定事由。而公司法律人格一旦被否定，股东对公司债务的清偿责任就不再限于原定的出资额，作为其清偿责任基础的股东出资义务也便随之扩展放大。就此而言，如果实行严格的法人格否认规则，法定最低资本额的取消，对某些滥用公司独立人格的公司设立者和股东来说，不仅不能缩小其出资义务，反而须承受出资义务被追加和扩大的风险。有人认为，取消法定最低资本额后，资本显著不足就不再具有法人格否认的意义，但事实上恰好相反，没有了最低资本的限制，资本显著不足对公司人格否认的作用应是陡然上升。虽然我国

---

① 朱慈蕴：《公司法人格否认法理研究》，法律出版社，1998，第144页。

的法人格否认制度引进时间尚短，司法适用的裁判尺度尚不明朗，资本显著不足是否应成为法人格否认的充分条件尚待理论和实务的探索与肯认，但可以料想的是，在最低资本额的限制之下，资本的显著不足也许会被掩藏或被忽略，没有了最低资本，它自然就会得以凸显。待到取消最低资本的负面效果和弊端充分暴露之后，以资本显著不足而否定公司人格的法律规则将更会被认同，而由此对股东出资义务的实质影响也就更为深远。

二 认缴资本制与股东出资义务

将本次公司资本制度改革定性为从实缴资本制改为认缴资本制，其实并不准确。2005 年公司法已允许公司资本认而不缴，注册资本原本就可以是全体股东认缴的资本额而不必一次实际缴纳，只不过 2005 年公司法对此项资本认缴施加了若干限制，其中包括首次实缴额不得低于资本总额的 20%，不得低于 3 万元（有限责任公司）或 500 万元（股份有限公司）的法定最低资本额，普通公司 2 年内、投资公司 5 年内必须缴足。本次资本制度改革所谓的认缴资本制，不过是取消原有的对资本认缴的几项法定限制，使有限制的、不完全的认缴资本制成为无限制的、彻底的认缴资本制。

不可低估这一制度变革对股东出资义务可能产生的直接影响。在有限制的资本认缴制下，投资者尚能感受到注册资本固有的刚性，改采用无限制的资本认缴制之后，一些朴素的投资者似乎感知，资本不再构成对股东出资行为的硬约束，公司的设立者似乎可以随心所欲地设定公司注册资本规模，而无须承担注册资本之下的出资义务。显然，这是对资本制度改革的又一错觉和误解，它肯定不是也不应是制度决策者和立法者的初衷与本意。对此已见相关国家机关公开的权威说明。①

---

① 针对国务院 2014 年 2 月 7 日批准的《注册资本登记制度改革方案》，国家工商总局相关负责人在进行解读时表示，"实行注册资本认缴登记制并没有改变公司股东以其认缴的出资额承担责任的规定，也没有改变承担责任的形式。股东（发起人）要按照自主约定的期限向公司缴付出资，股东（发起人）未按约定实际缴付出资的，要根据法律和公司章程承担民事责任"。"如果股东（发起人）没有按约定缴足出资，已按时缴足出资的股东（发起人）或者公司本身都可以追究该股东的责任。如果公司发生债务纠纷或依法解散清算，没有缴足出资的股东（发起人）应先缴足出资"。见《遵从国际惯例金融机构仍实行实缴》，《法制日报》2014 年 2 月 19 日，第 6 版。

其实，无论是资本的认缴还是实缴，都不会改变股东出资义务的存在。早在2005年公司法修正后，就有学者对此明确指出，"无论是法定资本制还是授权资本制，无论是分期交付制还是全额交付制，都不影响股东承诺的出资义务。我国新公司法采用分期交付制，不仅没有改变法定资本制，也没有放松对股东出资义务的管制"。① 资本认缴制是相对于资本实缴制的另一种法定资本模式，这两种资本模式在股东的出资义务上并无根本对立和冲突。资本实缴制是股东在资本确定和注册之时承担将出资财产给付公司的出资义务，资本认缴制不要求股东即时给付出资财产，但出资义务尤其是出资数额却同样是确定的，只不过出资义务履行的时间有所不同。如把认缴资本比作开具票据，认股人自然是要承担票据付款人的义务和责任。绝不能无视嗣后出资能力、无所顾忌地漫天设定认缴资本，将其当作无须兑现的空头支票，更不能将公司注册资本当作随意玩弄的儿戏。

资本认缴制的核心要素在于认缴，即同意以一定金额的出资购取相应数额的公司股权或股份。资本认缴的具体形式多种多样，设立过程中的认缴通常采取公司发起协议或设立协议、合资合同、认股书等形式，增资程序中的认缴多采取增资协议、股东决议等形式，在某些情况下，签署包含出资内容的公司章程，也是一种附带或独立（另无认缴合同或决议时）的认缴行为。出资者或股东在这些具有法律效力的法律文件和法律行为中的同意或认缴，构成民商法上的承诺或允诺，其对应的前提则是公司的股份发行行为。如以民事法律行为成立要件和合同行为的订立要素加以分解，公司的招股行为构成合同的要约，股东的认缴行为则构成合同的承诺。公司拟发行的全部股份被全额认缴意味着股份发行的完毕或成功。如此形成的资本是为公司法上的发行资本，当公司法规定注册资本为全体股东认缴的出资额时，公司的注册资本与公司的发行资本、认缴资本就成为同义的概念。

有如一般合同的承诺一样，认缴承诺与发行要约一致时出资协议或认股合同即成立，出资的承诺同时成为股东必须承担的法律义务，违反出资承诺既是对约定出资义务的违约，又是对法定出资义务的违法。从有限制的认缴资本制到无限制的认缴资本制的转变，并不导致股东出资义务和范围的任何

---

① 叶林：《公司法研究》，中国人民大学出版社，2008，第266页。

改变，全体股东承担的依然是整个注册资本项下的出资义务，各个股东认缴出资的总和依然完全重合于注册资本的总额。所改变的只是具体出资义务的时间与期限，在有限制的认缴制下，法定比例（20%）的出资义务为公司成立时需当即履行的义务，其余部分的出资义务应在2年内或5年内履行，一人公司股东的出资义务则只能即时履行。改为无限制认缴制之后，股东出资义务可能是即时履行的，也可以是定期或分期履行的，还可能是不定期限的。无论何种情形，万变不离的是股东的全额缴纳义务。

应该看到，出资履行期限不确定，容易让人产生出资义务不存在的错觉。也许有的公司直到解散终止，部分资本都处在休眠状态，公司都未向股东催缴过出资。但这并不意味着股东出资义务的不存在。如同无期限民事债务一样，履行期不定的出资义务也是一种股东对公司的无期限债务，履行期限的有无只是决定债务类型不同，不会决定债务本身是否存在。对此一法律判断提供强力和充分支持的法律依据莫过于公司法关于股东有限责任和破产法关于破产财产的规定。2013年公司法第3条第2款规定："有限责任公司的股东以其认缴的出资额为限对公司承担责任；股份有限公司的股东以其认购的股份为限对公司承担责任"。此为公司法对股东有限责任的法定注解，亦为对股东出资义务和责任的明晰说明。法条文字清楚地写明，股东是以"认购"亦即"认缴"而不是以"实缴"的出资额承担责任。与此遥相呼应的是2006年破产法第35条："人民法院受理破产申请后，债务人的出资人尚未完全履行出资义务的，管理人应当要求该出资人缴纳所认缴的出资，而不受出资期限的限制。"依此，当公司进入破产程序，"不论它的成员或股东的出资期限是否已到期，凡承诺缴纳出资的法人成员或股东，只要其尚未完全向债务人企业全额缴纳出资的，均应当缴纳；债务人企业同时享有要求缴纳出资的请求权"，① 而股东则当然负有即时缴纳的义务。与此相同的原理在德国法上亦得到肯定："如果公司设立时仅仅只需催缴部分股金，那么就必须提供保证，保证公司将在以后确实催缴其余的股款。因此在这种情况下，即使进行减资，也不能免除那

① 《中华人民共和国企业破产法》起草组编《〈中华人民共和国企业破产法〉释义》，人民出版社，2006，第128页。

些仍未缴清股金的股东的出资义务。"① 应该承认，对于认缴资本下履行期限不定的出资，其最终结果如何，在公司法上的确没有直接的规定，学理上也不排除理解上的分歧，但公司法和破产法的上述规定却明白无误地给出了具有法定效力的解释，即股东出资义务不仅指向已届履行期的出资，也覆盖未到履行期和根本没有履行期的所有出资。

由此观之，当公司无力清偿其债务时，股东须在其认缴范围内替代清偿，这与英国法上担保有限公司股东承担的担保有限责任颇为类似。② 有所不同的是，担保有限责任只有在公司无力清偿时才需要承担，而认缴出资责任则可能发生在公司存续期间的任何阶段，只要公司决定或通知缴纳，股东即应履行，而不以公司无力清偿为必要条件。认缴资本制的实行勾起许多人对债权人保护的担忧，如果其出资义务和责任有如上述，那么较之实缴资本，它也许会构成对债权人更为严密和有效的保护。"实际上，在公司濒临破产之际，尚未交付的期票，会比已经消耗殆尽的现金对价，更能为债权人提供真实的保障。待缴资本或许比实缴资本，更能成为债权人的依靠。"③

循着破产法的思路，不由让人进一步联想：无期限的股东出资义务既可以在破产程序中要求履行，为何不可在破产程序提起之前，在个别债务的追偿中提前履行呢？如果某个或几个股东可以出资的财产就足以偿付公司的债务，又何必置公司于破产呢？其实，对股东而言，无论是破产中的履行还是破产前的履行，其承担的出资义务或责任并无不同，区别在于破产中的清偿是全体股东面向所有公司债权人的公平清偿，破产前的清偿是个别股东面向个别公司债权人的个别清偿，这种个别清偿的确会导致公司债权人之间不公平受偿的结果，并背离破产法的宗旨。但问题是当公司已达破产界限时，公司和债权人并非都有让公司破产的愿望，相反通过个别债务的清偿而化解危机并避免破产或许是更有利于公司和多数债权人的优先选项，由此而要求未届履行期或履行期不定的股东提前承担出资责任，

---

① 〔德〕托马斯·莱赛尔、吕迪格·法伊尔：《德国资合公司法》，高旭军等译，法律出版社，2005，第111页。

② 参见〔英〕R. E. G. 佩林斯、A. 杰弗里斯《英国公司法》，《公司法》翻译小组译，上海翻译出版公司，1984，第12页。

③ 傅穹：《重思公司资本制原理》，法律出版社，2004，第106页。

未尝不可。当然，因个别股东提前承担此项责任而形成股东与公司、股东与股东之间新的债务关系甚至取得对其他股东相应的追偿权等问题，自应依一般民商法原理作进一步认定处理。其实这里还隐藏着一个更深层次的问题：股东认而未缴且不属应缴未缴的出资额，在公司财产计算上是否属于公司拥有的财产？在公司财务账册中，它是否应作为公司的应收账款加以记载？就认缴资本的法律设计和通常的财务规则而言，将股东应缴而未缴的出资额作为公司拥有的财产并记入应收账款当不成问题，但要将未到履行期和根本就没有确定履行期的股东出资额记入公司应收账款，并作为公司拥有的法人财产，就学理逻辑而言或许是有疑问的。但既然破产法在破产状态下可以将其作为公司的破产财产予以追缴，那么将这种追缴延伸至破产程序之外也就不存在根本的法律障碍。这样的安排完全可以在公司法和破产法设定的宏观制度环境下实施：其一，它应以公司自身不能偿付其债务且强制执行无果为条件；其二，其后如发生破产情事，6 个月内股东对债权人进行的个别清偿可以被撤销（破产法第 32 条）。

其实，就法律义务对当事人的约束而言，认缴制下的出资义务更具有约束当事人行为的制度价值。在实缴制下，出资一经缴纳，出资义务即归于消灭，这样的出资义务只在实际出资前的短暂期间内形成对当事人的约束，而认缴制下的出资义务在出资期限到来前的整个期间都持续存在，当事人的不履行行为、相互间的利益冲突以及由此引发的民事诉讼，皆因此种出资义务而生，同时也只有基于此种出资义务的认定才能明断当事人间的是非并予以恰当的裁处。概言之，法律义务在其尚未履行时更具有实用的制度价值。

认缴资本构成股东出资义务的另一根据是股权与资本认缴的直接关联与对应。股权是股东在公司法律关系中享有的综合性权利，也可以说是唯一的权利。一个公司的股权总额非由实缴资本而由其认缴资本决定，因为与股权总额等同的注册资本额就是股东认缴的出资额，此一规则由 2005 年公司法第 26 条和第 81 条确立，本次公司法修改虽将第 26 条和第 81 条几乎全部删除，但却将这一规则原封不动地保留，依然规定："有限责任公司的注册资本为在公司登记机关登记的全体股东认缴的出资额"（第 26 条）；"股份有限公司采取发起设立方式设立的，注册资本为在公司登记机关登记的全体发起人认购的股本总额"（第 80 条）。而股权在股东中间的分配同样是根据各股东对出资的认缴而非实缴，即股东是否具有股东身份以及享有股权的比例取决于股东是否认缴出资以及认缴出资的比例，而不取决于股东是否实缴出资以及实缴出资的比例。民商法的精髓历来是权利与义务相一致，利益与风险相统一，出资的认缴既产生现实的权利，就理应伴生相应的出资义务。

三　实缴资本与股东出资责任

在 1993 年公司法颁行前后的 20 多年间，中国公司法中只有注册资本和实缴资本（或实收资本）的概念，2005 年的公司法修正突破了原有资本实缴的严格限制，首次实行资本的分期缴纳制度，从此认缴资本成为与实缴资本并行的又一重要概念。本次公司资本制度改革进一步实行完全的认缴资本制，认缴资本的地位更为显要，那么实缴资本是否已被抛弃，它还有何作用，尤其是它与股东出资之间还有怎样的关联？

认缴资本制的实行的确改变了资本制度和概念的基本格局，实缴资本也不再具有注册资本的意义，但认缴资本的采用并不能终结实缴资本的作用，并不可由此而完全取代实缴资本。即使在完全的认缴资本制下，实缴资本仍有其不可替代的独特功用。首先，实缴资本是股东实际向公司交付的财产数额，它至少反映着公司实际拥有的财产数额或能力，虽然这种能力在实缴之后会发生改变，但它至少反映了缴纳当时公司的财产实力并构成其后续财产能力的基础。其次，实缴资本由各股东的实缴出资额构成，而实缴出资额恰是决定各股东是否享有某些具体权利的直接依据。"如果股东欠缴出资，自不能简单照搬'一股一权'原则。新公司法在分红、认购新增资本以及表决权再分配上，已透射了根据实际出资比例分配股东权利的思想。"[1] 依据我国公司法规定，某些特别的股东权利，如股利分配、新股认购以及公司剩余财产分配的权利，是按股东实际缴纳的出资比例而非认缴出资的比例确定的。同时法律亦允许公司以章程规定，其他股东权

---

[1]　叶林：《公司法研究》，中国人民大学出版社，2008，第 268 页。

利如表决权等与股东实缴出资额直接挂钩或捆绑。① 最后，在公司财务会计制度上，实缴资本才具有财务的价值并成为会计的记载科目和基本数据，认而不缴的注册资本则几无财务会计的意义。在最重要的公司财务报表——资产负债表上，反映资本信息的栏目是负债栏下的股东权益，构成股东权益重要组成部分的是资本或称股本，而这里记载的资本不是认缴资本或注册资本，而是实缴资本。这一记载方法与会计规则所追求的客观性和真实性有直接关联。因为只有实缴的资本才是公司可以支配的现实财产，也才具有财务核算包括资本盈亏计算的价值。当然，更合理的安排也许是将实缴资本和注册资本同时记载于资产负债表中。如此，公司的资本结构以及现实和未来的资产都可以通过财务报表得以全面地反映和显示。

从根本上说，实缴资本更为重要的法律价值在于它直接而具体地彰显和框定了源自股东出资的公司独立财产以及由此产生的股东出资责任。实缴资本是全体股东按其认缴的数额向公司出资形成的财产，它是公司财产最原始的来源，也是支撑公司人格最重要的独立财产，因而也是公司法上法定资本制着力维持的对象。换言之，如果说认缴资本是公司未来将要拥有的财产，实缴资本才是公司实至名归，可以实际占有、使用、支配和处分的现实财产。实缴资本一经形成，即构成公司拥有的独立财产，尽管它来源于股东的出资，但"公司的股东一旦把自己的投资财产交给公司，就丧失了对该财产的所有权，而取得了股权，股东个人无任何直接处置公司财产的权利"。②"股东在出资之后，再对其出资的财产进行占有、使用、收益和处分的行为就构成了对公司财产的侵犯。"③ 因此，对于同一项财产，在股东将其交付与公司、构成公司实缴资本项下的财产之前，属于股东的个人财产。而股东在其成为公司实缴资本之后所采取的支配和处分行为，则是对他人财产的侵权行为。在此，实缴资本实质上成为确定财产归属并区分股东合法财产行为与非法侵权行为的界限。

对实缴资本项下的财产实施侵权的特别行为是抽逃出资，它是指股东在公司成立后，将已缴纳的出资抽回，并继续保有股东身份和出资比例。

① 参见 2013 年公司法第 34 条、第 42 条，《最高人民法院关于适用〈中华人民共和国公司法〉若干问题的规定（三）》（2014 年修订）第 16 条。
② 江平主编《新编公司法教程》，法律出版社，2003，第 28 页。
③ 赵旭东主编《公司法学》，高等教育出版社，2006，第 5 页。

抽逃出资的前提是股东已经出资，已经出资于公司的财产必构成实缴资本，由此抽逃出资行为定是发生在实缴资本确定之后，只有确定了公司的实缴资本才可能认定股东的抽逃行为。抽逃出资，在某些抽逃者看来，不过是取回属于自己的财产，即使违法，也与侵占他人财产的性质不同。其实，在出资财产已成为公司实缴资本、抽逃出资即实际减少公司资产的情况下，抽逃出资行为的侵权性质和对公司利益造成的损害后果与一般侵权行为并无二致。

抽逃出资导致的法律后果是股东的出资责任。在法理学上，法律义务与法律责任是密切联系又相互区别的概念，二者实体内容可能重合，但法律性质却不相同。义务是法律主体应为或必须作为的法律要求，责任则是不履行义务所产生的相应法律后果。出资是股东的义务，出资履行后又抽逃，引致的法律后果就是股东的出资责任。由此，实缴资本因抽逃出资行为与股东出资责任发生了直接的联系，实缴资本成为股东出资责任产生的前提和条件。认缴资本与实缴资本在此具有不同的法律效果，认缴资本产生的是股东出资义务，实缴资本则产生股东出资责任。

与实缴资本的上述法律效力和法律效果紧密关联的问题是，实缴资本是否需要登记或公示？现行公司法所要求的只是认缴资本的登记注册，实缴资本尽管如此重要，却未见予以登记的强制要求，这或许是本次公司法修改不应留下的制度漏洞和缺陷。公司法之所以设立注册资本制度，公司资本之所以需要注册，认缴资本之所以具有确定股东出资义务之效力，盖因法定公示程序的法律效果。公示是将某种法律事实公之于众的法律形式，它既可实际地将信息传达告知于利害关系人，更可产生推定所有当事人或公众知晓的普遍效果，也可就此导致对公示行为人的免责。认缴资本的注册登记就是一种典型的公示形式，不经注册登记，认缴资本所获之法定效力就失去了正当性和合理性。如此的法理逻辑完全适用于实缴资本。既然实缴资本有如此重要的法律效力和法律效果，焉能不经公示而自然获得？其实，要论及法律效力与效果，实缴资本较之认缴资本更为显要、更具实际价值，设定公示程序的必要性和理由更为充分。这里最为要害的理由是，实缴资本的法律效力与效果并非仅发生于公司与股东之间，并非仅为特定相对人之间的关系，而是直接作用于所有可能与公司发生民商事关系的、潜在的、未来的交易者或债权人等。不采取公示手段，实缴资本的确定和变更就是公司封闭控制的暗箱作业，就会造成内部行为效力外化的不公正结果。不通过适当的公示形式，如何能将公司实缴资本的客观事实加以固定；何以使这些利害关系人能有效地知晓其实缴资本的信息并依此为据主张或追究股东的出资义务与责任，怎么能防范公司或股东为逃避其实缴资本项下的法律责任而掩盖其实缴资本的真实情况，甚至对其实缴资本进行恣意的篡改？尤其在追究股东抽逃出资的责任时，司法机关又凭什么作出基于事实和证据的裁判？可以想见，在我国目前的商业诚信境况之下，缺少公示程序的实缴资本极有可能演变成两种极端的结果，或者成为某些投机者实施商业欺诈的工具，或者成为无人相信、不具任何交易价值的垃圾信息。

实缴资本的公示与公司盈余分配原则之间也有着内在的呼应与联动。"无盈不分"即没有盈利不能分配是公司法天经地义、行之一贯的财务制度，是贯彻落实资本维持原则的具体规则，没有盈利而通过"制作虚假财务会计报表虚增利润进行分配"，不过是变相的出资抽逃[①]或对公司财产的非法转移。实缴资本的数额是公司盈利核算的基础数据，按基本财务会计方法，"公司分配股利的基础是公司的累积盈余。……为利润分配的目的，公司法将'累积盈余'定义为'公司净资产超过股本和资本公积的余额'"。[②] 实缴资本即为盈利计算中的股本，公司净资产减除包括实缴资本和资本公积之后的余额即为公司的盈利，实缴资本一经确定就成为不再变动的定量或恒量，而净资产则是盈利计算中的变量，公司的盈利结果主要取决于其经营结果和财产增值减值所导致的净资产的增减，并由此决定公司是否具备依法向股东分配股利的条件。假若实缴资本不能恒定而可任意改变，公司的盈利也就可以随意制造和操纵，假借盈利分配而抽逃出资和非法转移财产的行为就会畅通无阻，公司财产的独立性就会彻底动摇。而要确保实缴资本的真实和恒定，只依赖公司的诚信和自律是不可靠的，在许多情况下是注定会落空的，最可靠的防护和保障还是法定的公示程序。

至于实缴资本的公示方式如何，是否采取与注册资本相同的登记注册方式，倒不必囿于传统，可以根据现代市场发展、信息沟通的需求，作出与时俱进的灵便安排与选择。民商事法律行为的公示方式本来就有多种，

---

① 参见《最高人民法院关于适用〈中华人民共和国公司法〉若干问题的规定（三）》（2014年修订）第 12 条。

② 刘燕：《会计法》，北京大学出版社，2009，第 321 页。

登记是一种公示，公告也是一种公示，甚至动产的移转交付也构成法律上的公示，证券法上的信息公开虽然不是严格意义上的公示行为，但同样具有公之于众的事实效果和推定作用。鉴于现代社会电子网络信息传播的有效性和便捷性，实缴资本的公示完全可以采取类似证券信息公开的方式，由当事人自己安排相关信息的网上发布和更新。此种公示方式选择的要义是实现信息的有效公开和客观独立，经由公示的实缴资本信息能够尽可能地为公众知晓、能较为便捷地搜索查阅。为此，由公司登记机关建立统一固定的公司登记信息公示平台应是公示成本最低、公示效用最高的选择。同时，实缴资本信息一经公示，无法定理由即不能更改，即便更改也能存留不能磨灭的客观记录。唯有如此，以公示程序恒定实缴资本并杜绝盈利造假、抽逃出资、转移财产的法律目标才会实现。

四　资本真实与验资程序存废

公司资本制度的基本要求之一是资本的真实可靠，这一要求不因取消法定最低资本额制度而改变，不因采取法定资本制或采授权资本制而不同，也不因采取实缴资本制还是认缴资本制而有别。只不过对于不同的资本概念，资本真实的具体内容和判定标准有所不同。没有法定最低资本额，但有当事人自定的资本额。在法定资本制之下，资本需一次发行，但可以分期缴纳。授权资本制下的资本是授权公司董事会根据需要分期发行，同时分期发行的资本亦可分期缴纳。对于此中的发行资本和实缴资本以及进一步细分的催缴资本、待缴资本等，有的国家明定由登记机关登记注册，有的则采取公司章程自行记载的方式，无论何种情形，只要有资本登记注册或依法记载的规定，必然要求登记或记载之信息与客观事实一致。

资本真实是公司法律制度不容置疑的价值取向和法律理念。首先，这是由诚实信用的民商法基本原则决定的。人无信不立，事无信不成。诚实信用是市场经济运行的必要条件，是民商事交易的基本要求。诚实信用不仅包括民商事交易行为和过程中的诚信，也包括交易主体或交易对象方面的诚信。交易者应如实地披露自身的法律性质、经营能力、营业地点与住所、法定代表人等涉及主体身份方面的基本信息，使交易者在完全明了自己交易对象的情况下作出理性的交易选择和决策。资本信息是交易主体信息的重要构成部分，是判断交易对方财产状况和履约能力的直接根据。资本信息不实，无论是认缴资本还是实缴资本，必陷对方以误解或误判并招致损害之后果，也破坏了市场经济的诚信秩序和诚信文化。资本不实如系恶意为之就是欺诈，法律绝无理由让资本领域成为欺诈行为大行其道的法外飞地。

其次，公司资本固有之法律效力和效果必然要求资本的真实。如前所述，认缴资本产生股东出资义务，实缴资本形成公司独立财产并可能产生股东出资责任，很难设想如此实在和要害的法律后果能建立在虚假资本的基础上。如若注册的认缴资本实际未被认缴，资本项下的股东出资义务就会落空，股东实际承诺的出资范围就会小于资本外观显示的范围。如若声称的实缴资本可以不予缴纳，相信其已履行出资义务而放弃对出资人责任追究的债权人就会承受不应有的利益损害。

最后，基于股东之间利益平衡和公平合理的考量，也不能允许资本的不实。实缴资本的不实常常不是所有股东均衡减少或抽逃其出资数额。往往被蒙在鼓里的股东全额履行了出资义务，而操纵具体事务的股东只履行部分甚至根本未履行出资义务，但却通过掩盖事实真相而照常享有股东的全部权利，由此导致的股东间利益失衡和不公平，不仅受害股东难以接受，也是法律不能容忍的。

此外，会计法所实行的可靠性原则亦是资本真实的法律依据。可靠性或客观性原则是"指财务报表的信息大致真实地反映了报告主体的财务状况和经营成果，信息使用人在依据这些信息作出决策时，不会产生误解"。[①]可靠性的内容之一就是真实性。资本（实缴资本）既是财务报表（特别是资产负债表）中的固定记载科目，当然不能排除在真实可靠原则的范围之外。

中国公司法虽历经多次变革，但资本真实的价值取向并未动摇。改革后的公司资本制度在法律类型上依然属于法定资本制。认为中国公司法已由法定资本制改为授权资本制，是对资本制度模式的误读和误解。其实，公司法改革的不是资本制度的基本类型，而是法定资本制之下的资本缴纳

---

① 刘燕：《会计法》，北京大学出版社，2009，第106页。

方式，即从 1993 年公司法的一次缴纳到 2005 年公司法的有限制的分期缴纳，再到 2013 年公司法的无限制的分期或不定期缴纳。无论怎样的变革，都应该坚守从未突破也不能突破的法律底线应是资本真实，其中包括实缴资本的真实和认缴资本的真实。对于实缴资本，要求真实的是股东实际缴纳的出资额与其公示的资本额一致，不存在虚假出资或出资财产实际价值不足其出资额的情形。对于认缴资本，要求的则是全体股东实际承诺认缴的出资额与其注册资本一致，不存在未经股东认缴的空置的注册资本。需要指出，本次公司法从原来有限制的认缴资本制到完全认缴资本制的发展，极易滋生对资本真实的怀疑和错觉，似乎资本不必缴纳也就无须真实。公司法理论对此一问题的犹豫和暧昧，则会助长这种错误认识的蔓延。改变暧昧模糊之态度，明确资本真实之要求，澄清真假虚实之是非，已成公司法宣传执行的当务之急。

验资是把守资本真实的程序关口，然而这一运行了几十年的法律制度在近几年饱受非议和诟病之后，终被废弃取消了。验资是法定机构依法对公司股东出资情况进行检验并出具相应证明的行为和程序，是为落实资本制度而配套建立的特别制度，其制度设计的思路是通过中立的专业机构和专业人员的执业行为保障股东出资行为的真实和出资财产的货真价实。自20 世纪 80 年代实行以来，伴随中国公司数量和规模的发展，验资已成为公司当事人所共知的必经程序，验资机构遍布各地，验资也成长为规模庞大的行业。与此同时，验资也广受质疑和诘问。诸如验资机构了解和掌握投资事实的局限性、公司设立阶段的验资障碍、验资报告与公司实际资产的脱节、虚假验资与恶意串通、公司设立成本与会计师行业利益的冲突等，都是人们经常诟病的弊端。① 验资程序是否果真如批评者所言，有如此多的积弊和不端，终结其使命的决策和立法是否英明正确，还有待于未来历史的检验和评判，但不能抹杀的是验资制度为实现资本真实所作的历史贡献，更不可否定的是验资对资本真实本身的价值追求。

这是一个必须澄清和强调的重要问题：取消验资的特定程序，绝非否定资本真实性的法律要求，而只是改变资本真实的实现方式，将控制和保障的法律关口后移。验资是法律施加的强制程序和规则。取消验资后，资

---

① 刘燕：《会计法》，北京大学出版社，2009，第 331 页以下。

本的真实要适当地调动和依赖当事人的自治，要寄望于行为人的诚信意识、自觉自律以及相互间的监督制约。同时，法律和执法机关对资本真实的介入和干预也不能完全缺位，而应将重心放在公司设立或资本注入之后的抽查核验和经营过程中的监控上，放在对发现的资本虚假行为的失信管理和惩戒追究上。在此方面，无论对于注册资本还是实缴资本，都应建立常规的调查核实程序。此一程序可由登记机关主动启动，亦可根据当事人的请求提起。为此，甚有必要赋予所有与公司发生或意欲发生交易的当事人对公司资本的知情权和调查请求权，当事人既可自行查询和核实公司资本认缴和实缴情况，亦可请求登记机关依职权展开调查并告知调查结果。据悉，工商管理机关正在就此研究具体的实施方案，并作为其公司登记管理职能转变的重要内容。这样的工作思路可谓完全契合资本制度改革的明智之举。由此可见，验资制度的变革不是实行资本的无政府主义，不是放任自流，更不是怂恿资本造假，不应是对旧有制度简单地抛弃，而是以新的制度与手段、机制予以替代，对资本真实应从完全的法律强制转向当事人自治自律与法律强制的结合，应从"严准入宽监管"转向"宽准入严监管"，应从事前防范转向事中的监控和事后的追究惩戒。

五　股东出资的民事责任与刑事责任

股东出资责任是股东违反出资义务的法律后果。股东出资责任在公司法实务中意义十分突出。虽然公司法中关于股东出资责任的条款并不是很多，但公司实务中，许多公司纠纷却是关于出资责任的纠纷或与出资责任有直接或间接的关联。虽无精确统计，但凭直观感受和概率观察，出资纠纷案件占人民法院和仲裁机构审理的公司案件的比例应在五分之一左右甚至更高，应仅次于股权转让纠纷案件。因此，对股东出资责任的认定和裁判成为公司法司法适用的主要任务之一，也成为公司法解释三（《最高人民法院关于适用〈中华人民共和国公司法〉若干问题的规定（三）》，简称"公司法解释三"）的主体内容。该司法解释修订前总共29条，有超过半数（共16条）的条款涉及股东出资责任，其中包括未按期履行出资义务的责任、出资财产有瑕疵和履行行为有瑕疵时的出资责任、抽逃出资的具体行为的认定、出资责任追究的权利主体和责任主体、未履行出资义务对股东权利和股东资格的影响以及出资责任追究的时效限制与举证责任分配等。可以说，围绕出资责任，司法解释规则本身已形成了相当系统完整、逻辑严谨的体系。这套裁判规则在近年来的司法实践中对统一股东出资责任的裁判尺度和公正司法发挥了重要的作用。

公司资本制度的巨大变革在冲击既有股东出资责任理论的同时，也对这套司法裁判规则提出了挑战。一般言之，司法解释本为解释法律而生，法律已变，司法解释自然须改，这也正是本次公司法修改后与司法解释适用紧密相关的法官、律师、公司企业等社会各方对最高人民法院的期待。然而，理性思考和冷静分析的结果却是，资本制度改革对股东出资责任纠纷的裁判影响甚微，公司法解释三除却个别条款确实丧失适用价值或与新法规定冲突，需要进行必要的修改或技术性处理外，其他所有条款都完全可以继续适用。资本制度改革既然不改变资本真实原则，不改变股东出资义务，也就不会改变股东出资责任和为此确立的整套争议裁判规则。最终，最高人民法院修订公司法解释三时，只对一个条款作了实质修改，其他条款只是根据公司法条款变化进行了序号的相应调整，并无内容的任何改变。

而且，即使是唯一的实质修改，对公司法解释三第12条的修改也值得商榷。该条原第1项把"将出资款项转入公司账户验资后又转出"规定为抽逃出资的行为之一，最高人民法院在修改公司法解释三时将该项内容删除，但此一处理其实并不周全。该项规定被删除所暗含的逻辑是，既然验资被取消，该项规定也就应予删除。其实不然，如前所述，公司法取消验资程序，但并非取消了资本真实的要求和股东真实出资的义务。因此，股东出资后再转出的行为即构成抽逃出资，如为货币出资，其具体方式之一即为将出资款转入公司账户后又转出。本条需要修改，只是因为取消了验资程序，没有了特定的验资账户，不应再把抽逃出资局限于出资款项自验资账户的进出，但从一般公司账户的转入和转出行为依然构成抽逃出资，本项修改其实只需将"验资"二字删除即可。

但完全认缴资本制的采用和验资程序的取消毕竟改变了股东出资义务的前提基础和出资义务履行的外部条件，由此引发了追究出资责任的新问题。初步的研究分析表明，至少有三个棘手的难题是显而易见的。其一，本应全部认缴的注册资本未得到实际认缴时，应如何确定股东的出资义务和责任？尤其是在公司资不抵债或破产还债时，该部分未予认缴的资本是不了了之、免于追责，还是必须追究？如要追究，是由执行公司设立事务的具体行为人承担出资责任，还是由公司设立时的全体股东共同负责？其二，未经验资的实缴资本如何证明股东出资履行的完全和适当？利害关系人如有质疑，出资履行的举证责任如何分配？是由他人证明股东出资的瑕疵，还是首先由股东证明其完全、适当地履行了出资义务？如股东不能证明时，是否应作出股东未履行义务的不利推定？其三，为弥补取消验资留下的漏洞，在仅凭当事人举证难以证明和无法推定资本是否真实和股东是否已履行出资义务时，是否应赋予诉讼当事人提请强制审计的权利？或者规定人民法院依职权进行强制审计的审判职责？对这些具体的司法诉讼和裁判问题，显然不能指望公司立法加以规定，而早前为解释原公司法出台的司法解释三也不可能触及这些后发的问题。由此，尽管公司法解释三的既有条款无须大删大改，但一定的增订和补充却是十分必要的。就此而言，本次修订司法解释未涉及这些问题，留下了遗憾和有待填补的空间。

资本制度改革后，刑法上的资本犯罪即虚报注册资本罪、虚假出资罪与抽逃出资罪的取舍走向，也是人们心中的悬念。听闻公司法的重大修改，知晓设立公司不再有最低资本，再多的注册资本也可以一分钱不出，更不需要现金出资，连验资都不需要，如此鲜明的放松资本管制的立法取向自然会使人改变对上述资本犯罪行为的认识，也会降低对这几种行为危害性的社会评价，由此已经出现取消资本犯罪的建议和呼声。[①]

相较股东出资的民事责任，资本犯罪责任的存废更是举足轻重，需要高度重视和立法的跟进。虽然资本制度的变革并未根本动摇资本真实的法律原则和股东的出资责任，虽然在违反公司法资本制度的违法性要素上，民商事上的违法行为与刑事上的犯罪行为具有高度的同质性，但二者的违法程度和违法后果毕竟存在相当大的差异。作为刑事立法和犯罪存废最主要的根据，资本犯罪行为的社会危害性的确需要重新考量。事实上，2014年4月24日，全国人大常委会已经对刑法中涉及资本犯罪的两个条款作了立法解释，即"刑法第158条、第159条的规定，只适用于依法实行注册

---

① 参见《刑法对注册资本该松开"紧箍咒"了》，《检察日报》2013年12月12日，第3版。

资本实缴登记制的公司"。依反对解释，实行认缴登记制的公司不适用刑法关于资本犯罪的规定。当然，破坏资本制度的违法行为，仅靠民事责任的追究不足以产生足够的震慑力。在商业欺诈行为较为猖獗的商业环境下，要改变轻视资本违法的意识，要扭转失信成本过低的局面，要形成对资本法律制度的敬畏，还必须强化对资本违法行为的行政处罚。

公司法资本制度改革的逻辑与路径*

——基于商业实践视角的观察

刘　燕**

　　摘　要：从商业实践的视角观察公司法资本制度的逻辑与演进，有助于理解全球性公司资本制度改革的不同路径以及我国2013年改革的争议。法律对公司资本的约束起源于描述股东出资设立公司的过程，揭示资合公司的起点与治理架构的基点。公司实体的持续存在催生了"资本维持"的初始观念，"有限责任"的外部性则最终塑造出法定资本制的核心规则。但法定资本制简单而朴素的逻辑难以适应变化多端的商业实践，由此见证了会计、估值、债务契约、证券监管等辅佐、分担或替代法定资本制的部分功能。法定资本制改革具有内在动力。改革抛弃了传统而僵化的"法定资本"概念，将资本制度的重心从债权人利益保护转移到股东权益的合理配置。我国公司法在规则层面实现了资本制度的现代化，但与之对应的商业理性与行为模式不可能一蹴而就，需要相关配套制度和商业实践来弥补认缴登记制立法的疏漏。

　　关键词：公司法资本制度　法定资本　商业实践　认缴制

引言：问题、背景与研究进路

　　公司是一种聚合大众资本进行营利性事业的组织形式，出资与收益分

＊　本文原载于《法学研究》2014 年第 5 期。

＊＊　刘燕，北京大学法学院教授。

配是这一组织形式的起点与终点。由股东出资形成的公司资本不仅构成公司经营的财产基础，在有限责任制度下也是对债权人利益的一种保障。很自然的，对公司资本的法律约束——或称为"法定资本制度"①——成为公司法中最古老的主题，在漫长的历史过程中演化出有关资合公司的一些根深蒂固的观念，如公司基于资本而立、股东以出资为限承担责任、股份不得折价发行、股息分配只能从利润中支出而不得削弱资本，等等。正是在这一背景下，当1975年美国加利福尼亚州公司法破天荒地取消了"声明资本"，转而用保留盈余、资产负债率、流动比率等一套会计术语和财务指标来约束公司的分配行为，进而美国律师协会在1979—1987年修订《示范商业公司法》，完全删除了法定资本、面值、股份溢价、库藏股等一整套传统概念，它带来的观念冲击是巨大的。此后，各国都开始检讨本国的公司资本制度。英联邦国家陆续废止了"授权资本"概念，日本、韩国取消了最低资本额并放松了不得折价发行规则，法国、德国等则对非公众公司放弃了最低资本额要求。2013年底，我国也加入了这场全球化的资本制度改革浪潮，修订后的公司法实行认缴登记制，取消对一般性公司的最低资本额以及出资期限、验资等要求。

我国公司立法的急剧变革有其政策层面的正当性，即放松管制、降低创业成本。这几乎也是域外改革的主基调——打造一个顺应竞争性经济环境的现代公司法。但改革留下的问题更加尖锐：在理论层面，失去了"资本"的资合公司法将如何立足？在实践层面，作为有限责任的法人，认缴即成立的公司又会对债权人产生怎样的危害？既往的研究与实践提供了一份涵盖公司法、破产法、合同法的配套制度清单。例如，公司法对出资与分配的管制从事前控制转向事后控制，追究董事对于接受不当出资或进行

---

① "法定资本制"或"Legal Capital"在不同语境下有不同的含义。我国学者多将法定资本制作为大陆法系资本三原则中专门针对资本形成过程的管制，与授权资本制、折中资本制等概念相对应。在域外，不论是英美法系还是大陆法系国家，"法定资本制"通常泛指公司法对出资、分配、回购等各种公司与股东间资本性交易的管制，几乎等同于"公司法资本制度"一语。我国已有学者洞察中外语境的差异，例见傅穹《法定资本制：诠释、问题、检讨——从公司不同参与人的利益冲突与衡量观察》，《南京大学法律评论》2002年第1期，第81页。本文也是在这一最宽泛的意义上使用"法定资本"概念，泛指公司法中与资本管制相关的规则，涉及出资、分配、回购、减资等。除非特别说明，本文不加区别地使用"法定资本（制）"、"公司法资本制度"或"公司法资本管制"之类的表述。

不当分配的责任,① 资本严重不足时还可以"揭开公司面纱";② 破产法的欺诈性转移或优惠性清偿规则也可以约束公司过度分配的行为,以及在公司破产时将股东债权"衡平居次";③ 普通法下特有的欺诈性转让法也可以起到与破产法类似的作用;④ 此外,债权人还可以用合同法特别是债务契约进行自我保护。⑤ 然而,这些配套规则多源自美国法,能否适用于不同的社会制度环境尚存疑问;即使适用,制度移植与借鉴也不可能一蹴而就,对于解决中国当下可能出现的公司滥设问题远水不解近渴。此外,由于废止了实收资本登记,工商机关也不再登记股权,法院请求工商机关配合进行股权冻结也遭到拒绝,一度作为工商登记制度创新的股权出质与转让程序兀然中断。

于是,与 2005 年公司法放松管制赢得学界的一片喝彩声截然相反,此番公司法彻底放弃出资管制却遭遇强烈质疑。学者的批评除建基于当下中国脆弱的信用环境或者历史传统与文化外,更诉诸公司法资本制度的法理,特别是大陆法系之法定资本制与英美法系之授权资本制的区别。⑥ 然而,种种基于法理的批评忽略了此前本已被学界意识到的对域外"法定资本制"与"授权资本制"概念的误读,⑦ 强调法系之分也难以解释为何资本制度改革俨然成为不同法系国家的共同趋势,更无法说明被视为公司法高度自治的授权资本制国家纷纷废除了"授权资本"概念甚至"法定资本"概念。换言之,我国改革开放以来呈现的"立法靠移植、研究靠比较法"的主流范式,在面对全球化下瞬间涌出的多种公司法标本时,陷入了认知困境,缺乏制度变迁史的研究导致人们难以对不同国家公司资本制度

---

① 例见邓峰《资本约束制度的进化和机制设计——以中美公司法的比较为核心》,《中国法学》2009 年第 1 期,第 102 页。

② 例见朱慈蕴《公司人格否认——从法条跃入现实》,《清华法学》2007 年第 2 期,第 123 页。

③ 例见孙向齐《我国破产法引入衡平居次原则的思考》,《政治与法律》2008 年第 9 期,第 10 页以下。

④ 例见王海明《美国"欺诈性转让法"一瞥及其借鉴》,《环球法律评论》2007 年第 2 期。

⑤ C. W. Smith and J. B. Warner, "On Financial Contracting: An Analysis of Bond Covenants", 7 *Journal of Financial Economics* 117 – 161 (1979).

⑥ 学者的批评集中反映在 2014 年 4 月 28 日中国社会科学院法学所举办的"公司法资本制度改革研讨会"以及 2014 年 5 月 11 日中国商法学研究会、最高人民法院、中国政法大学公司法研究中心举办的"公司法司法适用高端论坛",参见相关会议论文集。

⑦ 参见傅穹《重思公司资本制原理》,法律出版社,2004,第 37 页以下。

改革的具体方式作出判断或选择。

在看似热闹的辩论中，鲜有人关注到公司法的本质是商事法律制度，公司资本既是法律关注的对象，更是公司本身的事务以及资本市场的焦点，它在商业实践中展开的图像远比在公司法条文中呈现的面貌立体而丰富。撇开各种标签化的概念，传统法定资本制遭遇的困境主要是操作障碍，即法律规则固有的抽象性与概括性难以适用于具体而多样化的商业活动。当立法上抛弃陈旧过时的规则后，更重要的是确保配套的制度或过渡性安排已经到位，它们可能是更有针对性的法律规则，也可能是商业实践的替代性安排。从历史上看，在公司资本制度领域，会计实务、财务分析、估值技术、债务契约、股票上市规则等伴随着公司的发展过程而进化，很大程度上填补了法定资本制的疏漏或分担着法定资本制的功能。它们给公司法保护债权人利益以及调整股东之间、股东与公司之间的关系提供了一套精细的工具，甚至给法定资本制的改革指示了方向。正因如此，在美国，20世纪70—80年代法定资本制的瓦解并没有在商业世界中引起震动，这不仅是因为法律配套机制已经成熟，也是因为商业实践本身已经有了足够长的时间来形成心理、文化和技术上的准备。其他国家的改革尽管与美国侧重点不同，但不论是英联邦成员取消授权资本概念或股份面值概念，还是大陆法系国家放弃最低资本额或面值发行规则，都没有摧毁本国资合公司法的根基。从某种意义上说，欠缺对公司资本制度的运作及商业实践的了解，缺乏对全球公司法资本制度变革动力与路径的把握，导致我国当下公司资本制度改革以及对这场改革的批评都显得"简单而粗暴"。

公司资本制度涉及股东对公司的出资以及公司对股东的分配（或回报）两方面。我国2013年底的资本制度改革与20世纪90年代以来域外多数国家的改革类似，主要集中于股东出资（设立公司）环节。鉴于此，本文拟结合公司法资本制度与商业实践之间的互动，对法定资本制改革特别是出资规制缓和的内在逻辑进行探讨，并以此为参照来观察我国2013年的公司法修订在改革细节设计上可能存在的偏差。

一　公司资本管制的理念、方式与困境

从最本原的观念上说，公司是股东出资设立的营利组织，公司是股东

的财产或者股东经济手臂的延伸,① 公司资本制度就是"关于股东与公司之间基于投资—被投资关系而产生的财产进、出交易的一套法律规则"。② 通常认为,公司资本制度的目的在于保护债权人利益。其实,资本制度也保护股东利益,特别是防范公司大股东与小股东之间、内部股东与外部股东之间潜在的利益冲突。从历史上看,两大法系均认同的资本维持原则可以溯源自于 17 世纪的特许公司时代,③ 目的就在于保留完整的资本用于企业的持续经营,这是永续(或至少在特许状规定的期限内)存在的公司必须建立的经济观念。当 19 世纪中期的准则主义公司法普遍承认股东的有限责任后,对债权人利益的保护才成为资本制度发展的主要推动力。当代的法律经济学分析更进一步强调资本对公司激励机制的影响,即充足的公司资本减少了股东及其代理人的道德风险:如果企业的所有者既无个人责任,又无个人财产投入企业之中,其商业决策很容易偏向承担过度风险,对公司相关利益人或者整个社会都会带来负面效应。④ 因此,就资合公司而言,公司资本对于保障企业经营、塑造股东以及公司的行为模式、保护债权人利益都有重大意义。这也成为法律管制公司资本的正当性基础。

不过,理念的正确未必能保证管制方式的恰当。公司资本交易的特点是无法脱离价值计量或金额计算,无论是股东出资财产的计价或折合成股

---

① 这是公司的历史起点,也是传统公司法所依赖的前提。参见 Peter F. Pope and Anthony G. Puxy, "What is Equity? New Financial Instruments in the Interstices between the Law, Accounting and Economics", 54:6 *The Modem Law Review* 893 (1991). 不过,当代新制度经济学的企业理论将商业组织的逻辑建立在合约基础上,将股东与债权人视为企业的两种资金提供者,从而形成了关于公司的"历史事实"与"合同逻辑推导"两种不同的解读方式(参见〔美〕奥利弗·E. 威廉姆森《资本主义经济制度》,段毅才、王伟译,商务印书馆,2002,特别是第 448 页以下)。选择何种公司理论是讨论公司资本制度无法回避的前提,本文旨在把握公司资本制度的历史演变,故选择以历史事实为依据的公司法传统。

② 张开平:《公司资本制度与董事责任》,2009 年于清华大学法学院的讲演;另见 Bayless Manning and James H. Hanks Jr., *Legal Capital*, 3rd ed., Foundation Press, 1997, p. 30. 该书中译本参见《法律资本制度》,后向东译,载王保树主编《商事法论集》第 12 卷,法律出版社,2007。

③ 早在 1620 年,英格兰国王詹姆斯一世给新河公司颁布的特许状中就有"从利润而非资本中派发股息"的条款。参见 Donald Kehl, "The Origin and Early Development of American Dividend Law", 53 *Harv. L. Rev.* 36, 41 (1939)。

④ 例见 Franklin A. Gevurtz, *Corporation Law*, 2d ed., West Publisher, 2010, pp. 163 – 164;陈实:《交易费用与公司资本制度的意义》,《北京大学学报》(哲学社会科学版) 2008 年第 6 期,第 110 页以下。

份，还是确认可分配利润或其他资本维持的底线标准，抑或更为复杂的回购或赎回并注销股份，都是如此。然而，以公平、正义为焦点的法律思维擅长的是逻辑推理而非金额计算。就出资环节而言，传统资本管制的具体方式——最低资本额要求、面值规则（即不得折价发行）、出资形式与出资作价管制等——在现实中常常陷入进退失据的尴尬境地，既难以实现保护债权人之目的，又对公司以及投资者造成了不必要的束缚，从而埋下了日后变革的伏笔。

1. 法定最低资本额

对于股东出资形成的公司资本，在法律规定的"真实而确定"之外，债权人最期待的是"资本充足或足够"，这也成为公司法设定最低资本额的初衷。然而，法律殊难确定何谓"资本充足"，因为公司业务性质、经济规模、债务结构的多样性与法律上整齐划一的标准之间天然存在冲突，这就使得任何一种"法定最低资本额"都是人为臆断的数字，缺乏普遍适用性。以股份公司为例，从美国各州公司法曾流行的 1000 美元标准，到德国法下的 10 万马克、欧盟的 2.5 万欧元、英国的 5 万英镑、日本的 1000 万日元，直至我国 1993 年公司法要求的 1000 万元人民币，存在一个范围广阔的值域，但各种标准的合理性均未见论证。不仅如此，最低资本额规则只针对股东初始投入的金额，并未考虑资本在公司经营过程中亏蚀的情况。尽管一些大陆法系国家要求公司持续关注资本状态，但大多数国家公司法并未处理公司的实际资本与形式资本之间的分离问题，遑论像现代银行业那样设立专门的监管机构来对公司的资本充足状态进行持续的监管。

法定最低资本额规则的理想与现实之间的背离，使得对其功能的解读很快就从"担保债务"变成了"有限责任的门槛"，意在防止公司滥设。[1]但这仍然无法解释将某一具体数值设为门槛的合理性，甚至引发对法律是否刻意制造社会不公的质疑。从历史上看，早在英国 1855 年公司法案首次引入有限责任时就存在这种争议。当时立法草案要求享受有限责任的公司之名义资本须达到 5 万英镑且每股股份之票面价值大于 25 英镑。最

---

[1]　例见 Luca Enriques and Jonathan R. Macey, "Creditors Versus Capital Formation: The Case Against the European Legal Capital Rules", 86 *Cornell L. Rev.* 1165；朱慈蕴：《法定最低资本额制度与公司资本充实》，《法商研究》2004 年第 1 期，第 17 页以下。

终，这一规定因可能造成富裕阶层的垄断经营而被抛弃。[1]

可以说，随着有限责任日益被视为市场主体合理配置商业风险的正当途径，以及借助有限责任公司形式从事商业活动被视为现代社会公民的天然权利，法定最低资本额的原始意义完全不复存在。这使得既存的法定最低资本额规则遭遇左右两面的夹击：要么因太高而抑制了个人创业，要么因太低而对债权人无意义。

2. 面值与不得折价发行规则

从技术层面看，传统的法定资本制可以浓缩为"股东出资（资本或股本）＝股份面值×股份（数量）"的等式，与债权人保护以及股东权益都密切相关。对债权人而言，面值代表了股东为每股股份所投入的最低金额，否则就构成违法的折价发行；建立在"面值×股份"之上的资本额表彰了公司的财产基础，非经分配或清算程序不得返还股东。对股东而言，面值规则以及不得折价发行规则保障了不同股东获得平等对待。不过，实践很快表明上述关于"面值"的公司法逻辑过于简单化了。

从股东及公司的立场看，刻板地坚守面值规则反而可能阻碍了股东平等原则的真正实现。这是因为，"面值"只是股份的原始价值尺度；一旦公司开始营运，就会产生一个新的且经常变动的价值尺度——"每股净资产值"（＝所有者权益/股份数，简称"净值"）。当公司因留存收益而导致所有者权益大于资本时，每股净值就会高于面值。若有新股东加入，则需要溢价出资以获得股份，面值尺度也就毫无意义。[2] 此外，如果公司股票在交易所上市，还有第三个价值尺度——每股市价，它与面值或每股净值之间往往差别较大。当公司与股东或者潜在的投资者进行市场化的交易（如 IPO、增资或回购、赎回），都只能采用每股市价作为参考依据，不可能以股票面值为基准。此时，"不得折价发行"规则基于股份面值来判断是否折价，就显得不合时宜。特别是，当公司财务状况恶化急需新资金时，面值规则反而阻碍了新资金的流入。因为公司亏损导致每股净值可能

---

① 〔英〕罗纳德·拉尔夫·费尔摩里：《现代公司法之历史渊源》，虞政平译，法律出版社，2007，第 120 页。现行英国法下 5 万英镑的最低资本额标准是为遵守《欧盟公司法第 2 号指令》而在 1980 年引入的。

② 参见刘连煜《票面金额股与无票面金额股》，载刘连煜《公司法理论与判决研究》，法律出版社，2002，第 170 页。

低于面值，每股市价更低，那么拟入股的投资者自然不愿意按照股份面值来缴纳出资。结果，本来是为保障股东间平等待遇而设置的面值规则，反而妨碍了股东间真正实现公平。

颇具讽刺意义的是，有时债权人也可能利用"不得折价发行股份"规则来阻却公司改善财务状况的努力。美国1891年的 Handley v. Stutz 一案正是如此。一家面临破产、股票市价几乎为零的公司发行债券筹集新的资金，为增加债券的吸引力，公司向债券购买人免费提供了一定比例的公司股票。公司原来的债权人提起诉讼，要求这些债券持有人作为新股东缴付股票的面值。最终，美国最高法院基于"常识"而确立了不得折价发行规则的"财务危急状况例外"：如果一家公司处于财务上的紧急状况，它可以按能获得的最好价格发行股份以筹集资金，不论该价格是否低于面值，新股东并不因此而承受按照面值补缴出资的法律风险。[①]

当然，相对于例外规则带来的司法审查之不确定性，更便利的措施是公司法承认公司有权通过修改章程而削减面值，或者发行无面值股，从而彻底消除面值规则的约束。这正是美国20世纪初的情形。1912年，纽约州首次承认无面值股票，董事会可以从发行无面值股票所收到的对价中任意指定一部分作为资本（即"声明资本"，stated capital），公司也可以根据自己的意愿将面值减少到微不足道的金额（如0.001美元）。[②] 在今天的英美法系地区，非上市公司的股份面值及资本额大多很低。例如，1999年英国2/3的公司的注册资本在100英镑以下；[③] 我国香港地区80%的公司的注册资本在1万港元以下，1/3的公司在100港元以下。[④] 甚至一些上市公司也是如此。如脸书公司（Facebook）的股票面值仅为0.000006美元，其发行在外的股票达25.47亿股，但资本（普通股）仅为1.5万美元。[⑤] 低面值股以及相应的低资本额可以给公司带来很多好处，除股票市价会相

---

① 139 U. S. 417，11 S. Ct. 530（1891）.

② 参见美国特拉华州公司法第154节。同时参见 Arthur Stone Dewing，*The Financial Policy of Corporations*，4th ed.，New York：The Ronald Press Company，1941，pp. 81 – 82。

③ Modern Company Law for a Competitive Economy – The Strategic Framework，A Consultation Document from the Company Law Review Steering Group，February，1999，para 5. 4. 3.

④ FSTB，Rewrite of the Company Ordinance Consultation Paper：Shares Capital，the Capital Maintenance Regime and Statutory Amalgamation Procedure，para 3. 6（June 26，2008）.

⑤ Facebook 2013 年年报，来源：http://www. sec. gov。

应降低，增加了股票流动性外，更主要的是可以规避公司法的资本管制，如规避资本维持原则对股息分配的限制，以及避免公司在净资产值很低时因吸收新资金入股而触动"不得折价发行"的红线。

然而，对于债权人来说，低面值股以及低资本额的流行完全消解了公司资本的意义，导致"不得折价发行规则"或者"资本维持原则"形同虚设。的确，在微不足道的资本额上施加资本管制无异于一种反讽。此外，为克服传统面值规则的僵化而诞生的无面值股票虽然消除了财务困难企业的融资障碍，也避免了面值给投资者可能带来的误导，但却进一步恶化了债权人的境况。由于公司管理层可自主确定股东对无面值股票缴付的对价中作为"资本"的比例，若管理层有意操纵财务报表，无面值股票是个更方便的工具。因此，无面值股票的批评者认为取消面值后无法判断股东是否足额出资，质疑"如今已不是股东有限责任而是股东没有责任"。[①] 实践中，无面值股票的滥用与面值规则下僵化但有序的管制形成鲜明对比，导致股票面值的存废在一些国家成为长久争议的问题。

3. 出资形式与作价监管

公司资本源于股东出资，对资本的管制自然延伸到股东投入财产的行为。它包括出资形式、金额、期限等方面，核心是对股东出资资产作价的监管。出资形式管制实际上是派生于出资作价监管的，公司法限制出资形式的目的主要是规避作价难题，与其纠结于困难的作价问题，不如简单地宣布禁止某些形式的出资。

从理论上说，股东出资作为公司初始运作的财产基础，只要满足公司与股东双方的共同诉求即可；若非法律干预，出资形式本来是多元化的。特许时代的公司法一般要求股东以现金形式出资，一则方便公司利用，二则便利作价折股。到19世纪的制造业时代，公司法开始允许股东用房屋、矿产、制造品等商业必需品来换取股份。某些情形下，个人的能力或信用也构成公司的营运基础，如1878年成立的美国电灯公司，其唯一出资就是爱迪生的电灯专利。[②] 进入知识经济时代，对人力资本的认可导致高科技公司中以未来劳务出资的做法大行其道，"全员持股"也成为从美国硅谷

---

① Bonbright, "The Dangers of Shares without Par Value", 24 *Colum. L. Rev.* 449, 464 (1924).

② 参见 Arthur Stone Dewing, *The Financial Policy of Corporations*, 4th ed., New York: The Ronald Press Company, 1941, p. 55。

到北京中关村的众多小公司资本结构的共同特征。这些形形色色的非现金出资无疑对法律上判断股东是否足额出资构成了挑战。

相对于单项非现金资产出资，更大的估值难题发生于资本化过程中，[①]即将企业本身作价出资。它通常发生在公司并购设立环节，或者是将非上市企业变更为公司并在股票市场上进行首次公开上市（IPO）。企业估值难题最早暴露于美国19世纪末20世纪初的并购潮中。当时众多私人企业被合并成巨型股份公司并发行了大量股票和债券，其价值远高于注入公司的企业净资产的账面价值。以美国钢铁公司为例，投入公司的各钢铁厂有形资产之账面价值为6.8亿美元，公司发行了3亿美元的债券和11亿美元的股票作为对价，差额高达7.2亿美元。从公司法资本制度的逻辑看，这就是标准的掺水股了，因为公司有形资产的价值仅能对应于公司债券及部分普通股的发行金额，剩下数亿元的普通股并无财产支持。但商人们主张，普通股的收益来自公司未来的盈利而非变卖公司资产的价值，因此，对普通股可以依据公司预期未来收益的一定倍数来确定发行数量。[②] 今天来看，这种对企业整体资产的估值方法类似于收益现值法，但当时的主流观念尚不能接受。商业实践与法律标准之间出现脱节，由此引发了长达十余年的关于掺水股的激烈争议，且超出了法院诉讼的范围而成为立法者激辩的话题。[③] 一个世纪后，类似的场景又在我国重现，国企改制上市中的净资产折股引发了人们对于其出资合法性的质疑。[④] 此后的企业整体上市所呈现的合并设立模式也在证券市场中不时激起"折价发行"争议，如2004年TCL集团吸收合并TCL通讯上市争议，2007年中国中铁整体改制上市争

---

① 在公司财务实践中，"资本化"一词有三种含义：一是指将收益转化为价值的资产估值过程；二是指企业的资本结构；三是将一项支出确认为资产而非当期费用的会计程序。参见 Richard T. McDermott, *Legal Aspects of Corporate Finance*, 3rd ed., Lexis Publishing, 2000, p. 88. 本文中的"资本化"指的是第一种含义，即将某种能创造收益的资产（如企业）进行估值。

② Jonathan Barron Baskin, Paul J. Miranti, Jr., *A History of Corporate Finance*, Cambridge University Press, 1997, p. 156.

③ Lawrence E. Mitchell, *The Speculation Economy: How Finance Triumphed Over Industry*, San Francisco: Berrett - Koehler Publishers, Inc., 2007, pp. 57 - 89.

④ 参见王军《企业公司化改组的法律性质及其表述》，《法学研究》2011年第2期，第130页以下。

议等。[①]

对于非现金出资以及资本化过程的挑战，公司法最简单的应对当然是限制某些出资形式，如我国《公司登记管理条例》禁止劳务、信用、个人姓名权、特许经营权等出资。但是，商业实践的压力使得法律的限制清单不得不逐步萎缩，从而直面估值难题。不同国家采取了不同的应对方式。美国公司法将股东出资作价问题委诸董事会的商业判断。除非存在欺诈，否则就对价的充足与否、相关股票是否有效发行、价金是否全额支付以及是否应重新评估等问题，董事会的认定是终局的。[②] 英联邦国家采取信息披露方式，要求将相关的非现金出资合同提交登记机关备案。法院虽然保留对出资作价争议的审查权，但仅仅进行形式审查。[③] 相反，大陆法系国家通常在发起人会议或董事会审议的基础上，进一步引入第三人评估、验证或审查机制（简称"第三人验证"）。[④] 我国 1993 年及 2005 年公司法建立了"评估作价 + 验资"的双重程序，前者确定出资的价值，后者验证出资是否到位。

实践中，上述两种进路都暴露出自身的问题，从而受到各自国家学者的批评。对于美国委诸董事会的做法，学者阿道夫·伯利嘲讽道："在极端的情况下，这一规则将意味着董事会愈是无能，他们稀释股票的权力就愈大，因为那种估价过高的行为，不管多么愚蠢和不公平，也仍然被视为无辜的。"[⑤] 另外，现代公司法学者则更多地批评第三人验证制度并不能给债权人带来福利，徒增公司设立的成本。估值方法本身就有很大的自由裁量空间，进行评估的专家即使由法官来挑选也很难真正独立，因为其作为

---

① 参见黄玫《TCL 集团律师表示："低净值换股"提法不当》，《证券时报》2003 年 10 月 23 日，第 2 版。

② 《美国修订示范公司法》第 6.21 节（c）。

③ 参见何美欢《公众公司及其股权证券》上册，北京大学出版社，1999，第 52 页以下。

④ 有学者将英国、欧盟与德国、法国、日本的做法区分为两种模式，称前者为强制性评估，后者为第三人验证（参见傅穹《重思公司资本制原理》，法律出版社，2004，第 121 页以下）。笔者以为，从这些国家的公司法条文看不出评估与验证之间的实质性区别，且实务中大多数评估（除土地、房屋外）皆由会计师进行，故本文未对二者加以区分。关于非现金出资及评估验证的比较法研究，参见〔日〕志村治美《现物出资研究》，于敏译，法律出版社，2001；葛伟军《公司资本制度和债权人保护的相关法律问题》，法律出版社，2007，第 61 页以下。

⑤ 〔美〕阿道夫·A. 伯利、加德纳·C. 米恩斯：《现代公司与私有财产》，甘华鸣等译，商务印书馆，2007，第 155 页。

在市场上提供会计与估值服务的专业人士，收入主要来源于日常专业服务而非公司法下的出资验证业务，"为避免失去现有的或潜在的客户，专家将倾向于批准任何实物出资，只要该出资的估值不会高到一个外行也能看出公司的股份被掺水的地步"。①

4. 小结

成型于 19 世纪中期的公司法资本制度，在其后 100 多年的商业实践中暴露出管制方式的原始与粗疏。试图以某一个固定、僵化的标准来约束变化万千的经济现实，既难以实现保护债权人利益的初衷，也给公司经营和个人创业造成不必要的束缚。否定劳务出资合法性更与现代社会重视人力资本的潮流背道而驰。虽然司法甚至立法层面可以通过创设各种例外来缓和过于僵化的规制方式，但如此一来资本制度又变得复杂而晦涩，增加了操作成本，甚至导致"资本"呈现空洞化，进一步削弱了分配环节的"资本维持原则"的意义。实践中，各种规避行为也导致法定资本制本身沦为摆设或笑柄。因此，进入 20 世纪 70 年代后，美、英两国的公司法学者开始表达彻底否定传统的法定资本制的立场，揭开了英美公司法学界清算法定资本制的序幕。

不过，公司法资本制度的局限并没有消弭公司资本自身的意义。面对传统法律规制方式的不足，商业实践中发展出各种安排来弥补公司法的疏漏，恢复或者凸显公司资本的真实意义，实现公司资本制度预设的功能。它们最终也给公司法资本制度的改革指示了方向。

二　商业实践对法定资本制度漏洞的填补

随着公司成为企业组织的主流形式，商业实践中逐渐发展起与之相关的一些管理技术或制度安排，涉及财务会计、商业估值、债务契约、信用评级等诸多方面。此外，当有组织的证券交易所出现后，上市规则基于自律的考虑或者证券监管法的要求也或多或少地着眼于解决公司治理中的利益冲突，包括推动股东平等原则并兼顾债权人利益保护，从而部分地分担了法定资本

---

① Luca Enriques and Jonathan R. Macey, "Creditors Versus Capital Formation: The Case Against the European Legal Capital Rules", *86 Cornell L. Rev.*, 1187.

制的职能。这里按其产生的时间顺序介绍其中三个最突出的机制。

1. 会计实务

会计是描述商业活动的基本语言。计算资本与收益是商人以及营利性公司的本能，自然也是会计的首要任务。就此而言，会计与管制出资、约束利润分配的公司法资本制度有天然的契合度。

从历史上看，法律处理资本、利润范畴远早于会计职业的出现，因此早期的法定资本制并不存在会计理论或专业人士的帮助，体现的是商人与法律人对相对简单的商业活动的朴素理解。19世纪中期后，股份公司的流行、铁路等大型企业的管理需求、资本市场的兴起等因素，促使会计实务快速发展，会计职业也登上历史舞台。[①] 此后会计实务的演进完全是在公司法框架下进行的，奉法定资本制为圭臬，[②] 填补着古老的、因世事变迁而变得僵化的法定资本规则的千疮百孔，在公司法简单的资本与利润两分法之外，创设了资本公积、保留盈余、所有者权益、净资产等诸多概念，并进而生成资产负债率、流动比率、税息前盈余等财务分析指标。它们不仅服务于债权人利益保护，也给法定资本规则在调整股东之间以及股东与公司之间的利益冲突方面的操作提供了一套精细的工具。[③]

以股东出资形成资本的过程为例，会计实务通过对公司的所有者权益进行分类，特别是对资本、资本公积（出资溢价）账户的描述，至少在以下三个方面促进或者便利了公司法对出资环节的管制。

第一，清晰地描述资本的状态以及与资产之间的关系。法定资本制的核心概念是"资本"，然而直到20世纪初，法官和律师们还深深困扰于"资本"（capital）、"股"（stock）、"股份"（share）、"股本"（stock capital，或 capital stock）等概念的边界及其与"资产"的关系。特别是在涉及公司特许税以及掺水股等方面的案件中，"股"或"资本"到底是一个

---

① 参见〔美〕加里·约翰·普雷维茨、巴巴拉·达比斯·莫里诺《美国会计史：会计的文化意义》，杜兴强、于竹丽等译，中国人民大学出版社，2006，第139页。

② 参见潘序伦《我国公司会计中股本账户之研究》，载《潘序伦文集》，立信会计出版社，2008，第79页；汤云为、钱逢胜《会计理论》，上海财经大学出版社，1997，第391页以下。

③ 对于会计相较于传统法定资本制在描述公司与股东间各种资本性交易（如出资、分配、回购、库藏股、减资、可转债、认股权证、合并换股等）方面的优势，参见 Bayless Manning and James J. Hanks Jr., *Legal Capital*, 3rd ed., Foundation Press, 1997, pp. 119 ff。

抽象的数字、一种无形的股东权利还是公司拥有的具体财产？如何判断"股"的价值，是股东的实际出资，公司的声明资本，抑或特定出资财产的现行市场价值？这些问题成为19、20世纪之交的热点话题。[①] 对此，会计用资产负债表的基本结构清晰地展现了公司"资本"与"资产"之间的对应关系，包括公司初始设立时的"资产 = 资本（股本）"以及公司持续经营期间的"资产 = 负债 + 所有者权益"。资产负债表对公司财务结构的直观反映极大地便利了法律人理解"资本信用"或"资产信用"。

此外，与股东实际缴入的出资对应，公司资产负债表上确认的"资本"是"实收资本"，代表了"面值×已发行股份数"的计算结果，它并不反映公司的"授权资本"。同时，会计以货币为计量单位，一些对股东来说至关重要但并非货币计量的信息（如股份数或比例）并不呈现在"资本"中。为了给企业外部投资者提供股份总数、已发行股份数、授权资本等信息，资产负债表通常会在"资本"或"股本"一栏中专门添加文字进行说明。

第二，"股份溢价"账户对股东出资实现了真正的约束，甚至替代了"资本"约束。针对公司为规避资本管制而刻意减少"面值"及"资本额"的行为，会计上创设了"股份溢价"账户（或"额外缴付的资本"账户），专用于记录股东作为出资缴入但未计入"资本"的部分，并主张对此账户参照"资本"账户管理，只能用于吸收公司亏损或者转增股本，不得用于对股东的分配。对于低面值股，由于发行溢价往往占股东缴付的出资额的绝大部分，"股份溢价"账户的设立意味着股东的实际出资额基本上都被锁定在企业中。对于无面值股，除公司管理层指定作为"声明资本"部分外，其余对价也都进入了"股份溢价"账户。因此，会计实务对股份溢价账户用途的限制使得公司对"面值"或"声明资本"的操纵在很大程度上失去了意义。

历史上，会计对"股份溢价"账户的处理方式曾遭到公司及其律师的

[①] 例见 Frederick Dwight, "Capital and Capital Stock", 16 *Yale Law Journal* 161（Jan. 1907）; George W. Wickersham, "The Capital of a Corporation", 22 *Harvard Law Review* 319（Mar., 1909）。一个世纪后，"资本"也成为大中华区公司法学界的热点话题，例见方嘉麟《论资本三原则理论体系之内在矛盾》，《政大法学评论》第 59 期（1998 年）；赵旭东《从资本信用到资产信用》，《法学研究》2003 年第 5 期。

强烈反对，因为公司希望将出资溢价用于股息分派。在美国，州公司法并未明确处理这个问题，会计实务是在证券监管者以及交易所的支持下作为符合法定资本制宗旨的商业惯例才勉强存续下来。[①] 在英国，1945 年后公司法明确要求公司把股份发行所筹集的所有资金都视为"资本"——无论其计入"资本"还是"股份溢价"账户，从而正面支持了会计实务的做法。[②] 大陆法系国家的公司法则直接将股份溢价账户称为"资本公积金"账户，禁止其用于股息分配。[③] 也正是由于"股份溢价"账户实际上承载了"资本"，当 20 世纪末一些国家的公司法最终取消"声明资本"或者"面值"概念时，对公司本身以及债权人保护都没有产生太大影响。

第三，提供了公司外部的利害关系人了解公司财务状况的基本工具。对于债权人来说，公司用于吸收亏损的财产基础不再局限于公司登记文件中的注册资本，而是公司的全部净资产，它反映为资产负债表下的"所有者权益"，包括资本、公积金、未分配利润等。此外，结合资产负债表对公司资产、负债的描述，债权人还能够对公司的资本结构有更清晰的认知。加上损益表对公司盈利能力的反映，现金流量表对公司现金流的描述，一套完整的财务报表对公司偿债能力的揭示远比公司法下的"资本"或"注册资本"更丰富。更进一步，由于债务人的违约风险与公司的现金流以及负债水平相关，净资产的绝对额指标不能单独说明问题，债权人会进而关注公司的一些财务比率，如资产负债率、流动资产与流动负债比率、利息保障倍数等。这也为日后债务契约的实践奠定了技术上的基础。

2. 债务契约的实践

如果说会计实务对公司法资本制度主要起到辅佐和支撑作用，债务契约的实践则更多地体现对法定资本制功能的替代。债务契约主要是美国法下的现象，公司发行债券文件中的财务承诺条款（Financial Covenants）正

---

① 例见〔美〕阿道夫·A. 伯利、加德纳·C. 米恩斯《现代公司与私有财产》，甘华鸣等译，商务印书馆，2007，第 178 页；Wilber G. Katz, "Accounting Problems in Corporate Distribution", 89 *U. Pa. L. Rev.* 764（1940–1941）。但是，会计实务以及交易所的要求都缺乏公司法的强制性。

② 参见〔英〕艾利斯·费伦《公司金融法律原理》，罗培新译，北京大学出版社，2012，第 118 页。

③ 例见德国股份法第 150 条。

是在 19 世纪末 20 世纪初美国公司法开始放松资本管制的背景下出现的。当时一些州不仅承认低面值股甚至无面值股，允许公司在成立后任意减少注册资本，而且还放弃了传统上对公司"负债－权益"比例的直接限制，[①]由此催生了公司债券持有人用合同来保护自己利益的做法。

当然，即使不存在资本管制的放松，从债权人的立场看，公司法资本制度也是有瑕疵的，因为其缺乏一个完整的"债权人－股东"利益冲突的理论框架，仅关注债务人公司设立时点的出资以及以此为基础的分配行为，忽略了债务人可能进行的其他机会主义行为对债权人利益的损害。例如，公司可能在借贷后进行高收益但高风险的投资，或者以其他方式将低风险资产置换为高风险的资产，以增加债权人的风险为代价提升股东的潜在收益。再如，公司在向特定债权人融资后进一步大举借贷，增加同一顺位或更优先受偿顺位的债务，或者为其他债务提供担保，从而造成在先债权人的债权稀释。此外，公司也可能增加股息分红比例，或将其他财产分配给股东，从而减少公司的净资产规模。

从历史上看，针对债务人的机会主义行为，银行贷款人很早就在贷款合同中对借款人设定某些义务，并在借款人违约时宣布贷款加速到期。在公司发行债券领域，美国 1900 年前后的债券受托文件中出现了最早的限制性条款——"消极性承诺"（negative covenants），对债券发行人的潜在机会主义行为进行约束。[②] 这些限制性条款随着美国资本市场的发展而不断丰富、完善。1965 年美国律师业基金会收集实践中具有代表性的债务契约，起草了债券合同示范文本，它们被绝大多数的债券合同与银行贷款合同采用。[③]

相对于公司法的管制方式，债务契约特别是其中的消极性承诺条款覆盖的范围更全面，设置的标准也更合理。例如，针对法定资本制最关心的限制公司对股东的分配问题，债务契约设定的底线并非公司的资本或注册资本，而是根据债权人的需求设置一个具体的计算公式，以反映公司的动

---

① J. Hurst, *The Legitimacy of the Business Corporation in the Law of the United States 1780–1970*, Charlottesville, Virginia: The Universiry Press of Virginia, 1970, p. 53.

② William W. Bratton, "Corporate Debt Relationships: Legal Theory in a Time of Restructuring", 1989 *Duke L. J.* 92, 108 (1989).

③ Churchill Roger, "The Corporate Trust Indenture Project", 20 *Bus. Law* 551 (1965).

态财务状况，它远高于公司的法定资本。[①] 同时，债务契约还会根据债务人公司的净资产限制其总负债、新增负债或对外担保水平，要求其保持一个比较高的利息保障倍数和流动比率。此外，债务契约还会对债务人从事合并、分立、重大资产出售或转投资等交易进行限制，以防债务人公司的资产形态变化损害债权人利益或者稀释债权人的财产保障。

可以说，商业实践中的债务契约不仅要求债务人维持一个远比公司法下的"最低资本限额"或公司的"注册资本"或"声明资本"更有意义的净资产基础，而且对于其他可能造成债权人利益受损的机会主义行为都进行了限制。实践中，这些债务契约也给公司法改革以启示。例如，1975年美国加利福尼亚州公司法就是用类似贷款合同中的财务指标取代了传统的"声明资本"作为公司分配的底线，要求公司分配后的流动比率（＝流动资产/流动负债）大于125%。[②] 此外，现代银行业的资本充足率监管、证券公司的净资本监管以及保险公司的偿付能力监管也都充分借鉴了债务契约实践的经验。

3. 商业估值技术

对股东出资方式与作价的监管长久以来困扰着公司法资本制度的实践。但是，正如"商品价格总是围绕着价值而波动"的道理显示，资产价值既是一个真相问题，更是一个心理认知问题，交易当事人之间的共识或合意往往比所谓的科学标准更重要。体现这种合意的一个最直观的途径就是臂长交易（arm-length transaction）或有规律地进行着的市场交易。20世纪50年代之后，现代公司财务理论以及投资理论对于资本市场中的股票价格以及其他金融资产的定价技术进行深入的研究，现金流折现法、期权定价公式、资本资产定价模型等估值方法逐渐被人们熟悉和接受。[③] 此外，第二次世界大战后各国进入经济发展的平稳上升期，各种要素市场（如资本

---

① 参见 C. W. Smith and J. B. Warner, "On Financial Contracting: An Analysis of Bond Covenants", 7 *Journal of Financial Economics* 117–161（1979）。债务契约对公司分配行为的约束并不是直接限制股息本身，而是限制公司用发行债券融入的资金或者出售公司资产所获得的现金派发股息，后两种都对债权人利益造成极大伤害。

② Cal. Corp. Code, §500（a）（b）.

③ 投资理论主要探讨金融市场和金融资产的定价模式，公司财务理论主要研究公司投资与财务运作的决策过程，二者构成了现代金融学的两大主流。参见〔美〕彼得·伯恩斯坦《投资革命——源自象牙塔的华尔街理论》，李繁康等译，上海远东出版社，2001。

市场、劳动力市场、经理人市场、土地流转市场等）逐渐建立起来。这些因素共同作用的结果是：一方面，人们对一些不确定性较大、传统上无法估值的财产之价值也能达成基本共识；另一方面，人们对估值的功能有了更清晰的认识，对估值科学性的追求逐渐让位于估值的合意性、可参考性。

估值技术与观念的变化对于公司法传统的出资形式与作价监管模式带来双重影响，既消解了公司法对出资作价全面监管之必要性，同时也给公司自身的商业判断提供了相对可靠的支撑，降低了自我估值过度不公平的概率。实践中，对于公司简单设立情形下的单项非现金出资，随着可比交易的增加、产权登记体系的完善，法律人也能够辨识出明显的出资不实状态。另外，在并购设立或者企业资本化等复杂形态的设立出资过程中，未来现金流折现的估值方式成为普遍采用的估值技术，传统的掺水股质疑基本不复存在。此外，这些交易所涉及的资金体量巨大，远超过法律人关于"资本不足"的朴素理解所预期的资本额水平。因此，对于这些交易而言，即使放弃对股东出资作价的监管，法定资本制下保护债权人利益的目标似乎依然完好无损。

不仅如此，商业估值技术的发展也令公司法下出资作价的不同管制方式——董事会判断或第三人验证机制——之间的差异趋于模糊。一些公认估值方法的普遍应用既能对第三人评估，也能对董事会决策提供帮助，结果董事会商业判断的结论与第三人验证的结论逐渐趋同。在此，美国法院的立场演变是个典型的例证。美国公司法虽然将股东出资作价完全委诸董事商业判断，但仍然保留了对股东退出公司环节的估值监管，如异议股东的评估补偿就是由法院而非公司决定的。此外，公司并购交易中的对价公允性问题传统上也属于董事商业判断的范畴。从这个意义上说，美国公司法下也存在两种不同的估值管制方式——法官裁断与董事会判断。当现代商业估值技术逐渐被接受后，美国特拉华州法院在 1983 年宣布，法官在异议股东评估补偿权的案件中将不再局限于判例法的传统方法，而是适用"金融圈普遍接受并采用的方法"。[①] 两年后，它又在一起并购案中暗示，若董事会未获得对并购方案公允价值的充分确信，可能构成未恰当地履行

---

① Weinberger v. UOP, Inc., 457 A. 2d 701, 712–713（Del. 1983）.

董事的信义义务，需承担法律责任。[1] 判断交易的公允价值自然是专业人士的意见更可靠，如此一来，尽管是否批准并购方案仍然属于董事会的商业判断范畴，但由专业人士出具并购对价公允性意见书基本上成为董事会批准并购交易的前置程序。这些判例造成的实际效果就是，第三方验证、董事会的商业判断以及法院裁断三种估值方式在操作层面没有本质差别了。

4. 小结

19 世纪后半期兴起的一些商业管理技术开始处理传统公司法资本制度关注的问题。它们修补了法定资本制的漏洞，帮助其实现保护债权人利益的立法目的，有些甚至被公司法直接吸收。商业实践在辅佐公司法资本制度的同时，也更加清晰地暴露出后者内在的局限性。例如，会计实务与商业估值技术揭示的公司净值、市值与股份面值、注册资本之间的差异，凸显了"不得折价发行规则"的简单粗暴，消解了出资形式与作价管制的必要性。至于债务契约实践在法定资本制之外另行创设了一套保护债权人利益的措施，通常被解读为证明了法定资本制对于债权人来说毫无意义。不过，正是因为 19 世纪末 20 世纪初美国公司法放松了资本管制，才催生了公司债券发行领域的消极性财务承诺。

面对法律与商业实践之间的脱节，持不同政治立场或学术思想的人们可能给出不同的解释，并进一步引申出不同的结论。注重公司法传统的强制性特征、笃信法律管制自有其独到价值的人认为，商业实践为法定资本制的改革校准了目标：问题暴露得越充分，就越知道该如何改进法定资本制度的细节。相反，笃信市场力量、关注法律的收益 - 成本分析、强调公司法的合同本质与赋权性特征的人则认为，商业实践已完全瓦解了公司法管制资本的正当性，该是放弃法定资本制的时候了。[2] 这也正是 20 世纪 70 年代后美国法定资本制革命中的两条代表性路径。

---

[1] Smith v. Van Gorkom, 488 A. 2d. 858（1985）.

[2] 对公司法的传统理解与法经济学解读之间的差异，集中体现在 1988 年美国哥伦比亚大学法学院法经济学研究中心举办的"公司法中的合同自由"研讨会上，相关论文刊发于《哥伦比亚法律评论》（*Columbia Law Review*）1989 年专辑。资本制度不在此次研讨会主题之列，但从法经济学角度对传统法定资本制的批判此前已由贝勒斯·曼宁教授完成，即本文所引之 *Legal Capital* 一书。该书也成为美国修订《示范商业公司法》的理论指南。进入 21 世纪后，欧洲学者也从传统规范解释与法经济学两条不同进路对公司资本制度展开了激烈辩论，对此的一个综述，参见 John Amour, "Legal Capital: An Outdated Concept?", 7：5 *European Business Organization Law Review* 27（2006）.

三　公司资本制度改革：全球化下的不同路径

1975 年，美国加州公司法对资本制度进行了重大改革。以此为起点，过去的 40 年见证了各国对公司资本制度的更新、修补或者革命。在顺应全球化竞争、信息时代、放松管制的主基调下，不同国家对法定资本制的改革力度及环节各不相同，体现了它们对于公司自治、鼓励创业、债权人保护、监管成本的权衡这几种时有冲突的社会目标之间所作的选择或排序。这里梳理其中呈现的主要路径，观察它们与商业实践的关系，以便为解读我国当下的公司资本制度改革争议提供一个参照系。

1. 美国式革命：改造资本维持原则的三种思路

美国模式以废除"法定资本"概念的颠覆之举，通常被视为放松管制之集大成者。不过，严格来说，美国法定资本制革命与促进创业、降低公司设立成本、激发经济活力等政策目标没有直接联系，它主要针对的是公司对股东的分配环节，重点是对资本维持原则进行改造，通过消除"声明资本"、"面值"等概念来结束长期以来公司法以空洞的"声明资本"作为分配底线的荒诞局面。

在公司资本制度的两个环节（股东向公司出资、公司对股东分配）中，美国公司法放松出资环节的管制从 19 世纪末就开始了。此前，美国经历了一个世纪的严格资本管制，从特许公司时代一直延续至准则主义公司法时代，标志性案例是 1824 年的 Wood v. Drummer 案。① 该案中斯托里（Story）法官提出的"公司资本是为债权人利益而设立的信托基金"的观点，对美国公司法下法定资本概念的形成产生了深远影响。② 19 世纪末，随着管理资本主义的兴起，美国公司法逐渐转向董事会中心主义，开始削弱股东的财产权以及对债权人利益的保护措施。③ 从允许削减股份面值、

---

① Wood v. Drummer, 30 F. Cas. 435 (no 17, 944) (C. C. D. Me. 1824).

② 参见 Bayless Manning and James J. Hanks Jr. , *Legal Capital*, 3rd ed. , Foundation Press, 1997, p. 33。

③ 按照当时的主流观点，由职业经理人组成的管理层与传统上的企业主——管理者不同，对于公司发展有更长远的眼光，不会用过度分配、抽回出资等手段来自肥，因此减少了公司法保护债权人利益的必要性。参见 William W. Bratton, "Corporate Debt Relationships: Legal Theory in a Time of Restructuring", 1989 *Duke L. J.* 108 (1989)。

限制股东的优先认购权，到赋予董事会对股份的自由创设权以及对于非现金出资作价的决定权，直至 1912 年纽约州正式接纳无面值股票，美国主要的商业州废除了出资环节的大部分管制，公司法下的"资本"不再具有真实的经济意义，遑论保护债权人。① 到 1969 年美国《示范商业公司法》（*Model Business Corporation Act*）取消 1000 美元的最低资本额要求时，公司法基本消除了出资环节的管制痕迹。②

在公司对股东的分配环节，资本维持的理念源远流长，前述 1824 年的 Wood v. Drummer 案就是一个公司向股东不当返还财产的案件。传统上，资本维持原则以资本与利润两分法为基础，公司只能从"利润"中分派股息，不得将"资本"用于分配。这一理念体现在 20 世纪公司法中主要有两种形式：一是《示范商业公司法》下的"已赚得溢余标准"，即以损益表的净利润为基础进行分配；二是特拉华州、纽约州等采用的"资产负债表溢余标准"，即以资产负债表中的净资产为基础，净资产超过资本的部分可全部分配。实践中，由于《示范商业公司法》提供了诸多例外，所以两类标准趋于一致，都以"资本"为最终约束，即分配不得削弱"资本"。然而，现实中公司的"声明资本"微乎其微，资本维持原则的功能也就成了一个幻影。但对公司及股东而言，资本维持原则还是一种约束，在进行分配、回购、赎回注销、减资等交易时仍然需要用资本维持原则加以检验，从而增加了公司的操作成本。③ 针对传统资本维持原则的弊端，加州公司法在 1975 年首开改革先河，紧接着美国律师协会在 1979 年修订了《示范商业公司法》，二者代表了两种完全不同的理念，选择的是两条完全不同的改革路径。

---

① Arthur Stone Dewing, *The Financial Policy of Corporations*, 4th ed., New York: The Ronald Press Company, 1941, p. 53. note f。

② 仅余对以本票及未来劳务形式出资的限制。不过，在纽约州、特拉华州公司法中，该限制仅适用于股份的面值部分，股份溢价部分则可接受任何出资形式。由于面值很低，这种限制并不具有实质意义。最终，《修订示范商业公司法》完全放开了对出资形式的限制。参见 Richard A. Booth, Capital Requirements in United States Corporation Law, 2005, University of Maryland Legal Study Research Paper No. 2005 - 64, available at http://digitalcommons. law. umaryland. edu/fac_pubs/13/。

③ 参见 William P. Hackney, "The Financial Provisions of the Model Business Corporate Act", 70 *Harv. L. Rev.* 1357（1957）; Bayless Manning and James J. Hanks Jr., *Legal Capital*, 3rd ed., Foundation Press, 1997, pp. 116 ff。

加州公司法旨在改进、完善资本维持原则，将法定资本制与现代商业实践有机结合以实现对债权人的有效保护。它用类似于债务契约的财务承诺条款取代了传统的"资本"约束标准，并辅之以会计实务中形成的一套比较保守的做法。① 简言之，公司对股东的分配或者限于按照一般公认会计准则计算出的"保留盈余"，或者分配后满足以下财务指标：公司资产总额至少等于负债的125%，流动资产至少等于流动负债，且前两个会计年度中税前息前盈余都超过利息支出；如果税前息前盈余不足，则流动比率须达到1.25∶1。② 在此基础上，加州公司法还进一步施加了衡平法上的清偿能力标准，即只要"有可能"导致丧失清偿能力，就不得进行分配。③ 在计算作为分配底线的财务比率时，商誉或研发费用等费用化资产必须从"资产"中剔除。④ 因此，加州公司法的分配标准比通常的会计实务或者债务契约更加保守、谨慎。有评论认为，加州公司法的基石不再是空洞的法律概念，而是具有经济实质的事物，如保留盈余、资产-负债比率、清算时的优先受偿权等。⑤ 笔者认为，它类似于银行业采用的资本充足率要求，只是未设立一个资本充足率监管机构而已。

相反，《修订示范商业公司法》（*Revised Model Business Corporation Act*，以下简称《修订示范法》）采取了截然不同的思路，完全放弃了资本维持原则，转而采用"双重清偿能力"标准，即破产法下的"资不抵债"标准与衡平法下的"不能清偿到期债务"标准。《修订示范法》规定，公司的分配行为只要不触发下述两种情形，就是合法的：①分配后公司无法偿还正常营业过程中的到期债务；或者②公司资产总额低于负债总额，或者在公司发行了清算时能够优先受偿的权益（如优先股）时，资产总额低于负债与清算优先权益之和（第6.40条）。采用清偿能力标准的理由是：法律只需要关注债权人遭遇的核心风险——公司无清偿能力。仅在此时，债权

---

① Thomas C. Ackerman, Jr. and James K. Sterrett, Ⅱ, "California's New Approach to Dividends and Reacquisition of Shares", 23 *U. C. L. A. Rev.* 1052, 1053 (1976). 借鉴债务契约的理由是，它们是经验丰富的金融债权人对债务人施加的约束，上升为立法就可以让贸易债权人或其他小债权人享受到同样的保护。

② Cal. Corp. Code, §500 (a) (b).

③ Cal. Corp. Code, §501.

④ Cal. Corp. Code, §500 (b) (1).

⑤ Melvon. A. Eisenberg, "The Modernization of Corporate Law: An Essay for Bill Cary", 37 *U. Miami L. Rev.* 187, 199–202 (1983).

人才无法得到偿付。若公司清偿能力不成问题，则不必限制公司对股东的支付，不论其采取股息、资本返还还是股份回购的方式，也不必区分何谓资本、何谓盈利。由此，也可以摆脱会计实务的束缚，不再操心利润或各种盈余的计算问题。① 按照《修订示范法》，资本是无关紧要的，公司可以不存在任何股东权益作为吸收亏损、保护债权人利益的缓冲垫。换言之，公司法中不再有"资本"的位置。

在加州公司法、《修订示范法》之外，还存在第三条道路——维持现状，以特拉华州、纽约州等为代表。它们继续适用本州原来的公司法，包括资本维持原则以及法定资本概念，当然也保留着传统法定资本制难以保护债权人利益的弊端。例如，在美国大公司云集的特拉华州，公司法不仅允许公司将净资产扣除"资本"后全部分配给股东，甚至许可公司在亏损时进行分配，称为"灵活股息"（nimble dividend）。② 这种分配标准也被批评为将"本来应视为欺诈性转移的股息支付变成了'合法的分配'"。③ 当然，特拉华州公司法的影响主要体现在美国上市公司或接受美国证券交易委员会监管的大公司身上，监管规章、交易所上市规则以及债务契约等对上市公司的资本维持施加了更多的束缚。因此，州公司法资本制度是否改革都无关紧要，充其量就是一个无用的摆设或无害的古董。

美国公司法在过去40年间的改革，与其说是放松管制，毋宁说是清扫法定资本制身上的历史积尘，重建"声明资本"空洞化后资本维持原则的法理基础。由于秉持的理念不同，《修订示范法》、加州公司法代表了两个极端，其他州则介乎二者之间。如果说"革命"有"打碎旧枷锁"与"建设新世界"之分，《修订示范法》无疑属于前者，加州公司法则更像后者。《修订示范法》满足于公开揭示公司法在保护债权人利益问题上实际能达到的效果，或者更确切地说，公开承认没有效果。通过消除公司法中的"资本"痕迹，《修订示范法》实际上宣告公司法退出了传统的资本管制领域，把此问

---

① 参见 Bayless Manning and James J. Hanks Jr., *Legal Capital*, 3rd ed., Foundation Press, 1997, p. 77。

② 参见美国特拉华州普通公司法第 170 条（a）款。卞耀武主编《特拉华州普通公司法》，左羽译，法律出版社，2001，第 62 页。

③ Official Committee of the Unsecured Creditors of Color Tile, Inc. v. Blackstone Family Investment Partnership, L. P.（In re Color Tile, Inc.），2000 U. S. Dist. LEXIS 1303（D. Del. 2000）.

题交由破产法、欺诈性转移法甚至商业实践自己解决。[1] 相反，加州公司法一方面废除无实质意义的法定资本或声明资本概念，另一方面借助债务契约、会计实务来修正资本维持原则，对公司施加资本充足率要求，"给债权人提供了他们心目中法定资本制应提供的保护"。[2] 姑且不论公司法是否应执念于保护债权人利益，仅就立法技术而言，加州公司法的改革路径对法律人来说更具挑战性。相形之下，《修订示范法》的方式简单明了、易于操作，也符合 20 世纪 80 年代以来影响日隆的法经济学的收益－成本观念，因而受到了更多的追捧。[3] 从这个意义上看，美国式的法定资本制革命并不能简单等同于"抛弃法定资本概念"，它本身就展示了基于商业实践而改革传统公司资本制度（特别是资本维持原则）的多种可能性。

2. 英联邦：简化并完善法定资本规则

由于历史原因，英联邦成员的公司法基本上以英国公司法为模板。与美国不同，英国公司法奉行"商业自由＋透明度"的理念，比较强调对债权人的保护。[4] 在公司设立环节，公司法对股东出资的管制较少，仅有"不得折价发行"规则，同时高度重视资本公示与信息披露；在公司对股东的分配环节，有一套内容广泛、管制性较强的资本维持原则，涉及利润分配标准、资本公积账户使用限制、以法院批准为基础的减资程序、股份回购限制以及财务援助的禁止等。[5] 在资本市场高度发达的今天，这种资本维持原则阻碍了公司在资本市场进行的一些交易，如择时回购股份以提高股东回报、实施股权激励计划、管理层收购或公司并购等。此外，判例法承载着诸多历史遗迹，法定资本制被公认为复杂而晦涩，概念古老，条

---

① 参见 Franklin A. Gevurtz, *Corporation Law*, 2d ed., West Publisher, 2010, p. 163。

② Richard O. Kummert, "State Statutory Restriction on Financial Distributions by Corporation to Shareholders (Pt. 2)", 59 *Wash. L. Rev.* 185, 284 (1984).

③ 美国有 30 多个州采纳了《修订示范法》，只有阿拉斯加州采纳了加州公司法的模式。其余的州或者继续适用《示范商业公司法》，或者维持本州特色的标准。

④ 英国在 1542 年就制定了破产法，19 世纪中期开始的准则主义公司法时代更同时交织着公司破产清算法案的修订与完善。对此过程的详细描述，参见〔英〕罗纳德·拉尔夫·费尔摩里《现代公司法之历史渊源》，虞政平译，法律出版社，2007，第 120 页。

⑤ 参见〔英〕艾利斯·费伦《公司金融法律原理》，罗培新译，北京大学出版社，2012，第 180 页以下。

款冗长，例外套着例外。① 再加上《欧盟公司法第 2 号指令》适用于英国的股份公司，不仅加重了公司法的管制色彩，且不同法系理念的交织进一步令规则复杂化。上述几方面因素导致英国公司法步履蹒跚，难以适应现实需要，也逐渐被英联邦成员所抛弃。1975 年加拿大率先改革，转而借鉴美国特拉华等州的公司法以及《示范商业公司法》的规则。此后，新西兰、澳大利亚、南非等相继重新评估本国公司法。进入 21 世纪后，新加坡、马来西亚等国也对公司法进行了大规模修订。英国自身的改革于 1998 年启动，历时 8 年而以 2006 年公司法案宣告完成。②

　　综观英联邦成员的公司法资本制度改革，其共同基调是为商业活动提供一个"简单、高效、成本节约的法律框架"。在公司设立与股东出资环节，英联邦成员原本就不存在最低资本额或者非现金出资的评估要求，改革主要是进一步简化公司注册程序，消除冗余的概念，降低文牍负担，以便利小企业的设立。废除"授权资本"概念就是这一理念的产物。传统上，"授权资本"是公司注册文件中公示的一项重要内容。由于公司通常都不会将授权资本全部发行，因此围绕着授权资本出现了三方面的信息混乱。一是对于债权人来说，"授权资本"是一个无效信息。债权人为判断公司的财务基础，还需要进一步了解公司已发行股本与未发行股份、已缴付的股本与尚未缴付的股本等情况。二是公司注册簿、公司章程与公司财务报表之间出现脱节，前二者反映的是"授权资本"，后者反映的是"实收资本"或"已催缴资本"。三是由于股份面值与发行价之间经常存在差异，即使公司授权资本已全部发行完毕，公司"实收资本"也并不等于"授权资本"。实践中，为了避免误导第三人，公司法一般都要求公司在公开文件上提及"法定资本"或"授权资本"时须同步述明"实收资本"，否则追究公司及相关高管的法律责任。③ 由此又带来了两套资本概念的监管问题，徒增管理成本。在 20 世纪末开始的公司法改革中，英国、澳大利

---

① Laurie Factor, "Capital Maintenance: Simplification and Creditor Protection", 5 (2) *Australian Journal of Corporate Law* 259 (1995).

② 对加拿大、澳大利亚、新西兰等国放松资本管制的一个简要介绍以及英国修订公司法的基本思路，参见 Modern Company Law for a Competitive Economy – The Strategic Framework, A Consultation Document from the Company Law Review Steering Group, February, 1999, para 1.8., 4.3 – 4.11。

③ 例见 UK Companies Act 1985, S. 351 (2)。

亚、新西兰、新加坡都废除了"授权资本"概念，规定公司设立时直接登记"已发行股本"以及"实缴股本"。当然，公司章程可以继续规定授权董事会发行的股份数，但它仅体现股东与董事会之间就股份发行进行授权与控制安排，与公司的注册资本或资本额无直接关系。

在公司对股东分配环节，英联邦成员大多顺应现代资本市场的要求，不同程度地放松了对回购及财务援助的限制，增加了公司自主减资程序。资本维持原则的核心问题是选择何种标准来约束公司的分配行为。对于应坚持传统标准还是转向美国《修订示范法》的清偿能力标准，英联邦成员出现了分歧。加拿大、新西兰等选择了《修订示范法》的路径，但英国、澳大利亚、新加坡都保留了传统的可分配净利润标准。其原因主要有两方面：一是清偿能力标准的实际操作并不如想象中的简便易行，它给公司、董事、股东带来的不确定性较大，实施该标准的成本可能超过收益；[1] 二是英联邦国家的公司法通常都限制股份溢价账户用于分派股息，会计实务中对于公司回购也建立了专门的储备账户，因此资本空洞化问题远不及美国严重，"资本维持"相对来说仍然具有真实的经济意义。

3. 大陆法系国家（地区）：缓和出资管制

大陆法系国家（地区）通常指欧洲大陆国家以及日本、韩国、中国台湾地区等。在公司资本制度方面，上述东亚地区的公司法与欧陆模式存在一定差异，近年来的改革力度也远较欧陆国家为大，殊难归为一类。不过，就本文关注的公司设立环节而言，上述大陆法系国家和地区有一定的共性，都放松了对出资的管制。

日本自1990年以来为刺激低迷的经济而频繁修订其商法，废除了股份面值，放弃了对金融资产的评估要求，放宽了公司回购股份限制。日本原无最低资本额要求，1990年修订商法时才仿效德国法而引入。2002年日本政府为进一步鼓励创业，通过了《新事业创造促进法》，对满足条件的新公司在设立后5年内免予适用最低资本额规则。日本2005年商法、公司法

---

① 参见 FSTB, Rewrite of the Company Ordinance Consultation Paper: Shares Capital, the Capital Maintenance Regime and Statutory Amalgamation Procedure, para 3. 12（June 26, 2008）; Wolfgang Schön, "The Future of Legal Capital", 5 *European Business Organization Law Review* 434（2006）。更具体的数据分析，参见 KPMG, Feasibility Study on an Alternative to the Capital Maintenance Regime Established by the Second Company Law Directive 77/91/EEC of 13 December 1976 and an Examination of the Impact on Profit Distribution of the New EU – Accounting Regime, 2008。

修改将这种例外变成了正式规则，取消了对所有公司的最低资本额要求。[①]
韩国在 20 世纪 90 年代后开始改革资本制度，取消了最低资本额，允许公
司选择发行面值股或无面值股。中国台湾地区"公司法"自 2001 年起也
经历了数次修改，放宽了出资形式限制，认可技术出资，废除了最低资本
额，虽保留了股份面值但缓和了"不得折价发行"规则，对公司回购股份
之限制也给予了适度放松。[②]

　　相形之下，欧洲大陆国家的公司资本制度改革步履缓慢，更像是在
"底线竞争"压力下的不得已而为之。欧盟各成员国对公司资本管制程度
不尽相同，其中英国对私人公司无最低资本额要求，于是丹麦、荷兰等国
的个人先到英国设立公司再回到本国以分支机构形式经营，引发规避本国
最低资本额规则的争议。1999—2003 年，欧洲法院在 Centros、Uberseering
和 Inspire Art 等案件中否认了欧盟成员国内法上的最低资本要求对保护债
权人的意义，激起普遍的监管套利，倒逼欧陆各国不得不放松出资管制以
留住本国投资者。[③] 受制于《欧盟公司法第 2 号指令》，目前这种改革主要
针对私人公司或有限责任公司。其中法国（2003 年）、荷兰（2006 年）等
都取消了对有限责任公司的最低资本额要求。德国原计划将有限责任公司
的最低注册资本从 2.5 万欧元降到 1 万欧元，因议会改选，最终颁布的
《有限责任公司法改革及防止滥用法》保留了有限责任公司的最低资本额
要求，但创设了一种新的有限责任公司形式——企业家有限责任公司，对
其豁免适用最低资本额规则。

　　在股份公司方面，《欧盟公司法第 2 号指令》在 1998 年基于"简化欧
盟内部立法"的目的而启动了修改程序。欧盟理事会委托的一些研究，如
《简化内部市场法律工作组报告》、[④]《公司法高级专家小组报告》[⑤] 等都提

---

① 参见〔日〕前田庸《公司法入门》，王作全译，北京大学出版社，2012，第 3 页以下及第
18 页以下。

② 参见王保树《股份公司资本制度的走向：从"资本维持原则"规制缓和中寻求真谛》，
载《中国商法年刊》第 3 卷（2003 年），法律出版社，2006，第 37 页以下。

③ 参见 John Amour，"Legal Capital：An Outdated Concept?"，7：5 *European Business Organization Law Review* 27 （2006）。

④ The Company Law SLIM Working Group，Recommendations on the Simplification of the First and the Second Company Law Directives，1999.

⑤ High Level Group，Report on a Modern Regulatory Framework for Company Law in Europe
（Brussels，4 November 2002）.

出了借鉴美国《修订示范法》模式的建议。不过，毕马威会计公司对各种替代性方案的可行性研究报告显示，《欧盟公司法第 2 号指令》与《修订示范法》这两种看起来截然对立的模式对公司施加的管制成本都不显著，相反，公司遵守债务契约或者满足证券监管要求的合规成本要大得多。[①]最终，欧盟理事会认为，《欧盟公司法第 2 号指令》的法定最低资本额、面值规则以及对公司分配的限制并未降低或不恰当地阻碍欧盟公司的竞争力，故短期内不再考虑改革；此外，为促进雇员股权激励计划的实施，避免不恰当地阻碍公司并购、管理层收购等资本市场交易，宜放松对回购或资助第三人取得公司股份等方面的限制。2006 年 9 月欧洲议会和欧洲理事会对《欧盟公司法第 2 号指令》的修改也体现了上述思路。就出资环节的管制而言，修改后的《欧盟公司法第 2 号指令》放松了特定条件下非现金出资的强制评估要求，如果出资标的是市场上交易的有价证券和金融工具或者在不久之前已经过独立的专家评估或审计，则成员国可以对它们放弃适用设立审查制度。[②]

　　总体上看，大陆法系国家放松出资环节管制的目的各不相同，可能是为了刺激经济，也可能是应对底线竞争。资本维持原则方面的改革主要是放松股份回购限制，以满足资本市场的需要，并未触及传统的利润分配标准。与英联邦类似，以德国法为代表的大陆法系公司法通常建立在相对保守的会计实务基础上，这就使得传统公司法下的"资本维持"基本上具有真实意义。[③] 此外，不论是德国还是欧盟公司法指令，在减少创业成本的同时都注重进一步强化债权人保护。例如，德国虽然将企业家有限责任公司的注册资本降低至 1 欧元，但要求该类公司必须每年提取利润的 25% 作为公积金以增加资本，直至达到有限责任公司的最低资本额 2.5 万欧元为

---

① 参见 KPMG, Feasibility Study on an Alternative to the Capital Maintenance Regime Established by the Second Company Law Directive 77/91/EEC of 13 December 1976 and an Examination of the Impact on Profit Distribution of the New EU – Accounting Regime, 2008。

② 参见李莘《欧盟公司资本制度的改革及其对我国的启示》,《河北法学》2007 年第 9 期, 第 149 页以下。

③ 不过, 随着国际会计准则特别是公允价值计量的引入, 德国学者担心传统会计实务难以为继, 可能动摇法定资本制的基础。参见 Wolfgang Schön, "The Future of Legal Capital", 5 *European Business Organization Law Review* 434 (2006)。不同的观点, 参见〔美〕莱纳·克拉克曼、亨利·汉斯曼等《公司法剖析: 比较与功能的视角》, 罗培新译, 法律出版社, 2012, 第 128 页以下及第 293 页以下。

止。此外，针对股东规避法律、滥用有限责任形式的行为，立法者将判例中确立的"隐形实物出资"、"出资重新支出"、"股东将财产交付给公司使用"等规则引入公司法，并将"股东贷款"统一作为后位破产债权，进一步强化了股东和董事在破产时的各项义务。①

4. 小结

在打造现代公司法的共同背景下，过去40年间的全球公司资本制度改革呈现多种路径，既有美国式的多元激进立场，也有欧盟式的保守立场。它们一方面体现了各国立法者在鼓励创业、促进资本市场交易、债权人利益保护、减少管制成本之间的权衡，另一方面也有不同经济学与法学理论的影响，同时更与各国的历史传统以及商业实践的特征相关。由此导致的各国资本制度改革细节上的差异值得我们关注。

就公司设立与股东出资环节而言，各国间最具共识之点是废除最低资本额要求，缓和"不得折价发行"规则，放松出资形式与作价规制，但对应否彻底消除股份面值还存在分歧。由于面值股与无面值股各自的利弊在经过一个世纪的实践后已经很清晰，如何选择更多的是偏好问题。对于最无争议的废除最低资本额问题，各国的操作方式也各有特点：大多数国家直接宣布全面废止最低资本额；少数国家则区分公众公司与私人公司而或保留或废除。最具创意的可能是德国，它通过创设一种新公司形态并豁免适用最低资本额的方式，一方面鼓励了个人创业，另一方面也避免对现有立法体例与理念造成过大冲击。

在公司向股东分配的环节，各国关于资本维持原则的改革思路差异较大。这一方面与各国商业实践中应对"法定资本"空洞化的具体方式相关，另一方面，"收益－成本分析"尚无法对传统利润分配标准、《修订示范法》的清偿能力标准、加州公司法的资本充足率标准等截然不同的方案给出孰优孰劣的明确结论。② 因此，一国如何选择似乎更多地取决于本国公司法资本制度的商业实践所呈现的特点。相对来说，各国在资本维持原则方面较具

---

① 参见范剑虹、李翀《2008年德国有限责任公司法的改革》，澳门《法学论丛》2009年第10期。

② 参见 KPMG, Feasibility Study on an Alternative to the Capital Maintenance Regime Established by the Second Company Law Directive 77/91/EEC of 13 December 1976 and an Examination of the Impact on Profit Distribution of the New EU - Accounting Regime, 2008。

共识之点，是顺应资本市场发展的要求适度放松对公司回购股份的限制。

四 我国 2013 年公司资本制度改革的疏漏与补正

从公司法资本制度全球化改革的角度来观察我国 2013 年对公司法的修订，会有一种意料之中的感觉。不论是废除最低资本额，还是实行认缴登记制，我国的改革都并未超出大陆法系国家的一般范式——放松出资监管、便利企业设立。甚至，我们还可以指出此次改革的诸多保守之处。例如，在出资形式上，尚未承认高科技企业期盼的劳务出资；在出资作价管制方面虽然取消了验资程序，但仍然保留了强制评估要求；尚未给公司通过并购或净资产出资而设立的方式提供一个合法程序（如借鉴德国股份公司法第 27 条的"实物承受"规则）；尚未触及不得折价发行规则，更遑论正视它在资本市场中引发的争议；等等。

然而，现实中的巨大争议表明，此番公司法修订非但未被看作一场过于保守的改革，反而因过于激进而难以被公司法学者甚至是多年来一直呼吁公司自治的学者所接受。笔者以为，此次改革的诸措施中，除废除最低资本额更多地具有政策宣言的意义外，认缴制（核心是出资期限自治）以及公司设立登记都是可操作性很强的问题，前者涉及公司与股东间微妙的利益平衡，后者体现的是资本确定、资本公示等有限责任公司制度的基础性理念。它们的主要功能不是为保护债权人利益，管制色彩也不浓，因此在域外并不是传统法定资本制中被诟病的对象，自然也无法在全球化改革浪潮中觅得踪迹。但在我国，传统体制给它们也打上了浓厚的管制烙印，直接影响到公司设立的效率，故成为资本制度改革的切入点。从某种意义上说，我国此次公司法改革的独特目标——在鼓励创业、激发经济活力的同时倒逼政府行政管理方式的改革——导致资本制度改革细节设计上出现偏差，满足于"放松监管"本身，忽略了与监管相对的公司自治或商业理性也需要一个成长过程。结果，修订后的公司法未能就出资缴付安排给予引导，更未增加配套的催缴出资与违约责任规则，甚至将资本公示与行政管制相混淆。它表明，缺乏对公司设立与股东出资商业实践的关注，公司资本制度改革很容易陷入从激进到虚无的误区。

1. 认缴登记制的内涵与操作

在认缴登记制下，公司发起人或创始股东自由约定出资额、出资期限、出资比例，且认缴了全部出资后即可向公司登记机关申请设立公司。相较于1993年公司法的"设立时全额缴付出资"以及2005年公司法的"2年内（或5年内）分期缴付"，现行立法无疑体现了政府放松管制、促进创业的最大诚意。然而，现实中伴随出资期限自由化而来的却是一幕幕资本闹剧，如注册资本上亿元甚至100亿元的公司附带着100年的出资期限。认缴制的核心是出资期限的自由化。一个不可能履行的出资期限实际上意味着无出资义务，创办人自然可以认缴无限大的资本额。法律上如何应对这种无异于谎言或欺诈的出资承诺？除了信息披露以及认缴制潜在的出资责任约束，公司法也不可能退回到出资期限管制的老路上去。与最低资本额困境类似，法律上也无法为所有公司设定一个具体的出资期限或出资比例，因此域外大多数国家都没有对出资期限的管制。①

笔者以为，法律不干预出资期限的根本原因在于这是一个公司与股东的商业判断问题，与传统的公司法资本管制逻辑之间并无必然联系。股东何时出资主要影响公司经营的便利性以及股东权利及权益分配的公平性，并非保护债权人利益的关键因素。对债权人而言，股东承担出资法律责任的前提是"认缴出资"而非"实缴出资"，因此，只要股东认缴了出资，何时缴纳无关紧要，只要公司能够清偿债务即可；若因股东未缴纳出资或未足额缴纳出资导致公司不能清偿，债权人或清算管理人可以进而主张相关股东按其认缴承诺补足缺口，无论其出资期限是否届期。但对公司或者股东来说则完全不同。认缴者迟延出资往往会对公司正常经营造成负面影响，如导致公司业务难以扩大，或者需要借入资金支撑经营，徒增利息费用。此外，由于迟延出资的股东事实上是占用其他股东的资金参与公司经营，若其按出资比例获得收益显然不公平，也违反了股东平等原则。因此，从本质上说，出资期限问题主要关涉的是公司与股东之间、股东与股东之间的利益平衡。这是公司内部治理问题，受商业理性主导。

以商业理性的角度观之，出资期限的两种基本模式——全额缴付与分

---

① 少数大陆法系国家对于出资期限有规定，但强制性并不显著。如要求现金出资须缴付认购额的25%，剩余出资期限则留待公司自己决定；或者实物出资在一个相对宽松的时间内（如公司成立后五年）缴清。例见《欧盟公司法第2号指令》第9条。

期缴付——各有利弊：全额缴付对股东资金压力较大，但保障了公司对资金的及时需求；分期缴付给予股东出资以机动性，但公司日后收缴股款可能比较麻烦。实践中，大多数国家公司法都允许公司自由选择，在立法技术上则体现为认可对股东或认缴人更有利的分期缴付出资安排。同时，为便于公司及时获得资金，公司法通常又建立一套催缴制度，对迟延出资的股东施加延期利息惩罚或限制参与分红，① 必要时还可将股东除名并另行出售相关股份。② 尽管如此，现实中分期缴付出资给公司增加的负担还是令公司难以承受，导致在域外许多国家中出资安排逐渐走向全额缴付。③ 日本甚至基于此种操作困难而在立法上作了选择，于 1950 年修订其商法时改"分期缴纳"为"全额缴纳"。④

在我国，民国时期的公司法就认可分期缴付安排，然而当时频频发生公司难以收取后期缴付资本而导致经营困难甚至破产的事件，以至于马寅初先生疾呼应关注分期缴纳内在的事后缴款风险。⑤ 2005 年公司法确认出资分期缴付制度后，尽管只设定了 2 年（或 5 年）的期限，但商业实践中已经出现公司催缴出资的尴尬状态：当公司经营状况良好时，股东都愿意缴付，但公司资金充沛使得催缴没有必要；当公司亏损需要资金时，股东却以各种理由拖延缴付出资，结果频频发生纠纷。这种局面其实很容易理解。"股东"身份通常意味着权利而非义务，当公司经营风险开始显现时，尚未实际缴付出资的股东本能地产生侥幸心理和逃避倾向，由此滋生股东之间的芥蒂以及股东与公司间的矛盾。

因此，域外及我国的实践都表明，看起来具有浓厚公司自治色彩的分期缴付安排未必是最有效率的选择，它取决于股东是否普遍具有契约精神和商业理性。从这个角度看，在缺乏商业信用积淀的当下中国，公司法在废止最低资本额后引入"全额缴付"可能是一种更好的制度设计，因为公

---

① 例见德国股份法第 60 条第 2 款，德国有限责任公司法第 20 条；〔法〕伊夫·居荣：《法国商法》第 1 卷，罗结珍、赵海峰译，法律出版社，2004，第 100 页。

② 例见美国《修订示范法》第 6.2 节（d）款；德国有限责任公司法第 21—23 条。

③ Paul L. Davis and D. D. Prentice, *Gower's Principles of Modern Company Law*, 6th ed., London: Sweet & Maxwell, 1997, pp. 237 – 238.

④ 参见〔日〕布井千博《关于日本授权资本制度的考察》，杨东译，载赵旭东主编《国际视野下公司法改革》，中国政法大学出版社，2007，第 250 页。

⑤ 参见傅穹《重思公司资本制原理》，法律出版社，2004，第 107 页。

司已能够自主设定适宜的初始资本额，降低了创业者缴付出资的难度，在此基础上实行全额缴付可以减少公司日后催缴的麻烦与成本。[①] 然而，放松监管的改革理念导致公司法作出了相反的选择，但又未提供分期缴付的配套规则，如公司催缴出资以及追究迟延出资股东的法律责任等，可能埋下了日后出资纠纷频发且难解的隐患。

由此来看，公司法不能止步于承认公司自治，还应尽快确立催缴出资规则。同时，可考虑通过司法解释或公司章程范本等途径对认缴制的一些操作程序问题给予明确或指导，以减少公司治理中的摩擦或僵局。具体而言有以下三种方法。（1）确定股东缴纳出资的时间、比例。公司可以通过章程、认缴协议或者股东会来确定多少比例的出资于哪个时期实际缴纳。若相关文件中未明确缴付时间，公司有随时进行催缴的权利。（2）确定股东缴纳出资的方式，是由股东向公司实际缴纳出资，还是通过利润分配程序来缴纳。后者指公司将本应分配给股东的利润直接转增作为股东出资，如实践中一些公司章程明确规定以定期结转利润的方式来替代股东缴付后续出资。（3）实际催缴出资。一旦缴付期已确定且由股东向公司实际缴纳，董事会或其指定之人须负责具体操作事宜，如向股东发出缴纳通知。若股东被催缴后不缴纳，董事会可以采取相应的措施，包括公告催缴、给予缓缴期直至处分相关股份以重新募集资金。当董事会不履行催缴职责时，其他股东可以追究董事的责任。此外，关于股东不同的出资状态对分红权与表决权的影响，公司法及其司法解释已经明确了相应的规则，即表决权以及清算时的损失分担按照股东的股权比例（也即认缴比例）确定，分红权及其派生的优先认股权等则按实际出资比例确定。[②]

此外，认缴制的具体操作也与债权人利益相关，需要公司法给予回应。它主要涉及两方面。（1）公司在认缴出资尚未全部到位，实收资本低于注册资本时能否分配利润，还是应该先用利润填补出资缺口？这里涉及公司自治与债权人保护之间的权衡。一般来说，考虑到股东认缴额已构成潜在的责任范围，不宜强制公司先填补出资缺口再分配利润。相反，考虑

---

① 学者早就提出了类似的立法建议，参见傅穹《重思公司资本制原理》，法律出版社，2004，第 107 页。

② 例见 2013 年公司法第 34 条以及《最高人民法院关于适用〈中华人民共和国公司法〉若干问题的规定（三）》（2014 年修订）第 16 条。

到我国目前的信用环境以及债权人保护的状态，很可能在公司需偿付债务时股东却无能力或无意愿缴付出资，那么立法上就应该要求公司先填补出资缺口。域外有两种立法例可资参考。一是德国法对企业家有限责任公司的要求，强制公司每年提取利润的 25% 作为公积金以增加资本，直至资本达到一定限度；二是日本的立法例，禁止公司在净资产低于 300 万日元时分配利润。相对来说，德国的做法更有灵活性，兼顾了公司自治与债权人保护两方面，值得我国借鉴。（2）若公司章程规定的出资期限未到，但公司陷入清偿不能的状态，能否强制股东提前出资？对此的答案比较明确。破产法（2006）第 35 条规定："人民法院受理破产申请后，债务人的出资人尚未完全履行出资义务的，管理人应当要求该出资人缴纳所认缴的出资，而不受出资期限的限制。"不过，考虑到启动破产程序的成本较高，公司法也可以确立公司不能清偿到期债务时股东未届期的出资义务自动提前到期的规则，以对抗股东与公司间关于出资期限的约定，给予债权人更及时的救济。

2. 公司设立登记与资本公示

认缴登记制操作的另一方面涉及公司设立登记与资本公示。新公司法规定，工商机关在公司设立时仅登记股东的认缴资本，不再登记实收资本；营业执照上也不再反映实收资本信息。这种"重认缴资本、轻实收资本"的登记模式与商业实践中的"资本公示"大相径庭。它与前述的创办人非理性地设定资本额及出资期限的问题结合起来，导致"注册资本"在我国几乎失去意义，也令"资本公示"这一法定资本制下最无争议的程序性规则在我国深陷争议漩涡之中。

资本公示是准则主义公司法下设立公司的必要条件之一，也是有限责任公司必须承受的代价。它源于 1844 年英国公司法，标志着"信息披露"的新型监管理念取代了传统的政府审批模式。① 传统上，不同国家的注册资本内容一度差异很大，资本公示的效果完全不同，但目前已基本趋于一致，大多以"已发行资本额"或"认缴资本额"作为公司的注册资本，并辅之以不断更新的"实收资本"信息。例如，英联邦成员的公司法改革废

---

① 〔英〕罗纳德·拉尔夫·费尔摩里：《现代公司法之历史渊源》，虞政平译，法律出版社，2007，第 64 页以下。

除了空洞的"授权资本额"登记，公司设立时直接登记"已发行资本额"、各认缴人的实际出资额以及未来须补充缴付的金额。[①] 在欧陆国家，公司设立时登记的资本信息一般包括两项内容，一是"认缴资本额"，二是股东的"实缴出资"；同时，为反映公司实收资本的变化，公司须至少每年公告一次更新后的实收资本信息。[②] 可以说，资本公示制度的设计在于尽可能向第三人昭示股东出资的实际状态而非原始承诺。以此来衡量，我国公司法仅登记股东认缴资本而不登记实收资本的做法，实在是本末倒置。实践中，一些地方的工商机关基于不再登记实收资本而废止了股权确认、冻结、质押、转让的服务系统，或者推诿于律师界来建立一个新的系统，更是无谓地增加了制度运行的成本。

　　出现上述问题的原因，可能是立法者在"放松管制"的理念下将工商行政管理从管制型向服务型转变与强制资本公示对立起来，视"资本公示"为"行政管制"之一部分。实际上，"资本公示"仅仅表明公司资本属于公司设立登记的必要事项，整个程序的功能是信息披露而非"行政管制"。消除公司设立环节的过度管制无疑是必要的，但工商登记完全抛弃"实收资本"无疑是因噎废食。即使为了避免因确认出资到位与否而延误公司的设立，工商机关对公司设立时股东实际出资的申报可以仅进行形式审查，实质审查则通过事后抽检进行。当然，后续的配套改革，如《注册资本登记制度改革方案》（2014 年 2 月）以及《企业信息公示暂行条例》（2014 年 8 月），很大程度上弥补了公司法的不足。按照上述法规，国家工商行政管理总局上线了企业信用信息公示系统，企业需要向该系统输入并公示公司的实收资本信息，由此形成了中国特色的"工商登记认缴资本、企业公示实收资本"的二元资本公示格局。《企业信息公示暂行条例》还明确将"股权出质登记"置于工商登记机关的职责范围内，消除了目前关于工商机关股权登记服务系统存废的困惑。

　　笔者以为，考虑到公司登记机关的信息公示以及营业执照是社会公众获得市场主体基本信息的首要且成本最低廉的渠道，不应缺失"实收资

---

① 例见 Australian Company Act，Sec. 120。

② 参见《欧盟公司法第 2 号指令》第 3 条以及《欧盟公司法第 1 号指令》第 2 条。少数采取公司设立时全额缴付资本安排的立法例下，注册资本信息只有一项内容，即股东"实缴额"或者公司的"实收资本"。

本"这个最重要的信息。可以考虑进一步完善工商登记程序，要求工商机关登记股东出资的认缴与实缴两方面信息。为减轻企业负担，可在公司设立时对实收资本采取形式审查方式，此后实收资本的变更登记也可以与企业公示系统同步进行，即要求公司在向企业信用信息公示系统输入"股东实缴出资"最新信息时，向工商登记机关同步发送"变更实收资本登记"的电子申请。这样，公司登记机关拥有认缴资本与实收资本的完整信息，不论是签发、变更营业执照（包括电子版的营业执照）还是进一步办理股权确认与出质登记事宜，在逻辑上与流程上都更加合理。

结　语

过去的 40 年见证了全球性的公司法资本制度改革浪潮，我国 2013 年的公司法修订也成为其中一部分。从商业实践的视角观察公司法资本制度的逻辑与演进，可以更清晰地辨析各国在将古老的资本制度"现代化"的共同理念下所选择的不同道路，也能够更好地解释我国 2013 年进行的资本制度改革所引发的困惑与争议。

法定资本制改革并不意味着公司法从此失去了资本，只是抛弃了传统的、僵化的"法定资本"概念。现实中的商业公司依然以资本为基石，资本维持原则仍然是公司法的应有之义，即使此时需要维持的"资本"更多地通过财务指标或会计术语来表达。看起来轰轰烈烈的法定资本制革命也不意味着对其历史功绩的否定。正如美国最激烈地批判法定资本制的学者所承认的，传统资本制度弘扬的有限责任公司应保护债权人利益的观念已经成为一种历史的、文化的和心理的积淀，那些原始而粗疏的法律原则已"根植于商人、律师、会计师和银行家的良心深处"。[①]

我国公司法在短短 20 年间走完了域外 100 多年甚至 300 年的历程，在规则层面特别是出资管制环节的法律条文层面迅速实现了公司资本制度的现代化，这无疑是了不起的成就。但是，法律规则可以一夜之间改变，人们的观念与行为模式却不可能在短期内形成。认缴登记制立法的疏漏也表

① Bayless Manning and James J. Hanks Jr., *Legal Capital*, 3rd ed., Foundation Press, 1997, p. 95.

明，缺乏对商业实践与操作技术的关注，一个在理念上完全正确的改革可能在实施过程中发生偏差甚至走向其反面。稍给人以安慰的是，相对于法律移植或观念的形成，域外成熟的商业实践似乎更容易复制。目前，我国会计准则与国际惯例基本接轨，债务契约、商业估值技术、证券监管与上市规则等也随着多层次资本市场的快速发展而成为商业环境的一部分，它们都可以为新公司法下认缴登记制的实践操作提供辅佐与修正。

更进一步，公司法资本制度作为约束股东与公司间财产进出关系的一套规则，本来就有维护股东平等与保护债权人利益两方面功能。只是对公司破产或资不抵债这种极端场景的关切，导致过去的 100 多年间债权人利益保护成为资本制度的焦点，股东与公司间的出资关系以及股东平等原则湮没在资本管制的强大气场之下。当传统法定资本制的光环褪去后，公司法应该用怎样的规则来协调股东之间的出资关系才真正进入我们的视野，获得应有的关注。从这个意义上说，公司法资本制度的重心从债权人利益保护转移到股东权益的合理配置，从"资本"回归到"股份"，或许预示着一段新篇章的开始。

认缴制后公司法资本规则的革新[*]

丁　勇[**]

摘　要： 现行公司法资本规则仍以实缴制为模型，无法适应认缴制后公司仅享有出资债权的资本结构。主体规则上，应将债权人限定为公司。到期规则上，应取消由股东事先对出资债权设定期限的要求，交由有限责任公司股东会或股份有限公司董事会决议自治。对于公司非破产条件下的出资加速到期，组织法方案和代位权方案均有根本缺陷，应采强制执行出资债权方案。处分规则上，禁止出资债务免除、延期、更新或替代履行，禁止股东并限制公司抵销出资债权，转让、质押和强制执行出资债权不应有足值的要求，董事依勤勉义务独立地判断出资债权的价值。计量规则上，改变实缴制下仅以实收资本作为分配标尺的做法，在股东明显缺乏履行能力或约定出资期限时，应对出资债权作减值处理并阻却公司利润分配，回归注册资本责任担保本义。

关键词： 认缴制　出资债权　加速到期　强制执行　资本维持

我国 2013 年末公司资本制度改革初步确立了完全认缴制的新格局，但改革出于鼓励创业的实用目标，只满足于取消最低注册资本和首次出资的要求，并未触动长期以来以实缴制为规制模型的公司法资本规则体系。改革不

---

[*]　本文原载于《法学研究》2018 年第 2 期。

[**]　丁勇，华东政法大学副教授。

彻底导致的结果是，传统的实缴制规则无法适应认缴制下公司资本不再对应实缴出资而只对应未到期的出资请求权这一资本结构。例如，实缴制下有关出资请求权主体的不合理规则在认缴制下将引发公司治理的更大混乱并危及认缴制追求的自治目标，实缴制下无须关注的出资到期及加速到期规则在认缴制下已然成为立法空白和争议焦点，实缴制对出资义务及责任的悉心规制在认缴制下完全可以通过对出资请求权的"巧妙"处分而被轻易规避和架空。更糟糕的是，实缴制规则对现实中层出不穷的巨额认缴及长期出资的现象束手无策，很大程度上成为股东不负责任的数字游戏。这些都表明，本应是一场系统工程的认缴制改革实际上只开了个头就戛然而止，认缴制的实践和理论都未能正常展开，披着认缴制外衣的实缴制资本规则体系亟待革新。

一　认缴制的法律本质

（一）出资义务向出资债权的视角转换

基于管制立场，我国资本制度曾长期实行完全实缴制，以确保股东出资在公司成立前全部缴纳。即便 2005 年引入部分认缴的缓和做法，也一直是在"分期缴纳"意义上理解认缴制，这在 2013 年确立完全认缴制之后并未发生改变。尤其为了避免改革引发实践误解，理论上更是强调认缴制下股东仍有出资义务，仍需实缴出资，只是出资数额和时间可由公司自主决定。简言之，受长期实缴制思维影响，对认缴制的理解始终围绕着"缴"却忽略了"认"，从而错过了认缴制区别于实缴制的关键。

事实上，如果将关注点放在"认"上，则不难发现认缴制的法律本质：股东在初始章程或增资合同中作出的认缴意思表示属于民法上为自己设定负担的行为，本质上是债权债务关系的建立。通过认缴，股东成为出资关系中的债务人，公司则成为出资关系中的债权人。从债权角度看，认缴和实缴实际上就是债权成立与债权到期（实现）的区别。认缴制的价值在于，在确保出资债权成立从而不影响公司债权人利益的前提下，将出资债权何时以及如何实现的问题交还给公司自治，由其按经营中实时的融资需求自主安排出资债权何时到期变现，甚至直接通过转让、质押等方式处分变现出资债权，最终实现注册资本对外担保功能和对内利用效率的兼顾平衡。公司不即时获得到期出资而仅享有对股东未到期的出资债权，这成为认缴制下公司资本结构的新常态。

（二） 出资债权的公司资产属性和组织法特殊性

将视角从出资义务转换为出资债权，更重要的价值在于发现并指出出资债权的公司资产属性，这与其债权属性是同一事物的一体两面。这至少有以下两点意义。

首先，出资债权的资产属性有助于理解我国仍是法定资本制的事实。这在认缴制后一度出现分歧。① 事实上，法定资本制只是要求公司设立时应由章程确定一个注册资本并以此作为股东出资义务（资本缴付）和限制公司分配（资本维持）的标尺，由此实现注册资本对债权人的责任担保功能，因此常被称为"确定资本制"。② 但这种确定性并非要求股东立即实缴出资。只要股东全额认缴出资，公司成立时就已经具有与注册资本价值对应的出资债权资产，其与现金、实物一样可以作为对债权人的责任财产。③ 这正是法定资本制只以全额认缴为标准的根本原因。尽管实践中不少国家出于维护公司设立严肃性、避免股东过度转嫁风险以及公司过快破产等立法政策考虑，额外在认缴数额（最低注册资本）、实缴时间（首次出资比例）、出资真实（验资）等方面提出要求，但这些均非法定资本制的固有要件，法定资本制完全可以脱离这些要素运行。④ 甚至可以说，法定资本

---

① 持肯定意见者，参见赵旭东《资本制度变革下的资本法律责任——公司法修改的理性解读》，《法学研究》2014 年第 5 期，第 18 页；蒋大兴《质疑法定资本制之改革》，《中国法学》2015 年第 6 期，第 137 页。持否定意见者，内部也有分歧：有提出区别于法定资本制的认缴资本制（参见邹海林、陈洁主编《公司资本制度的现代化》，社会科学文献出版社，2014，第 17 页）；有提出不严格的授权资本制（参见王建文《论公司资本制度演变的内在逻辑与制度回应》，载王保树主编《中国商法年刊 2014 年》，法律出版社，2014，第 84 页）；还有提出折中声明资本制（参见郭富青《我国封闭型公司的新选择：折中声明资本制》，载王保树主编《中国商法年刊 2014 年》，法律出版社，2014，第 123 页）。

② Vgl. Wiedemann, Gesellschaftsrecht, Band I, 1980, S. 556.

③ 参见上海香通国际贸易有限公司与上海昊跃投资管理有限公司、徐青松、毛晓露、接长建、林东雪股权转让纠纷案，上海市普陀区人民法院（2014）普民二（商）初字第 5182 号民事判决书。法院指出，股东认缴出资构成公司的债权资产，并以此作为出资未到期股东应对公司债权人承担责任的重要理由之一。

④ Vgl. Eidenmüller/Grunewald/Noack, in: Lutter (Hrsg.), Das Kapital der Aktiengesellschaft in Europa, De Gruyter, 2006, S. 20. 我国也有学者持类似观点，参见李建伟《公司资本的核心概念疏证》，《北方法学》2016 年第 1 期，第 69 页以下。

制本质上就是完全认缴制，我国的改革只是还原了法定资本制的本质。

其次，出资债权的资产属性是理解其具有组织法特殊性的关键。正是由于出资债权属于公司财产，认缴制下公司以出资债权为对象行使的自治本质上就是对自身财产的自主使用和处分。然而，公司组织的特殊性在于，股东既是出资关系中的债务人，又是作为债权人的公司的成员和所有者，这导致出资债权虽然属于公司财产并且是对公司债权人的责任财产，但却极易受到股东利用其内部人优势进行的不法侵害，而且相比其他公司财产，对出资债权的侵害更具有隐蔽性而易被忽视。这种基于出资关系中主体双方在组织上的从属和牵连关系而导致的易受侵害性使出资债权显著区别于普通债权。因此，立法者在将视角从实缴制管制和义务本位下的出资义务转换为认缴制自治和权利本位下的出资债权的同时，也应将认缴制法律规制的对象转换为出资债权本身。一方面，出资债权首先是债权，民法视角下关注的债权主体、到期、处分和计量等问题不仅提供了认缴制法律规制的基本框架，也提供了可适用的一般法规则。另一方面，也是更重要的是，出资债权是基于股东与公司间出资关系而形成的公司法上的特殊债权，公司法作为组织法就是要回答，组织法特殊原则会在何种范围和程度上对出资债权形成排除或补充上述一般法规则的特别法规则，由此构成认缴制法律规制的主线和内容。

然而，现实却表明，由于忽视出资债权的公司资产属性和组织法特殊性，认缴制所追求的安全与效率兼顾平衡的目标并未实现。一方面，公司未意识到其从一开始就拥有出资债权这项重要资产，也就无法对其进行合理的使用、处分和收益，而僵化的出资期限记载要求使得公司无法按需获得出资，此为无效率。另一方面，现实中不少常见的股东"自治"行为，如随意要求其他股东出资、随意延长出资期限、以出资未到期对抗债权人、认缴巨额或超长期限出资却照样分红等，实际上是违法侵害公司财产自主处分权的行为，此为不安全。要纠正这些实践偏差，就必须从组织法视角对出资债权的主体、到期、处分和计量等作出全面规制。

二　出资债权主体规则

公司作为出资债权的所有者，自然是债权人，这本不应存在疑问。但公司法规定，未完成出资义务的股东应向已完成出资义务的股东承担违约责任，只是未明确责任内容。[①] 如果违约责任只是股东相互间约定的违约金或损害赔偿，则仅为形式上的章程条款，本质上是债法性质的股东间协议，可按合同法解决，[②] 公司法无须对此作出规定。但如果违约责任是指股东应向公司履行出资或承担出资瑕疵责任等组织法上的责任，则其他股东成为与公司并存的出资债权人（请求权人）。《最高人民法院关于适用〈中华人民共和国公司法〉若干问题的规定（三）》（法释〔2014〕2号，以下简称"公司法解释三"）第13条第1款则进一步明确了其他股东请求权的内容是要求股东向公司履行出资义务，[③] 从而坐实了其他股东的出资债权人身份。现行法延续实缴制下强调出资义务的思维，将债权人的范围扩大到股东，这一貌似以组织法特殊性而偏离普通债权主体规则的安排实际上恰恰违背了组织法原理，即公司具有独立的法人人格，公司对自身出资债权财产享有专有处分权。

现行法违背组织法原理直接赋予股东出资请求权的做法对认缴制尤其有害，其所造成的公司治理乱局已成为认缴制先天的制度负担。任何股东都可要求其他股东履行出资甚至提起诉讼，不仅完全置公司自主意思于不顾，更将未出资股东置于多重请求和诉讼风险之下，徒增讼累和交易成本，也难以保证判决统一，本质上是将公司降格为合伙的"开倒车"做法。更严重的是，公司法解释三第13条第3款和第4款将股东出资请求权的对象又扩张到了公司发起人以及负有个人责任的董事、高管人员，[④] 不仅大大加剧了股东间对抗的复杂程度，而且将本来只与公司存在法律关系

---

① 公司法第28条第2款规定："股东不按照前款规定缴纳出资的，除应当向公司足额缴纳外，还应当向已按期足额缴纳出资的股东承担违约责任。"第83条第2款规定："发起人不依照前款规定缴纳出资的，应当按照发起人协议承担违约责任。"

② 参见〔德〕托马斯·莱塞尔、吕迪格·法伊尔《德国资合公司法》，高旭军等译，法律出版社，2005，第409页。

③ 公司法解释三第13条第1款规定："股东未履行或者未全面履行出资义务，公司或者其他股东请求其向公司依法全面履行出资义务的，人民法院应予支持。"

④ 公司法解释三第13条第3款和第4款规定："股东在公司设立时未履行或者未全面履行出资义务，依照本条第一款或者第二款提起诉讼的原告，请求公司的发起人与被告股东承担连带责任的，人民法院应予支持；……股东在公司增资时未履行或者未全面履行出资义务，依照本条第一款或者第二款提起诉讼的原告，请求未尽公司法第147条第1款规定的义务而使出资未缴足的董事、高级管理人员承担相应责任的，人民法院应予支持……"

并只对其负有勤勉和忠实义务的董事高管直接置于股东请求和诉讼之下，扰乱了正常的公司治理。

如果说上述混乱在实缴制下尚可因出资大多已履行完毕而在事实上得到限制，那么认缴制给予股东的高度自治将成为上述混乱全面爆发的导火索和催化剂。一方面，认缴制拓展了股东对出资数额、期限及履行方式等自由约定的空间，但同时增加了其相互间发生分歧摩擦并导致诉讼的可能。另一方面，也是更为重要的是，认缴制赋予公司融资自治的本意是，公司可以通过自主决定和安排出资债权的变现时间和方式来满足资金需求，这本应通过公司的意思表示实现。但在股东个体均有出资请求权和诉权的情况下，股东可依其个人意志甚至出于不合理目的，随意要求和起诉其他股东出资或承担责任，这实际上赋予股东随意处分公司出资债权的权利，直接侵犯了公司的独立人格和财产权。公司自治将演变成股东相互间甚至股东与董事高管之间的"混战"，最终使认缴制目标落空。

认缴制下的司法实践已经不得不应对这一乱象，在个案中以公司自主意思否定股东个体的出资请求权。[①] 这实际上是对实缴制下不合理规则的主动修正。而这一乱象在实践中之所以尚未大量发生，很大程度上"得益于"下文将论及的认缴制仍错误沿用实缴制下要求股东事先确定出资期限的做法。这虽然在一定程度上减少了纠纷，但却牺牲了认缴制所追求的公司自治目标。这更说明，要真正实现认缴制下公司融资自治的目标，就必须消除股东擅自处分公司出资债权这一历史遗留问题，删除公司法第28条第2款、第83条第2款以及公司法解释三第13条第1款中股东出资请求权及违约责任请求权的相关规定，明确出资债权的债权人只应当是公司，股东只能在符合条件时提起代位诉讼。

关于股东违反出资义务的责任，尽管有观点正确地指出，股东只应向公司承担责任，但多将其定性为违约责任。[②] 事实上，出资义务不是基于

[①] 参见王冬青《认缴资本制下股东出资义务应以实际约定为准——江苏南京秦淮区法院判决丁某、南京同仁堂公司诉沈某、钱某股东出资纠纷案》，《人民法院报》2016年2月18日，第6版。

[②] 参见陈甦《公司设立者的出资违约责任与资本充实责任》，《法学研究》1995年第6期，第47页；朱慈蕴《股东违反出资义务应向谁承担违约责任》，《北方法学》2014年第1期，第34页以下；郭富青《资本认缴登记制下出资缴纳约束机制研究》，《法律科学》2017年第6期，第129、132页。

股东以出资换取公司分红这样的双务合同，而是组织法上社团成员为促进社团目的实现所负有的成员义务。公司章程也更多是组织规章而非合同。因此，出资履行不适用合同法上的同时履行抗辩，而只适用组织法上的股东平等原则的抗辩；归责原则是严格责任，而非过错原则；责任内容也超出合同法上的继续履行和损害赔偿，而包括组织法上的限制股东权利、其他股东及董事高管的连带责任甚至解除股东资格等。为避免股东出资对公司债权人的责任担保功能及资本真实缴纳原则落空，对出资债权通常也不适用普通合同债权较短的诉讼时效。① 我国更是突破性地规定出资债权不适用诉讼时效。② 这些都充分说明，股东违反出资义务的责任并非违约责任，而是组织法上的成员责任。

三 出资债权到期规则

在实缴制下，因出资即时到期而无须关注到期问题，但在公司有未到期出资债权的认缴制下，这却是至关重要的问题。在此，出资债权的组织法属性将衍生出偏离和补充普通债权一般规则的特别规则：公司对出资债权的自主处分权要求取消由股东事先设定期限的要求，但应补充规定公司主张出资债权的决定权归属；对于出资债权能否加速到期问题，尽管主流观点已经正确地基于组织法要求作出了肯定回答，但并未找到一条真正兼顾组织法、合同法以及诉讼法原理的规则适用路径。

（一） 出资债权的期限设定问题

公司法第 25 条和第 81 条要求章程应当载明股东出资时间，即出资债权应为定期债权。法定代表人有义务在到期时催促股东履行，而在到期前，股东可以期限利益拒绝履行。但在司法实践中，法院往往认可以资本

① 例如，德国有限责任公司法第 19 条第 6 款、德国股份法第 54 条第 4 款均规定，出资债权诉讼时效为 10 年，而非德国民法典第 195 条规定的 3 年常规时效。

② 参见公司法解释三第 19 条、《最高人民法院关于审理民事案件适用诉讼时效制度若干问题的规定》第 1 条第 3 项。

多数决将期限提前的做法。① 事实上，修改章程将期限提前，构成对出资义务的加重，而任何在公司成立后加重股东义务的决议都需要该股东本人同意。②

然而，认缴制的核心目标是使公司能按实时资金需求自主决定出资债权何时到期变现。只有不事先设定期限，公司才能利用不定期之债可依债权人请求而随时到期的原理，根据经营需要决定出资到期并接收，实现资金供需同步匹配。由股东事先设定期限的规定剥夺了公司对出资债权到期与否的自主决定权，本质上仍是以合同法思维取代和损害组织法上公司的独立人格及其对自身财产的自主处分权，是实缴制下以牺牲公司自治来确保出资这一思维的残余。由于股东无法预见公司将来的资金需求，认缴制下不仅会发生实缴制下的资金闲置，更会发生公司急需资金时出资却未到期的资金紧缺，③ 资金供需错配实际上比实缴制下更为严重。

更进一步说，事先设定期限减损了公司实际获得的出资债权的价值。在股东具有出资能力和意愿的情况下，出资债权的实际价值是由其名义数额和期限共同决定的。如设定期限，则公司通过转让或质押出资债权提前变现时要承受贴现损失，期限越长，则损失越大。当然，这并不是指股东事先设定期限构成侵权法意义上的侵害公司财产。从这个角度说，任何期限设定客观上都大大限制了公司融资自治的空间，造成了公司对

---

① 参见北京尚雨轩餐饮管理有限公司与崔红江股东出资纠纷案，北京市东城区人民法院〔2016〕京 0101 民初 8883 号民事判决书；浙江柏同机器人科技股份有限公司与龚志梅、蒋忠良股东出资纠纷案，宁波市鄞州区人民法院〔2017〕浙 0212 民初 1947 号民事判决书；邓航、黎春等与重庆玖昌行科贸股份有限公司、重庆玖昌行迎康科贸有限公司股东出资纠纷案，重庆市渝北区人民法院〔2016〕渝 0112 民初 13010 号民事判决书。

② Vgl. Baumbach/Hueck/Zöllner/Noack，GmbHG §46，21. Aufl.，2017，Rn. 26. 上海自贸区咖啡交易中心有限公司诉上海君客商务咨询有限公司公司决议纠纷案，上海市第一中级人民法院〔2017〕沪 01 民终 10122 号民事判决书。

③ 参见北京尚雨轩餐饮管理有限公司与崔红江股东出资纠纷案，北京市东城区人民法院〔2016〕京 0101 民初 8883 号民事判决书；浙江柏同机器人科技股份有限公司与龚志梅、蒋忠良股东出资纠纷案，宁波市鄞州区人民法院〔2017〕浙 0212 民初 1947 号民事判决书；邓航、黎春等与重庆玖昌行科贸股份有限公司、重庆玖昌行迎康科贸有限公司股东出资纠纷案，重庆市渝北区人民法院〔2016〕渝 0112 民初 13010 号民事判决书。

债权人的责任财产低于所公示的注册资本数额，不应提倡，更不应由立法强制。

（二）公司主张出资债权的内部决定权归属

章程不约定出资期限时，出资债权属于不定期之债。按债法一般规则，公司可依经营需要随时主张，出资债权在股东收到公司催缴意思时到期。然而，公司主张出资债权的意思必须依靠具体的公司机关来完成，这在根本上是公司融资权应当保留给谁的问题。

有限责任公司人合性强且多为股东亲自管理，因此，融资决定应由全体股东（包括未出资股东）以股东会决议方式作出。决议必须遵循组织法上的股东平等原则，按认缴比例催缴，除非有实质理由（如实缴不同）或全体股东一致同意才可偏离。此外，在组织法上，公司与股东是社团与成员的关系。依组织法原理，社团成员基于共同目的成立社团，因而负有促进社团目的实现的义务。① 这体现为股东成员权的行使应以促进公司目的实现为其约束，尤其表决权这样的共益权，更要受到这一组织法原理的限制。在公司面临支付不能甚至资不抵债而破产的生存危机时，股东有义务同意和促成催缴决议，不可否决决议而放任公司破产或目的落空，否则构成滥用表决权，损害公司和其他股东利益。②

股份有限公司（尤其是公众公司）中董事会负责公司日常运营，比股东更适合判断公司何时需要资金，因此可将催缴出资的决定权交给董事会。③ 尽管有观点以效率为由，主张将催缴决定权交由董事长或总经理。④ 但催缴出资作为一项重要的公司融资事项，仍应交由董事会这一法定的业务执行机关决定，不宜转授个人。现实中，我国董事会权力上被股东会下总经理等侵蚀严重，但法律规定的董事责任却依然严厉，这种责权利不统

---

① Vgl. Lutter, TheoriederMitgliedschaft, AcP（1980），S. 86，102 ff.
② 公司法第 20 条规定："公司股东应当遵守法律、行政法规和公司章程，依法行使股东权利，不得滥用股东权利损害公司或者其他股东的利益；……公司股东滥用股东权利给公司或者其他股东造成损失的，应当依法承担赔偿责任。"
③ 参见罗培新《论资本制度变革背景下股东出资法律制度之完善》，《法学评论》2016 年第 4 期，第 144 页。
④ 参见彭冰《股东分期缴纳出资制度研究》，《金融法苑》2005 年第 4 期，第 4 页。

一的局面应该尽可能改变，而不是被强化。① 在公司急需资金时，董事依勤勉义务应当作出要求股东出资的决定并督促缴纳，否则应对公司乃至债权人承担赔偿责任（比照公司法解释三第 13 条第 4 款）。

股东会或董事会形成有效催缴决议是公司对股东主张出资债权的前提。尽管有观点认为，公司急需资金时，出资债权应视为自动到期。② 但考虑到法律安定性和个案复杂性，公司是否确实面临危机以及立即出资是否必要等仍应交由股东会或董事会讨论和表决决定。股东会或董事会的融资决定权即便在公司危机的情况下也应甚至更应得到尊重，否则只会迫使其改而采取对公司及债权人更为不利的融资方式，如债权融资等。③ 在缺少决议、决议无效或被撤销的情况下，公司对股东的催缴表示也无效。不过，在破产、解散以及强制执行程序中，无须股东会或董事会作出决议，出资在破产管理人、清算人催缴或债权人强制执行时到期。④ 这是由注册资本对债权人的责任担保功能决定的。

（三）　出资债权加速到期的规则适用

由于公司法仍要求公司章程对出资债权设定期限，因此不得不面对公司资金需求和出资到期时间错位时的矫正问题。企业破产法和《最高人民法院关于适用〈中华人民共和国公司法〉若干问题的规定（二）》（法释〔2014〕2 号，以下简称"公司法解释二"）分别针对企业破产和解散清算的情形规定了出资加速到期，⑤ 出资未到期不能构成股东拒绝出资的抗辩理由。但在公司未破产或解散时，如不能清偿债务，债权人能否直接要求出资未到期的股东向其履行，则无明确规定。不同于司法机关因缺乏明确

---

① 参见邓峰《中国法上董事会的角色、职能与思想渊源：实证法的考察》，《中国法学》2013 年第 3 期，第 104 页以下。

② Vgl. Gummert, in：Münchener Handbuch des Gesellschaftsrechts § 50，Band3，4. Aufl.，2012，Rn. 13.

③ Vgl. Baumbach/Hueck/Fastrich，GmbHG § 19，21. Aufl.，2017，Rn. 8.

④ Vgl. MüKoGmbHG/Schwandtner，GmbHG § 19，2. Aufl.，2015，Rn. 17.

⑤ 企业破产法第 35 条规定："人民法院受理破产申请后，债务人的出资人尚未完全履行出资义务的，管理人应当要求该出资人缴纳所认缴的出资，而不受出资期限的限制。"公司法解释二第 22 条第 1 款规定："公司解散时，股东尚未缴纳的出资均应作为清算财产。股东尚未缴纳的出资，包括到期应缴未缴的出资，以及依照公司法第 26 条和第 80 条的规定分期缴纳尚未届满缴纳期限的出资。"

法律规定而偏向保守和否定加速到期的态度，① 学术界则更多持肯定观点，并尝试为债权人寻找请求权依据。

1. 组织法方案及其缺陷

组织法方案以公司法的规定论证债权人的直接请求权。例如，有观点基于加速到期体现了注册资本的责任担保功能，主张直接以公司法第 3 条第 2 款作为债权人请求权的基础。② 但该款明确规定的请求权主体只是公司，而非债权人。该条第 1 款第 2 句才是债权人的请求权基础，即公司以其全部财产对公司的债务承担责任。但义务人却是公司，而非股东。实际上，第 3 条作为公司法最为核心的条款，旨在确立公司独立人格（第 1 款）和股东有限责任（第 2 款），前者限制债权人只能向公司主张请求权，后者偏离民商法上无限责任的一般原则而给予股东有限责任特权，意在责任限制而非责任扩张，否则与前款矛盾。由立法直接确立债权人对股东的请求权，这一建议看似最简单（不考虑立法成本的话），但也最直接地违背了公司独立人格这一公司法规则。

对于公司法第 20 条禁止权利滥用规定的可适用性，也应否定。股东不存在对债权人利益的促进和照顾义务，其正常行使权利，包括主张正当的

---

① 参见杨临萍《关于当前商事审判工作中的若干具体问题（2015 年 12 月 24 日）》，载杜万华主编《商事审判指导》总第 40 辑，人民法院出版社，2016，第 43 页；俞巍、陈克《公司资本登记制度改革后股东责任适法思路的变与不变》，《法律适用》2014 年第 11 期，第 21 页；章恒筑等《认缴资本制度下的债权人诉讼救济》，《人民司法·应用》2016 年第 16 期，第 97 页以下。各地司法实践虽未形成统一观点，但否定非破产条件下加速到期的判决总体上占多数。参见屠威亚与江苏大融集团有限公司、李志燕等借款合同纠纷案，江苏省南京市中级人民法院〔2016〕苏 01 民终 8727 号民事判决书；上海江佑商邦投资有限公司与沈明富、王炳南债权人代位权纠纷案，上海市第二中级人民法院〔2017〕沪 02 民终 608 号民事判决书；刘胜振、刘品孝等与曾培合同纠纷案，北京市第一中级人民法院〔2017〕京 01 民终 3562 号民事判决书；开平比奥富时服饰有限公司、开平市童枫服装有限公司买卖合同纠纷案，广东省江门市中级人民法院〔2016〕粤 07 民终 02929 号民事判决书；文斌与济南邦容经贸有限公司等买卖合同纠纷案，山东省济南市中级人民法院〔2016〕鲁 01 民终 5731 号民事判决书等。

② 公司法第 3 条第 2 款规定："有限责任公司的股东以其认缴的出资额为限对公司承担责任；股份有限公司的股东以其认购的股份为限对公司承担责任。"相关观点参见李建伟《认缴制下股东出资责任加速到期研究》，《人民司法》2015 年第 9 期，第 56 页；王涌《论公司债权人对未实缴出资股东的请求权》，《中国工商报》2014 年 8 月 9 日，第 3 版；上海香通国际贸易有限公司与上海昊跃投资管理有限公司、徐青松、毛晓露、接长建、林东雪股权转让纠纷案，上海市普陀区人民法院〔2014〕普民二（商）初字第 5182 号民事判决书。

出资期限利益，不构成权利滥用。只有在股东滥用公司独立人格和股东有限责任、严重损害债权人利益时，债权人才可依该条第3款否定公司人格，从而在股东与债权人之间直接成立法律关系。但此时股东对公司债务承担无限责任，[1] 并非出资加速到期中以出资额为限承担责任。以此来论证出资加速到期，属于对法人人格否认制度本身的滥用。

2. 代位权方案及其缺陷

公司法解释三第13条第2款允许债权人在公司不能清偿债务时，直接要求未履行或未全面履行出资义务的股东承担补充赔偿责任。[2] 许多人据此认为，应从利益衡量并优先保护债权人的角度，并以破产加速到期的思想，对该款中的"未到期出资"作扩张解释。[3] 然而，超出法律文义的（非狭义）扩张解释应以存在法律漏洞为前提，即法律规定出现"违反计划的不圆满性"。[4] 法律漏洞的填补，是通过取向法律内在的目的，以类推适用、目的性扩张、目的性限缩等方式，消除法律规定文义过窄或过宽的问题。[5] 因此，法律漏洞的确认和填补均以法律规定的目的为依据和边界。公司法解释三的立法目的明确，即对股东违反出资义务的情形及责任作出规制，"未履行或者未全面履行出资义务"只是对到期不履行出资的各种表现形式的概括。该司法解释中相同或类似的其余10处表述结合其法律后果，都只能明确地解释为出资已到期，单独对该款作扩张解释，将使其成为与体系格格不入的异物。因此，出资未到期时的股东责任问题并不在立法目的范围内，在期限问题上不存在"违反计划的不圆满性"。

至于债权人请求权的理论基础，学术界有观点将其归纳为债权人代位

---

① 参见黄辉《中国公司法人格否认制度实证研究》，《法学研究》2012年第1期，第5页。

② 公司法解释三第13条第2款规定："公司债权人请求未履行或者未全面履行出资义务的股东在未出资本息范围内对公司债务不能清偿的部分承担补充赔偿责任的，人民法院应予支持……"

③ 参见梁上上《未出资股东对公司债权人的补充赔偿责任》，《中外法学》2015年第3期，第655页以下；李建伟《认缴制下股东出资责任加速到期研究》，《人民司法》2015年第9期，第56页；郭富青《论公司债权人对未出资股东及利害关系人的求偿权》，《北方法学》2016年第4期，第119页；冯果、南玉梅《论股东补充赔偿责任及发起人的资本充实责任——以公司法司法解释（三）第13条的解释和适用为中心》，《人民司法·应用》2016年第4期，第35页；周珺《论公司债权人对未履行出资义务股东的直接请求权》，《政治与法律》2016年第5期，第99、103页。

④ 参见〔德〕卡尔·拉伦茨《法学方法论》，陈爱娥译，商务印书馆，2003，第249页。

⑤ 参见梁慧星《民法解释学》，法律出版社，2009，第206页。

权制度。① 然而，债权人行使代位权应以债务人的债权已到期为条件。② 以此规定为基础设计的公司法解释三 第 13 条第 2 款无疑也只能以出资债权已到期为前提。③ 因此，出资未到期情形下的债权人保护问题即便是一个法律漏洞，也绝非该条规定的漏洞，解决问题的正确途径应当是在现行法律体系中找到这个漏洞的正确位置，再作填补。

3. 强制执行出资债权方案及其优越性

第一，强制执行方案对组织法和代位权方案的扬弃。代位权方案给予债权人对股东的直接请求权，这实际上是我国合同法上代位权制度一直饱受批评之处。批评者认为，代位权只是为了保全债权而非债权的直接满足，因此，其行使效果应按"入库规则"直接归属于债务人，债权人不能以代位而取得优先受偿。④ 事实上，从民法代位权本来的保全功能出发，优先受偿确实不妥。但我国合同法上的代位权已不再是传统意义上的代位权，通过规定次债务人直接向债权人履行，相当于在传统代位权实现"入库"之后嫁接了强制执行债务人财产的行为。既然传统代位权制度负责债权保全、强制执行制度负责债权清偿，那么将两者人为地嫁接在一起有何必要？也许只有在将强制执行的对象理解成仅指有形财产时，二者的结合才省去了次债务人（股东）向债务人（公司）履行后再对债务人（公司）财产强制执行的麻烦。然而，在认缴制下，公司财产除了现金、实物，将主要表现为公司对股东的出资债权。更重要的是，无论出资债权是否到期，都具有财产属性。因此，债权人完全可以直接强制执行公司的出资债权以获得清偿，根本无须扭曲传统意义上的代位权制度。更何况，将强制执行因素暗含进代位权制度，同时在形式上跳过本应进行的强制执行程序及其程序保障，这种做法本身就不具正当性。

---

① 参见韩长印、何欢《隐性破产规则的正当性分析——以公司法相关司法解释为分析对象》，《法学》2013 年第 11 期，第 28 页。

② 参见合同法第 73 条第 1 款、《最高人民法院关于适用〈中华人民共和国合同法〉若干问题的解释 (一)》（法释〔1999〕19 号）第 11 条。

③ 参见黄耀文《认缴资本制度下的债权人利益保护》，《政法论坛》2015 年第 1 期，第 166 页。

④ 参见崔建远、韩世远《合同法中的债权人代位权制度》，《中国法学》1999 年第 3 期，第 35 页。

更重要的是，主债权未经确定就赋予债权人追索次债务人的权利，即便在民法代位权制度中，这也有违债的相对性原理并在实体和程序上形成诸多难以解决的问题，① 将其照搬于公司组织法更是放大和凸显了这一缺陷。为了避免代位权方案的这一缺陷，公司法学者在强调股东只是承担"补充赔偿责任"的同时，还额外提出债权人只有在强制执行公司财产未果的情形下才能起诉股东。② 而在司法实践中，债权人依公司法解释三第13条第2款起诉股东时，只需存在公司不能清偿的事实即可，并不需要先行起诉公司并强制执行公司财产，股东也不享有先诉抗辩权。此外，实践中也常见债权人起诉公司后在执行程序中直接追加股东为被执行人的做法，法院的执行裁定书中尽管也会援引公司法解释三第113条第2款的规定，但直接适用的仍是执行规定，公司法规定在此更多是为本不符合法理的直接追加做法提供正当性的说理依据（尽管其实际上反倒证明了直接追加做法是对股东诉权的剥夺），并非对先行起诉公司要求的确认。③ 学者的建议虽然与司法解释制定者以代位权模型所构建的补充赔偿责任以及目前的司法实践不符，但恰恰是对民法代位权方案最为关键的修正。可惜，由于忽视了出资债权本身的财产属性和可强制执行性，未能意识到强制执行出资债权才是组织法下解决债权人对股东（无论出资到期与否）直接请求权问题的正确方式，更未能意识到此处才是限制公司自治和股东期限利益抗辩的正确位置，这也是扩张解释公司法解释三第13条第2款行不通的根

---

① 参见娄正涛《债权人代位权制度之检讨》，《比较法研究》2003年第1期，第42页。

② 参见梁上上《未出资股东对公司债权人的补充赔偿责任》，《中外法学》2015年第3期，第659页；李建伟《认缴制下股东出资责任加速到期研究》，《人民司法》2015年第9期，第56页。

③ 前者的案例，可参见荣成市华达钢材有限公司与陕西有色建设有限公司、威海有色科技园开发建设有限公司等买卖合同纠纷案，最高人民法院〔2016〕最高法民申2526号民事裁定书；舟山市华顺远洋渔业有限公司、蒋位秩等与舟山市华顺远洋渔业有限公司、蒋位秩等追偿权纠纷案，浙江省高级人民法院〔2014〕浙民再字第48号民事判决书；王大芳与周首成、陈启高股东损害公司债权人利益责任纠纷案，湖北省高级人民法院〔2016〕鄂民申149号民事判决书等。后者的案例，可参见福建六建集团有限公司与四川应林企业集团有限公司、四川应林企业集团建筑工程有限公司借款合同纠纷执行复议案，四川省高级人民法院〔2014〕眉执他字第7号执行裁定书；郭文智、丛秀章与威海港涛房地产开发有限公司新增资本认购纠纷案，威海火炬高技术产业开发区人民法院〔2015〕威高执异字第25号执行裁定书等。

本原因。因此，正确的做法是取消合同法上扭曲的债权人代位权制度及其公司法上的翻版，回归强制执行债权的基本原理。

第二，出资债权强制执行的基本规则。考察民法和诉讼法上强制执行债权的一般规则，债务人不能清偿时，债权人应申请支付令或提起诉讼并获得相应的执行文书，由法院对债权进行冻结和变价。需要强调的是，债权无论是否到期均不影响其财产属性，理论上均可成为强制执行的对象。

依此原理，公司出资债权被冻结后，禁止公司收取或处分该债权，也禁止股东向公司作出履行。[①] 变价时，如果出资债权已到期，通常应由股东直接向公司债权人作出履行。法理上，此时出资债权的债权人仍是公司，公司的债权人只是获得了收取该债权的权利。当然，公司债权人也可以选择以出资债权折价抵债，直接成为出资债权的债权人。[②] 但此时债权人要承受股东无法履行的风险，因此其通常会选择前一种变价方式。如果出资债权未到期，债权人无法立即收取债权，除了冻结债权并待到期后收取或抵债之外，国外和我国台湾地区立法均规定，可采取拍卖、变卖等方式，将债权在到期前变价。[③] 我国司法界和理论界尽管原则上也认可对未到期债权的执行，但在措施上仍限于冻结债权并由法院向第三人发出附期限的履行通知，由第三人在债权到期后向申请执行人作出清偿。[④] 立法在

[①] 参见德国民事诉讼法第 829 条、日本民事执行法第 145 条、中国台湾地区"强制执行法"第 115 条第 1 项、《最高人民法院关于适用〈中华人民共和国民事诉讼法〉的解释》（法释〔2015〕5 号）第 501 条、《最高人民法院关于人民法院执行工作若干问题的规定（试行）》（法释〔1998〕15 号）第 61 条。

[②] 参见德国民事诉讼法第 835 条、日本民事执行法第 160 条、我国台湾地区"强制执行法"第 115 条第 2 项。我国司法界和理论界也承认直接以债权抵债的可能。参见江必新主编《强制执行法理论与实务》，中国法制出版社，2014，第 661 页。

[③] 针对被执行人的债权因附条件、期限、对待给付或其他事由，第三人不能立即向申请执行人履行的情形，德国民事诉讼法第 844 条、日本民事执行法第 161 条第 1 款、我国台湾地区"强制执行法"第 115 条第 3 项都规定，可以采取不同于收取或折价抵债的其他变现方法，这主要指准用动产执行的规定，采取拍卖、变卖等方法。

[④] 参见《最高人民法院关于依法制裁规避执行行为的若干意见》（法〔2011〕195 号）第 13 条。理论上也有主张对到期债权参照动产，引入拍卖、变卖的执行措施（参见江必新主编《强制执行法理论与实务》，中国法制出版社，2014，第 662 页）。最高人民法院《强制执行法（草案）》起草小组所起草的《中华人民共和国强制执行法草案》（第六稿）尽管在第十四章专门规定了对债权的执行，但第 178 条对未到期债权的执行仍限于上述冻结和附期限履行通知（参见江必新、贺荣主编《强制执行法的起草与论证（三）》，中国法制出版社，2014，第 611 页）。

此显然有待完善。当然，债权人通过拍卖、变卖未到期的出资债权获得清偿时，要承受贴现损失，如能加速到期，对其保护无疑最优，但这就得依靠组织法的特殊规则才能实现。

出资债权作为公司资产，肩负着对债权人的责任担保功能。因此，股东的期限利益要让位于债权人保护。此时完全可以对强制执行出资债权类推适用破产和解散中加速到期的规定，禁止股东主张出资未到期的抗辩。不同于公司法解释三第 13 条第 2 款，此时符合类推适用的条件。在法律规定上，立法者为确保债权人利益实现，对破产和解散时的加速到期作了规定，但其未考虑到债权人利益除了通过破产和解散清算实现外，还可以通过强制执行出资债权实现，否则必然也会对此作出回答，由此产生"违反计划的不圆满性"。这一法律漏洞既和现行法对强制执行债权本身不够重视有关，更是对认缴制本质缺乏认识的结果。在程序性质上，破产和强制执行本身就有相通性，两者都是借助国家公权力强制实现债权的方式。破产本质上是在债务人财产不够清偿所有债权人时实行的一种特别的执行程序。在我国现实中，由于破产的高门槛，强制执行程序甚至事实上发挥了本应由破产承担的功能。[1] 在利益层面上，加速到期既符合债权人基于注册资本公示所产生的信赖利益，也不超出股东认缴出资时的预期，而这在强制执行和破产、解散时并无区别。

需要指出的是，在我国，股东提出异议往往被视为强制执行方案的软肋，此时法院基于审执分离的要求，不对异议作实质审查而终止执行。理论上有观点认为，债权人此时只能以提起代位权诉讼的方式寻求救济，[2] 从而看似又不得不折回代位权方案。事实上，按照强制执行债权的原理，债权人通过冻结和变价被执行人的债权，已经获得收取该债权的权利，当然可以采取包括诉讼在内的各种收取债权所必需的措施。在次债务人不履行债务时，债权人完全可以直接以自己的名义提起"收取

---

[1] 参见唐应茂《为什么执行程序处理破产问题?》，《北京大学学报》（哲学社会科学版）2008 年第 6 期，第 12 页以下。

[2] 参见葛文《案外人对到期债权执行的异议——对民事诉讼法解释第 501 条的理解与运用》，《人民司法·应用》2015 年第 17 期，第 55 页。

诉讼"，① 无须借助额外的代位权诉讼。对于股东来说，其可在"收取诉讼"中行使作为被告的各项实体和诉讼权利且只在败诉时才可被强制执行。相比目前直接将股东追加为被执行人的做法，这无疑更好地维护了其权益。

出资债权的资产属性是强制执行方案下打通组织法、合同法和诉讼法的连接点，最终体现为债权加速到期这一结果。强制执行出资债权方案，一方面找到了应当类推适用破产和解散中加速到期规定的法律漏洞所在，避免了在代位权方案下"缘木求鱼"，另一方面找出了代位权方案中真正起作用的强制执行因素，解决了组织法方案无法赋予债权人对股东直接请求权的问题，因此是现行法下最为合理的路径选择。即便将来启动立法修改解决此问题，也绝不应越过强制执行这一必经步骤而径行在公司法中赋予债权人对出资未到期股东的直接请求权，或者将公司法解释三第13条第2款这一本就不合理的代位权方案扩展到出资未到期情形，从而在以合同法取代组织法的道路上越走越远。最符合组织法要求的立法应当是，统一以强制执行出资债权方案解决债权人对股东（无论出资是否到期）的请求权问题，并对出资未到期情形作出与破产、解散情形同样的加速到期的明确规定。

四　出资债权处分规则

现行法对出资履行及出资责任作了详细规制，但这是以实缴制为基础的。认缴制后，公司仅享有出资债权成为资本结构的常态，公司以抵销、转让、质押等方式处分出资债权成为其行使融资自治权、满足资金需求的重要手段。但和期限安排一样，股东在此同样能借助其"内部人"优势，通过参与甚至决定公司处分出资债权的意思形成，从而"巧妙"地在出资到期前就逃避掉出资义务，其手法更为隐蔽而难以直观察

---

① 参见日本民事执行法第157条、中国台湾地区"强制执行法"第115条第3项。德国民事诉讼法虽未明文规定收取诉讼，但理论上，扣押程序使债权人获得扣押质权人地位，而变价（为收取目的而转付债权）程序则使债权人可以主张质权，债权人可依德国民法典中质权人的规定主张权利，包括提起诉讼。Vgl. MüKoZPO/Smid, ZPO § 835, 5. Aufl., 2016, Rn. 11.

觉，甚至往往从普通债权自由处分的视角被误认为是合法的自治行为。股东应按法律和章程的规定真实履行所承诺的出资义务，这一资本真实缴纳原则（在我国一直被称为资本确定原则）在认缴制下并未改变和放松。① 因此，立法必须补充出资债权处分规则，避免现有出资规则被规避甚至架空。

（一）出资义务免除禁止

不同于普通债权的债权人可随其意愿免除债务人债务，公司不得全部或者部分地免除股东的出资义务。即便免除行为不是公司法定代表人而是股东会决议行为，也不允许。② 否则，资本真实缴纳的要求将形同虚设。在禁止免除的范围上，除了出资义务本身，违反出资义务引发的各类责任（包括股东自身、其他股东、受让股东以及公司董事的责任等）同样不能免除。在禁止免除的方式上，包括以下常见情形。

1. 出资免除

这是指公司以单方行为、免除合同、消极的债务承认或者债权不行使约定等方式全部或部分免除股东的出资义务。

2. 出资延期

在章程约定出资期限的情况下，如果股东会决议修改章程或者公司与股东约定延长该期限，虽未改变出资数额，但公司及债权人将失去延长期内对出资的利用可能，从而丧失了出资的部分价值，等同于出资义务的部

---

① 参见赵旭东《资本制度变革下的资本法律责任——公司法修改的理性解读》，《法学研究》2014 年第 5 期，第 21 页；李建伟《公司资本的核心概念疏证》，《北方法学》2016 年第 1 期，第 72 页；郭富青《资本认缴登记制下出资缴纳约束机制研究》，《法律科学》2017 年第 6 期，第 123 页；赵万一《资本三原则的功能更新与价值定位》，《法学评论》2017 年第 1 期，第 89 页。当然，也有观点认为，认缴制否定了资本确定原则。参见施天涛《公司资本制度改革：解读与辨析》，《清华法学》2014 年第 5 期，第 135 页以下；沈贵明《论公司资本登记制改革的配套措施跟进》，《法学》2014 年第 4 期，第 105 页。鉴于有观点将资本确定原则和最低资本要求或者实缴制相连，还有将资本充实原则的说法混用在资本缴纳和维持阶段的，本文在此采取"资本真实缴纳原则"的表达。

② 参见《欧盟公司法第 2 号指令》（2012/30/EU）第 14 条，德国有限责任公司法第 19 条第 2 款，德国股份法第 66 条，奥地利股份法第 60 条，法国商法典第 225-3 条第 2 款，韩国商法典第 550 条第 2 款、第 551 条第 2 款和第 593 条，日本公司法第 55 条、第 102 条之 2 第 2 款、第 103 条第 3 款（但允许经全体股东同意的免除）。

分免除。① 出资数额和期限一经确定，出资债权的实际价值也就随之确定下来，期限越长，价值越低。如果说公司设立阶段初始章程设定出资期限尚属股东自由决定其出资价值的范畴，那么在公司成立后，价值确定的出资债权已成为公司财产以及对债权人的责任财产，不能再由股东任意支配，这是组织法维护公司独立人格和财产的必然要求。延长期限直接导致出资债权价值贬损以及公司通过行使和处分该债权本可获得的价值的减少（如利息或贴现损失），这与股东未全面履行出资或者提供价值不足的实物本质上并无差别。尽管债权人可以无视出资期限而在公司不能清偿时直接要求股东向其履行出资，但这只是避免了损失的进一步扩大，无法消除股东在实际履行前的延长期内已经给公司和债权人造成的损失。

值得注意的是，通过修改章程延长出资期限的做法在我国认缴制改革后相当普遍，尤其是在增资时将原先出资延长的做法更具有隐蔽性。② 实践中，如果延长出资期限发生在公司因无法清偿债务而引发诉讼和执行时，司法机关通常以延长出资期限损害债权人利益而认定无效。③但在未发生纠纷的情况下，则被认为是股东自治的体现，工商机关一般都会同意登记备案。这显然是对认缴制下股东自治的误解。

3. 出资更新或替代履行

如果公司与股东之间约定将出资债务更新为标的或内容不同的普通债务（如贷款债务），由于普通债务并不受资本真实缴纳原则约束，即便其名义数额与出资债务相同，二者也不等值（如公司可以放弃向股东追讨贷款），因此也是变相免除出资义务。④ 同样，公司接受实物作为现金出资的

① Vgl. Baumbach/Hueck/Fastrich, GmbHG § 19, 21. Aufl., 2017, Rn. 21；MüKoGmbHG/Schwandtner, GmbHG §19, 2. Aufl., 2015, Rn. 76.

② 参见上海香通国际贸易有限公司与上海昊跃投资管理有限公司、徐青松、毛晓露、接长建、林东雪股权转让纠纷案，上海市普陀区人民法院〔2014〕普民二（商）初字第5182号民事判决书。

③ 参见北京高氏投资有限公司与李雪峰、辽宁金百瑞现代农业发展有限公司、张国军买卖合同纠纷案，辽宁省锦州市中级人民法院〔2016〕辽07民终2056号民事判决书；刘军伟申请复议福建东易建设工程有限公司申请执行武夷山书豪置业有限公司建设工程合同纠纷案，福建省南平市中级人民法院〔2016〕闽07执复15号执行复议裁定书。

④ Vgl. Baumbach/Hueck/Fastrich, GmbHG § 19, 21. Aufl., 2017, Rn. 19；MüKoGmbHG/Schwandtner, GmbHG §19, 2. Aufl., 2015, Rn. 62.

替代履行或者接受与实物出资不同的其他实物,由于无法确保等值性,也不能承认替代履行的效力。① 此外,变更履行主体,如约定由第三人履行出资或者在股东之间重新分配出资义务,都会因履行能力的差别而让真实出资的可能性减小甚至消失,因此也构成免除。② 总之,民法上允许的双方合意下的债务更新或替代履行(代物清偿)要受到公司法上资本真实缴纳原则的限制。

4. 公司资助

如果股东出资直接或间接来自公司资金,同样相当于免除出资义务。直接资助如股东出资来自公司事先或事后提供的贷款。此时,公司实际上并未收到股东应当缴纳的现金出资,而只获得了对股东的贷款返还请求权,相当于上述债务更新。③ 因此,除非股东能证明公司的贷款返还请求权在价值和流动性上都相当于现金,否则股东以公司贷款履行出资的行为不能发生完成出资义务的效力。④ 间接资助如公司提供资金给股东控制的子公司、公司为给股东贷款的第三人提供担保、出资或者为出资提供的贷款或担保来自公司的控股子公司等。

在法律后果上,资本真实缴纳属强制规则,无论当事人是否知晓或有过错,免除出资义务的行为一律无效,相关股东会决议同样无效。股东基于无效免除行为所进行的替代履行不发生消灭出资义务的法律效果。当然,如果股东能够证明其替代给付的价值,立法政策上可以考虑以该价值与出资义务相折抵,避免法律后果过于严苛。

(二) 出资债权抵销禁止和限制

1. 禁止股东抵销

认缴制并未改变公司法区分现金出资和实物出资并对后者严格规制的基本立场。对于实物出资,法律不仅要求在章程中列明内容及对应的出资

---

① 参见〔韩〕李哲松《韩国公司法》,吴日焕译,中国政法大学出版社,2000,第187、226页。

② Vgl. MüKoGmbHG/Schwandtner, GmbHG §19, 2. Aufl., 2015, Rn. 65.

③ 参见〔韩〕李哲松《韩国公司法》,吴日焕译,中国政法大学出版社,2000,第226页。

④ 参见国家法官学院案例开发研究中心编《中国法院2012年度案例·公司纠纷》,中国法制出版社,2012,第31页以下。

额、时间，还规定了所允许的实物出资形式及评估作价或创立大会审核等要求，对价值不足的情形规定了严格的差额补足责任和其他股东的连带责任。① 此外，认缴制同样不影响登记机关对公司章程，特别是实物出资形式和价值的审查权（义务），对明显高估实物作价的，公司登记机关应拒绝登记。

股东以对公司的债权抵销公司对其的出资债权，其结果是股东并未真实缴纳所承诺的出资，实际上是以用作抵销的债权出资，本为实物出资，却未在章程中列明，规避了章程公示、价值评估、审查规定以及实物价值不足的差额责任、连带责任。此外，在缺乏公示和审查的情况下，股东利用其内部人优势，很容易通过抬高甚至虚构债权等方式逃避出资义务。这实际上是利用认缴和抵销规则，将公司成立后通过虚构债权或关联交易抽逃出资的做法前移到了出资阶段。因此，除非抵销事先在章程中作了明确约定而且满足实物出资的要求，否则股东不得以抵销方式完成出资。至于股东债权的法律性质（转让价款、劳务报酬、利润分配请求权甚至是从第三人处受让的债权）和产生时间（公司设立阶段或成立之后），则在所不问。② 这同样适用于公司进入破产程序时。这是因为，破产程序中的抵销会使股东优先受偿。③ 然而，这种优先受偿只有在公司破产或危机时才应受指责，其并非禁止股东抵销的理由。④ 同样，股东也不得为了实现自己对公司的债权而强制执行公司对其自身或其他股东的出资债权，否则会形成与抵销同样的效果。

在法律后果上，股东以其债权抵销公司出资债权的行为无效，不产生履行出资和债权消灭的效果，双方债权均继续存续。不过，考虑到抵销毕竟同时免除了公司债务，从而使其获得了经济价值，立法政策上可以考虑

---

① 参见公司法第 25 条、27 条、30 条、81 条、90 条、93 条。

② 参见德国有限责任公司法第 19 条第 2 款第 2 句，日本公司法第 208 条第 3 款及第 281 条第 3 款，韩国商法典第 334 条。

③ 参见王欣新《破产企业出资人欠缴的注册资本不得与其破产债权抵销》，《人民法院报》2007 年 8 月 30 日，第 6 版；朱慈蕴《从破产中股东欠缴出资之债能否抵销谈起》，载王保树主编《中国商法年刊 2007》，北京大学出版社，2008，第 349 页。

④ 混淆的说法，参见〔韩〕李哲松《韩国公司法》，吴日焕译，中国政法大学出版社，2000，第 225 页。

允许股东以其债权的实际价值折抵仍存续的出资义务，[①] 但股东必须对其债权的实际价值、到期以及具有流动性承担举证责任。相比让双方债权各自存续和履行的做法，后者实际上只是将股东高估债权的风险交由资本维持原则处理。但受制于现行法资本维持原则的粗糙及举证困难，其在实际效果上未必比认定出资义务未完成但允许折抵的安排更有利于债权人和其他股东。当然，允许折抵并不等于承认以抵销方式履行出资的合法性，其恰恰以抵销不成立、出资义务存续为前提，因此并不发生抵销时的溯及效力（不排除股东迟延履行出资的责任）。折抵只是在违法后果上的减轻，且举证责任倒置仍是有力威慑。

2. 限制公司抵销

与禁止股东抵销不同，公司原则上可以主动以出资债权主张抵销。在股东支付能力恶化的情况下，公司主张抵销甚至是唯一可以实现出资债权的手段。公司与股东协商一致订立抵销合同，也视同公司主张抵销。但是，公司主张抵销同样要受资本真实缴纳原则的约束，不能规避实物出资的规定或变相免除股东的出资义务。对于出资债权产生时已经存在或可预见的股东债权（旧债权），其本应作为实物出资履行章程记载、价值评估和登记审查程序，因此，公司不得对这类旧债权主张抵销。[②] 对于出资债权产生后形成的股东债权（新债权），虽在认缴出资时不可能作为实物出资而不必遵守实物出资的规定，但公司的抵销不能变相免除股东的出资义务，而只应在避免不必要的现金往复的意义上进行。因此，所抵销的股东债权必须在价值上至少与公司的出资债权相等（足值）且已经到期并具有流动性。[③] 这意味着，在公司陷入支付困难或者资不抵债等困境时，股东债权在价值上会受到贬损，不能以出资债权对其抵销。

---

①　Vgl. Habersack/Weber, Die Einlageforderung als Gegenstand von Aufrechnung, Abtretung, Verpfändung und Pfändung, ZGR2014, 509, 525ff. 但作者以公司"流动性"利益为由，要求折抵必须以公司未明确反对股东抵销（公司放弃"流动性"利益）为条件。德国主流观点仍囿于法律明确禁止股东抵销的规定，而否定在法律后果上折抵的可能。Vgl. Lutter/Hommelhoff/Bayer, GmbHG § 19, 19. Aufl., 2016, Rn. 24；Hüffer/Koch, AktG § 66, 12. Aufl., 2016, Rn. 5.

②　Vgl. BGHZ152, 37, 42 f; BGHZ158, 283, 285；Bayer, Neue und neueste Entwicklungen zur verdeckten GmbH-Sa-cheinlage, ZIP 1998, 1985, 1988 f.

③　Vgl. Lutter/Hemmelhoff/Bayer, GmbHG § 19, 19. Aufl., 2016, Rn. 26；MüKoGmbHG/Schwandtner, GmbHG § 19, 2. Aufl., 2015, Rn. 97.

对于公司进入破产程序后破产管理人主张抵销是否要遵守足值原则，则存在不同观点。有观点认为，足值要求同样适用于破产程序，由于破产程序中公司已经资不抵债，这意味着破产管理人不得主张抵销。① 但也有观点认为，在出资债权因股东无偿还能力而不再具有价值或者价值不如股东能获得的破产清偿时，破产管理人可以主张抵销。② 笔者认为，应区别股东的出资能力而作不同处理。在股东具有出资能力时，因股东对公司的债权仅按比例受偿，禁止破产管理人抵销可以充实破产财产。但在股东缺乏出资能力时，允许破产管理人以（部分）出资债权与股东债权的比例价值（股东债权的实际价值）进行抵销，对于充实破产财产最为有利。至于剩余未抵销的出资债权，破产管理人仍可通过向其他股东主张出资连带责任的方式实现。当然，公司仅处于困境而未破产时，即便股东缺乏出资能力，也应以足值原则作为抵销的前提，因为此时股东债权的价值尚难以确定，存续的出资债权仍可通过其他股东的连带责任实现。

（三）出资债权转让、质押和强制执行的条件

理论上，出资债权与普通债权一样可以被转让、质押或强制执行。然而，如果公司处分出资债权获得的对价或免除的债务与出资债权不等值，就可能不符合资本真实缴纳的要求。因此，德国司法界和理论界的主流观点一直都认为，有效转让、质押或强制执行出资债权的条件是公司由此获得足值的对价，即受让人或质押权人等作为对价所给付的现金或公司由此所免除的债务必须至少与股东应缴纳的出资价值相等。③

然而，资本真实缴纳原则约束的对象是股东而非债权人，"债权人是股东责任的受益人，而非担保人"。④ 对于公司和债权人来说，出资债权和其所拥有的其他财产一样属于可自由处分的财产，转让价格只需遵循市场

---

① Vgl. Lutter/Hemmelhoff/Bayer, GmbHG §19, 19. Aufl. , 2016, Rn. 47.

② Vgl. Uhlenbruck/Hirte, Inso §35, 14. Aufl. , 2015, Rn. 310.

③ Vgl. BGHNJW 1992, 2229 f; BGHZ 53, 71, 72 ff. ; Bayer, Abtretung und Pfä ndung der GmbH-Stammeinlageforderun-gen, ZIP 1989, 8 f; Baumbach/Hueck/Fastrich, GmbHG §19, 21. Aufl. , 2017, Rn. 42.

④ Vgl. K. Schmidt, Die übertragung, Pfä ndung und Verwertung von Einlageforderungen, ZHR157 (1993), 291, 300 ff.

原则。当然，出资债权的转让仍应受到董事勤勉义务的约束。董事在处分出资债权时，应谨慎和准确地确定其价值，除因市场因素外，不得低于该价值处分出资债权而使公司资产受损。[①] 值得注意的是，正是在董事判断出资债权的价值时，才必须考虑资本真实缴纳原则的要求。尤其在股东无法完成出资且无法通过其他股东的连带责任完成出资时，出资债权的价值已低于其名义数额，此时更无须满足足值要求。如果董事受到股东操纵甚至与股东或受让人合谋贱卖出资债权，则应对公司承担赔偿责任，股东和受让人应承担连带责任，这本质上是侵害公司财产的侵权责任。当然，如果贱卖出资债权的指令是以股东会决议的方式作出的，该决议会因违背资本真实缴纳原则而无效，此时的情形类似于上述出资债务的替代。

五　出资债权计量规则

在认缴制下，公司实收资本低于注册资本成为常态，由此带来的疑问是，在股东完全履行其出资义务前，公司可否向其分配利润？如可以，则认缴资本对利润分配毫无影响，无疑助长股东申报注册资本时的夸张现象；但若要求认缴出资未实缴前不得分配利润，则无异于限制甚至取消股东的认缴权利。法定资本制下的公司分配遵循的是资本维持原则，其本义及对出资债权的会计计量与处理是解决问题的关键。

（一）资本维持原则的本义

从资本维持的角度看，法定资本制通过注册资本确立了公司向股东分配的标尺和边界，公司净资产低于注册资本时，禁止公司向股东进行分配，以此体现注册资本对债权人责任担保功能的本义，平衡股东与债权人利益。[②] 这里的分配不仅包括形式意义上的利润分配，还包括一切向股东进行的其他给付（变相分配）。[③] 原则上，仅允许向股东分配公司真正通过

---

① Vgl. MüKoGmbHG/Schwandtner, GmbHG § 19, 2. Aufl. , 2015, Rn. 138.

② Vgl. Wiedemann, Gesellschaftsrecht, BandI, 1980, S. 383.

③ 参见刘燕《重构"禁止抽逃出资"规则的公司法理基础》，《中国法学》2015 年第 4 期，第 192 页；〔英〕保罗·L. 戴维斯、萨拉·沃兴顿《现代公司法原理》，罗培新等译，法律出版社，2016，第 300 页。

经营而形成的利润，避免将出资当作利润分配而给投资者或债权人造成公司经营良好的假象，这正是法定资本制区别于授权资本制的关键。

我国学界常将资本维持原则定义为公司应当维持与注册资本相应的资产。[①] 这种脱离分配语境的定义极易引发歧义。公司并无维持与注册资本对应的资产的义务，注册资本的分配标尺作用虽常被视为债权人风险的"缓冲垫"，但也不必夸大这种缓冲，因为注册资本过低或者公司亏损都会削弱这种缓冲。在此，最好的保护是确立董事及时申报破产的义务和责任，不可与分配问题混淆。

（二）资本维持原则下认缴出资的处理

1. 认缴制下资本维持原则的实现

资本维持原则在技术上的实现方式是将注册资本列示在资产负债表权益项下的同时，通过监测净资产是否高于注册资本来决定是否可以向股东进行分配。公司亏损使净资产低于注册资本时，只有通过弥补亏损使净资产重新高于注册资本（包括相关公积金）或者按法定程序减资，公司才能向股东进行分配。

注册资本的分配标尺作用并不应受实缴或认缴的影响。实缴或认缴只是对于资产价值有影响：已实缴的记为现金或实物资产，认缴但尚未实缴的构成公司的出资债权，同样应计入资产。出资债权计入资产时应当进行价值评估，在该资产足值，即公司可以随时要求股东出资且股东也有能力履行出资义务时，以出资债权的名义价值计入资产，此时公司资产和注册资本相等，不阻却公司利润分配。但在出资债权的价值低于其名义价值，如股东出资困难甚至不能时，应对其作减值处理，此时公司资产与注册资本之间形成差额，阻却公司利润分配。可见，出资债权的价值对公司分配有着直接的影响。

2. 资本维持原则与会计计量原则的冲突和协调

尽管从法律视角看，出资债权无论是否已由公司催缴（到期）都不影响其资产属性，但会计谨慎性原则更趋向于只将认缴出资中已由公司催缴的部分计为资产，尚未催缴或到期的认缴出资并不能给公司带来实际的经

---

① 参见柯芳枝《公司法论》，中国政法大学出版社，2004，第 128 页。

济利益，因而不能计入资产。因此，从真实反映公司经济状况和为债权人提供准确信息的角度，特别是随着国际财务报告准则（IFRS）的推广采用，对认缴资本的会计处理不再采用上述总列示（Bruttoausweis）的计量方法，而更多采用净列示（Nettoausweis）的计量方法。认缴出资中只有已催缴（到期）部分才列入资产，未催缴出资仅作为注册资本的调整项目，注册资本扣除未催缴出资后的已催缴资本作为主项目。①

尽管净列示的计量方法更符合通行的会计准则，但由于认缴而未催缴的出资不计入资产，却按名义价值从注册资本中扣除，这意味着如果其实际价值低于名义价值，那么相比总列示的情况，差额成了可分配部分，公司分配的标尺实际上是注册资本扣除该差额的部分。以此为利润分配的标准无疑是对资本维持原则的放松。这显然不是立法者的本意，而更多是由会计计量方式变化造成的结果。由于国际财务报告准则的制定并未考虑有关利润分配问题，实行资本维持原则的国家如德国，尽管在资产负债表的编制上采用靠近准则的净列示方法，但在确定公司可分配利润时，仍将未催缴资本纳入计算并按其可实现程度进行估值，以确保注册资本的责任担保功能及资本维持原则不被改变和放松。②

（三）我国现状与立法对策

1. 现状：实收资本作为公司分配的标尺

尽管我国公司法一直采用法定资本制并遵循资本三原则，但公司法第166条只要求税后利润必须先弥补亏损并提取公积金后才能向股东分配，并未明确注册资本的分配标尺功能，而会计上计入所有者权益的只是实收资本而非注册资本。因此，我国实际上是以实收资本（含公积金）作为分配标尺，并不完全符合以注册资本作为对债权人责任担保的理念。③ 即便

---

① 欧盟第二号公司法指令（2012/30/EU）第17条第2款允许公司选择净列示的会计计量方法。德国曾一直采用总列示的计量方法，1998年的控制和透明度法允许企业选择净列示计量方法，2009年会计法现代化法后只允许采用净列示计量方法（德国商法典第272条第1款第2句）。

② Vgl. Kropff, Nettoausweis des Gezeichneten Kapitals und Kapitalschutz, ZIP 2009, 1137.

③ 公司分配标准模糊是我国目前在抽逃出资、对赌协议等资本维持问题上规制粗糙的根本症结所在。参见刘燕《重构"禁止抽逃出资"规则的公司法理基础》,《中国法学》2015年第4期，第194页以下；刘燕《对赌协议与公司法资本管制：美国实践及其启示》,《环球法律评论》2016年第3期，第146页以下。

在上述较为宽松的净列示方法下，已经由公司催缴的认缴出资（即便尚未实收）仍应当计入资产。这一做法在实缴制下并无大碍，但在完全认缴制下，如果实缴极少，则会使注册资本的功能严重削弱甚至落空。这也是改革后出现不少"天价公司"的重要原因。

2. 立法对策：净列示计量方法下资本维持原则的坚守

在立法政策上，总体目标应当是确立注册资本在公司分配中的标尺功能，改变目前仅以实收资本为据的现状，适应认缴制的常态。① 但在认缴资本的会计计量上，尽管采取总列示的计量方法最能体现资本维持原则的要求，但在现有会计理论和实务下难以实现。因此，较为务实的处理方法是尽可能折中兼顾会计处理与公司法资本维持原则的要求。

首先，在会计计量上，我国可对认缴资本采取净列示的计量方法。对于股东认缴资本，资产端除将股东已实缴出资记为银行存款等，还应将已催缴（到期）出资记为债权资产（其他应收账款），负债端仅将未催缴出资作为注册资本的调减项，注册资本扣除未催缴出资后的已催缴资本（包括已实缴资本）作为主项目。对于已催缴的出资债权，应根据股东履行能力进行评估，在其缺乏履行能力且无法通过其他股东的连带责任实现时，应作减值后计入，由此形成的亏损应先以公司利润弥补。

其次，对于未催缴（到期）出资，净列示所造成的公司分配上的放松仍须以适当的方式纠正，以确保注册资本真正反映股东对债权人的责任担保范围，避免其沦为毫无意义的数字游戏。因此，可以考虑将未催缴的出资债权能否实现的情况记录在资产负债表的附注中。在未催缴的出资债权确实不能实现时，应对其作减值评估，由此形成的差额应从公司当年可分配利润中扣除。相应的，公司法上应确立董事对股东出资义务履行能力的监督和评估义务及相应责任，这是董事勤勉义务的具体化。不过，这并不意味着董事要定期对未催缴的出资债权的价值作出评估，而仅是在有充分迹象表明股东履行出资会出现问题，如认缴出资数额明显超出履行能力，因个人债务而被起诉甚至强制执行，股东明确表示不愿或无力按期履行出资，甚至公司已无法联系到股东本人等，并且难以通过其他股东的连带责

---

① 参见沈贵明《论公司资本登记制改革的配套措施跟进》，《法学》2014 年第 4 期，第 105 页。

任实现时，董事才应及时对未催缴的出资债权作减值评估（可委托专业机构），公司当年可分配利润扣除由此形成的差额后，才能向股东分配。如果董事因受制于股东而怠于或无法启动减值评估程序，就违背了董事对公司的勤勉义务及独立性要求，本质上与协助股东抽逃出资无异，应比照公司法解释三第 14 条对公司、其他股东及债权人承担责任。[①]

以出资债权与其实际价值的差额阻却利润分配，可以从规则层面真正解决和遏制所谓的"天价公司"和"百年公司"问题。对于股东申报明显超出其履行能力的巨额资本注册"天价公司"的，出资债权在依股东实际履行能力作减值评估后所形成的差额将阻却利润分配。同理，在股东对出资债权设定期限的情况下，出资债权的实际价值应当扣除到期前的利息，这意味着约定出资在公司成立后 550 年甚至 100 年后到期的，出资债权的贴现价值也会显著降低，从而严重阻碍利润分配。这也是不鼓励股东在公司成立时就确定出资时间，而推荐交由公司按实际需求事后确定的原因。相比按照民法权利滥用规则认定认缴巨额或者超长出资行为无效的做法，[②]以资本维持原则处理更具有量化标准和可操作性。当然，对于造成公司利润分配受限的股东，公司章程或股东会决议可比照公司法解释三第 16 条的规定[③]和公司法法理限制其分红及表决等权利，重建股东间的利益平衡。

六 结论与展望

2013 年的认缴制改革受制于时间仓促和认识局限等原因，并没有完成

[①] 公司法解释三第 14 条规定："股东抽逃出资，公司或者其他股东请求其向公司返还出资本息、协助抽逃出资的其他股东、董事、高级管理人员或者实际控制人对此承担连带责任的，人民法院应予支持。公司债权人请求抽逃出资的股东在抽逃出资本息范围内对公司债务不能清偿的部分承担补充赔偿责任、协助抽逃出资的其他股东、董事、高级管理人员或者实际控制人对此承担连带责任的，人民法院应予支持；抽逃出资的股东已经承担上述责任，其他债权人提出相同请求的，人民法院不予支持。"

[②] 参见蒋大兴《"合同法"的局限：资本认缴制下的责任约束——股东私人出资承诺之公开履行》，《现代法学》2015 年第 5 期，第 40 页。

[③] 公司法解释三第 16 条规定："股东未履行或者未全面履行出资义务或者抽逃出资，公司根据公司章程或者股东会决议对其利润分配请求权、新股优先认购权、剩余财产分配请求权等股东权利作出相应的合理限制，该股东请求认定该限制无效的，人民法院不予支持。"

由实缴制向认缴制转变的重要任务。由于延续实缴制思维和规则，认缴出资的债权本质和资产属性被忽视，因而既无法认识到认缴制下公司融资自治的实质是公司对其出资债权这一财产的自主处分，也无法认清现实中股东所谓的自治行为实际上是对公司财产处分权的侵害，认缴制本应实现的安全与效率价值的平衡兼顾在现实中成了二者的错位兼失。因此，有必要将这场未尽的改革进行到底，围绕出资债权这一核心，以维护公司对出资债权的自主处分权免遭股东不法侵害为主线，对出资债权的主体、到期、处分及计量规则作出全面革新。

需要指出，即便上述规则革新将较大改变现行法面貌，但其仍是基于法定资本制的基本立场而展开，是以实证法为"工作前提"的"体系内的"批判，[①] 并不涉及法政策意义上的改革问题。尊重和承认现行法的基本秩序和价值设定是法治国家对待现行法的基本态度与要求。然而，在公司法资本制度领域，或许是由于不少学者心中一直存在一个更为理想的彼岸——授权资本制，现有研究总体呈现偏重应然和宏观层面的制度批判、忽视实然和微观层面的规则建设的特点。资本制度一直处于立法粗糙和司法模糊的状态，而认缴制这一法定资本制的内部调整恰好暴露和放大了我们对制度本身的认知不足。改革后的讨论虽然热烈，但实际上是这一背景下不得不进行的应急性补救。

即便在法政策层面，授权资本制是不是更优的替代方案也不无疑问。相比大陆法系其他国家，结合我国本土国情的比较法和实证研究至今并未真正展开。[②] 这从我们一直习惯性沿用"授权资本制"来指代以美国为代表的不同制度安排即可见一斑。事实上，这一在英美文献中也少见的表述只反映了前端资本发行环节的一个（甚至是可兼容的）差异，相比更为重要的限制公司资产以损害债权人利益的方式流向股东的后端规制，其远不能反映两大法系在债权人保护理念上的本质不同。与大陆法系公司法中以注册资本作为限制公司分配的标尺不同，美国法下的债权人保护已不再是公司法的主要目标，而是综合借助合同法、侵权法、会计法、破产法及资

---

① 参见〔德〕卡尔·拉伦茨《法学方法论》，陈爱娥译，商务印书馆，2003，第76页。

② 德国学者的集中讨论，参见 Eidenmüller/Schøn (eds.), The Law and Economics of Creditor Protection, T. M. C. Asser Press, 2008；Vgl. Eidenmüller/Grunewald/Noack, in: Lutter (Hrsg.), Das Kapital der Aktiengesellschaft in Europa, DeGruyter, 2006, S. 20.

本市场法等多种手段，这是美国公司法作为州法在经历以股东利益至上的"朝底线竞争"后避免债权人保护因此被规避和削弱的必然选择。① 这意味着，放松公司法资本规制必须伴随着其他部门法制度的引入或强化，但其必要性及可行性需要论证，其中不仅是路径依赖和转换成本问题。

　　总之，在对债权人保护、公司利润分配的标准、董事义务的判断等问题缺乏充分的讨论和共识前，我们只能对任何法政策层面剧烈的制度变革保持慎重，认真对待、完善和落实现行法，避免法律保护的实际水平低于现行法才是当务之急。否则，我们不仅没有批判现行法的资格，更没有改革后就能认真对待新制度的自信。

---

① Vgl. Merkt, Der Kapitalschutz in Europa-einrocherdebronze?, ZGR 2004, 305, 316.

图书在版编目（CIP）数据

公司法改革的思考与展望／张辉主编． -- 北京：
社会科学文献出版社，2020.7
（《法学研究》专题选辑）
ISBN 978 - 7 - 5201 - 6061 - 2

Ⅰ.①公… Ⅱ.①张… Ⅲ.①公司法 - 司法制度 - 体
制改革 - 中国 Ⅳ.①D922.291.914

中国版本图书馆 CIP 数据核字（2020）第 014473 号

《法学研究》专题选辑
公司法改革的思考与展望

主 编／张 辉

出 版 人／谢寿光
组稿编辑／芮素平
责任编辑／郭瑞萍
文稿编辑／李吉环

出 版／社会科学文献出版社·联合出版中心（010）59367281
　　　　　地址：北京市北三环中路甲 29 号院华龙大厦 邮编：100029
　　　　　网址：www. ssap. com. cn
发 行／市场营销中心（010）59367081 59367083
印 装／三河市龙林印务有限公司

规 格／开 本：787mm × 1092mm 1/16
　　　　　印 张：21.75 字 数：351 千字
版 次／2020 年 7 月第 1 版 2020 年 7 月第 1 次印刷
书 号／ISBN 978 - 7 - 5201 - 6061 - 2
定 价／128.00 元

本书如有印装质量问题，请与读者服务中心（010 - 59367028）联系